Todos los libros de Linkgua Ediciones cuentan con modelos de Inteligencia Artificial entrenados por hispanistas. Pregúntale al chat de tu libro lo que desees acerca de la obra o su autor/a.

Para ebooks: Accede a nuestro modelo de IA a través de este enlace.

Para libros impresos: Escanea el código QR de la portada con tu dispositivo móvil.

Obtén análisis detallados de nuestros libros, resúmenes, respuestas a tus preguntas y accede a nuestras ediciones críticas generativas para una experiencia de lectura más enriquecedora.

La transparencia y el respeto hacia la autoría de las fuentes utilizadas son distintivos básicos de nuestro proyecto. Por ello, las respuestas ofrecen, mediante un sistema de citas, las fuentes con las que han sido elaboradas.

Zeferino González

Historia de la filosofía

Volumen I

Barcelona **2024**
Linkgua-ediciones.com

Créditos

Título original: Historia de la filosofía.

© 2024, Red ediciones S.L.

e-mail: info@linkgua.com

Diseño de cubierta: Mario Eskenazi.

ISBN rústica: 978-84-9816-729-0.
ISBN ebook: 978-84-9897-067-8.

Cualquier forma de reproducción, distribución, comunicación pública o transformación de esta obra solo puede ser realizada con la autorización de sus titulares, salvo excepción prevista por la ley. Diríjase a CEDRO (Centro Español de Derechos Reprográficos, www.cedro.org) si necesita fotocopiar, escanear o hacer copias digitales de algún fragmento de esta obra.

Sumario

Créditos ___ 4

Brevísima presentación ___ 11
    La vida ___ 11

Prólogo de esta edición ___ 13
    Prólogo de la primera edición ___ 13
    Fuentes ___ 28
    Fuentes generales ___ 29
    Fuentes para la Filosofía anterior a la griega, o de los pueblos orientales ___ 29
    Fuentes para la Filosofía griega ___ 30
    Fuentes para la Filosofía patrística y para la de transición a la escolástica ___ 32
    Fuentes para la Filosofía escolástica ___ 33
    Fuentes para la Filosofía de los árabes y judíos en la Edad Media ___ 35
    Fuentes para la Filosofía del renacimiento y Filosofía moderna ___ 36
    Fuentes para la época de la Filosofía novísima ___ 38

Historia de la filosofía ___ 43
    § 1. Concepto de la historia de la Filosofía ___ 45
    § 2. Límites y auxiliares de la historia de la Filosofía ___ 49
    § 3. Materia y forma de la historia de la Filosofía ___ 51
    § 4. Importancia y utilidad de la historia de la Filosofía ___ 53

La filosofía de los pueblos orientales ___ 55
    § 5. La Filosofía en la India ___ 57
    § 6. La Filosofía especulativo-religiosa en la India ___ 58
    § 7. Filosofía práctico-religiosa de la India ___ 61
    § 8. La Filosofía especulativa en la India. Escuelas ortodoxas ___ 62
    § 9. La Filosofía independiente y separatista de la India ___ 63
    § 10. El budismo y su autor ___ 66
    § 11. Bibliografía búdica ___ 68

§ 12. La Filosofía búdica _____ 70
§ 13. La moral del budismo _____ 74
§ 14. Crítica _____ 76
§ 15. La Filosofía en la China _____ 78
§ 16. Filosofía de Lao-tseu _____ 80
§ 17. Confucio y su Filosofía _____ 82
§ 18. Filosofía de Tchou-hi _____ 84
§ 19. Crítica _____ 86
§ 20. La Filosofía en la Persia _____ 88
§ 21. Filosofía o doctrina zoroástrica _____ 89
§ 22. La Filosofía en el Egipto _____ 93
§ 23. La Filosofía moral en el Egipto _____ 96
§ 24. La Filosofía entre los hebreos _____ 100
§ 25. Doctrina moral y político-social de los hebreos _____ 101

La filosofía griega _____ **105**
§ 26. Origen y carácter general de la Filosofía griega _____ 107
§ 27. División general de la Filosofía griega _____ 110

Primer periodo de la filosofía griega _____ **113**
§ 28. La escuela jónica _____ 115
§ 29. Tales _____ 116
§ 30. Anaximandro _____ 118
§ 31. Anaxímenes y Diógenes de Apolonia _____ 120
§ 32. Heráclito _____ 122
§ 33. Crítica _____ 124
§ 34. Anaxágoras y sus discípulos _____ 126
§ 35. Escuela itálica o pitagórica _____ 131
§ 36. Pitágoras _____ 133
§ 37. Discípulos de Pitágoras _____ 135
§ 38. Doctrina de los pitagóricos _____ 138
§ 39. Psicología y moral de los pitagóricos _____ 143
§ 40. La escuela eleática _____ 145
§ 41. Crítica _____ 149

§ 42. La escuela atomista — 150
§ 43. Demócrito — 152
§ 44. Crítica — 156
§ 45. Empédocles — 159
§ 46. Los sofistas — 163
§ 47. Protágoras — 165
§ 48. Gorgias — 167
§ 49. Crítica — 169
§ 50. Otros sofistas — 170
§ 51. Crítica general de este periodo — 171
§ 52. Ojeada retrospectiva — 173

Segundo periodo de la filosofía griega — 177

§ 53. La restauración socrática — 179
§ 54. Sócrates — 181
§ 55. Filosofía de Sócrates — 183
§ 56. Crítica — 185
§ 57. Los discípulos de Sócrates — 187
§ 58. Escuela cirenaica — 189
§ 59. La escuela cínica — 191
§ 60. Discípulos de Antístenes — 192
§ 61. Crítica — 194
§ 62. Escuela de Megara — 195
§ 63. Escuelas de Elis y de Eretria — 196
§ 64. Desarrollo y complemento de la Filosofía socrática — 196
§ 65. Platón: vida y escritos — 198
§ 66. Teoría de Platón sobre las Ideas y el conocimiento — 202
§ 67. Metafísica y psicología de Platón — 209
§ 68. Moral y política de Platón — 215
§ 69. Crítica — 219
§ 70. Discípulos y sucesores de Platón — 224
§ 71. Aristóteles — 226
§ 72. Escritos de Aristóteles — 228
§ 73. Lógica y psicología de Aristóteles — 231

§ 74. Cosmología y Teodicea de Aristóteles _____248
§ 75. Moral y política de Aristóteles _____253
§ 76. Crítica _____259
§ 77. Discípulos y sucesores de Aristóteles _____265
§ 78. Crítica y vicisitudes posteriores de la escuela peripatética_____268
§ 79. El estoicismo _____270
§ 80. La lógica según los estoicos_____272
§ 81. Física del estoicismo _____274
§ 82. Moral del estoicismo_____277
§ 83. Crítica _____281
§ 84. Discípulos y sucesores de Zenón_____283
§ 85. Epicuro _____285
§ 86. La moral de Epicuro _____285
§ 87. La filosofía especulativa de Epicuro _____289
§ 88. Crítica _____292
§ 89. Discípulos y sucesores de Epicuro_____295

Tercer periodo de la filosofía griega _____ **297**
   § 90. Crisis y decadencia en la Filosofía helénica _____299
   § 91. Escepticismo pirrónico _____301
   § 92. El escepticismo académico_____303
   § 93. Escepticismo positivista. Enesidemo _____306
   § 94. Sexto Empírico _____309
   § 95. La Filosofía entre los romanos _____312
   § 96. La escuela peripatética entre los romanos _____314
   § 97. La escuela epicúrea entre los romanos _____317
   § 98. La escuela académica entre los romanos. Cicerón _____319
   § 99. El estoicismo entre los romanos. Séneca_____325
   § 100. Epicteto y Marco Aurelio _____331
   § 101. Movimiento de transición _____333
   § 102. Los nuevos pitagóricos_____335
   § 103. Movimiento intelectual en Alejandría _____337
   § 104. Origen de la escuela greco-judaica _____341
   § 105. Filón_____343

§ 106. Crítica _____346
§ 107. El gnosticismo _____349
§ 108. Gnosticismo panteísta_____350
§ 109. Crítica _____352
§ 110. Gnosticismo dualista _____356
§ 111. Gnosticismo antijudaico_____359
§ 112. Gnosticismo semipagano _____361
§ 113. El gnosticismo y la Filosofía novísima _____362
§ 114. La escuela neoplatónica _____365
§ 115. Plotino _____368
§ 116. Crítica _____376
§ 117. Porfirio _____381
§ 118. Neoplatonismo místico _____384
§ 119. Escuela filosófico-teosófica del neoplatonismo _____387
§ 120. Crítica general del neoplatonismo y de la Filosofía pagana _____393

Libros a la carta_____ **399**

Brevísima presentación

La vida

Zeferino González Diaz de Tuñón (Pola de Laviana, Asturias,1831-1894). España.

Hijo de labradores, en 1844 tomó el hábito dominico en el convento de Ocaña, y se fue a vivir a los dieciocho años a Manila, donde finalizó sus estudios. Su salud delicada marcó su dedicación a la academia y no a la misión: en enero de 1862 terminó La Economía política y el Cristianismo, y en 1864 publicó en Manila su principal obra doctrinal, los tres volúmenes de Estudios sobre la filosofía de Santo Tomás.

En 1866 fue trasladado por su Orden a España y en 1873 fue elegido miembro de la Real Academia de Ciencias Morales y Políticas.

De 1875 a 1883 ejerció como obispo de Córdoba, donde inició la organización de los Círculos Obreros y adaptó los Seminarios eclesiásticos a las exigencias de la enseñanza del bachillerato civil. Más tarde fue nombrado arzobispo de Sevilla, y en 1884 fue designado cardenal. Un año más tarde ocupó la Sede Primada de España, se enfrentó al clero toledano y en 1886 prefirió dejar el arzobispado de Toledo y volver al de Sevilla, del que dimitió para retirarse.

Zeferino González escribió esta *Historia de la filosofía* en Córdoba. Se trata de la primera gran historia de la filosofía escrita en español y de la primera exposición sistémica católica de la Historia de la Filosofía. El presente tomo abarca desde los albores de la antigüedad, incluye el pensamiento indú y el chino, y concluye con las corrientes filosóficas de la Roma clásica.

Prólogo de esta edición

En el Prólogo de la primera edición de esta obra decíamos, entre otras cosas, lo siguiente:

«Los defectos de éste, sin contar la parte principal que corresponde a la insuficiencia del autor, encontrarán atenuación y alguna disculpa en las circunstancias de lugar y tiempo en que fue escrito. Escribióse, es verdad, en la patria de Séneca; pero escribióse en medio de las múltiples y gravísimas atenciones propias del cargo episcopal, lo cual vale tanto como decir que se escribió sin espacio y vagar convenientes, y, sobre todo, sin la tranquilidad de espíritu, tan necesaria para emprender y llevar a cabo esta clase de trabajos.»

A corregir en parte estos defectos se encamina esta segunda edición de la Historia de la Filosofía, pues aunque tiempo ha que se agotó la primera, no hemos querido dar la segunda hasta poder introducir en ella algunas adiciones y mejoras que reclamaba, y que no nos ha sido posible realizar antes por falta de elementos, de tranquilidad de espíritu y hasta de espacio material, a causa de nuestra traslación a Diócesis diferentes, y de las múltiples y graves atenciones propias del cargo episcopal, sobre todo durante los primeros meses y años del gobierno de una Diócesis.

Según verán los lectores, las adiciones y modificaciones hechas alcanzan a las diferentes épocas de la historia de la filosofía. Sin embargo, las adiciones se refieren principalmente a la Filosofía moderna, y más todavía a la época de la Filosofía novísima, porque así lo exige el movimiento filosófico verificado en diferentes direcciones y en naciones varias durante la precitada época. La trascendencia del movimiento realizado en estos últimos años en el terreno positivista y en el campo de la psicología fisiológica y sociológica, reclamaba de nosotros mayor desenvolvimiento histórico, indicaciones más extensas y precisas acerca de estas cuestiones.

Prólogo de la primera edición

Corría el último tercio del siglo XV; vislumbrábanse en el horizonte los albores turbulentos y turbados del XVI, y en medio de las luchas apasionadas del Renacimiento, en medio del batallar incesante de las escuelas, en medio del tumulto producido por el choque violento de ideas cabalísticas y de ideas arábigo-judáicas, de sistemas antiguos y de sistemas nuevos, de corrientes paganas y de corrientes cristianas, Pico de la Mirandola escribió las siguientes palabras: Philosophia quaerit, theologia invenit, Religio possidet veritatem.

Palabras son estas que revisten los caracteres de un verdadero apotegma filosófico que encierra un fondo incontestable de verdad, y que trazan a grandes rasgos el objeto real, el resultado más legítimo y fecundo de estas tres grandes manifestaciones del espíritu humano.

Y en efecto: si es misión propia de la Filosofía marchar y moverse en busca de la verdad, toda vez que Dios entregó el mundo a las disputas de los hombres; si la investigación perseverante, profunda, consciente de la realidad objetiva y de la verdad absoluta, constituye la función esencial y característica de la Filosofía —philosophia quaerit veritatem—, no es menos cierto que pertenece a la teología descubrir y afirmar esa realidad en su sentido más amplio, poner al hombre en comunicación íntima y perfecta con esa verdad absoluta; porque la fe divina que le sirve de punto de partida —fides quarens intellectum—, la palabra de Dios que le sirve de norma y de luz, derraman vivos resplandores sobre los problemas más trascendentales que discute la Filosofía, en atención a que esa fe divina representa y entraña una derivación inmediata de la razón infinita, que es a un mismo tiempo la realidad completa, el ser infinitamente real, ens realissimum, y la verdad absoluta, la norma primitiva de toda verdad: Theologia invenit veritatem.

Que la Religión de Jesucristo —a la que alude sin disputa el autor del apotegma citado—, y sola la Religión de Jesucristo es la que da al hombre la posesión plena y perfecta de la verdad, pruébanlo de consuno la razón y la experiencia; porque son ellas las que nos revelan que los hombres colocados fuera de la corriente cristiana, siquiera sean renombrados filósofos y sabios afamados, viven y mueren agitados por la incertidumbre, y atormentados por dudas desgarradoras acerca de los grandes problemas metafísicos, morales y religiosos, y especialmente acerca de los problemas formidables que se refieren a las relaciones del hombre con Dios, en su origen, en su vida, y sobre todo en su muerte y en su destino final, mientras que el hombre de la fe divina y de la convicción religiosa marcha con paso firme y seguro hacia su final destino, porque la fe y la palabra de Dios iluminan con esplendente luz el gran misterio de la realidad divina, de la realidad humana y de la realidad cósmica, como iluminan también el misterio oscuro y formidable de la vida y de la muerte del hombre: Religio possidet veritatem.

Por lo demás —y dicho sea de paso—, el filósofo del Renacimiento no hizo más que reproducir y encarnar en una fórmula precisa, o digamos artística, un pensamiento que constituye y representa el fondo de la idea cristiana, y que por esta razón había sido apuntado ya y formulado de una manera más o menos explícita y comprensiva por algunos Padres y Doctores antiguos de la Iglesia, como primeros representantes de la Filosofía cristiana. Así, por ejemplo, no pocos siglos antes que apareciera el protagonista defensor de las novecientas conclusiones de omni re scibili, Lactancio había escrito que la suma del saber humano consiste y debe buscarse en la unión de la Religión y de la ciencia, porque la Religión sin ciencia es poco digna del hombre, en cambio la ciencia sin Religión es insuficiente y no merece grande estima: Scientiae summam breviter circumscribo: ut neque Religio ulla sine sapientia suscipienda sit, nec ulla sine Religione probanda sapientia.

¿Deberemos pensar por eso que la Filosofía se halla condenada a buscar incesantemente la verdad —quaerit— sin llegar jamás a su descubrimiento y posesión real y efectiva? Cuestión es esta que la historia de la Filosofía parece resolver y resuelve, a primera vista, en sentido afirmativo. Opiniones contrarias, con igual tesón y con igual apariencia de verdad defendidas y atacadas, hipótesis y teorías que se levantan hoy briosas y prepotentes para desaparecer mañana cual hoja arrebatada por el viento, luchas, victorias y derrotas alternadas entre el monismo hilozoísta y el dualismo cósmico, entre el panteísmo inmanente y el teísmo trascendente, entre la concepción idealista y la concepción positivista, entre la moral estoica y la moral epicúrea, entre el dogmatismo y el escepticismo, entre la tesis materialista y la tesis espiritualista; épocas históricas informadas y dominadas, ya por una, ya por otra de estas tendencias y teorías tan opuestas y diferentes; escuelas que nacen, se desarrollan, dominan, decaen y mueren en sucesión monótona y desesperante; sistemas que se levantan, chocan y se precipitan unos sobre otros con rapidez vertiginosa, y alguna vez con imponente estruendo: tal es el espectáculo que ofrece a nuestra vista la historia de la Filosofía. De aquí esta impresión más o menos acentuada de escepticismo que se experimenta de primera intención al terminar la lectura de la historia de la Filosofía. Porque, en efecto, nada más a propósito para producir en la mente impresiones y corrientes escépticas, que el espectáculo de la lucha constante, periódica y no pocas veces estéril de la Filosofía consigo misma, la consideración de la impotencia para descubrir, arraigar y establecer de una manera permanente en el seno de la humanidad ninguno de sus sistemas, ninguna de sus soluciones doctrinales.

Cuando se penetra, sin embargo, en el fondo de las cosas; cuando, a través de las luchas y contradicciones eternas de los sistemas filosóficos, se observan sus efectos y resultados con mirada escrutadora y penetrante, no es difícil persuadirse que si alguien pudo decir con cierto fondo de verdad que la historia de la Filosofía es la historia de los errores del espíritu humano, con igual fondo de verdad pudiera decirse también que la historia de la Filosofía es la historia de los progresos y desarrollo del espíritu humano.

Sin afirmar o suponer, ni mucho menos, como afirma y supone la filosofía racionalista de la historia, que cada sistema filosófico representa un momento necesario, lógico y por ende legítimo de la inteligencia y de la humanidad, o, si se quiere, del Absoluto de Schelling, o de la Idea hegeliana; sin creer, ni mucho menos, que todos los sistemas filosóficos que vienen sucediéndose en la historia son igualmente verdaderos y progresivos de su naturaleza; sin afirmar, ni mucho menos, que la evolución ascendente y progresiva del espíritu humano, a la que contribuyeron en mayor o menor escala los diferentes sistemas filosóficos, se halle representada por una línea recta y no por una espiral, y hasta por desviaciones y retrogradaciones más o menos considerables y pronunciadas, bien puede afirmarse y creerse que la movilidad, la inconstancia y la esterilidad de la Filosofía y sus sistemas, no son tan completas y efectivas como pudiera suponerse a primera vista. Si bien se reflexiona, los sistemas filosóficos, al menos los que entrañan cierto grado superior de importancia histórica y científica, dejan casi siempre huellas más o menos profundas de su paso por el espíritu humano y por la sociedad, y cuando, después de reinar por algún tiempo sobre ésta, decaen y mueren, al parecer, dejan siempre en pos de sí ideas, direcciones y tendencias determinadas, lo que pudiéramos llamar sedimentos intelectuales, fuerzas latentes pero vivas y reales, que representan otros tantos factores más o menos importantes de la evolución progresiva de la ciencia, de la sociedad y del espíritu humano en general.

Para comprender esto mejor, conviene tener en cuenta que el movimiento de avance o progresivo de la humanidad debe representarse y concebirse como una línea resultante del empuje vigoroso y de la marcha precipitada, por decirlo así, de la Filosofía y de la ciencia, en combinación con la inercia propia de las masas y con la fuerza resistente de la humanidad colectiva. Los hombres de la Filosofía y de la ciencia avanzan y marchan delante, descubriendo y afirmando nuevos principios, nueva máximas, nuevas direcciones, nuevos ideales y nuevos derroteros; pero las masas, cuyo criterio único y general es el sentido común completado por la experiencia, necesitan ante todo darse cuenta a sí mismas de las nuevas doctrinas, a las que oponen la resistencia natural de la costumbre y la desconfianza instintiva de lo desconocido e inexperimentado; necesitan reconocer la conformidad u oposición de las nuevas ideas con lo que constituye el criterio innato y general de la humanidad, o sea con el sentido común, y necesitan, sobre todo, periodos de tiempo más o menos largos para que esas nuevas ideas, doctrinas y direcciones penetren, se infiltren y se difundan por todas las capas sociales, hasta ponerlas en disposición y aptitud para entrar en los nuevos derroteros, para marchar decididamente en pos de los ideales descubiertos y señalados de antemano por la Filosofía y la ciencia. Así, pues, los filósofos, sin ser los autores exclusivos del progreso humano, son y merecen apellidarse sus precursores naturales, y contribuyen a acelerar su movimiento.

Cosa cierta es que, sin los filósofos y sus sistemas, la humanidad marcharía avanzando y podría caminar por los caminos múltiples del bien y de la perfección, porque la razón humana, como participación que es de la razón divina, como impresión de las ideas eternas —impressio quaedam rationum aeternarum—, como derivación y semejanza de la verdad increada que se refleja y brilla en nosotros —participatio luminis increati— similitudo increatae Veritatis in nobis resultantis—, según la palabra y el pensamiento de Santo Tomás, contiene y entraña una virtualidad infinita —intellectus est infinitus in intelligendo —potentia quodammodo infinita— potentia ad omnia intelligibilia—, y, por consiguiente, representa un principio innato de progreso, es una fuerza esencialmente progresiva; pero no es menos cierto que con el auxilio de la Filosofía y de la ciencia, impulsada y dirigida por los filósofos, la humanidad marcha o puede marchar por los caminos del progreso con mayor velocidad, ya que no siempre con mayor seguridad y acierto.

Despréndese de lo dicho que en el fondo de la Filosofía y de su historia palpita un dogmatismo real, a pesar de su aparente escepticismo, y que la esterilidad que a primera vista pudiera achacarse a la ciencia filosófica con sus sistemas múltiples y con sus luchas incesantes, se resuelve en verdadera y fecunda vitalidad.

Y esto nos revela al propio tiempo la importancia y utilidad que consigo lleva el estudio de la historia de la Filosofía. Porque si es útil y provechoso el conocimiento de los estados y naciones; si la historia externa de los pueblos es luz de la verdad y maestra de la vida, en frase del Orador romano, dicho se está de suyo que el conocimiento de la historia de la Filosofía debe ser y es importante y provechoso sobremanera, como lo es siempre conocer la causa del efecto, y conocer la ley interna que preside al fenómeno externo. Las acciones del hombre nacen de sus convicciones; los hechos son expresión y resultados de las ideas, y la historia de los pueblos y de las naciones y de los estados y de los individuos, representa la historia y las evoluciones del pensamiento humano, lo mismo en las grandes colectividades que en los individuos. Obreras silenciosas, pero infatigables y activas, las ideas son las que preparan y afirman, dirigen y constituyen el movimiento de los hombres y los pueblos; son las que determinan y explican los progresos, las desviaciones, las retrogradaciones parciales, los altos o estaciones que se observan en ese gran hecho histórico social que llamamos civilización. Y la civilización, como forma la más amplia y comprensiva del progreso humano, procede, ante todo y sobre todo, de las ideas. La perfección, la verdad, la realidad de una civilización, se hallan necesariamente en armonía y relación con la naturaleza, importancia y verdad de las ideas fundamentales que la dan forma y vida, y la diversidad de estas ideas fundamentales origina y contiene la razón suficiente de la diversidad de civilizaciones. La idea constituye la trama viva y fecunda de la historia de los hombres y los pueblos: la historia del hecho es y permanece letra muerta, si no es vivificada e interpretada por la historia de la idea.

Síguese de aquí que la historia de la Filosofía, la cual, en último resultado, no es más que la historia misma del pensamiento humano, la historia de las ideas, entraña importancia muy grande, toda vez que representa un elemento principalísimo de la Filosofía de la historia y de la Filosofía de la civilización. Y esto no ya solo por cuanto que encierra la razón suficiente primordial del movimiento de avance que se verifica en la humanidad de una manera lenta y gradual, o digamos solemne y acompasada, sino porque representa y explica los movimientos extraordinarios y bruscos que de vez en cuando se manifiestan en la marcha de la historia y de la civilización. Que si la acción paulatina y latente, pero perseverante e irresistible de las ideas, origina y explica el movimiento progresivo del primer género, la acción extraordinaria de las mismas, consecuencia natural, o de la aparición súbita de concepciones grandiosas y originales que chocan con vigor contra otras concepciones, o de pensadores dotados de grande actividad y prestigio, origina y explica la segunda especie de movimientos. Porque no debe olvidarse que la historia de la Filosofía, como la historia de los pueblos, tiene sus grandes guerras y sus grandes conquistas, tiene sus grandes hombres y sus grandes legisladores, tiene sus destronamientos o cambios de dinastías filosóficas, como tiene también sus revoluciones y restauraciones.

Ni se crea, por lo que dejo escrito, que en mi sentir, la Filosofía sola representa el origen y la razón suficiente de lo que hay de perfección y progreso en la historia de la humanidad y en su civilización. Lejos de eso, opino, por el contrario, que a la idea cristiana corresponde parte preferente o influencia trascendental y decisiva en el origen y desenvolvimiento de la civilización y del progreso. La historia, la razón y la experiencia revelan de consuno lo que sería la civilización de que tanto se envanece hoy la Europa, si no hubiera sido preparada, dirigida y vivificada por el principio cristiano. La historia de Grecia y de Roma en la antigüedad, lo mismo que la historia de la India, de la China y del África musulmana, demuestran con la evidencia de los hechos que la civilización producida e informada por la sola idea filosófica, siquiera esta idea sea tan admirable, tan elevada y tan profunda como la idea simbolizada en los nombres de Sócrates, de Platón, de Aristóteles, de Zenón y de Plotino, es civilización colocada a distancia inmensa de nuestra civilización europea; que toda civilización que carezca de la idea cristiana es una civilización esencialmente infecunda, estéril e incompleta, como acontece en la India y la China, siquiera se halle informada por determinadas ideas religiosas, además de las filosóficas; que toda civilización, en fin, que, arrojando de su seno el principio evangélico, se coloca fuera de la corriente cristiana, se marchita y perece irremisiblemente, como pereció y se marchitó la civilización en la patria de los Orígenes, los Tertulianos y los Agustinos.

El Cristianismo, que comenzó por proclamar en alta voz la igualdad y la fraternidad de todos los hombres ante Dios y ante la naturaleza, verdades fundamentales y constitutivas de toda civilización digna de este nombre, pero verdades que ni siquiera habían llegado a vislumbrar ni el genio intuitivo de Platón, ni el talento analítico y enciclopédico de Aristóteles, ni el instinto jurídico de Roma; el Cristianismo, que, con su in principio creavit Deus coelum et terram, resolvió de una manera tan sencilla como filosófica el gran problema cosmológico que tanto había atormentado a la Filosofía helénica; el Cristianismo, que presenta soluciones completas, fecundas, firmes y precisas para todos los grandes problemas que solicitan la inteligencia y el corazón del hombre, y especialmente para los que se refieren a su origen, a su destino final y eterno, a su porvenir en la vida presente y en la vida futura, a sus relaciones con sus semejantes y con Dios, contribuyó antes que la Filosofía, y mucho más que la Filosofía, a la civilización europea, en lo que tiene de más grande, elevado y fecundo, en lo que tiene de verdadera civilización, en lo que causa y constituye su superioridad real sobre las civilizaciones extrañas a la acción e influencia del Evangelio. La revolución, que parece haber sentado su trono en el centro de esta civilización, bien puede imprimir en ella tendencias anticristianas, ideas socialistas y comunistas, costumbres paganas y sensualistas; bien puede trabajar y esforzarse a sacarla de las corrientes cristianas para colocarla en las corrientes del antiguo paganismo; bien puede suscitar iras poderosas y acumular odios profundos contra Cristo y su Iglesia; pero jamás podrá persuadir al hombre de serena razón y de buena voluntad que el origen histórico, la razón suficiente primordial y los elementos más importantes y fecundos de la civilización europea no son debidos al Cristianismo. ¿Cabe poner en duda que las grandes instituciones, las grandes ideas, las grandes aspiraciones que caracterizan a la civilización moderna y le dan una marcada superioridad sobre las civilizaciones antiguas, deben sus comienzos, su desarrollo y su fuerza nativa al Cristianismo? ¿Cabe poner en duda que la cultura europea debe su incubación, sus primeros pasos y su desenvolvimiento, a ese Cristianismo que sembró la Europa de escuelas públicas y gratuitas para el pueblo, y a la vez escuelas superiores o Universidades para los elegidos de la ciencia? ¿Será necesario recordar que el Cristianismo aligeró primero, limó enseguida y rompió por último las cadenas materiales del esclavo, y esto después de limar y romper sus cadenas morales, dándole la conciencia de su propia dignidad?

Y fue también el Cristianismo el que reformó las costumbres públicas y privadas, el que suavizó las costumbres de la paz y las costumbres de la guerra, el que transformó paulatinamente la vida civil y la vida política, las leyes y las instituciones, como fue también el que introdujo y afirmó en el seno de la sociedad y de las naciones la idea de la fraternidad y amor universal de los hombres, la idea de la libertad y la idea de la justicia, de las cuales son corolarios legítimos la abolición de la esclavitud, la rehabilitación de la mujer, la libertad de la persona y del trabajo, la independencia y la dignidad de la conciencia religiosa ante los poderes humanos, la inviolabilidad del derecho y de la propiedad. Y no es que yo niegue la participación real de la Filosofía, si no en el origen, al menos en el desarrollo y aplicaciones de estas grandes ideas; antes por el contrario, doy grandísima importancia e influencia decisiva a la espontaneidad nativa del espíritu humano, a las fulguraciones luminosas de la razón, a las anticipaciones intuitivas del genio. ¡Pluguiera a Dios que la razón, la Filosofía y la ciencia no abusaran de sus fuerzas, de las fuerzas preparadas y acumuladas por el principio cristiano, de la fuerza recibida y heredada del Cristianismo, para rebelarse contra éste, para blasfemar de su Fundador divino, para falsear, torcer y destruir el movimiento de civilización cristiana de la antigua Europa y para colocarla en la corriente del ateísmo socialista.

Téngase en cuenta, además, que hasta la idea misma del progreso humano, hasta esa idea que la filosofía moderna o novísima, y aun pudiéramos decir la filosofía revolucionaria, reivindica para sí de una manera exclusiva, debe al Cristianismo su germinación inicial y su primer desarrollo. Para quien sepa leer en la historia y la doctrina del Cristianismo, es verdad inconcusa que en la teoría ético-cristiana va envuelta la idea de progreso verdadero, y aun pudiéramos decir indefinido, del hombre, toda vez que su perfectibilidad ético-intelectual abraza una escala indefinida, cuyo término final y cuyo ideal es el mismo infinito, y cuya medida es la aproximación y asimilación a Dios, verdad absoluta, bondad y santidad suprema. No es menos incontestable que la Ciudad de

Dios de San Agustín, la Historia de Paulo Orosio, y los libros De Gubernatione Dei de Salviano, entrañan la idea más o menos explícita del progreso humano social e histórico, así como es cosa averiguada que esta ley general del progreso humano, principalmente en lo que se refiere al orden intelectual y científico, fue apuntada y defendida por Roger Bacon y Durando en la Edad Media; fue aplicada en parte después por el autor del Novum Organum, y fue afirmada y desarrollada más tarde por Pascal. Cierto que el progreso reconocido y proclamado por Pascal y la Filosofía cristiana no es el progreso de la perfectibilidad indefinida y palingenésica de Condorcet, ni el progreso sensualista y libertino de Saint-Simon y de Fourier, ni el progreso humanitario de Leroux y Proudhon, ni mucho menos el progreso positivista de Comte y Littré, ni siquiera el progreso evolucionista y transformista de Darwin y Häckel, ni tampoco el progreso físico-fatalista de la novísima escuela sociológica; pero es el progreso de la razón y de la historia, es el progreso que concierta y armoniza la contingencia del hecho y la libertad individual con la causalidad universal y la infabilidad de la Providencia divina.

Indicadas ya y reconocidas la importancia y superioridad de la historia de la Filosofía con respecto a la historia externa de los pueblos y estados, basadas en la importancia y superioridad del pensamiento sobre la acción exterior, de la idea sobre el hecho, conviene determinar ahora las condiciones científicas y de método que deben presidir a su exposición y desenvolvimiento, si ha de ser fecunda en resultados y adecuada a sus propios fines; en otros términos, fijado el objeto peculiar de la historia de la Filosofía, que es lo que constituye y distingue específicamente las diferentes ciencias (scientia specificatur per objetum, decían no sin razón los antiguos Escolásticos), es preciso fijar el método que en la exposición y desarrollo de su objeto conviene seguir.

Según Hegel y sus discípulos, la historia de la Filosofía, lo mismo que las demás ciencias históricas y todas las de naturaleza positiva, debe escribirse con sujeción al principio de la identidad radical y real del hecho y de la idea, y, por consiguiente, subordinando, o hablando con más propiedad filosófica, absorbiendo el fenómeno en el numeno, la experiencia sensible en la razón pura, el hecho en la idea. Dada esta concepción de la historia, concepción que, por otro lado, no es más que una de tantas aplicaciones de aquel principio fundamental de los hegelianos: todo lo que es racional es real, debe existir perfecta identidad, o, al menos, paralelismo exacto entre el orden cronológico y el orden lógico; los hechos responden a los conceptos de la razón pura, en los cuales radica su ser y con los cuales se identifican en su fondo esencial; y como quiera que los conceptos de la razón nos son más fácilmente conocidos y los poseemos de una manera más inmediata que los hechos históricos y los fenómenos externos, los cuales radican y tienen su razón de ser en los primeros, síguese de aquí que la historia de la Filosofía no es, ni representa para el historiador filósofo, más que la sucesión dialéctica de ciertos momentos de la Idea. En otros términos: la contingencia aparente y externa de los sistemas filosóficos, se resuelve en una evolución interna necesaria de la razón universal inmanente, o de la Idea, y la historia de la Filosofía es, y no puede ser otra cosa, más que una síntesis a priori de la razón pura, una síntesis comprensiva, pero arbitraria, como una concepción prehistórica de la Filosofía.

A pesar de su clásica grandeza y de su unidad fascinadora, esta concepción hegeliana es de todo punto inadmisible, porque equivale a sustituir al contenido real y a la significación histórica de los sistemas filosóficos, el contenido abstracto de categorías puramente ideales y dialécticas. Por otra parte, en el orden lógico del hegelianismo, las relaciones internas y dialécticas de los conceptos racionales son las que determinan y concretan la sucesión cronológica y objetiva de los diferentes sistemas filosóficos; y la verdad es que en el orden histórico y real, esta sucesión entraña por necesidad un aspecto subjetivo, y es determinada, en parte al menos, por influencias psicológicas y por influencias del medio en que nacen y se desenvuelven. Dada y admitida la existencia de la Idea hegeliana, la razón y la experiencia demuestran de consuno que si el processus dialéctico de esta Idea puede fundar y determinar el orden lógico de los conceptos de la razón pura y sus relaciones internas ideales, nunca podrá darnos con esto la realidad contingente de las cosas, ni el orden cronológico de los hechos. La historia, lo mismo que la naturaleza física, pide ser observada, quiere ser interrogada y estudiada en su realidad concreta y en sus hechos; no pide ni debe ser adivinada de antemano, ni construida a priori.

Ahora es justo añadir que, si no se quiere caer en el extremo contrario, no debe rechazarse en absoluto y en todos sus aspectos esta concepción hegeliana de la historia, ni mucho menos su aplicación a la historia de la Filosofía. Que si ésta no debe ser nunca una construcción sistemática y apriorística de la razón pura que absorba y anule la realidad histórica de los hechos, tampoco debe ser una narración puramente empírica de los sistemas filosóficos, sino que debe estudiar, discernir y determinar el enlace de unos con otros, su acción y reacción recíprocas, la influencia del medio ambiente, la filiación de las doctrinas, inquirir y señalar la ley que preside al hecho, y la sucesión racional detrás de la sucesión histórica. En nuestra opinión, la historia de la Filosofía debe abrazar y entraña simultáneamente un elemento empírico y contingente, y otro elemento racional y necesario. No es ni un sistema dialéctico de conceptos puros, ni una mera yuxtaposición de doctrinas, o, como decía el mismo Hegel, «no es una serie de aventuras de caballeros errantes que se baten por una beldad que nunca vieron, y que solo dejan en pos de sí la narración divertida de sus ridículas empresas». En suma: la historia de la Filosofía, sin perjuicio de exponer con la debida exactitud los sistemas filosóficos, considerados como productos contingentes de la libertad y de la inteligencia del individuo junto con las condiciones del medio ambiente, debe al propio tiempo investigar y señalar la razón suficiente de esos sistemas, su ley generadora, la idea racional, necesaria y una, que existe y se oculta bajo el desorden aparente de los hechos, las relaciones doctrinales y genéticas de los sistemas, considerados como factores específicos de la historia de la Filosofía, y abstracción hecha de la unidad primitiva, remota e indirecta, que a la Filosofía corresponde por parte de lo que se llama filosofía del sentido común.

Porque es de advertir que la sucesión de los sistemas filosóficos, considerada en cuanto constituye el movimiento generador de la Filosofía, y su historia propiamente dicha, o sea como manifestación parcial y determinada del pensamiento reflejo, tiene lugar fuera de la acción directa del sentido común; pero sin que le sea dado prescindir por completo de su influencia espontánea y latente con respecto a las aplicaciones prácticas de dichos sistemas. Y es que esta filosofía del sentido común representa y constituye el fondo esencial y uno de la razón humana en sus relaciones innatas con la verdad, que es su objeto necesario. En otros términos: la historia de la Filosofía, como evolución sistemática y refleja de la razón humana, marcha y verifica su movimiento propio apartando con frecuencia la vista de esa filosofía del sentido común que le sirve de base primitiva, indirecta y hasta cierto punto extraña, si se quiere; pero que no por eso deja de impedir, con su fuerza nativa y esencialmente conservadora, que ciertas ideas se apoderen de las muchedumbres, o tomen arraigo en las diferentes capas sociales, como no lo tomaron por esta razón, al menos en el orden práctico, ni la doctrina nirvánica del budismo, ni las teorías comunistas de Platón, ni las exageraciones éticas del estoicismo, ni tantas otras ideas y teorías peligrosas e incompatibles con el bienestar de la humanidad, con que tropezamos a cada paso en la historia de la Filosofía. Como conjunto orgánico de sistemas y como evolución histórica especial y concreta, la Filosofía representa y constituye una esfera relativamente independiente y separada de la filosofía del sentido común, pero conservando siempre determinados y esenciales puntos de contacto con ésta, y sujeta a su fuerza de atracción; representa una construcción arquitectónica asentada sobre una roca granítica; es una concepción refleja del pensamiento individual, que presupone una concepción espontánea de la razón universal.

El advenimiento de Jesucristo, que es el centro de la historia universal del género humano, representa también el punto central de la historia de la Filosofía. Porque el advenimiento del Cristianismo lleva naturalmente consigo la división de la Filosofía en Filosofía pagana y Filosofía cristiana, en Filosofía anterior, o al menos extraña e independiente del Cristianismo, y en Filosofía posterior a éste, y más o menos influida por la idea cristiana. Mas como quiera que, a contar desde los primeros años del siglo XVI, se inició en el seno de esta Filosofía, hasta entonces casi exclusivamente cristiana, un movimiento separatista, que ha venido desarrollándose y creciendo hasta nuestros días, movimiento que se halla representado por no pocos filósofos racionalistas o partidarios de doctrinas y teorías incompatibles con el Cristianismo, de aquí la necesidad de dividir la Filosofía en posterior al advenimiento del Cristianismo en Filosofía propiamente cristiana, y en Filosofía moderna, la cual, al lado de autores, sistemas, principios y elementos cristianos, contiene y abraza simultáneamente autores, sistemas, principios y elementos más o menos heterodoxos y anticristianos.

En este sentido y con estas reservas acepto y he adoptado en esta obra la clasificación, generalmente recibida, de Filosofía pagana o antigua, Filosofía cristiana y Filosofía moderna. Cada una de ellas abraza secciones o subdivisiones relacionadas con su evolución peculiar. Así, por ejemplo, la Filosofía cristiana puede subdividirse en Filosofía patrística y Filosofía escolástica, la cual, a su vez, es susceptible de otras subdivisiones, así como en la Filosofía moderna podemos señalar o distinguir la época primera, que abraza desde Bacon, o si se quiere desde el renacimiento hasta Kant, en el cual y con el cual comienza el segundo periodo o sea la Filosofía novísima. Divisiones análogas pueden aplicarse a la Filosofía antigua o pagana, que contiene y abraza, además de la Filosofía de los pueblos orientales, la Filosofía antesocrática, la Filosofía postsocrática, y la Filosofía grecorromana.

En el cuadro de la filosofía pagana he creído conveniente y justo hacer entrar la Filosofía de los pueblos antiguos y de las civilizaciones orientales, Filosofía anterior a la de Grecia, o que al menos se movió fuera de su órbita. Tengo para mí que una historia de la Filosofía, en que se haga caso omiso de aquella, debe calificarse de incompleta; porque esa filosofía de los pueblos antiguos, aunque inferior sin duda a la griega, no carece de importancia histórica y científica; significa algo en la evolución progresiva y vicisitudes de la idea de filosófica, y puede contribuir a esclarecer los primeros pasos de la historia y de la civilización. No sería razonable ciertamente, ni tampoco muy oportuno, guardar hoy silencio sobre las especulaciones filosóficas que tuvieron por teatro las orillas del Ganges, y que dieron origen, o al menos sirvieron de ocasión y punto de partida al movimiento budista, que dominó y domina las vastas y pobladas regiones del Asia central y meridional. Y es esto tanto más oportuno, por no decir necesario, cuanto que esa especie de renacimiento budista que hoy presenciamos, y la intencionada importancia intelectual que se atribuye por algunos al budismo, hacen indispensable exponer y discutir la idea filosófica doctrinal que encierra esa concepción asiática.

Por lo que hace a lo que pudiera llamarse parte externa del método, principalmente en lo que se refiere a la naturaleza y uso de las fuentes, hame parecido oportuno adoptar un término medio, evitando de esta suerte dos extremos que no es raro observar en achaque de erudición y de historia, y que considero igualmente censurables. Sin salir de nuestro asunto, vemos historias de la Filosofía desprovistas, no ya solo de citas, sino también de toda clase de indicaciones bibliográficas y de fuentes históricas. En cambio, hay otros libros de este género en que las citas, las indicaciones bibliográficas y las fuentes llenan páginas enteras y absorben parte muy considerable de la obra. Esta abundancia o lujo de citas y fuentes, que puede justificarse, o que al menos es tolerable en una historia de la Filosofía extensa y voluminosa, bien puede calificarse de inoportuna, y parece poco justificada, cuando se trata de una historia elemental y compendiosa de la Filosofía.

Por esta y algunas otras consideraciones, y después de vacilar algún tiempo, he creído oportuno adoptar un término medio en esta materia. Consiste en indicar al principio de la obra las fuentes principales, o sea los escritos y trabajos más importantes consultados como fuentes, bien sea para toda la historia de la Filosofía, bien sea para algunos de sus periodos, bien sea para alguno o algunos de los filósofos más notables. Todo ello sin perjuicio de aducir algunas citas y de intercalar palabras y sentencias de los autores respectivos en el texto de la obra, con objeto de que el lector pueda juzgar por sí mismo de la fidelidad y exactitud que entraña la exposición de determinadas ideas y teorías. Por punto general, he procurado aducir estas citas y pasajes cuando se trata, o de filósofos y sistemas de grande importancia en la historia de la Filosofía, o de obras especiales y poco conocidas generalmente, o de puntos controvertidos entre los historiadores y críticos, o cuando se trata, finalmente, de opiniones e ideas, o no mencionadas, o expuestas y juzgadas de una manera inexacta por los historiadores de la Filosofía. En obras históricas elementales, el uso de una erudición excesiva además de comunicar al libro cierto carácter pedantesco, suele acarrear confusión de ideas y juicios. Pero desterrar hoy de las mismas toda clase de erudición bibliográfica, y no alegar textos y citas, es desconocer la condición propia y la naturaleza de los libros históricos, en los cuales nadie tiene derecho para ser creído sobre su palabra, y es desconocer, sobre todo, las exigencias de la época crítica que atravesamos.

Debo añadir ahora que las fuentes principales de que me he servido para conocer y exponer la doctrina de los filósofos que entrañan especial importancia histórica y científica, han sido, generalmente hablando y con pocas excepciones, sus propios escritos. Aun con respecto a no pocos filósofos de segundo orden, me he creído en el caso de consultar y leer sus obras en todo o en parte, porque solo de esta manera es posible exponer con la fidelidad necesaria y juzgar con algún acierto la doctrina y las ideas de ciertos autores, doctrina e ideas que muchos historiadores de la Filosofía suelen exponer y juzgar de una manera rutinaria e inexacta, o cuya exposición omiten por completo, a pesar de su importancia relativa, según acontece con algunos representantes de la Filosofía escolástica.

La indicación de nombres y la exposición de doctrinas pertenecientes a filósofos españoles, ocupan más espacio que el que en una historia general de la Filosofía les corresponde; pero esto no se me achacará como gran defecto por parte de los lectores españoles, por más que podrá serlo, y lo será ciertamente, para los extranjeros, si por acaso algunos de ellos leyere este libro.

Los defectos de éste, sin contar la parte principal que corresponde a la insuficiencia del autor, encontrarán atenuación y alguna disculpa en las circunstancias de lugar y tiempo en que fue escrito. Escribióse, es verdad, en la patria de Séneca; pero escribióse en medio de las múltiples y gravísimas atenciones propias del cargo episcopal, lo cual vale tanto como decir que se escribió sin espacio y vagar convenientes, y, sobre todo, sin la tranquilidad de espíritu tan necesaria para emprender y llevar a cabo esta clase de trabajos.

Que la historia de la Filosofía es tal vez el ramo de saber que se encuentra más descuidado entre nosotros, cosa es de suyo manifiesta, como lo es también la conveniencia de estimular a aquellos de mis compatriotas que se hallen en mejores condiciones que las mías al efecto, para que llenen este gran vacío de nuestra literatura. Algo y aun mucho pesó esta última consideración en mi ánimo para decidirme a tomar la pluma y escribir este ensayo de Historia de la Filosofía.

Fuentes

En conformidad con lo que en el Prólogo dejamos indicado, vamos a señalar parte de los libros que nos han servido de fuentes para escribir esta Historia de la Filosofía, ya que citarlas todas sería imposible, o al menos alargaría demasiado esta reseña bibliográfica.

Indicaremos primero, bajo el nombre de Fuentes generales, las que se refieren a toda o a la mayor parte de la historia de la Filosofía, procediendo después a citar las fuentes particulares correspondientes a los diversos periodos parciales de la misma.

Fuentes generales
Brucker, Historia critica Philosopiae a mundi incunabulis ad nostram usque aetatem deducta, 1741.
Tennemann, Manuel de l'Histoire de la Philosophie, trad. V. Cousin, 1839.
De Gerando, Histoire comparée des systèmes de Philosophie relativement aux principes des connaissances humaines, 1823-1847.
Ritter, Histoire de la Philosophie ancienne, trad. Tissot, 1835.
—Histoire de la Philosophie chrétienne, trad. M. Trullard, 1844.
—Histoire de la Philosophie moderne, trad. Challemet-Lacour, 1861.
Cousin, Histoire générale de la Philosophie, 1867.
—Introduction à l'Histoire de la Philosophie.
Scholten, Histoire comparée de la Philosophie et de la religion, trad. M. Reville, 1861.
Weber, Histoire de la Philosophie européenne, 1872.
Nourrisson, Tableau des progrès de la pensée humaine depuis Thales jusqu'à Hegel, 1874.
Michelis, Geschichte der Philosophie von Thales bis auf unsere Zeit, 1865.
Uebeerweg, Grundriss der Geschichte der Philosophie, 1870.
Se han consultado además historias generales de ciertas doctrinas y de sistemas determinados referentes a la Filosofía, y, entre otras, la Historia de las doctrinas morales y políticas, por Janet (1858); y la más reciente Historia del materialismo, por Lange, publicada en 1865.

Fuentes para la Filosofía anterior a la griega, o de los pueblos orientales
Encyclopédie du XIX siècle, en los artículos que tratan de las religiones de los pueblos antiguos, de la filosofía y sistemas de la India, del Budismo, del Zend-Avesta, de la doctrina filosófica y moral de los chinos, egipcios y otros pueblos orientales.
Welte y Wetzer, Dictionnaire encyclopédique de la théologie catholique, trad. Goschler, en los artículos que tratan de la doctrina filosófico-religiosa de los judíos y demás pueblos antiguos, 1858-1865.
Gobineau, Les religions et les philosophies dan l'Asie Centrale, 1865.
Colebrooke, Essai sur la philosophie des Indous, trad. Pauthier, 1833.

Burnouf, Introduction à l'Histoire du Boudhisme indien, 1844.
Barthélémy Saint-Hilaire, Le Bouddha et sa religion, 1860.
Regnaud, Études de philosophie indienne, 1876.
Bunsen, Dieu dans l'Histoire, trad. A. Dietz, 1868.
Max Müller, La science de la religion, trad. H. Dietz, 1873.

Anónimo, De ritibus sinensium erga Confucium philosophum et progenitores mortuos, 1700. Parece escrito por algún misionero jesuita, a juzgar por sus ideas acerca de los ritos sinenses.

Navarrete (padre Fr. Domingo), Historia de China, en la cual este célebre misionero expone y discute la doctrina de los literatos chinos, con motivo de las controversias sobre los ritos sinenses.

Noel (padre Francisco), Sinensis imperii libri classici sex e sinico idiomate in lat. vers, 1771.

Meiners, De Zoroastris vita, institutis, doctrina et libris, 1780.

Harlez, Le Zend-Avesta, ensayo crítico publicado en la Revue catholique de Louvain, 1874.

Wiseman, Discursos sobre las relaciones que existen entre la ciencia y la religión revelada, 1844.

Lenormant, Manuel d'Histoire ancienne de l'Orient, 1868.
Ruchet, La science et le Christianisme, 1874.
Biblia sacra seu Vetus Testamentum.
Flavii Josephi, Opera, 1726.
Herodoto, Historiarum libri IX: recognovit Guilielmus Dindorfius, 1862.
Ctesiae Cnidii Fragmenta, dissertartione et notis illustrata a Carolo Müller, 1862.

Fuentes para la Filosofía griega

Aurea Carmina Pythagorae, cum commentariis Stephani nigri, edic. de Basilea, sin fecha.

Diógenes Laertius, De vitis, dogmatibus, et apophtegmatibus clarorum philosophorum, 1759.

Ritter y Preller, Historia Philosophiae graeco-romanae ex fontium locis contexta, 1838.

Zeller, Die Philosophie der Griechen, 1856.

Laforet, Histoire de la Philosophie ancienne, 1867.
Jenofonte, Memorabilia Socratis, trad. Schneider, 1863.
Platón, Opera, Marsilio Ficino interprete, 1556.
Aristóteles, Opera, 1608.

Las obras de Platón y de Aristóteles, además de ser fuentes primarias y directas con respecto a su propia doctrina, sirven también de fuentes, acaso las más autorizadas y seguras, con respecto a la doctrina y opiniones correspondientes a la Filosofía socrática y a las escuelas anteriores a Sócrates. En este concepto, son de mucho valor algunos de los diálogos de Platón; pero son de mayor importancia todavía los escritos de Aristóteles, principalmente los tres libros De Anima, el tratado De generatione et corruptione, y, sobre todo, el libro primero Metaphysicorum, que contiene un verdadero resumen de la historia de la Filosofía desde Tales hasta Platón y Aristóteles.

Lo que son las obras de estos dos últimos para la Filosofía socrática y la antesocrática, son las obras de Cicerón para la Filosofía posterior a Sócrates. Además de las cuestiones tusculanas y las académicas, son importantes en este concepto los tratados que llevan por título De divinatione et de fato —De natura deorum, y el De officiis, los cuales contienen una especie de resumen de las opiniones y teorías profesadas por los principales filósofos y escuelas que florecieron después de Sócrates.

Para conocer y juzgar estas mismas escuelas, y a la vez las opiniones y doctrina de los sistemas y filósofos posteriores a Cicerón, son también fuentes autorizadas, y muy dignas de estudio, los escritos de Clemente de Alejandría, Orígenes y Eusebio de Cesárea, en los cuales se encuentran muchas noticias e indicaciones curiosas y útiles acerca de la materia. Los Stromata del primero, el tratado De principiis y el que escribió Contra Celsum del segundo, y la Praeparatio evangelica de Eusebio, así como su Historia eclesiástica, son los más importantes en este concepto.

Soury, L'Ecole d'Athènes, estudio crítico sobre las relaciones de la escuela socrática con el materialismo, publicado en la Revue philosophique, 1876.
Marsilio Ficino, Theologia platónica de immortalitate animorum, 1559.
Justo Lipsio, Manudictio ad stoicam Philosophiam, 1604.
Séneca, Opera quae extant omnia, a Justo Lipsio emendata, 1605.
Epitecto, Enchiridiom et Cebetis tabula, 1570.

Guyeau, La contingence dans la nature et la liberté dans l'homme selon Epicure, 1877.
Gassendi, Animadversiones in decimum librum Diogenis Laertii, qui est de vita, moribus, placitisque Epicuri, 1675.
Lucrecio, De rerum natura, 1850.
Filón, Opera omnia, 1613.
Plotini libri in sex Enneades distributi a Marsilio Ficino translati et comment. illustrati, 1559.
Porfirio, De diis atque daemonibus.
—De abstinentia ab esu animalium.
—De anima, Marsilio Ficino interprete, 1552.
—Introductio ad universalia, Severino Boetio interprete, 1552.
Jámblico, De mysteriis aegyptiorum, chaldaeorum et assyriorum, 1554.
Proclo, Commentaria in Alcibiadem Platonis primum de Anima et daemone, Marsilio Ficino interprete, 1552.
Julio Simón, Histoire de l'Ecole de Alexandrie, 1845.

Fuentes para la Filosofía patrística y para la de transición a la escolástica
San Justino, Opera, y principalmente su Exhortación a los Griegos, 1615.
San Ireneo, Opera omnia, y especialmente el tratado Adversus haereses, que contiene la historia y análisis del gnosticismo, 1734.
Clemente de Alejandría, Opera omnia quae supersunt, 1612.
Orígenes, Opera quae quidem extant omnia, per Desid. Erasmus Roterodamun partim versa, partim vigilanter recognita, 1536. —Las homilías sobre el Génesis, el tratado de Principiis o Periarchon, y los ocho libros Contra Celsum, son las fuentes principales en orden a sus opiniones filosóficas.
Tertuliano, Opera quae hactenus reperiri potuerunt, 1598.
Lactancio, Institutiones divinae, 1748.
San Agustín, Opera omnia, 1739, y especialmente los tratados De Trinitate, De civitate Dei, De ordine, De quantitate animae, De libero arbitrio, Contra Académicos, mas las Confesiones y las Retractaciones.
Boecio, Opera quae extant, omnia, 1546.
Casiodoro, Opera omnia, 1679.

San Isidoro de Sevilla, Opera omnia, 1599, y principalmente el tratado sobre las Etimologías y el que se titula De natura rerum.

Nemesio, De natura hominis, Georgio Valla interprete, 1538.

Agustín Eugubino, De perenni philosophia libri decem, 1542. El objeto preferente de esta obra es probar que muchos dogmas principales de la teología y de la filosofía cristiana fueron profesados por los teólogos y filósofos de la antigüedad pagana.

Remy Ceillier, Histoire génerále des auteurs sacrés et ecclesiastiques, 1747.

Kind, Teleologie und Naturalismus in der altchristlichen Zeit, 1876.

Freppel, Cours d'élòquence sacrée, 1857 y siguientes.

Santo Tomás, Expositio in librum B. Dionysii de divinis nominibus. 1747. Citamos este escrito de Santo Tomás, porque es muy a propósito para conocer y apreciar el elemento platónico, o, si se quiere, neoplatónico que se descubre en algunos Padres de la Iglesia, elemento cuya influencia se deja sentir también con más vigor en la Filosofía escolástica, como lo demuestra, entre otros monumentos, el comentario del mismo Santo Tomás sobre el libro De Causis, atribuido generalmente a Proclo.

Gotti, Veritas Religionis christianae ex devictis haeresibus directe ejus veritatem impugnantibus demonstrata, 1750. Contiene interesantes noticias acerca del gnosticismo y demás herejías de los primeros siglos de la Iglesia.

Tricalecio, Biblioteca manualis Ecclesiae Patrum, 1773.

Fuentes para la Filosofía escolástica

Scoto Erigena, De divisione naturae libri quinque, 1681.

San Anselmo, Opera labore et studio Gabrielis Gerberon edita, 1721.

Abelardo, Opera nunc primum edita ex Mss. codd Fr. Ambaesii, 1616. Su Theologia christiana, y los Comentarios sobre el Génesis, se encuentran en el Thesaurus anecdotorum de Durand y Martène.

Hugo de San Víctor, Opera, 1618.

Ricardo de San Víctor, Opera omnia, 1518.

Pedro Lombardo, Sententiarum libri quatuor, 1576.

Salisbury, Policraticus sive de nugis curialium et vestigiis philosophorum, 1664.

Alberto Magno, Opera omnia, 1651. Algunos de los tratados contenidos en esta grande edición, que consta de veintiún volúmenes en folio, son apócrifos.

Vicente de Beauvais, Speculum majus quadruplex, 1624.

Santo Tomás de Aquino, Opera omnia studio et cura Vicenti Justiniani et Thomae Manriquez, 1570. Entre sus obras, las más importantes y conducentes para conocer su concepción filosófica, son: la Summa theologiae, la Summa catholicae fidei contra Gentiles, las Quaestiones disputatae, los Commentaria in libros Metaphisicorum Aristotelis, los Commentaria in libros de Anima del mismo, la Expositio ya citada sobre el libro De divinis nominibus, otras exposiciones análogas sobre el libro De hebdomadibus de Boecio, y sobre el libro De causis, que Santo Tomás atribuye no sin fundamento a Proclo, y, finalmente, varios tratados u Opuscula philosophica, entre los cuales se cuenta el que lleva por título De ente et essentia, comentado más tarde por el Cardenal Cayetano.

Alejandro de Hales, Opera, 1576.

San Buenaventura, Opera jussu Sixti Vedita, 1588.

Enrique de Gante o Goetals, Quodlibeta in quatuor libros Sententiarum, 1518.

Egidio Romano, De regimene principium, y las Quaestiones in secundum librum Sentent, 1581.

Roger Bacon, Opus majus ad Clementem IV, 1739.

Escoto (Juan Duns), Opera omnia collecta, recognita, notis et Commentariis illustrata, 1639, y especialmente sus Conclusiones et Quaestiones metaphysicae, Commentaria in lib. Sentent., y las cuestiones sobre el tratado o libro De Anima de Aristóteles.

Raimundo Lulio, Opera omnia, 1721-1744, o sea la edición de Maguncia, que consta de ocho volúmenes en folio.

Durando, In sententias theologicas Petri Lombardi Commentariorum libri quatuor, 1547.

Tomás Bradwardin, De causa Dei contra Pelagium et de Virtute causarum, 1648.

Guillermo de Occam, Quaestiones et decisiones in IV lib. Sententiarum, 1495.

Pedro de Ailly (de Alliaco), Quaestiones super IV lib. Sententiarum, 1490.

Gerson, Opera omnia, 1606, y especialmente el tratado De concordia metaphyisicae cum logica.

Biel (Gabriel), Repertorium generale et succinctum super quatuor libros Sententiarum, 1519.

Sabunde, Libro de las criaturas o Teología natural, 1616.

El Cardenal Cayetano, cuyos Commentaria in Summam theologicam D. Thomae, así como los que escribió al opúsculo De ente et essentia, son bastante notables y de grande utilidad para comprender el pensamiento de Santo Tomás sobre algunas cuestiones metafísicas de grande importancia.

Javelli, Totius rationalis, naturalis, divinae ac moralis Philosphiae compendium, 1568.

Melchor Cano, Opera in duo volumina distributa, 1774.

Domingo Soto, De justitia et jure libri decem ad Carolum Hispaniarum principem, 1556.

Suárez, Disputationes metaphysicae, 1614, y el tratado De Anima, sin contar los Comentarios sobre la Suma de Santo Tomás.

Martène y Durand, Thesaurus novus anecdotorum, 1717.

Quetif y Echard, Scriptores Ord. Praedicatorum, 1719.

—Wading, Bibliotheca Scriptor. Ordinis Minorum, 1650.

Rousselot, Études sur la Philosophie scolastique, 1852.

—Haureau, De la Philosophia scolastique, 1852.

Ozanan, Dante et la Philosophie catholique au trezième siècle, 1855.

Remusat (Charles), Saint Anselme, 1852.

Michaud, Gillaume de Champeaux et les écoles de Paris au XII siècle, 1867.

Jourdain, La Philosophie de Saint Thomas de Aquin, 1858.

Fuentes para la Filosofía de los árabes y judíos en la Edad Media

Avicena, Opera a Ger. Cremon. ab arabica lingua in latinam reducta, 1522.

Averroes, In Aristotelis opera omnes qui ad haec usque tempora pervenere commentarii, 1562.

Tophail, Philosophus autodidactus, trad. Pocoke, 1671.

Maimonides, Le guide des égarés, trad. Munk, 1856.

Schmölders, Essai sur les écoles philosophiques chez les Arabes, et notamment sur la doctrine d'Algazzali, 1842.

Renan, Averroes et l'averroisme, 1852.
Casiri, Bibliotheca arabico hispana escurialensis, 1770.
Munk, Mélanges de Philosophie juive et arabe, 1859.
Eliphas Levi, histoire de la Magie, avec une exposition claire et précise de ses procédés, des ses rits et de ses mystéres, 1860.

Fuentes para la Filosofía del renacimiento y Filosofía moderna
Marsilio Ficino, Opera in duos tomos digesta, 1641.
Pomponazzi, Tratactus de immortalitate animae, 1516.
—De fato, libero arbitrio, praedestinatione, providentia Dei lib. quinque, 1525.
Pico de la Mirandola, Johannis et Francisci Mirandulani Opera, 1601.
Cardano, De rerum varietate, 1557.
Luis Vives, Opera omnia, 1782.
Vanini, Œuvres philosophiques, trad. Rousselot, 1842.
Jordano Bruno, Della causa, principio ed uno, 1584.
—De immenso et innumerabilibus seu de universo et mundis, 1591.
—De compendiosa architectura et complemento artis lulianae, 1582.
—De lampade combinatoria luliana ad infinitas propositiones et media invenienda, 1587.
Campanella, Universalis Philosophiae sive Metaphysicarum rerum juxta propria dogmata partes tres.
—Philosophiae rationalis partes quinque, videlicet, grammatica, dialectica, rhetorica, poetica, historiographia, juxta propria dogmata, 1683.
—Prodromus Philos. instaurandae, 1617.
—De Monarchia hispanica.
Bacon, Opera Philosophica, 1834.
Descartes, Opera Philosophica, 1692.
Huet, Censura Philosophiae cartesianae, 1692.
Hobbes, Elementa Philosophica de cive, 1642, y Jules Soury en el estudio crítico sobre la Historia del materialismo, de Lange, publicado en la Revue de Philosophique, 1876.
Spinoza, Tratactus theologico-politicus, continens dissertationes aliquot quibus ostenditur libertatem philosophandi non tantum salva pietate et reipu-

blicae pace posse concedi, sed eamdem nisi cum pace reipublicae ipsaque pietate, tolli non posse, 1670, y la Ethica, 1677.

Vloten, Ad B. de Spinoza opera quae supersunt omnia supplementum, 1862.

Turbiglio, Benedetto Spinoza e le transformazione del suo pensiero, 1876.

Mallebranche, De la recherche de la verité, 1673. L'infini creé, 1769. Meditations chrétiennes et métaphisiques, 1683, Entretiens sur la métaphisique et sur la religion.

Frantin, Pensées de Blaise Pascal, rétablies suivant le plan de l'auteur, d'après les textes originaux, accompagnés des additions et des variantes de Port-Royal, 1853.

Bossuet, Œuvres complètes suivies de l'histoire de Bossuet, 1846.

Fénélon, Traité de l'existence de Dieu, 1718.

Leibnitz, Essai de Teodicée sur la bonté de Dieu, la liberté de l'homme et l'origine du mal, 1710.

—Nouveaux Essais sur l'entendement humain, 1688.

—Discours sur la conformité de la foi avec la raison.

—Reflexions sour l'ouvrage de M. Hobbes, de la liberté, la necessité et l'hazard, 1712.

—Causa Dei asserta per justitiam ejus, 1715.

Locke, Essai sur l'entendement humain, trad. Coste, 1700.

Gerdill, L'immortalité de l'âme démontrée contre M. Locke, 1747.

Berkeley, Principes de la Connaissance humane, y los Dialogues entre Hylas et Philonous, 1759.

Compayré, La Philosophie de David Hume, 1873.

Reid, Œuvres complètes publiées par M. Jouffroy avec des fragments de M. Roger Collard, 1836.

Gerard, La Philosophie de Voltaire d'après la critique allemande, 1877.

Soury, Le materialisme au XVIII sièlce, 1876.

Rousseau, Discours sur l'origine et les fondements de l'inégalité parmi les hommes, y el Emile, 1790.

Sudre, Histoire du Communisme, 1846.

Fuentes para la época de la Filosofía novísima
Kant, Critique de la raison pure, trad. Tissot, 1849.
—Logica, trad. A. García-Moreno.
—Principes métaphysiques de la morale, trad. Tissot, 1845.
—Prolegomènes à toute métaphysique future, trad. Tissot, 1865.
—Principes métaphysiques de Droit suivis de project de paix perpétuelle, trad. Tissot, 1853.
—Crítica de la razón práctica, 1876.
Fichte, Principes fondamentaux de la science de la connaissance, trad. Grimblot, 1843.
Schelling, Écrits philosophiques et morçeaux propres à donner une idée générale de son système, trad. Renard, 1847.
Weber, Examen critique de la Philosophie religieuse de Schelling, 1860.
Hegel, Logica, trad. Fabié, 1872.
Vera, Introduction a la Philosophie de Hegel, 1864.
—L'hegelianisme et la Philosophie, 1861.
Willm, Histoire de la Philosophie allemande dépuis Kant jusqu'à Hegel, 1846.
Herbart, Psychologie als Wissenschaft, neu gegründet auf Erfarung, Metaphysik und Mathematik, 1825.
Ribot, La Philosophie de Schopenhauer, 1874.
Hartmann, La Philosophie de l'inconscient, trad. Nolen, 1877.
—La religion de l'avenir, trad. anón, 1876.
Krause, Das System des Rechtphilosophie, Vorlesungen für Gebildete aus allemständen, herausg. von Röder, 1874.
—Ideal de la Humanidad para la vida, trad. y coment. de Sanz del Río.
Tiberghien, Introduction à la Philosophie et preparation à la métaphysique, 1868.
Tiberghien, Les commendements de l'humanité ou la vie morale d'après Krause, 1872.
Ahrens, Curso de psicología, trad. Lizárraga, 1873.
Cousin, Du Vrai, du Beau et du Bien, 1858.
—Introduction à l'histoire de la Philosophie, 1861.
Jouffroy, Melanges philosophiques, 1860.

Comte, Cours de Philosophie positive, 1839.
Littré, La science au point de vue philosophique, 1873.
Vacherot, La métaphysique et la science, 1863.
Renan, Avenir de la métaphysique, y también Dialogues et fragments philosophiques, 1876.
Janet, Les causes finales, 1876.
Caro, L'idée de Dieu et les nouveaux critiques, y también sus Probèmes de morale sociale.
H. Spencer, Les principes de psychologie, trad. Espinas, 1874.
Bain, L'esprit et le corps, trad. franc. 1873.
Ribot, La psychologie anglaise contemporaine, 1875.
Darwin, De l'origine des espèces, trad. Clem. Royer, 1870.
Schmidt, Descendance et darwinisme, 1874.
Häckel, Nathürliche Schöfungsgeschichte, 1868.
Quatrefages, Charles Darwin et ses precurseurs français, étude sur le transformisme, 1870.
Bagehot, Lois scientifiques du developpement des nations dans leur rapport avec les principes de la sélection naturelle et de l'héredité, 1875.
Moleschott, La circulation de la vie, trad. Cazelles, 1865.
Vogt, Lettres phisiologiques, première edition franc. de l'auteur, 1875.
Büchner, Science et nature, trad. Delondre, y también Fuerza y materia, trad. Avilés, 1868.
Dühring, Cursus der Philosophie, 1875.
Reybaud, Études sur les reformateurs ou socialistes modernes, 1856.
Harms, Die philosophie seit Kant, 1876.
Gerdil (el Cardenal), sus obras, edic. de 1784-1791.
Roselli, Summa Philosophica ad mentem Angelici Doctoris, 1788.
De Maistre, Soirées de Saint-Petersbourg, 1821.
—Du Pape, 1819.
Bonald, Recherches philosophiques sur les premiers objects des connaissances morales, 1818.
—Demonstration philosophique du principe constitutif de la societé, 1830.
Lamennais, Essai sur l'indifference en matière de religion, 1859.
—Esquisse d'une Philosophie, 1841.

Raulica, sus obras, y principalmente la Filosofía cristiana, la Razón católica y la razón filosófica, y el Ensayo sobre el origen de las ideas y sobre el fundamento de la certeza, 1853.

Bonnetty, Annales de Philosophie chrétienne.

Lupus, Le traditionalisme et le rationalisme examinés au point de vue de la Philosophie et de la doctrine catholique, 1858.

Lepidi, Examen philosophico-theologicum de ontologismo, 1874.

Grattry, De la connaissance de Dieu, 1856.

—Logique, 1860.

—De la connaissance de l'ame, 1861.

Maret, Teodicea cristiana, 1854.

—Philosophie et religion, 1846.

—Ensayo sobre el panteísmo, 1861.

Rosmini, Psicologia, Theodicea y Filosofia del diritto, 1839.

—Nouvel essai sur l'origine des idées, trad. André, 1844.

Gioberti, Introduction à l'étude de la Philosophie, trad. Mary, 1845.

Sanseverino, Philosophia christiana cum antiqua et nova comparata, 1862.

Liberatore, Institutiones philosophicae, y su tratado sobre el Compuesto humano.

Zigliara, Della luce intellettuale è dell'ontologismo secondo la dottrina de' santi Agost., Bonavent. è Tommaso de Aquino, 1874.

Kleutgen, La Philosophie scolastique, trad. Sierp, 1869.

Feijóo, Teatro crítico y Cartas.

Balmes, sus obras, y fundamentalmente la Filosofía fundamental, 1846.

Donoso Cortés, sus obras, y especialmente el Ensayo sobre el catolicismo, el liberalismo y el socialismo.

Orti y Lara, sus escritos, y principalmente las Lecciones sobre la Filosofía de Krause, y la Introducción al estudio del Derecho.

Excusado parece advertir que, además de las citadas, se han consultado varias obras relacionadas con el movimiento filosófico de las épocas modernas y novísima. Lo mismo sucede con respecto a las épocas anteriores, y principalmente con respecto a la Filosofía escolástica, acerca de la cual se han consultado las obras de muchos escritores que se omiten en esta reseña bibliográfica de fuentes, pudiendo citarse, entre otras, las de Herveo Natal,

Roberto Holcoth, Pedro Hispano, Juan Buridan, Gregorio de Rimini, Enrique Suson, Domingo de Flandria, Francisco de Victoria, Molina, Báñez, Medina, Juan de Santo Tomás, Vázquez, con otros muchos escritores filosóficos, tanto antiguos como modernos, cuyos libros se verán citados en sus respectivos lugares.

Historia de la filosofía

§ 1. Concepto de la historia de la Filosofía

Aristóteles da comienzo a sus catorce libros Metaphysicorum con aquella afirmación de todos conocida, a saber: que todos los hombres desean naturalmente saber (omnes homines natura scire desiderant), o poseen natural inclinación a la ciencia. Afirmación es esta que, aunque parece vulgar a primera vista, encierra profundo sentido filosófico, según se desprende de las reflexiones luminosas que hace Santo Tomás[1] al exponer y comentar, con su acostumbrada penetración y seguridad, esta sentencia del Estagirita. Y es digno de notarse que el Doctor Angélico supone y afirma que este deseo natural de saber se refiere al saber en sí mismo, a la ciencia metafísica considerada en sí misma, abstracción hecha de sus aplicaciones ulteriores y de su utilidad posible: quaerere scientiam non propter aliud utilem, qualis est haec scientia, non est vanum.

A nuestro intento, sin embargo, en la ocasión presente, basta recordar que ese deseo de saber, espontáneo y universal en el hombre, de que nos habla el

---

1 Sin contar otras varias consideraciones muy filosóficas acerca de las aplicaciones y efecto de ese natural deseo de saber que existe en el hombre, Santo Tomás busca y señala la razón suficiente de este fenómeno, o, digamos mejor, de este hecho: a) en la tendencia espontánea y natural de lo imperfecto a la perfección, del entendimiento en estado de potencia al entendimiento en estado de acto, de la inteligencia potencial e informe a la inteligencia actuada e informada por las ideas; b) en la natural inclinación de toda sustancia o naturaleza a su propia operación, a la acción correspondiente a su propia esencia, la cual en el hombre y para el hombre no es otra que la acción de entender o saber, puesto que es la acción más propia del hombre como hombre y la que le distingue y separa de las demás cosas: por consiguiente, nada más natural que la inclinación del hombre a la ciencia, el deseo de saber y conocer las cosas y sus razones y principios. «Cujs ratio potest esse triplex: primo quidem quia unaquaeque res naturaliter appetit perfectionem sui, unde et materia dicitur appetere formam, sicut imperfectum appetit suam perfectionem. Cum igitur intellectus a quo homo est id quod est, in se consideratus, sit in potentia omnia, nec in actum eorum reducatur nisi per scientiam, quia nihil est eorum quae sunt, ante intelligere, sic naturaliter unusquisque desiderat scientiam, sicut materia formam. Secundo, quia quaelibet res naturalem inclinationem habet ad suam propriam operationem; propria autem operatio hominis in quantum homo est intelligere, per hoc enim ab omnibus aliis differt: unde naturaliter desiderium hominis inclinatur ad intelligendum et per consequens ad sciendum.» Comment. in 12 lib. Metaphys., lib 1.°, lecc. 1.ª
No es menos hermosa la tercera razón probando que el hombre desea naturalmente la ciencia, acto y perfección propia del entendimiento humano, porque por medio de éste se verifica la unión del hombre con la Inteligencia Suprema y la posesión de la perfecta felicidad: Non conjungitur homo nisi per intellectum, unde et in hoc ultima hominis felicitas consistit.

discípulo de Platón, es el grano de mostaza que creció y crece, se desarrolló y se desarrolla, hasta constituir la ciencia filosófica, cuya historia tratamos de escribir. Pero, ¿qué se entiende por esta ciencia filosófica? ¿Qué materias y cuestiones constituyen la esencia y el ser de la Filosofía, y representan, por consiguiente, el dominio y los límites de su historia?

Preguntas son estas que entrañan un problema nada fácil de resolver, al menos con seguridad y precisión exacta. Porque, si volviendo la vista atrás, echamos una rápida ojeada sobre el sentido y significación que se ha dado a la palabra filosofía en diversas épocas y por diferentes autores, nos será sumamente difícil determinar, circunscribir y fijar aquel sentido y aquella significación, y, consiguientemente, la naturaleza y el dominio de la Filosofía y de su historia.

Zeller observa con razón que la palabra filosofía recibió entre los griegos sentidos y significaciones muy diferentes. Y, en efecto: si recorremos los escritos de Herodoto, Jenofonte, Platón y Sócrates y algunos otros, veremos que la denominación de filósofo se tomaba con frecuencia como sinónima de sabio, de sofista, de físico o naturalista, y alguna vez se aplicaba a los poetas y artistas. En general, puede decirse que al principio toda cultura del espíritu humano, la aplicación o ejercicio de su actividad en cualquiera de sus fases, la manifestación, en fin, de la virtualidad y fuerza nativa de la razón humana en esfera superior a la del vulgo o generalidad de los hombres, recibía el nombre de filosofía y también de sabiduría. Porque es sabido que en sus primeros pasos estos dos nombres marcharon, por punto general, confundidos y como identificados, y aun puede añadirse que estuvo más en uso el segundo que el primero hasta la época de Pitágoras[2] y hasta la enseñanza de Platón, cuyos escritos contribuyeron mucho, no ya solo a generalizar el uso de la palabra filósofo, sino también a concretar y fijar su verdadero sentido.

Al mismo resultado contribuyeron igualmente los escritos y la enseñanza de Aristóteles; pues si bien es cierto que tanto éste como su maestro emplean alguna vez la palabra filosofía en su sentido primitivo y vago, generalmente le atribuyen una significación concreta, diferencial y científica. Que si para Platón

---

2   Cualquiera que sea la exactitud histórica de la anécdota que atribuye a Pitágoras el origen del nombre filósofo, exactitud histórica que no todos reconocen, es lo cierto que esta palabra tomó carta de naturaleza, por decirlo así, entre los escritores y hombres de letras, a contar desde la época en que floreció el fundador de la escuela itálica.

la Filosofía es el esfuerzo por medio del cual el espíritu humano se eleva al conocimiento objetivo del ser y de la perfección moral, y distingue lo que es de lo que aparece, lo inteligible de lo sensible y fenoménico, para su discípulo la Filosofía es el conocimiento reflejo y sistemático de los principios del ser y del conocer, la investigación científica del mundo y de sus primeras causas, y del hombre con sus potencias, su origen y sus fines.

En las escuelas que posteriormente se formaron al calor de la restauración socrática, y bajo la influencia más directa e inmediata de Platón y Aristóteles, el nombre y noción de Filosofía vuelven a perder la precisión y el sentido racional, concreto y científico que habían recibido de la boca y en los escritos de aquellos dos grandes filósofos. En muchas de estas escuelas, la Filosofía queda reducida a la investigación ética, o, mejor dicho, a la investigación de los bienes en que consiste la felicidad del hombre, y medios de llegar a su posesión. En otras, la ciencia filosófica es amalgamada y confundida con la erudición histórica, la crítica, la música, la gramática y otras semejantes. En algunas, finalmente, el elemento mitológico, la simbólica, la teurgia y la magia, absorben, si ya no decimos que ahogan, la Filosofía, en el sentido propio de la palabra.

En resumen: desde los primeros tiempos históricos hasta Pitágoras, la denominación de filósofo y la de sabio, equivalente por entonces de la anterior, se daba a los que sobresalían o se distinguían del vulgo por alguna cultura superior del espíritu, o porque poseían conocimientos especiales en cualquier ramo, ciencias, artes, literatura, gobierno, etc., y también a los que se distinguían de la generalidad por la práctica de la virtud o ejercicios de obras buenas. A esta primera época podemos aplicar las palabras de Cicerón, cuando escribe: Omnis rerum optimarum cognitio atque in his exercitatio Philosophia nominata est.

Desde Pitágoras hasta Aristóteles inclusive, el nombre y noción de la Filosofía se determinan, aclaran y fijan paulatinamente hasta adquirir significación propia y diferencial, y, por último, se presenta, aunque con cierta vaguedad, entre vacilaciones pasajeras y con alguna oscuridad, como la ciencia del mundo, de Dios y del hombre, como la investigación científica, consciente y refleja de la esencia, de las leyes y de las relaciones de la realidad objetiva. Y aquí es digno de notarse que algunos de estos filósofos, y principalmente Sócrates y Platón, reconocen y confiesan que la ciencia que el hombre puede alcanzar de estos objetos es muy imperfecta y como nada en comparación de la ciencia de Dios, único verdadero sabio,[3] y único que posee la ciencia verdadera y digna de este nombre.

En las escuelas posteriores, la idea de la Filosofía, o se circunscribe a la investigación de la felicidad de la vida humana y de sus condiciones, como las escuelas cínica, cirenaica, epicúrea, etc., o amalgama y confunde toda clase de conocimientos, desde la retórica y poética, hasta la magia y la simbólica, como las diferentes ramas y fases del neoplatonismo, o subordina todos estos conocimientos, lo mismo que la especulación metafísica, a la idea ética, como aconteció en la escuela estoica, para la cual no había más Filosofía ni más investigaciones metafísicas que el estudio y la práctica de la virtud, a la cual debía subordinarse todo lo demás; pues, como escribía Séneca, Philosophia studium virtutis est, sed per ipsam virtutem.

Despréndese de lo dicho que la historia de la Filosofía, ni debe abrazar todo lo que algunas escuelas y filósofos apellidaron Filosofía, ni tampoco debe limitarse a lo que otras escuelas y otros filósofos designaron con este nombre, sino que debe marchar y moverse en relación y armonía con la noción o idea propia de la Filosofía. La cual, según queda indicado, abraza el conocimiento racional, o al menos la investigación científica de la esencia, leyes y relaciones generales de la realidad. La idea de Filosofía, y consiguientemente su historia, no descienden al objeto y terreno propios de las ciencias particulares, consideradas como tales, sino que se mantienen en las investigaciones, conocimientos y sistemas que de una manera más directa y general se relacionan con Dios, el mundo y el hombre, que son los tres grandes objetos que integran la realidad objetiva, cuya esencia, leyes generales y relación, constituyen y representan la materia y como el objeto específico de la Filosofía.

---

3   No una, sino varias veces, insiste Platón en este pensamiento, que pudiéramos llamar filosófico-cristiano, ora poniéndolo en boca de Sócrates, ora expresándolo por su propia cuenta, según puede verse en la Apología Socratis, en el Convivium, en el Phoedrus, en el Lysis, y hasta en algunas de sus cartas. Así, por ejemplo, en la Apología, Platón, después de recordar la pregunta hecha al oráculo de Delfos acerca de la sabiduría de Sócrates, pone en boca de éste las siguientes palabras: «Interrogavit utique (Cherephon) an esset ullus me sapientior: respondit Pythia, sapientiorem esse neminem... Quidnam Deus est? aut quid hoc sibi voluit? Ego enim mihi conscius sum, neque in magnis nec in parvis esse me sapientem. Quid igitur sibi vult cum me asserit sapientissimum?... Videtur autem, o viri Athenienses revera solus Deus sapiens esse, atque in hoc oraculo id sibi velle, humanam sapientiam parvi, imo nihili pendendam esse». Opera plat. Mars. Fic. interp., pág. 470.

No es menos hermosa la tercera razón probando que el hombre desea naturalmente la ciencia, acto y perfección propia del entendimiento humano, porque por medio de éste se verifica la unión del hombre con la Inteligencia Suprema y la posesión de la perfecta felicidad: Non conjungitur homo nisi per intellectum, unde et in hoc ultima hominis felicitas consistit.

§ 2. Límites y auxiliares de la historia de la Filosofía

Por lo dicho en el párrafo anterior, se ve que la historia de la Filosofía excluye de su seno las artes y ciencias de erudición, empíricas, históricas, matemáticas y físicas. Aun con respecto a aquellas ciencias que participan de la naturaleza de la Filosofía, como las psicológicas, jurídicas y sociales, la historia de la Filosofía debe limitarse a ciertos puntos de vista generales, y a las relaciones más íntimas y fundamentales de las mismas con la Filosofía propiamente dicha.

Por su misma naturaleza, estos límites entre la Filosofía y las demás ciencias son relativamente vagos. Por esta razón no es posible señalar una línea precisa, inmutable y fija, ora para separar la Filosofía y su historia de las demás ciencias, ora para reconocer y elegir, entre las múltiples opiniones e ideas de los filósofos, las que merecen hallar cabida en la historia de la Filosofía. De manera que el criterio objetivo necesita ser completado y desarrollado por el criterio subjetivo del autor, el cual, si posee sentido filosófico, sabrá discernir las ideas, opiniones y teorías a las que deba concederse lugar más o menos preferente en la historia de la Filosofía, habida razón de su valor real, de su influencia sobre los espíritus, de su originalidad e importancia efectivas.

El acierto y seguridad del criterio, así objetivo como subjetivo, depende también, en gran parte, de la naturaleza y uso de las fuentes y materiales de que se eche mano al escribir la historia de la Filosofía. Excusado parece decir que debe concederse la preferencia a las obras generales de los filósofos cuya doctrina se trata de exponer, cuando conste, al menos, la autenticidad de esas obras que han llegado hasta nosotros. A falta de éstas, debemos recurrir al testimonio de otros autores, y a las noticias suministradas por éstos, principalmente cuando son contemporáneos o poco posteriores, acerca de la vida, doctrina, discípulos o influencia de ciertos filósofos.

De aquí la utilidad, o, digamos mejor, la necesidad relativa de acudir a la historia, la crítica, la filología, para proceder con acierto al discutir, afirmar y discernir, bien sea la autenticidad de las obras atribuidas a determinados filósofos, bien sea la autenticidad y el valor real de las noticias de segunda mano y de los datos suministrados por otros autores. Pueden y deben, por lo tanto, considerarse como auxiliares de la historia de la Filosofía, la crítica, la filología, la historia de los pueblos y de su civilización; pero también, aunque en grado inferior y de una manera menos directa, la gramática, la historia de las artes y ciencias, la mitología, la religión y la cronología.

Al hablar aquí de los límites de la historia de la Filosofía, claro es que nos hemos referido a los límites internos de la misma, a los límites inherentes y esenciales a su objeto específico y a su materia propia. Por lo que hace a los límites que pudiéramos llamar externos y cronológicos, ya dejamos indicado en el Prólogo que los ensanchamos hasta dar cabida a la historia de la Filosofía entre los pueblos orientales, sin que por eso sea nuestro ánimo prejuzgar la cuestión referente al origen de la Filosofía. Por otra parte, la resolución de este problema depende en gran parte del sentido o significación que se atribuya a la palabra filosofía. Es muy posible que, una vez fijado el sentido de esta palabra, los que buscan y señalan el origen de la historia de la Filosofía en la India, se acercarían mucho, si ya no es que coincidían plenamente con la opinión de Tennemann, cuando nos dice que «el verdadero principio de la Filosofía se encuentra entre los griegos».

A juzgar por esta afirmación, sería preciso suponer que, para Tennemann, la Filosofía de la India y sus sistemas no representan esfuerzo alguno de la razón humana para realizar la idea de la Filosofía, o sea para constituir una concepción más o menos sistemática de la realidad. Porque es de saber que para el filósofo alemán, la historia de la Filosofía «es la ciencia que representa los esfuerzos de la razón humana para realizar la idea de la Filosofía, narrándolos ordenadamente». Es verdad que el mismo filósofo añade que la historia de la Filosofía «es la representación por medio de los hechos del desarrollo siempre progresivo de la Filosofía como ciencia». Parécenos que el espíritu hegeliano que informa estas dos definiciones, espíritu que se transparenta más en la segunda, contiene la explicación y la verdadera razón suficiente del privilegio que Tennemann concede a los griegos en orden al origen de la Filosofía y de su historia.

§ 3. Materia y forma de la historia de la Filosofía

La materia de la historia de la Filosofía es de dos maneras o especies: interna y externa. La materia interna es la misma Filosofía considerada como esfuerzo consciente, sistemático y progresivo de la razón, para el conocimiento de la realidad concebida desde un punto de vista general, en su esencia, sus leyes y sus relaciones fundamentales. Lo que se ha dicho en el párrafo primero acerca de la idea de la Filosofía y de su historia, fija de antemano la materia interna de esta última. Si se quiere expresar la misma idea con otros términos, puede decirse que la materia interna de la historia de la Filosofía son los varios sistemas filosóficos que aparecen en diferentes puntos del espacio y del tiempo, como productos del esfuerzo de la razón, o, mejor, como productos y manifestaciones del trabajo metódico y consciente de la inteligencia en orden al conocimiento general y científico de la realidad.

La razón, la experiencia y las ciencias históricas demuestran de consuno que la inteligencia del hombre se halla sometida a ciertas condiciones exteriores que influyen de una manera más o menos directa y eficaz en su desenvolvimiento, ora favoreciendo y acelerando éste, ora contrariando su energía, ora comunicándole determinada dirección. Y esto es lo que constituye y representa la materia externa de la historia de la Filosofía; porque la verdad es que esta historia no sería completa ni llenaría su objeto si, al ocuparse de la materia interna y de los sistemas filosóficos, no se hiciera cargo y no tomara en consideración los acontecimientos, circunstancias y condiciones que ejercieron influencia más o menos eficaz y decisiva en el desenvolvimiento de la razón filosófica, en el origen, naturaleza, direcciones y efectos de los sistemas.

Pertenecen a este género y forman parte de la materia externa de la historia de la Filosofía: a) la persona de los filósofos, con los datos referentes a su vida y costumbres, a su carácter moral, a la fuerza o intensidad de su inteligencia, a sus estudios, maestros, etc.; b) el grado y caracteres de la civilización del pueblo en que nació o vivió el filósofo, la religión y la lengua del país, y la educación recibida; c) el espíritu general de la época y la constitución e ideas políticas reinantes; y, finalmente, en menor escala, el clima, las condiciones geográficas y geológicas del país, los sucesos históricos contemporáneos o inmediatos, las revoluciones, etc.

Así como la combinación oportuna y racional de los términos y proposiciones constituye la forma del silogismo, según los lógicos, así también la forma de la historia de la Filosofía debe consistir, y consiste, en la coordinación metódica, racional y oportuna de lo que constituye la materia interna y externa de la misma. El elemento principal, la condición más indispensable para alcanzar esta coordinación metódica que constituye la forma de la historia de la Filosofía, consiste en no perder de vista que en esta historia debe entrar por mucho el estudio y conocimiento de las causas y efectos que determinaron el proceso de los múltiples sistemas filosóficos que en la misma se presentan. En otros términos: entonces podrá decirse que la historia de la Filosofía posee su verdadera y propia forma, cuando la materia interna y la externa reciban disposición o combinación adecuada para representar con la posible claridad y exactitud el desenvolvimiento sucesivo de la razón filosófica, juntamente con las causas y razones del orden, alternativas y vicisitudes de este desenvolvimiento.

Dicho se está de suyo que no se trata aquí de lo que pudiéramos llamar la forma externa y accidental de la historia de la Filosofía, o sea de la forma resultante de las cualidades del estilo, división por capítulos, libros o párrafos, colocación de textos, etc., sino que se trata de la forma interna y sustancial, por decirlo así, por medio de la cual la historia de la Filosofía, no solamente se distingue esencialmente de todas las demás historias y ciencias, sino que, por razón de esa forma, constituye un verdadero conjunto histórico-científico, con unidad una y verdadera.

La forma de la historia de la Filosofía será imperfecta, si la disposición oportuna y la combinación adecuada de los materiales no se halla informada y vivificada por un criterio fijo, amplio y comprensivo, capaz de percibir el sentido íntimo y real de los sistemas y doctrinas, comunicando al propio tiempo a su historia cierta unidad, cierta uniformidad doctrinal, basada en la convicción real y en el criterio filosófico del historiador. Porque no somos de aquellos que creen que el historiador de la Filosofía debe carecer de sistema filosófico, o que al menos debe ocultar sus ideas. Lejos de eso, opinamos, por el contrario, que el historiador de la Filosofía necesita tener un sistema, una concepción sistemática, un criterio general, que pueda servirle de guía, de norma y como medida para comprender las doctrinas de los filósofos, juzgar de su importancia y relaciones mutuas, discernir su valor real y la naturaleza de sus resultados e influencias en la historia y la civilización. Cierto es que el historiador de la Filosofía debe poner exquisito cuidado en no dejarse llevar de sus aficiones y convicciones personales al juzgar y criticar las doctrinas de los filósofos; cierto que debe ante todo exponer con fidelidad y exactitud las opiniones y sistemas que se suceden en el campo de la Filosofía; pero de aquí no se infiere que deba carecer de sistema propio. Para exponer con imparcialidad y verdad las opiniones de los otros, no se necesita ser escéptico o carecer de convicciones en la materia. Y es absurdo afirmar o suponer que el mejor historiador de la Filosofía sería aquel que careciese de sistema propio y de convicciones fijas en materia de Filosofía, como sería absurdo pretender que el mejor historiador del Derecho sería un hombre que no profesara opinión alguna determinada y fuera completamente escéptico en la materia. Por punto general, en esta materia, como en tantas otras, los que hacen más alarde de libertad de juicio, de amplitud de miras y de imparcialidad, son los que en la práctica las observan menos y los que más se apresuran a juzgar de las doctrinas y sistemas filosóficos, no solamente con sujeción a su criterio personal, sino con sujeción a sus apasionamientos racionalistas y anticristianos.

§ 4. Importancia y utilidad de la historia de la Filosofía
La importancia y utilidad de la historia de la Filosofía se infiere y resulta de la naturaleza misma de la Filosofía. Porque si ésta representa la evolución superior de la razón humana como facultad de conocimiento en el orden natural; si la Filosofía es la suprema de las ciencias humanas; si es la base y coronamiento de todas las demás ciencias y aun de las artes; si lleva en su seno íntimas y múltiples relaciones con la religión y el destino final del hombre, si la Filosofía representa y contiene uno de los elementos más poderosos, eficaces y permanentes del movimiento histórico y civilizador del género humano, evidente será de toda evidencia, que son muy grandes e incontestables la importancia y utilidad de su historia, según queda dicho en el prólogo. Así, pues, la historia de la Filosofía es una especie de complemento de la Filosofía, y desde ese punto de vista, su importancia y utilidad vienen a confundirse e identificarse con la

utilidad e importancia de la misma Filosofía. En este concepto, la historia de la Filosofía se halla en contacto con todos los grandes objetos de la actividad humana, e influye de una manera directa o indirecta en casi todas las ciencias y artes, en el conocimiento del proceso y vicisitudes de la historia humana, y facilita el camino para conocer, juzgar y medir la naturaleza de las diferentes civilizaciones, y la de las diferentes fases o manifestaciones religiosas que dominaron y dominan entre los hombres.

Por otra parte, con el estudio de la historia de la Filosofía, el espíritu adquiere insensiblemente cierta independencia y superioridad para juzgar y criticar las doctrinas; se pone en estado de conocer y aplicar las reglas más convenientes para la investigación científica de la verdad; descubre nuevos caminos y direcciones posibles en el desenvolvimiento de la razón y de la ciencia, ensanchando los horizontes de ésta. A esto se añade que es auxiliar muy eficaz y poderoso para marchar con relativa seguridad por los caminos de la verdad y de la ciencia, y para conocer las aberraciones de la razón humana, sus causas y efectos, conocimiento que es resultado natural y lógico del estudio de la historia de la Filosofía. Y este estudio contribuye también, y no poco, a desterrar las preocupaciones o prejuicios; a imprimir en el espíritu elevación de miras, y a comunicarle cierta modestia y sobriedad de juicio, muy en armonía con las prescripciones del Catolicismo, y muy en armonía también con la dignidad del hombre y de la ciencia.

Empero téngase presente, y no se olvide nunca, que la modesta sobriedad de juicio que prepara e inspira el estudio recto de la historia de la Filosofía, no debe confundirse ni con la mentida sobriedad del eclecticismo, que envuelve la negación de la verdad real y absoluta, ni mucho menos con esa indiferencia de que algunos alardean, que concede iguales derechos a la verdad y al error, al bien y al mal, indiferencia absurda e inmoral, que coincide y se identifica con el escepticismo absoluto.

La filosofía de los pueblos orientales

§ 5. La Filosofía en la India

Las provincias meridionales y occidentales del Asia, que, según las tradiciones bíblicas, presenciaron la creación primera del hombre, y la segunda creación o dispersión postdiluviana del género humano, fueron también testigos de las primeras evoluciones filosóficas, por lo mismo que fueron teatro de las primeras civilizaciones. Porque toda civilización entraña una Filosofía, bien así como toda concepción religiosa entraña una civilización en armonía con la religión que le sirve de base y norma fundamental. De aquí la existencia, desarrollo y caracteres de lo que pudiéramos llamar Filosofía oriental, y también Filosofía prehistórico-griega, en relación y armonía con la existencia, desarrollo y caracteres de las religiones varias que aparecen de una manera, ya sucesiva, ya simultánea, en diferentes regiones del Asia y del África.

La India, el Irán, la China, el Egipto, la Palestina, que fueron teatro y asiento de varias religiones y civilizaciones, fuéronlo también de diferentes conceptos y sistemas filosóficos, que constituyen los antecedentes históricos de la filosofía griega.

El Brahmanismo y el Mazdeísmo representan las dos concepciones religiosas conocidas como más antiguas, abstracción hecha de la revelación por Dios al primer hombre. Entre los modernos orientalistas se halla bastante generalizada la opinión de que el Mazdeísmo, no solo es posterior al Brahmanismo, sino que debe su origen y su ser a una reacción contra éste, y que representa el movimiento y propagación de la raza aria hacia el Occidente, mientras las tribus brahmánicas se dirigían a las provincias meridionales del Asia y se estacionaban en la India. Sea de esto lo que quiera, es lo cierto que la India sirvió de teatro a los primeros sistemas y trabajos propiamente filosóficos, sistemas y trabajos formados y desarrollados, primero bajo las inspiraciones y al calor de los libros sagrados, y que más adelante se emanciparon más o menos de esta dirección.

La Filosofía de la India puede dividirse, por lo tanto, en Filosofía religiosa, que es la contenida en los libros tenidos por sagrados en la India, y la Filosofía racional, que es la que debe su origen a la especulación científica, sin perjuicio de ser ortodoxa o heterodoxa, según que entraña o no conformidad con el contenido de los libros indicados.

Los libros tenidos por sagrados, y que contienen la Filosofía que hemos apellidado religiosa, son los siguientes:

a) Los cuatro Vedas, o sea el Rig-Veda, el Yadjur-Veda, el Sama-Veda y el Atharva-Veda. Contienen, entre otras cosas, ciertos poemas metafísicos, llamados upanichadas. Los partidarios del brahmanismo suponen que el contenido original de dichos libros fue revelado por Brahma, conservándose por tradición hasta que fueron coleccionados y ordenados por Vyasa, nombre que, según Colebrooke, quiere decir compilador, aunque algunos lo consideran como nombre propio.

b) Atribúyese al mismo autor la colección, o, mejor dicho, la composición de los Puranas o poemas, en número de dieciocho, destinados a narrar los diferentes hechos, transformaciones y encarnaciones de la teogonía índica. La colección o conjunto de estos dieciocho Puranas o poemas (Vishnú-purana, o poema de Vishna, Bhagavatha-purana, poema de Krishna, etc.), forma un quinto Veda.

c) Atribúyese al mismo autor el Mahabaratha, especie de poema épico en que se narran las guerras que tuvieron lugar entre los Pandos y los Kurus, y en el cual se halla también el famoso episodio denominado Bhag avat-gita, o sea el canto de Bhagavan o Krishna, una de las encarnaciones de Vishnú. El otro gran poema épico, titulado Ramayana, es debido a Valmiki.

d) La colección de las leyes de Manú, o sea Mana-vadharma-sastra, forma la cuarta clase o serie de los libros considerados como sagrados por los pueblos de la India, y constituyen lo que se pudiera apellidar la biblia del Brahmanismo.

§ 6. La Filosofía especulativo-religiosa en la India

La doctrina metafísica y cosmológica contenida en los libros canónicos del Brahmanismo, puede resumirse y condensarse en los puntos siguientes:

1.º En el principio y desde la eternidad, antes de todo tiempo, de todo mundo y de toda creación, no había ni ser ni no ser en las cosas: «Todo era abismo y tinieblas, y la muerte no existía, ni la vida tampoco».[4] Solo existía Brahm, el ser absoluto, infinito, único existente en sí y por sí, que en las profundidades de su ser encierra la inteligencia (Brahmâ), o espíritu divino, y la

---

4   Palabras del Rig-Veda, según Colebrooke.

materia (Mâyâ), las cuales dieron origen al mundo. Brahmâ y Mâyâ, o sea el espíritu y la materia, aunque identificados con Brahm sustancialmente, inician y representan en éste el deseo de salir de su profundidad tenebrosa y manifestarse por medio de la creación del mundo, o, mejor dicho, por medio de la emanación y evolución de su propia sustancia. En otros términos: Brahmâ es Brahm como inteligencia o espíritu, y Mâyâ es el mismo Brahm como materia o fondo sustancial común de las cosas.

2.º Por lo que hace al proceso primitivo de estas manifestaciones de Brahm o del ser absoluto, he aquí cómo se expone en el libro de las leyes de Manú: «Este mundo estaba sumergido en la oscuridad, imperceptible, privado de todo atributo, no pudiendo ni ser reconocido por el raciocinio ni revelarse; parecía entregado completamente al sueño. Entonces apareció el Señor que existe por sí mismo, y disipó la oscuridad, es decir, desenvolvió la Naturaleza. Habiendo resuelto en su espíritu o pensamiento sacar de su propia sustancia las criaturas, produjo ante todo las aguas, en las cuales depositó un germen. Este germen se convirtió en un huevo brillante como el oro, y de él nació el mismo Ser Supremo bajo la forma de Brahmâ, el abuelo de todos los seres. Las aguas fueron llamadas Nârâs, porque fueron la producción de Nara (el espíritu divino), y como estas aguas fueron el primer lugar del movimiento de Nara, o sea del espíritu divino, por eso éste ha sido apellidado Nârayâna, es decir, el que se mueve sobre las aguas.[5] Por el que es, por la causa imperceptible, eterna, que existe realmente, pero no existe para los órganos, fue producido este varón divino, célebre en el mundo bajo el nombre de Brahmâ. Después de permanecer dentro de este huevo por espacio de un año divino, el Señor, mediante su solo pensamiento, lo dividió en dos partes, con las cuales formó el cielo y la tierra».

3.º Así, pues, Brahmâ y Mâyâ, primeras manifestaciones, o mejor dicho, doble fase de Brahm, el ser único y absoluto, constituyen la realidad del Universo con todos sus seres, cuya sustancia y realidad son idénticas en el fondo con la sustancia y realidad de Brahm, el Ser Supremo, el espíritu divino,

---

5   Excusado parece llamar la atención sobre la analogía y afinidad de este pasaje con las palabras del Génesis: Spiritus Dei ferebatur super aquas, afinidad que indica o descubre el origen común primitivo de las dos concepciones cosmogónicas bajo este punto de vista.

el alma universal, fuera de la cual nada hay sino ilusión y pluralidad aparente.[6] La distribución y pluralidad de los seres son «meras transformaciones de las cualidades de Mâyâ, que se presenta como múltiple», o sea, fases de la grande ilusión, porque «el universo entero es el mismo Bhagavat, o espíritu supremo, multiplicado por Mâyâ», según se expresa el Bhagavata-purana, o poema de Krishna.

4.º Como se ve por lo dicho, la Filosofía Brahmánica se reduce a un panteísmo, que se presenta unas veces como emanatista y otras como idealista. La creación que enseña esta Filosofía es una verdadera evolución de la sustancia única, que nada tiene de común con la creación de la Biblia y del Cristianismo. Lo mismo puede decirse de la famosa trinidad o Trimurti del Brahmanismo, pues la verdad es que Brahma, Vishnú y Shiva, el Dios creador, el Dios conservador y el Dios destructor del universo, son tres aspectos, formas o potencias del mismo Dios. Aquí no hay tres hipóstasis o personas iguales y distintas entre sí, como en la trinidad cristiana, sino tres formas o manifestaciones de un mismo ser. El Bhagavata-purana pone en boca de esta Trimurti las siguientes palabras: «Sabed que no hay distinción real entre nosotros (Brahma, Vishnú y Shiva); lo que se os figura tal, es solo aparente. El Ser único aparece bajo tres formas, mediante las acciones de creación, conservación y destrucción; pero es uno solo. Dirigir su culto a una de estas formas, es dirigirlo a tres, o sea a un solo Dios supremo». Esta concepción trinitaria admite término de comparación con la trinidad sabeliana, pero no con la del Concilio de Nicea, ni menos con la del Symbolum S. Athanasii.

5.º El mundo que, como se ha visto, no es más que una emanación del ser absoluto o de Brahm, vuelve a entrar en éste al cabo de ciclos mayores o menores. El universo y sus seres que comenzaron a existir por evolución, dejan de existir como tales por una especie de involución o reversión a Brahm, para salir otra vez de su fondo; de manera que la serie de mundos que nacen y mueren sucesivamente, responde a la serie de evoluciones e involuciones

---

6 «El universo, se dice en el libro de Manú, descansa en el Alma suprema: esta alma produce la serie de los actos que se realizan en los seres animados.» En el Bhagavat-gita se dice en la persona de Krishna: «Yo he existido siempre, lo mismo que tú, y lo mismo que todo lo que existe: yo soy todo lo que existe, y fuera de mí no hay más que ilusión».
Finalmente: en un pasaje del Yadjur-Veda, se enseña terminantemente que aquel conoce la verdad, que sabe y afirma que todos los seres son esta Alma universal, y sobre todo aquel que descubre y afirma la identidad de las cosas.

del ser absoluto y único, representan la vigilia y el sueño de Brahm, el velar y el dormir de Dios. «Cuando Dios despierta, se dice en el libro de Manú, este universo realiza al punto sus actos; si se duerme, sumergido el espíritu en profundo reposo, entonces el mundo se disuelve. De esta suerte, el ser inmutable hace revivir o morir alternativamente este conjunto o colección de criaturas por medio del despertar y del reposo.»

Finalmente: en un pasaje del Yadjur-Veda, se enseña terminantemente que aquel conoce la verdad, que sabe y afirma que todos los seres son esta Alma universal, y sobre todo aquel que descubre y afirma la identidad de las cosas.

§ 7. Filosofía práctico-religiosa de la India

1.º El fin último y la perfección suprema del alma humana consiste en su deificación, es decir, en su unión íntima e identificativa con Brahm. El camino para llegar a esta absorción en Dios es separarse más y más de las condiciones y exigencias del cuerpo y de los sentidos, apagando y destruyendo sus ardores, matando la actividad de la vida en todas sus manifestaciones, hasta despojarse y perder el sentimiento del yo y del mundo. Las prácticas morales, la mortificación absoluta y el ascetismo más rígido, son los medios para merecer y alcanzar esta identificación y absorción en Dios después de la muerte.

2.º Este es el medio también y el camino único para librarse, no ya solo de las vicisitudes de la vida presente y de las ilusiones del error, si que también de las transmigraciones sucesivas del alma a través de diferentes cuerpos, en relación con la bondad o malicia de sus acciones en la incorporación anterior.

La cesación de estas transmigraciones por medio de la unión íntima con Brahm, o ser absoluto, constituye el fin último, la perfección suprema y el destino final del hombre consiste en librarse de la necesidad fatal de la transmigración, por medio de la absorción o unión identificativa con Dios.

3.º Las almas de los que mueren sin estar suficientemente preparados para la absorción en Dios, caen en poder de Yama, o Dios de los muertos, y de los espíritus infernales, el cual, después de castigarlas más o menos en relación son sus culpas, las entrega al Dios de los destinos futuros (Sani), cuya misión es preparar a dichas almas los instrumentos o cuerpos de su nueva transmigración.

4.º Los hombres, aunque iguales en la forma exterior del cuerpo, no lo son por parte de su origen, naturaleza y dignidad, pues se dividen en cuatro clases o castas: a) la sacerdotal o los brahmanes, que salieron de la cabeza de Brahmâ; b) la militar o kchatriyas, nacidos del pecho de Brahmâ; c) la casta comerciante, o sea los vaicyas, oriundos del vientre de Brahmâ; d) y finalmente, los siervos o çudras, que deben su origen a los pies de la divinidad brahmánica. Los derechos y deberes de estas cuatro castas están en relación con su nobleza y dignidad. Según el código de Manú, pertenece a los brahmanes «el estudio y la enseñanza de los Vedas, la ejecución de los sacrificios propios y la dirección de los ofrecidos por otros, el derecho de dar y el de recibir». El deber de la casta segunda o militar, es «proteger al pueblo, ejercer la caridad, sacrificar, leer los libros sagrados y no entregarse a los placeres de los sentidos. Cuidar los animales, dar limosna, estudiar los libros santos, trabajar la tierra, son las funciones que corresponden al vaicya. Mas el Señor supremo señaló a los çudras un solo oficio, que es el servir a las tres clases anteriores».

§ 8. La Filosofía especulativa en la India. Escuelas ortodoxas

Al lado y en pos de la Filosofía religiosa y puramente tradicional de la India, apareció, como era natural, un movimiento más o menos racional y científico, relacionado con las ideas contenidas en los libros tenidos por sagrados. Este movimiento, que dio origen a toda clase de sistemas, teorías y tendencias doctrinales, hállase caracterizado por dos direcciones fundamentales, pues mientras algunos de esos sistemas filosóficos proceden con entera independencia de la idea tradicional y se atienen únicamente a la razón individual, entrañan y conservan otros conformidad y armonía con la doctrina y enseñanzas de los libros canónicos o sagrados.

Pertenecen a esta última clase, y constituyen por consiguiente las escuelas ortodoxas de la Filosofía india, las que llevan el nombre de Mimansa y de Vedanta.

La primera, o sea la escuela de Mimansa, cuya fundación y origen se atribuyen a Djaimini, tienen por objeto preferente la exposición y enseñanza de los deberes morales del hombre, en conformidad a lo que se prescribe y enseña en los Vedas, pudiendo decirse que ordena y dirige a este fin su doctrina y especulaciones lógicas y dialécticas. Colebrooke observa con razón que la escuela Mimansa enseña el arte del raciocinio, con la intención explícita de facilitar la interpretación de los Vedas.

La segunda, o sea la escuela Vedanta, conviene con la primera en cuanto a ortodoxia védica. Si en algo se distingue de ella, es en que mientras la Mimansa se ocupa con preferencia en las cuestiones y teorías dialécticas, la escuela Vedanta concede mayor importancia y atención a las cuestiones psicológicas. Dícese que su fundador fue Vyasa, y el citado Colebrooke escribe, hablando de ella, que «deduce del texto de las escrituras indias una psicología refinada, que llega hasta negar la existencia del mundo material».

No se crea por esto que la escuela Vedanta excluye ni atenúa siquiera el error panteísta, que constituye el fondo y la esencia de la doctrina védica. Para la Filosofía Vedanta «nada existe más que Dios solo». En este como en otros pasajes, se descubre la idea fundamental de esta escuela, que no es otra que conservar y hasta extremar el contenido de la enseñanza religiosa. Conviene advertir aquí que aunque Vyasa, compilador de los Vedas, es apellidado o considerado generalmente como autor de la Filosofía Vedanta, esta opinión no parece muy fundada, toda vez que en los libros y aforismos de esta Filosofía Vedanta se encuentra la refutación de la mayor parte de las doctrinas heterodoxas contenidas en los sistemas independientes en que vamos a ocuparnos.

§ 9. La Filosofía independiente y separatista de la India

Enfrente de la Filosofía Mimansa y de la Vedanta, aparecieron en la India otros sistemas filosóficos, que, lejos de cuidarse, como aquellos, de armonizar sus conclusiones y teorías con la doctrina y las tradiciones védicas, afectaron seguir y siguieron un movimiento independiente y más o menos separatista. Todos ellos pueden reducirse a cuatro direcciones o escuelas principales, que son las siguientes:

A) La escuela Nyaya, cuyo autor o fundador fue Gotama. Lo que caracteriza principalmente la Filosofía Nyaya, es su importancia lógica y su teoría psicológica. Gotama puede ser considerado como el Aristóteles de la India, en atención a sus trabajos y especulaciones sobre los términos, las ideas, las categorías y las argumentaciones o modos de demostrar. A ejemplo de Aristóteles, reduce los conceptos a ciertas ideas o categorías fundamentales, que son para el filósofo indio la sustancia, la cualidad, la relación, lo general, lo propio o específico y la acción. La inducción y una especie de silogismo, si no idéntico, al menos parecido al de Aristóteles, representan los principales medios de investigación y demostración de la verdad.

La teoría psicológica contenida en el sistema Nyaya es espiritualista, y muy superior a la que encontraremos en otros sistemas de la India. Así se desprende, al menos, de los términos en que se expresa el ya citado Colebrooke, al exponer o resumir la psicología de Gotama. Según éste, «el alma es enteramente distinta del cuerpo: aunque es infinita en su principio, es al propio tiempo una sustancia especial, diferente en cada individuo». Posee esta alma atributos especiales, como son el conocimiento, la voluntad, el deseo, atributos que no convienen a todas las sustancias y que constituyen una existencia especial para el ser que los posee.

Téngase presente, sin embargo, que este espiritualismo psicológico de la escuela Nyaya lleva en su seno el principio panteísta que se halla en el fondo de la Filosofía india. Para esta escuela, el alma humana, el alma pequeña (djivatma), es idéntica en el fondo y en realidad con el alma divina y universal, principio cósmico de todas las cosas.

B) La escuela Vaisechika, cuyo origen y desarrollo se atribuyen a Kanada. Es esta una escuela esencialmente atomística pero con el atomismo de Demócrito y no con el de Epicuro y Lucrecio. Kanada, lejos de negar la existencia de Dios, como estos últimos, afirma que de Dios emanan los átomos que constituyen las cosas. Por otra parte, los átomos del filósofo indio no poseen solo movimiento y solidez, como los de Epicuro, sino que algunos de ellos son átomos dotados de vida y pensamiento.

C) La escuela Yoga, cuyo fundador y principal representante es Patandjali, es una escuela esencialmente mística, y entraña, por lo mismo, las tendencias y afirmaciones que caracterizan generalmente los misticismos paganos. El yoguismo, en efecto, no solamente prefiere y antepone la contemplación a la ciencia, la inacción extática a las obras, sino que aspira y se lisonjea de alcanzar por estos medios un poder prodigioso y mágico sobre la naturaleza. «Este poder, escribe Colebrooke, consiste en la facultad de tomar toda clase de formas, ya una forma tan pequeña y sutil que puede atravesar toda clase de cuerpos; ya una forma o magnitud tan gigantesca que puede llegar hasta el disco del Sol y tocar la Luna con la punta del dedo. Por medio de esta fuerza se puede ver en el interior de la tierra y del agua, cambiar el curso de la naturaleza y obrar sobre las cosas inanimadas lo mismo que sobre las cosas animadas.» Fácil es reconocer, por estas indicaciones, que la doctrina del yoguismo puede considerarse como el antecedente histórico doctrinal de los misticismos paganos, y especialmente del alejandrino o neoplatónico, sin excluir las operaciones mágicas y las pretensiones teúrgicas tan preconizadas por Jámblico.

En el orden metafísico o especulativo, la escuela Yoga hállase caracterizada por una especie de panteísmo idealista que ofrece puntos de contacto y de analogía con el panteísmo neoplatónico y con el de Schelling. Para el yogui, o partidario del yoguismo, Dios es el ser único y absoluto que constituye la sustancia y esencia de todas las cosas, sin ser ninguna de ellas, ni poseer atributo alguno determinado. No es ni materia, ni espíritu, ni vida, ni inanimado, ni pensamiento, ni inconsciente; es el ser puro, la abstracción del ser, la sustancia o esencia sin ningún atributo, algo, en fin, parecido al Unum de los neoplatónicos de Alejandría y al Absoluto neutro e indiferente de Schelling, y también, hasta cierto punto, a la Idea pura y abstracta de Hegel.

D) La cuarta y la más extendida tal vez de las escuelas filosóficas de la India, es la que lleva el nombre de Samkhya, cuyo autor, Kapila, puede ser considerado como el padre de los sistemas y teorías sensualistas, materialistas y ateístas que vienen sucediéndose en la historia de la Filosofía. Según Kapila, escribe Cousin, en pos de Colebrooke y Burnouf, «hay dos medios de conocer. El primero es la sensación o percepción de los objetos externos; el segundo es la inducción, el procedimiento que conduce de una cosa a otra, del efecto a la causa, o de la causa al efecto... El primer principio de las cosas, del cual se derivan todos los demás principios, es pracriti o moula pracriti, la naturaleza, la materia eterna, sin formas, sin partes, la causa material universal, que se saca por inducción de sus efectos, que produce y no es producida». En estos términos se expresa Colebrooke... El segundo principio es boudhi, la inteligencia, «la primera producción de la naturaleza, producción que, a su vez, produce otros principios». Luego el primer principio no era la inteligencia; la inteligencia ocupa el segundo, «procede de la materia, y es obra de ésta».

En relación con esta cosmología esencialmente materialista, el fundador de la escuela Samkhya enseña que el alma es el resultado atómico de la combinación de otros principios anteriores, que reside en el cerebro y que «se extiende debajo del cráneo, a la manera de una llama que se eleva sobre la mecha». Colebrooke añade que algunos partidarios de la escuela Samkhya niegan explícitamente toda distinción entre alma y el cuerpo. En todo caso, es cierto que para dicha escuela el alma y el pensamiento son el resultado de la combinación de otros elementos o principios de las cosas, y que desaparecen con la muerte o disolución del cuerpo.

Finalmente, Kapila, que, si no se distingue por la verdad y nobleza de sus doctrinas, suele ser lógico en sus deducciones y aplicaciones, niega la existencia de Dios y hace profesión de ateísmo. Ni hace al caso en contra, que nos hable de la inteligencia como de uno de los principios de las cosas; porque ya hemos visto que esta inteligencia no es el primer principio, ni es siquiera espiritual, puesto que procede de la pracriti o naturaleza material. Por otra parte, esta inteligencia mal podrá ser Dios, en concepto de Kapila, cuando éste enseña terminantemente que es finita, que es contemporánea de los demás cuerpos, y que se desarrolla y perecerá con el mundo de que forma parte.

§ 10. El budismo y su autor

Seis siglos antes de Jesucristo, poco más o menos, nació al norte de Bengala, o sea en la provincia de Behar, el fundador del budismo. Fue hijo de Suddhodana, rey de Kapilavistu, y su nombre primitivo y propio fue el de Siddharta. Pasados los primeros años de su vida en los ejercicios propios de su estado y de la casta Kchatriya o militar, a que pertenecía, y cuando ya había tenido varios hijos en tres mujeres,[7] abandonó la corte a los veintinueve años de edad, «disgustado del mundo, según las leyendas, por la vista de un viejo, de un enfermo y de un difunto».

Después de pasar algunos años en compañía y bajo la dirección de los brahmanes, entregado a la contemplación y a las prácticas de la vida ascética, lo cual le valió el nombre de Çakyamuni o Solitario de los Çakyas, comenzó

---

[7] Además de estas tres mujeres, que parecen históricas, las leyendas búdicas nos hablan de la sala y sitio en que Buda, antes de su conversión, «se hallaba rodeado de cien mil divinidades, y se entregaba a los placeres con sus sesenta mil mujeres». Este es uno de los muchos rasgos que pueden aprovechar para su objeto los racionalistas filobúdicos, que se empeñan en presentarnos a Jesucristo como una especie de discípulo oculto y de imitador del Çakyamuni de la India.

a enseñar y predicar por todas partes una doctrina religioso-moral, que, sin combatir directamente al brahmanismo, socavaba sus cimientos y se apartaba de él en puntos fundamentales. Era uno de éstos la igualdad de los derechos y deberes de los hombres, al menos bajo el punto de vista moral, y la consiguiente anulación de la superioridad y distinción de castas. Buda enseñaba su ley, admitía en su compañía y concedía todos los grados de la vida ascética. Lo mismo al brahma y al kchatriya o militar, que al çudra y al tchandala, castas las más inferiores y vilipendiadas a la sazón de la sociedad. Sin ser la única, fue esta una de las causas que más eficazmente contribuyeron a la propagación y rápidos progresos del budismo, como lo fue también de la guerra y persecuciones que sufrió de los brahmanes, guerra y persecuciones que le obligaron a buscar asilo y protección en los reinos e imperios circunvecinos, contribuyendo de esta suerte a la propagación de la nueva religión por la mayor parte de Asia.

Mientras que los brahmanes hacían un secreto de su doctrina, comunicándola solamente a ciertas castas y a los iniciados o escogidos, Siddharta, apellidado ya el Buda (el iluminado, el sabio), comunicaba toda su doctrina a todo el que quería oírla, y se servía de la predicación popular para que llegara a conocimiento de todos. Este modo de propaganda, empleado igualmente por sus discípulos y sucesores, contribuyó también al crecimiento rápido del budismo.

Aunque se ignora el año fijo de su muerte, como se ignora el de su nacimiento, sábese que pasó de los cincuenta y cinco años de edad, y que murió en las cercanías de la ciudad de Koucinagara.

Ya quedan apuntadas algunas de las causas del proselitismo búdico, a las cuales puede añadirse su ductilidad doctrinal y religiosa; porque el budismo, al propagarse y extenderse por las regiones del Nepal, de Ceylán, de la China, y sobre todo del Tíbet y la Mongolia, se acomodaba fácilmente al culto y las divinidades nacionales de cada región. Así le vemos revestir diferentes formas en los diferentes países, y amalgamarse con todos los cultos y todos los dioses, sin excluir las divinidades femeninas y el culto obsceno de los Shivaítas. Por lo demás, es preciso reconocer que los discípulos y sucesores de Buda siguieron en esta parte las tradiciones y el ejemplo de su maestro, el cual dejó subsistir todo el olimpo de los dioses brahmánicos que encontró en su patria. Esta es una prueba más de la alucinación, si ya no es mala fe, de los que buscan en el budismo el origen y el ejemplar del Cristianismo, en el cual nada hay que se parezca, no ya las abominaciones del Shivaísmo, sino al culto idolátrico que acompaña al budismo desde su origen, en todas sus manifestaciones y en todos los países en que domina.[8] Bajo este punto de vista, como bajo otros varios, lejos de existir armonía y semejanza, puede decirse que el Budismo y el Cristianismo son esencialmente antitéticos.

En confirmación de esto, dicen las tradiciones tibetanas que Dsong'khaba, autor del lamaísmo actual y maestro del primer dalai-lama en los últimos años del siglo XIV, fue discípulo en su juventud de un maestro venido del Occidente, el cual poseía grande sabiduría, y tenía la nariz larga, a diferencia de los mongoles. Estos detalles indican claramente que se trata aquí de algún cristiano procedente de países occidentales y perteneciente a la raza caucásica.

§ 11. Bibliografía búdica

Es la bibliografía búdica una de las más abundantes y extraordinarias que se conocen. Los budistas afirman que su literatura sagrada comprende nada menos que ochenta mil libros; pero por estas obras o libros deben entenderse

---

8 Entre los argumentos que suelen aducir a favor de su tesis los racionalistas que pretenden probar a todo trance el origen humano del Cristianismo, cuéntase la analogía y semejanza que ofrecen ciertos ritos y ceremonias de los Lamas del Tíbet con algunas prácticas cristianas. Para reconocer la gran fuerza demostrativa de semejante argumento, basta tener presente: 1.º, que esta analogía se halla circunscrita a ciertas ceremonias y prácticas de escasa importancia relativa, como son el uso por parte de los monjes o bonzos, de vestiduras más o menos semejantes a las episcopales y sacerdotales, el rezo en comunidad, el uso de incienso, de campanillas, las genuflexiones e inclinaciones, con otras prácticas semejantes, que no afectan al fondo ni a la esencia del Cristianismo; 2.º, que el budismo lamaísta del Tíbet en su forma actual, tuvo origen a fines del siglo XIV, y, por consiguiente, cuando las tradiciones cristianas más o menos desfiguradas pudieron y debieron haber llegado allá, ora por los misioneros franciscanos y dominicos que recorrieron gran parte del Asia en el siglo XIII, ora especialmente por las frecuentes relaciones comerciales y religiosas que con los pueblos del Asia central y del Norte sostuvieron los nestorianos.
En confirmación de esto, dicen las tradiciones tibetanas que Dsong'khaba, autor del lamaísmo actual y maestro del primer dalai-lama en los últimos años del siglo XIV, fue discípulo en su juventud de un maestro venido del Occidente, el cual poseía grande sabiduría, y tenía la nariz larga, a diferencia de los mongoles. Estos detalles indican claramente que se trata aquí de algún cristiano procedente de países occidentales y perteneciente a la raza caucásica.

capítulos o artículos, según la opinión de Burnouf. En todo caso, es indudable que su bibliografía es bastante grande, puesto que Brian Hodgson remitió a Europa 84 volúmenes sánscritos, que encierran lo principal de la literatura búdica sagrada, y constituyen gran parte de la colección nepalesa,[9] que es la más autorizada, y la que probablemente sirvió de texto para las traducciones y colecciones que existen en otras regiones, como la China y el Tíbet.

La colección sagrada, como si dijéramos bíblica, del budismo, comprende tres clases de libros, y considerada colectivamente, se llama Tripitaka, o la triple cesta. Constituyen la primera clase los Soûtra pitaka o discursos de Buda. La segunda se denomina Vinaya pitaka, y abraza la parte disciplinal y ascética. La tercera, que lleva el nombre de Abhidharma pitaka, contiene la parte filosófica, o lo que pudiéramos llamar la metafísica del budismo. Los Soûtras son considerados generalmente por los budistas y por los literatos indianistas, como el resumen y la sustancia de la predicación y doctrina de Buda. Fueron recogidos estos discursos y consignados por escrito por su fiel y principal discípulo Ananda, razón por la cual son mirados con justicia como la expresión auténtica del pensamiento de Buda. Los libros Vinaya fueron redactados por Upali, y la redacción de los Abhidharma se atribuye a Kacyapa.

Esto, sin embargo, debe entenderse de la primitiva redacción o compilación de estos libros, la cual se verificó poco después de la muerte de Buda o Çakyamuni, en un concilio de quinientos ascetas. Esta compilación primitiva se modificó y recibió algunas adiciones en otros dos concilios o asambleas posteriores, la primera de las cuales se celebró ciento y diez años después de la muerte de Buda, y la otra cuando ya habían transcurrido cuatrocientos años desde aquel suceso. En este tercer concilio tomó parte y fue su principal autor Nâgârdjuna, partidario del nihilismo absoluto.

Es de advertir que, además de los libros citados, que componen la literatura auténtica y canónica del budismo, hay también otra clase de tratados o libros llamados Tantras, los cuales no forman parte integrante del Tripitaka, pero son

---

9   Téngase en cuenta que, además de esta colección del Nepal, existen otras varias, pertenecientes a las regiones principales en que domina al budismo, como la colección tibetana, la china, la de Ceylán, etc., las cuales tienen menos autoridad canónica que la nepalesa, ya por ser posteriores, ya por hallarse amalgamadas y más o menos desfiguradas por la literatura y las ideas propias de los respectivos países.

una especie de rituales, que contienen una mezcla extraña de las fórmulas ascéticas del budismo, y de las prácticas obscenas e idolátricas del çivaismo.

Sabido es que el inglés Hodgson encontró en el valle del Nepal, año de 1822, un ejemplar del Tripitaka o biblia búdica en lengua sanscrita, hallazgo que contribuyó poderosamente a facilitar el conocimiento de la doctrina búdica. En opinión de Burnouf, juez muy competente en la materia, las fuentes verdaderas para el conocimiento del budismo, las fuentes originales y más puras, son los textos sanscritos del Nepal y los libros palis de Ceylán.

§ 12. La Filosofía búdica

La idea fundamental del budismo y del brahmanismo es una misma: el problema que sirve de punto de partida, de sustancia y de coronamiento al uno y al otro, es idéntico en el fondo. El brahmanismo y el budismo plantean el siguiente problema: «la existencia humana es un sufrimiento; este sufrimiento es resultado y consecuencia de transmigraciones pasadas, y antecedente y causa de otras transmigraciones subsiguientes del alma a través de toda clase de cuerpos, de lugares y condiciones. La suprema perfección y felicidad del hombre consiste en librarse de estas transmigraciones o cambios en el modo de ser». Hasta aquí marchan de acuerdo el brahmanismo y el budismo, y su oposición aparece solamente al tratarse de la solución final del problema. El primero dice: «la cesación de la transmigración y de los sufrimientos que la acompañan, y por consiguiente la suprema perfección o felicidad del hombre, se verifica por medio de la absorción en Brahma, por medio de la reversión o reentrada del hombre en el Ser Absoluto, único y supremo». El segundo dice: «Esa cesación o libertad de la transmigración y del sufrimiento se verifica por medio del Nirvana, es decir, por medio de la extinción o aniquilamiento de la existencia individual».

Por más que a semejante conclusión se resista instintivamente nuestra conciencia cristiana, y por más que algunos budófilos se esfuercen en probar lo contrario, no cabe poner en duda que éste y no otro es el sentido real del Nirvana, por parte del budismo original y primitivo, según todos los indicios internos y según el testimonio de los más autorizados indianistas. «Como (Buda) jamás habla de Dios, el Nirvana no puede ser para él la absorción del alma individual en el seno de un Dios universal, según creían los brahmanes ortodoxos: como tampoco habla de la materia, su Nirvana no puede ser tampoco la disolución del alma humana en el seno de los elementos físicos. La palabra vacío, que aparece ya en los monumentos que, según indicios de todo género y de mucho peso, son los más antiguos del budismo, me induce a pensar que Sakya vio el bien supremo en el aniquilamiento completo del principio pensador. Se lo representó, según se desprende de una comparación frecuentemente usada por el mismo Buda, como el apagamiento o desaparición de la luz de una lámpara que se apaga.»[10]

Por otra parte, esta significación y sentido del Nirvana se hallan en perfecta consonancia con el ateísmo, que constituye uno de los caracteres fundamentales del budismo primitivo. Y decimos del budismo primitivo, porque es sabido que, andando el tiempo, y por una especie de reacción natural del espíritu humano contra la negación de Dios, apareció en el seno del budismo una escuela teísta, que proclamó la existencia de Adibudha o Dios supremo. Pero cuando apareció esta concepción, habían pasado mil quinientos años sobre el budismo, puesto que el famoso indianista húngaro Csoma de Cörös demostró, con la autoridad y textos de los libros búdicos de la colección tibetana, que la creencia en un Adibudha se introdujo en la India central después del siglo X de la era cristiana.

A pesar de las negaciones y atenuaciones de A. Remusat, Bunsen y algunos otros, el testimonio casi unánime de los orientalistas más acreditados, no permite dudar del ateísmo búdico. Schmidt, lo mismo que Hodgson, Csoma de Cörös y Burnouf, convienen en que los monumentos más auténticos del budismo primitiva, nada hay que se parezca a la concepción ni afirmación de un Dios supremo, y mucho menos de un Dios personal y trascendente. Los Soûtras, o discursos de Buda, expresión la más genuina de sus ideas y predicaciones, prescinden por completo de todo teísmo, y se contentan con dejar el paso libre a las diferentes divinidades brahmánicas, inferiores al Ser primitivo o Brahm, sin perjuicio de rebajarlas de una manera paulatina e insensible al papel de genios y manifestaciones humanas.

Burnouf observa, con razón, que la doctrina de Buda es una doctrina que se coloca enfrente del brahmanismo, como una moral sin Dios y como un ateísmo sin naturaleza; es decir, que niega y excluye, o al menos prescinde del mundo

---

10   Burnouf, Introduction a l'hist. du Budisme indien, pág. 520.

externo. Buda admite, en verdad, la pluralidad y la individualidad de las almas humanas que enseñaban los Samkhyas; admite también la transmigración de éstas, que enseñaban los brahmanes; pero al propio tiempo rechaza y niega el Dios eterno de éstos últimos, y rechaza también la naturaleza eterna de la escuela Samkhya. Todos sus afanes y esfuerzos se dirigen a buscar y señalar los medios conducentes para libertar al alma humana de los sufrimientos inherentes a la existencia, que es el problema fundamental y general para todas las escuelas y religiones de la India. Buda no apela, para resolver el gran problema, ni a la doctrina de los Samkhyas, que buscaban la redención final del alma en su separación completa de la naturaleza, o si se quiere, de toda realidad objetiva, ni a la absorción perfecta de la misma en el seno y sustancia de Brahma, que constituía la solución de los adoradores de éste, sino que busca la solución del problema, la redención del alma, su verdadera y absoluta libertad del mal, en el aniquilamiento de su existencia relativa, la cual se extingue y desaparece en el Vacío absoluto e infinito. Esta observación de Burnouf, aparte de otras razones que la abonan y la confirman, se halla en perfecta armonía con el sistema nihilista que representa una de las escuelas más importantes del budismo, según veremos.

Añádase ahora que, si es cierto que entre las varias sectas o escuelas que nacieron y se desarrollaron en tiempos posteriores en el seno del budismo, hay alguna teísta, no es menos incontestable que la escuela de los Svabhavikas, considerada por Hodgson, Burnouf y los indianistas más autorizados, como la escuela filosófica más antigua del budismo, y como la expresión genuina de su pensamiento metafísico, es completamente atea y también materialista. Para los Svabhavikas no hay más Dios que la Naturaleza, con sus energías o fuerzas innatas (Fuerza y materia de Büchner o del positivismo contemporáneo), una de las cuales es lo que llamamos inteligencia, sin que exista principio o ser alguno espiritual.

Cuanto hasta aquí dejamos dicho acerca del Nirvana y del ateísmo, como caracteres fundamentales y primitivos del budismo, recibe confirmación y se halla en consonancia con la idea metafísica del mismo, con las afirmaciones más importantes y explícitas de la Filosofía búdica. Los que se hayan ocupado en estas materias, saben que el Pradjñā pâramita contiene el fondo doctrinal más autorizado, canónico, por decirlo así, de la metafísica budista, y saben también que en las cuatro secciones y en los varios compendios de esta obra se tropieza a cada paso con pasajes en que se enseña terminantemente el nihilismo más absoluto. «La sensación, se dice en uno de estos pasajes, la idea y los conceptos mismos, ¡oh Bhagavat!, son la ilusión. No, Bhagavat; la ilusión no es una cosa, y el conocimiento otra cosa: el conocimiento mismo, ¡oh Bhagavat! Es la ilusión, y la ilusión misma es el conocimiento.»[11] Y más adelante se añade: «No existen ni criaturas que puedan ser conducidas al Nirvana, ni criaturas que conduzcan al Nirvana». Con razón dice Burnouf, después de citar varios pasajes del Pradjñâ pâramita, que el contenido real y el fin propio de estos libros no es otro sino «establecer que el objeto cognoscible o la perfección de la sabiduría, no tiene existencia real, como tampoco la tiene el objeto que trata de conocer, ni el sujeto que conoce, o sea el Buda. Tal es, en efecto, la tendencia común de todas las redacciones del Pradjñâ. Cualquiera que sea la diferencia de desenvolvimientos y circunlocuciones en que se envuelva el pensamiento fundamental, todas terminan en la negación igual del sujeto y del objeto».[12] Enséñase igualmente en el Pradjñâ pâramita, que la existencia de los seres es debida a la ignorancia, que no sabe que no tiene existencia real. Si a esto se añade que la escuela Madhyamika profesa como dogma capital el vacío o la nada absoluta, tendremos que el ateísmo y el nihilismo representan los sistemas fundamentales y más genuinos del budismo primitivo, y que pueden considerarse como premisa y consecuencia a la vez del Nirvana, en el sentido de aniquilamiento o extinción de la existencia. Y téngase en cuenta que a esa escuela Madhyamika, que tiene la nada o la negación de toda realidad por dogma fundamental, perteneció el famoso Nâyârdjuna, autor o compilador del Tripitaka, es decir, de lo que constituye lo que pudiéramos llamar la biblia del budismo.

Como quiera que el materialismo acompaña siempre al ateísmo, excusado parece advertir que este sistema tuvo también muchos partidarios entre los secuaces del budismo, hasta el punto que Hodgson pudo decir con verdad que «en opinión de la mayor parte de los budistas, y principalmente de los naturalistas, el espíritu no es más que una modificación de la materia».

---

11 En otra parte se dice, aludiendo a Bhagavat o al sabio y dichoso: «Él enseñará la Ley para destruir estas grandes doctrinas y otras, a saber, la doctrina del yo, la de las criaturas, la de la vida, la de la individualidad, la del nacimiento... la de la eternidad del cuerpo».
12 Introduc. à l'hist. du Bud, pág. 483.

§ 13. La moral del budismo

Dadas las doctrinas o teorías metafísicas que, según acabamos de ver, entraña el budismo, al menos en sus primeras épocas, y que forman el fondo de sus principales sistemas filosóficos, parecía natural y lógico que su moral tuviera más semejanza con la de los cirenaicos y epicúreos, que con la de los estoicos. Y, sin embargo, no sucede así; porque la verdad es que la doctrina moral del budismo primitivo —pues no hablamos aquí de sus formas posteriores y de su amalgama con otras ideas en varios países—, es por lo menos tan perfecta como la de los antiguos estoicos, y es acaso la que se acerca más a la cristiana.

Esto no obstante, creemos, por nuestra parte, que la contradicción entre la teoría metafísica o especulativa, y la doctrina moral del budismo, no es tan radical ni tan completa como aparece a primera vista.

Sabido es que la clave del budismo, su concepción fundamental, su tesis más esencial y comprensiva, es la necesidad de poner término a la transmigración del alma para poner término a su sufrimiento o al mal inseparable de su existencia, por medio del Nirvana absoluto o cesación del ser. Ahora bien: si la transmigración, el movimiento y la acción que acompañan al alma, son la causa y la razón del mal y de su sufrimiento, claro es que el camino único para atenuar, disminuir y acabar el mal y los sufrimientos del alma, bien así como para llegar al Nirvana, desideratum verdadero y destino fatal de la misma, es, y no puede ser otro, sino atenuar, disminuir y aniquilar, en cuanto sea posible, las manifestaciones de la actitud individual. De aquí la idea capital que palpita en el fondo de la moral búdica, y que sirve de base y de punto de partida a la misma: la negación o apagamiento de la actividad hasta llegar a la impasibilidad más absoluta.

La moral primitiva del budismo se reduce a los cinco preceptos siguientes:

1.º No dar muerte a ningún ser viviente.
2.º No robar.
3.º No cometer impureza.
4.º No decir mentira.
5.º No beber cosa alguna capaz de embriagar.

Estos son los únicos preceptos, al menos negativos, que Buda dio a sus discípulos. En opinión de algunos autores, Çakyamuni enseñó también y promulgó seis preceptos positivos, o, mejor dicho, señaló como medios y manifestaciones de la perfección moral del hombre,

a) La limosna, o la práctica de la beneficencia a favor de sus semejantes.

b) La virtud, es decir, el cumplimiento y guarda de la ley.

c) La paciencia, o abstención de las pasiones perturbadoras, como la ambición, la venganza, o digamos la insensibilidad e indiferencia del ánimo.

d) La aplicación, o cuidado en fomentar y desenvolver los gérmenes de virtud y de bien innatos al hombre.

e) La contemplación o quietismo ascético del alma, aun considerada por parte de su actividad superior e intelectual.

f) La sabiduría, que representa la ausencia o exención de todo error, de toda imperfección moral, de toda ignorancia, de todo defecto, o pecado, y, por consiguiente, el último grado a que el hombre puede llegar por sus esfuerzos, el mismo que sirve de disposición próxima para entrar en el Nirvana, término y aspiración final de la existencia.

Estos preceptos y máximas morales del primitivo budismo, sufrieron, andando el tiempo, adiciones y alteraciones más o menos importantes, las mismas que descubren la flaqueza inherente a toda obra religiosa puramente humana. Además de los preceptos relacionados con el culto idolátrico, el cual tomó grandes proporciones en el budismo desde sus primeros pasos; además de las reglas y prácticas relacionadas con el culto obsceno y vergonzosa de Shiva, la moral predicada y enseñada por Buda no tardó en verse desfigurada con preceptos más o menos extraños y hasta ridículos, tales como el no tomar leche después de la comida, no conservar la sal en casa por más de diez días, con otros semejantes. Verdad es que el germen de estas alteraciones, adiciones y deformaciones, se encuentra ya en la doctrina y ejemplos del mismo Buda, por más que pese a los panegiristas del Çakyamuni de la India; porque es de notar que éste, en su primer precepto negativo, no prohibió solo dar muerte a los hombres, sino matar o destruir cualquier clase de animales; y, por lo que hace a los preceptos y prácticas idolátricas de los budistas posteriores, hállanse justificadas por el ejemplo de su fundador y maestro, el cual, según queda indicado, se conformó con el Olimpo de los dioses brahmánicos, y dejó subsistir y practicar su culto acostumbrado.

§ 14. Crítica

Hase dicho y repetido con frecuencia que la moral búdica es tan pura y perfecta como la moral cristiana, y hasta se ha aventurado la idea de que la religión de Jesucristo trae su origen y deriva del budismo por caminos ocultos y desconocidos. Los que en su inconcebible odio contra el Cristianismo se hallan dispuestos a ver perfecciones, bellezas y verdad en todas partes y en todas las religiones, menos en la religión cristiana, ensalzan a porfía las perfecciones y bellezas de la moral búdica, presentándola a la vez como demostración, ya de la posibilidad del origen humano del Cristianismo, ya del poder y fuerza de la razón humana para formular y constituir un sistema de moral tan perfecto y acabado como el que entraña la religión católica.

Que estas aseveraciones de los budófilos, o, mejor dicho, de los enemigos del Cristianismo, están destituidas de fundamento sólido, y son por demás exageradas, pruébalo con bastante claridad la exposición sumaria que de las doctrinas búdicas dejamos hecha en los párrafos anteriores. Sin duda que la doctrina moral del budismo, al menos durante sus primeros años, llama la atención por su pureza y elevación relativas, cuando se la compara con la que profesaron los filósofos de primera nota; pero esto no da derecho alguno para equipararla con la moral cristiana, ni en su fondo o esencia, ni en sus medios, ni en su principio racional, ni en su término o destino.

No en su fondo o esencia, porque, después de todo, la moral búdica no es más que la reproducción o expresión incompleta de la ley natural. Los diez preceptos de ésta quedan reducidos en aquella a cinco, quedando eliminado precisamente el principal de todos, el que sirve de base para los demás, cual es el amor de Dios sobre todas las cosas. Añádase a esto: 1.º, que el precepto búdico de no matar, envuelve un sentido irracional y hasta ridículo, muy ajeno y contrario al sentido cristiano; 2.º, que la moral católica incluye preceptos y máximas especiales y superiores, como el de la confesión auricular, la recepción de la Eucaristía, la Misa, la santificación de las fiestas, con otros semejantes, extraños completamente a la moral del budismo.

No en sus medios, según se colige de lo que se acaba de indicar en orden a la Eucaristía, confesión y demás Sacramentos, y se colige también de que entre estos medios de moralidad y santificación ocupan lugar preferente, no la contemplación apática y estúpida del budista que la toma y emplea como medio de disminuir y matar su actividad, su pensamiento y hasta su conciencia, sino la contemplación que tiene por objeto a Dios como Bondad Suma y Santidad infinita que imitar. Si a esto se añade que el budista es hasta incapaz de emplear la oración y servirse de la gracia divina como medios de moralidad, puesto que no reconoce la existencia de un Dios a quien orar, en cuyo auxilio o gracia pueda confiar, cuya santidad deba imitar, se verá claramente que por este solo título la moral del catolicismo, cuyas alas principales son la oración y la gracia, se halla colocada a inmensa distancia de la moral búdica.

No en su principio racional, porque el principio racional de toda moral es ante todo la idea de Dios, y en segundo término la idea metafísica del bien, y ya hemos visto que la moral propia, primitiva y genuina del budismo, o niega la existencia de Dios, o prescinde de éste, mientras que, por otro lado, o sea en el orden metafísico, se encuentra en relaciones íntimas con el nihilismo y el materialismo, sistemas profesados, defendidos, y, lo que es más, reducidos a la práctica por escuelas importantes del budismo.

No en su término, porque el Nirvana absoluto, el aniquilamiento del ser personal, la extinción de la existencia relativa del alma, destino final y aspiración suprema de la moral búdica, no merece ni mencionarse siquiera al lado de lo que constituye el premio, la aspiración y el destino final de la moral cristiana, la posesión de Dios vivo y personal por medio de la intuición de su Esencia infinita, Verdad trascendental en que están todas las verdades, y por medio del amor fruitivo de la Bondad infinita, esencia y fuente de todos los bienes posibles. ¿Qué comparación cabe entre una moral esencialmente teísta en su principio, en sus medios y en su fin, cual es la enseñada por Jesucristo, y esa moral búdica que, no solo desconoce a Dios, sino que enseña a obrar el bien por amor de la nada final?

Y téngase en cuenta que comparamos aquí la moral cristiana con la búdica, tomando a ésta en su sentido más favorable y en su manifestación más pura; porque ya se ha dicho que en diferentes países y en posteriores tiempos, recibió adiciones y alteraciones que rebajan mucho su valor primitivo, cosa en la cual resalta también la superioridad de la moral cristiana, que se conservó y conserva idéntica a través del espacio, del tiempo y de todas las vicisitudes de la historia.

Finalmente: la doctrina del budismo sobre el suicidio bastaría, a falta de otras pruebas, para demostrar la inferioridad de su moral con respecto a la del Cristianismo. Según textos numerosos y explícitos aducidos por Burnouf, consta —y el indianista francés lo reconoce así—, que el budismo admite, no ya solo la licitud, sino la santidad del suicidio en ciertos casos y por motivos religiosos.

¿Y qué será si a lo dicho se añade lo que pudiéramos llamar demostración a posteriori, la superioridad de la civilización cristiana respecto de la civilización búdica? No hay para qué recordar que en toda civilización y para toda civilización, la moral representa y entraña uno de los elementos más poderosos y más importantes de la misma. Compárese ahora la civilización producida, informada y vivificada por la moral del Evangelio, por el principio ético del Cristianismo, y dígase si esta civilización no ofrece caracteres de incontestable superioridad en comparación a la civilización producida, informada y vivificada por la moral del budismo. Si el árbol se conoce ante todo y sobre todo por sus frutos, ciertamente que los producidos por el árbol búdico, aun concretándonos al terreno moral y práctico, son muy inferiores a los producidos por el árbol cristiano, y no abonan en manera alguna las pretensiones del racionalismo, ni los elogios interesados de ciertos budófilos.

§ 15. La Filosofía en la China

Entre los fenómenos más notables que distinguen y caracterizan al pueblo sínico, ocupa lugar preferente su aislamiento completo, tenaz y perseverante, con respecto a los demás pueblos y naciones. Un pueblo de trescientos millones de almas, que a través de guerras, conquistas, revoluciones y cambios de dinastías, se conserva al cabo de muchos siglos de existencia en completo aislamiento de las razas y pueblos que le rodean, constituye uno de los fenómenos históricos más extraordinarios. Nuestra civilización y nuestras razas, cuyas primeras raíces buscamos en la región de los Aryas y en la India, tan próximas a la China, nada deben a ésta. Si se exceptúa la invasión búdica, que apenas se dejó sentir más que en las capas sociales inferiores, limitándose su acción aun sobre éstas a la introducción de ciertas fórmulas y prácticas religiosas, el pueblo chino se mantiene desde la más remota antigüedad en completo apartamiento, sin que sean parte a sacarle de este estado, ni su contacto con los hijos de Ormuzd y de Brahma, ni siquiera sus relaciones religiosas y comerciales con los pueblos europeos, a contar desde el siglo XVI. Sin alianzas con los extranjeros, sin ejercer atracción ni expansión sobre sus vecinos, viviendo su propia vida y concentrado en su propia acción, este vasto y antiguo imperio forma o representa una especie de episodio en el cuadro viviente y armónico de la historia universal.

De su Filosofía puede decirse que se halla en relación con este aislamiento nacional; pues, lejos de responder a la antigüedad y grandeza de la nación, es de escaso valor intrínseco. Confucio mismo, «el filósofo y el sabio por excelencia», como le apellidan sus compatriotas; «el preceptor más grande de los pueblos que vieron jamás los siglos», en expresión de los mismos, que suelen apellidarle también el colmo de la santidad y la cima del género humano, no pasa de ser un moralista mediano, y apenas merece el nombre de filósofo en el sentido propio de la palabra. Hegel observa, con razón, que la filosofía tan decantada de Confucio se reduce a una moral que no entraña mérito especial, y que no pasa de ser un conjunto de máximas vulgares. Los deístas e incrédulos del siglo de Rousseau y de Voltaire ensalzaban hasta las nubes la moral confuciana, bien así como los racionalistas de nuestros días preconizan la moral búdica, llevados unos y otros del afanoso deseo de equiparar y hasta de sobreponer aquellas teorías a la moral de Jesucristo. Semejantes exageraciones hoy solo pueden hallar eco entre personas que ignoren por completo el contenido de los libros atribuidos al filósofo chino, o, mejor dicho, redactados por sus discípulos; porque la verdad es que los que tengan conocimientos de estos libros, no pueden negar que la moral enseñada por Confucio se halla a inmensa distancia, no ya solo de la moral cristiana, sino de la enseñada por algunas escuelas filosóficas del paganismo. La moral contenida en el libro De Officiis de Cicerón es más pura y más completa que la contenida en los Ssechou, o libros clásicos de la moral confuciana. Excusado parece añadir que la teoría ética del Pórtico y las máximas morales de Epicteto y Séneca valían mucho más que la moral profesada y enseñada por los filósofos de la China.

§ 16. Filosofía de Lao-tseu

Para que todo sea original en la China, los dos únicos filósofos dignos de este nombre son casi contemporáneos. A excepción de Tchou-hi, que en el siglo XII de la era cristiana ensaya una especie de conciliación entre la doctrina de Lao-tseu y la de Khoung-fou-tseu (el Confucio vulgar, como veremos después), no aparecen en la historia sínica nombres de filósofos ni de escuelas importantes.

Lao-tseu, que nació seis siglos antes de la era cristiana, puede apellidarse el representante de la metafísica sínica, como Confucio es el representante de la dirección moral. Según Lao-tseu, Tao (literalmente, el gran camino) es el principio, el fondo y la esencia de todas las cosas. Este Tao, o ser primitivo, apellidado también por el filósofo chino la razón primera, es a la vez el No-ser y el Ser, porque es el Ser virtual, latente y potencial, y es a la vez el ser actual, explícito y manifestado (Hegel, Schelling); es ideal y fenoménico, indistinto y distinto, ilimitado y finito, en una palabra, el Tao de Lao-tseu es la Sustancia única, el Todo, la Esencia absoluta de todo panteísmo.

Este Ser absoluto, indistinto e innominado en su origen, pasa a ser contingente y material, distinto y nominado, a medida que produce o saca de su fondo las cosas, o sea en cuanto se fracciona y manifiesta, revistiendo diferentes formas. «El Tao o la razón suprema, se dice en el Tao-te-king, que es la obra capital o libro principal de Lao-tseu, considerado en su estado de inmovilidad, carece de nombre... Solo cuando comenzó a dividirse y revestir formas corporales tuvo un nombre... El Tao o la Razón suprema existe en todo el universo, y lo penetra con toda su existencia, a la manera que los ríos y torrentes de los valles se extienden en los río y los mares.»

Por lo que hace al proceso de las cosas del Tao o Ser absoluto, la doctrina del filósofo chino presenta bastante analogía con la de los neoplatónicos de Alejandría, de la cual se distingue, sin embargo, por la importancia o papel especial que en dicho proceso se atribuye al principio femenino yin, y al principio masculino, apellidado yang. Según el testimonio de los mismos discípulos e intérpretes chinos de Lao-tseu, su teoría sobre este punto puede condensarse en los siguientes términos: «El Tao o Razón primera produjo el Uno, es decir, pasó del estado del No-ser al estado del Ser. Uno produjo dos, dividiéndose en principio femenino o yin, y en principio masculino o yang. Dos produjo tres, es decir, el principio femenino y masculino, uniéndose, produjeron la armonía. Tres produjo la universalidad de los seres».

De aquí la importancia que Lao-tseu, y en general la Filosofía china, atribuye al número, aproximándose algo en esta parte a la doctrina de los pitagóricos. Para Lao-tseu y sus compatriotas, el orden, el proceso y las relaciones del universo y de sus partes, corresponden al orden, proceso y relaciones de los números. Como éstos se dividen en impares y pares, así las sustancias cósmicas se dividen en celestes y terrestres: el número impar, como más perfecto, responde a las primeras; el número par corresponde a las segundas, porque es menos perfecto que el impar. La década o decena es uno de los números más importantes, a causa de sus aplicaciones aritméticas.

La teoría de Lao-tseu sobre la vida y la muerte, se halla en consonancia con su concepción panteística acerca del origen y proceso de las cosas. «Todos los seres, se dice en el citado libro Tao-te-king, aparecen en la vida en un movimiento continuo. Vemos que se suceden los unos a los otros, apareciendo y desapareciendo alternativamente. Estos seres corporales, en su movimiento continuo, revisten diferentes formas exteriores; pero cada cual vuelve a su raíz y a su principio. Volver a su raíz y a su principio, significa entrar otra vez en la inmovilidad absoluta.»

La moral de Lao-tseu —en la cual se ocupó muy poco, según queda indicado—, consiste en la negación y desprendimiento de toda actividad, de toda mudanza, de toda pasión o alteración; consiste, en una palabra, en la indiferencia absoluta y en el no-obrar, como medio de llegar a la absorción e identificación brahmánica con el Tao o Ser inmutable, indistinto e innominado. «El último término de la perfección, escribe el filósofo chino, es el no-obrar y el colmo del vacío.»

Parece que Lao-tseu, queriendo sancionar esta teoría moral con su propia conducta, abandonó sus honores, su casa y sus riquezas, y murió haciendo vida solitaria en las selvas. Después de su muerte, fue muy venerada y preconizada su memoria por sus discípulos y admiradores, que hicieron de él una encarnación del Tao o Razón suprema, y hasta le atribuyeron una existencia anterior a la de ésta. Sin embargo, su nombre no alcanzó la celebridad popular ni los honores divinos que se tributaron y tributan a su compatriota Confucio.

§ 17. Confucio y su Filosofía

Nació éste cincuenta años después de Lao-tseu, y en sus escritos, o, mejor dicho, discursos filosófico-populares, siguió una dirección esencialmente práctica y moral, enfrente de la especulativa y metafísica de Lao-tseu. Parece que Confucio se sirvió de conversaciones familiares para enseñar y propagar su doctrina, la cual fue recogida y compilada por sus discípulos en cuatro libros, que son el Ta-hio o grande estudio; el Tchoung-young o sea la invariabilidad en el medio; el Lun-yu, o conferencias filosóficas; el Meng-tseu o diálogos de Confucio, recogidos por un discípulo suyo de este nombre. En uno de estos libros se pone en boca de Confucio el siguiente discurso, que resume y compendia su teoría moral en lo que tiene de más racional y sólido:

«Nuestros antiguos sabios, decía Khoun-tseu (Confucio), practicaron antes que nosotros lo que acabo de exponeros: y esta práctica, generalmente adoptada en los tiempos antiguos, se reduce a la observancia de las tres leyes fundamentales de relación, entre los soberanos y los súbditos, entre los padres y los hijos, entre el esposo y la esposa, y a la práctica exacta de las cinco virtudes capitales, que basta nombrarlas para haceros comprender su excelencia y necesidad. Son estas virtudes, la humanidad, o sea el amor universal entre todos los de nuestra especie sin distinción; la justicia, que da a cada individuo lo que le es debido, sin favorecer a uno sobre otro; la conformidad con los ritos prescritos y con los usos establecidos, a fin de que los miembros de la sociedad tengan un mismo modo de vida e igual participación en las ventajas e inconvenientes de la misma; la honradez, o sea aquella rectitud de espíritu y corazón que nos induce a buscar en todo la verdad, y a desearla sin querer engañarse a sí mismo ni a otros; y, finalmente, la sinceridad o la buena fe, es decir, aquella franqueza de corazón mezclada de confianza que excluye todo fingimiento y disfraz, tanto en la conducta como en las palabras. He aquí lo que hizo a nuestros primeros maestros, respetables durante su vida, y lo que inmortalizó su nombre después de la muerte. Tomémoslos por modelos; empleemos todos nuestros esfuerzos en imitarlos.»

A juzgar solamente por este pasaje, podría decirse que la moral confuciana se acerca a la moral evangélica más que otra alguna. Bien es verdad que aun bajo este punto de vista, sería muy inferior siempre a la moral de Jesucristo, ya porque a estas virtudes confucianas les falta la eficacia, la elevación y el aroma inherentes al amor de Dios, base y condición de la perfecta ley moral, ya porque la exposición y enseñanza puramente humanas de esas virtudes naturales y racionales, no llevan consigo, ni su amor eficaz ni su práctica, amor y práctica que solo se consiguen bajo la influencia de la fe divina y de la gracia que fortalece. Buen testigo de esta verdad, la espantosa corrupción de costumbres que se observa entre los chinos, a pesar de la pureza de la moral y de esas virtudes enseñadas por Confucio; y eso que la veneración a la persona y doctrina de éste, lejos de disminuir, han aumentado hasta recibir honores divinos por parte de todos los habitantes de aquellas regiones, desde el Emperador y los literatos hasta las últimas clases de la sociedad.

Pero aparte de esto, y prescindiendo de este orden de consideraciones, basta fijar la atención en los demás puntos de la doctrina, así moral como especulativa de Confucio, para convencerse de que la razón humana, abandonada a sus propias fuerzas, coloca y colocará siempre errores y deformaciones al lado de las verdades y bellezas.

Bunsen resume en los siguientes términos algunos de los puntos principales de la doctrina de Confucio: «El Cielo (Tien) es para Confucio sinónimo de la Divinidad, de la cual la expresión más sublime es el mundo de los astros. La palabra Dios no es para él un sonido vacío, hueco y destituido de significación real, sino que expresa el conjunto de los cuerpos.

»El Espíritu (Chin) no tiene realidad para el filósofo chino, sino en el sentido de genio, de sombra de los antepasados, en honor de los cuales este hombre excelente había instituido un culto de reconocimiento. Empero, ¿qué es el espíritu? La fuerza que reside en la materia. ¿Qué es la materia? El producto de dos sustancias primitivas. He aquí, en sustancia, con más algunos preceptos de moral, lo que constituye la religión popular que Confucio enseñó a los chinos». Estas apreciaciones de Bunsen se hallan corroboradas por la historia y la experiencia presente, siendo por demás sabido que las clases ilustradas y los literatos en China, o sea los que representan las tradiciones y la enseñanza de Confucio, a quien reconocen y veneran como legislador y maestro, hacen profesión de ateísmo y materialismo.

Las respuestas evasivas que el filósofo chino solía dar a los que le interrogaban de una manera directa y concreta acerca de la inmortalidad del alma, son una prueba más de su pensamiento materialista,[13] siquiera el temor de chocar tal vez y de herir las creencias del pueblo, le impusieron cierta reserva.

Otro de los puntos de la moral de Confucio, que revela la imperfección de ésta, a la vez que la debilidad de la razón humana abandonada a sí misma, hasta en los hombres dotados de superior inteligencia y de aptitudes especiales en el orden moral, es su doctrina acerca de los vaticinios, augurios y suertes por medios pueriles y supersticiosos.

El padre Vudelou, en su Noticia del Y-king, que es precisamente el libro que trata de las suertes, de la quiromancia y de los auspicios sínicos, escribe: «Confucio, no solamente aprueba estas suertes, sino que enseña en términos formales, en su comentario sobre el Y-king, el arte de emplearlas; y lo cierto es que este arte que se refiere a este libro, se deduce de lo que Confucio ha dicho acerca del mismo».

§ 18. Filosofía de Tchou-hi

Después de la muerte y respectiva apoteosis de Lao-tseu y de Confucio, la Filosofía siguió su dirección, y especialmente la del último, sin producir escuelas ni filósofos que merezcan especial mención. Solo en el siglo XII de nuestra era, cuando ya habían pasado diecisiete siglos sobre la tumba de Confucio, apareció una nueva escuela, cuyo fundador fue Tcheou-lien-ki o Tcheou-tseu, pero cuyo principal representante es Tchou-hi.

Ya se ha indicado arriba que la Filosofía de Confucio prevaleció sobre la de Lao-tseu. Pero la Filosofía de Confucio, más bien que Filosofía, es un sistema político-moral, es una Filosofía esencialmente incompleta y parcial, porque carece de base metafísica y hasta de base psicológica, al paso que la Filosofía de Lao-tseu es metafísica y casi exclusivamente especulativa. En vista de esto,

---

13   Cuando le preguntaban su opinión sobre la muerte, solía responder: «¿Cómo he de saber lo que es la muerte, cuando todavía no conozco la vida?». En otra ocasión en que sus oyentes le preguntaban si los antepasados a quienes se daba culto tenían conocimiento de éste, les contestó en los siguientes términos: «No conviene que manifieste claramente mi opinión sobre este punto. Si dijera que los progenitores son sensibles a los homenajes que se les tributan, que ven, oyen y saben lo que pasa aquí en la tierra, sería de temer que sus descendientes, llevados de una piedad filial demasiado viva, descuidaran su propia vida por atender a la de sus antepasados. Si, por el contrario, dijera que los muertos no saben lo que hacen los vivos, sería de temer que se descuidaran los deberes de la piedad filial, que cada cual se encerrase en un estrecho egoísmo, y que se quebrantaran de esta suerte los lazos más sagrados que unen las familias entre sí».

nada más natural que ponerlas en recíproco contacto y completar la una con la otra. Esta fue la empresa que acometieron los filósofos citados, cuya escuela, por consiguiente, viene a ser una especie de ensayo o sistema ecléctico, que pudiera apellidarse neo-confucianismo, en atención a que la doctrina político-moral de Confucio, universalmente recibida y practicada por la nación, constituye el fondo y como la trama principal de su concepción filosófica.

Las principales modificaciones introducidas por esta escuela en la doctrina de Confucio, combinando con ésta algunos de los elementos metafísicos de Lao-tseu, pueden condensarse y resumirse en los siguientes términos:

a) El Ser supremo, apellidado Taï-ki por los discípulos de Confucio, es el Ser latente e innominado de Lao-tseu, es el gran Todo de este filósofo, cielo y tierra a la vez, espíritu y materia, etc., pues aunque «cada uno de estos seres, dice el fundador del neoconfucianismo, tiene su naturaleza propia e individual, sin embargo, todos los seres del universo reunidos son el Taï-ki».

b) El Tao o Razón suprema de Confucio, es para la nueva escuela el mismo Taï-ki, considerado como substratum y razón eficiente de sus evoluciones y acciones, o sea de los seres de que él proceden por emanación de su propia y única sustancia. «Aunque hay dos nombres, dice el representante principal de esta escuela, Tchou-hi, no hay dos sustancias originariamente.»

El Taï-ki o Sustancia absoluta, que, como se ha dicho, posee en sí el Tao o Razón suprema y eficiente, se manifiesta en el espacio y el tiempo bajo las dos formas de ying y yang, o sea como materia y como espíritu. Pero no se crea que la materia y el espíritu tienen aquí el mismo sentido que entre los europeos. Para la Filosofía neoconfuciana, y en general para la Filosofía china, el espíritu es una materia más sutil que la grosera y visible de los cuerpos. Algunas veces se le da el nombre de materia celeste, macho celestial, en contraposición a la hembra terrestre o materia inferior.

d) De la unión y combinación de estos dos modos o formas del ser, el yang y el ying, resultan cinco elementos, que son la madera, la tierra, el metal, el agua y el fuego, los cuales engendran y constituyen todos los demás seres del universo, incluso el hombre con sus facultades físicas, intelectuales y morales. Así es que el amor o benevolencia procede de la madera, la fidelidad procede de la tierra, la justicia del metal, la prudencia se deriva del agua, y la civilización del fuego.

Estos mismos elementos se hallan representados en el cielo por cinco genios (Chan-ti), que dirigen la marcha general de las causas naturales, sin perjuicio de otros espíritus (aeriformes) y genios inferiores, que presiden a los diferentes fenómenos de la naturaleza, como los truenos, la lluvia, los vientos.

e) En el hombre hay tres cosas, a saber: la inteligencia, que es una derivación o manifestación del Tao o Razón suprema, en la cual debe reentrar al separase del cuerpo, aunque el neoconfucianismo no explica sobre este punto; el principio sutil del elemento material o corpóreo, y la parte más grosera de este mismo elemento, o sea del cuerpo humano. Cuando sobreviene la muerte, el principio sutil (höen) vuelve al cielo y se convierte en espíritu (Chin, o espíritu aeriforme, cuerpo sutil); la parte inferior y más grosera del cuerpo, llamada phe, vuelve a la tierra, y se convierte en koueï, o sea genio, el cual es grado de ser inferior al chin, o lo que se llama espíritu, por más que ni uno ni otro son verdaderos espíritus, sino grados y modos de ser más o menos sutiles de la materia.

Como se ve por estas indicaciones, el neoconfucianismo o la Filosofía de Tchou-hi, se reduce a una amalgama informe y hasta contradictoria alguna vez, de la concepción panteísta de Lao-tseu, con las tendencias escéptico-ateas, y con las ideas materialistas de Confucio. Esta Filosofía neoconfucianista de Tchou-hi, es hoy la Filosofía oficial y nacional de la China, y sabidas son las opiniones negativas de los literatos chinos en orden a la existencia de un Dios personal, vivo y providente, lo mismo que en orden a la inmortalidad del alma.

§ 19. Crítica
Si prescindimos de la doctrina filosófica de Tchou-hi, que se acaba de exponer, la cual, como se ha dicho, no es más que una fusión o amalgama de ciertas ideas de Lao-tseu y de Confucio; si hacemos abstracción de este sistema sincrético para remontarnos a los elementos que constituyen su contenido sustancial; si nos fijamos, finalmente, en la doctrina de los citados Lao-tseu y Confucio, doctrina que representa, por decirlo así, la Filosofía primitiva, nacional, característica de los chinos, vemos claramente que esta Filosofía, considerada en el orden ético, que es su aspecto más importante, se resuelve en un conjunto facticio de máximas morales, buenas algunas de ellas, medianas otras y detestables no pocas.

Porque, en efecto, las máximas morales enseñadas por Confucio carecen de base metafísica, y no constituyen, ni pueden constituir, por consiguiente, un todo sistemático, un organismo científico.

De aquí la discordancia y hasta contradicciones que se echan de ver en las citadas máximas; pues mientras algunas parecen entrañar ideas espiritualistas y sanción teístico-trascendente, otras entrañan tendencias ateístas y materialistas. De aquí también las grandes aberraciones y los muchos lunares que se encuentran en la moral confuciana, como son, además de los que dejamos apuntados al exponer su Filosofía, las prácticas y evocaciones supersticiosas; pues el moralista chino nos enseña el modo de investigar y conocer el sufragio o aprobación de los espíritus o genios por medio de la inspección de una tortuga quemada, o sea el Pou, y por medio de las figuras que resultan de la combinación de las hojas y filamentos de una planta llamada Chi.

No son estos los únicos lunares de la moral de Confucio, tan decantada y analizada por los deístas e incrédulos del pasado siglo. Esa moral, lejos de rehabilitar a la mujer, ni constituirla en su propia dignidad, la deja sumida en un estado de perpetua servidumbre; pues, no solo está enteramente sujeta al padre y al marido, sino hasta a su hijo cuando falta el esposo. A esto se añade la poligamia, admitida en la moral confuciana, y el repudio, permitido por muchas y fáciles razones, bastando, entre otras, la sospecha de infidelidad conyugal, o el hurto de alguna cosa de la casa por cualquier motivo.

En el orden especulativo, la primitiva Filosofía de los chinos se resuelve, como se ha visto, en una especie de panteísmo emanatista, con tendencias marcadas al materialismo en psicología. De lo dicho se deduce que carecen de fundamento sólido las relaciones y analogía que algunos historiadores de la Filosofía han querido ver entre el sistema filosófico de la antigua China y algunos sistemas filosóficos de la antigua Grecia. El historiador Gladisch, sobre todo, se empeñó en llevar las relaciones sínico-griegas en materia de Filosofía tan adelante, que no teme afirmar y procura demostrar que la doctrina de los pitagóricos es un reproducción completa y exacta de la doctrina filosófica de los chinos. La verdad es, sin embargo, que son escasos los puntos de contacto entre una y otra doctrina, que las analogías entre las dos son externas y superficiales, y que la concepción sínica y la concepción pitagórica se hallan separadas por puntos muy importantes, por ideas y aserciones de la mayor trascendencia. En vano buscaremos en la doctrina de los chinos la idea y la afirmación de que los números constituyen la sustancia misma de las cosas, sus elementos esenciales e internos; y, sin embargo, veremos después que esta información constituye la tesis fundamental, la idea madre de la doctrina pitagórica. Los filósofos antiguos de la China consideran el número impar como perfecto o celeste, y el número par como imperfecto y terrestre, y se ocupan en la naturaleza y proporciones aritméticas de ciertos números; pero puede decirse que aquí concluye la analogía o semejanza entre su doctrina y la de los pitagóricos. En vano se buscará en aquellos filósofos, ni la tesis fundamental del sistema pitagórico, ni su teoría astronómica, muy superior a la de los chinos, ni su moral relativamente sistemática y racional, ni su doctrina de las categorías. Aun en el terreno político-social y doméstico, la concepción pitagórica y sus ideas y prácticas de asociación, distan mucho del organismo estrecho y de la regularidad mecánica que presiden a la vida doméstica y política entre los chinos. Por otra parte, los pitagóricos nunca enseñaron ni profesaron la identificación de la Divinidad con el cielo material, y sabido es que esta identificación constituye una concepción fundamental, una de las bases de la doctrina sínica.

Excusado parece advertir que la Filosofía de los chinos participó y participa de la inmovilidad inherente a sus costumbres, sus leyes, sus instituciones y sus artes, y que, a contar desde Tchou-hi, o, mejor dicho, desde Lao-tseu y Confucio, permaneció y permanece en completo estado de petrificación.

§ 20. La Filosofía en la Persia

Al hablar de la Filosofía en la Persia, no nos referimos solo a la Persia propiamente dicha, sino también a la Sogdiana, la Margiana, la Susiana, con otras varias provincias ocupadas por los Iranios, y sobre todo a la Bactriana, patria de Zoroastro y foco primitivo del mazdeísmo (la ciencia universal), o sea de la religión por él iniciada, o al menos difundida y afirmada.

A juzgar por algunos indicios históricos y por afinidades védico-doctrinales, el mazdeísmo y el brahmanismo encontráronse en contacto en las llanuras de la Bactriana, y el primero representa una especie de reforma religiosa y como una regeneración progresiva del segundo.

La oposición de principios y tendencias que se observa entre el mazdeísmo y el brahmanismo, confirma y explica a la vez la ruptura violenta entre estas dos concepciones. Enfrente del panteísmo enseñado en los Vedas, los Naçkas o libros sagrados del mazdeísmo, proclaman el dualismo. Mientras que Brahma es la esencia única, y, por consiguiente, el principio del bien y del mal, para el mazdeísmo, Dios, o sea el Ormuzd de los escritores griegos y latinos, es principio del bien, pero no del mal, el cual es solo un accidente, una cosa completamente extraña con respecto a Ahouramazda u Ormuzd, que es el Dios verdadero de la teología mazdeísta. Enfrente del panteísmo emanatista de la India, aparece en el mazdeísmo Ormuzd, como primer creador de todas las demás cosas, las cuales, así como tuvieron principio, todas tendrán igualmente fin, incluso el mismo Ahriman, a pesar de que éste no procede ni recibe el ser de Ormuzd, como lo reciben las demás cosas.

Excusado parece advertir que esto se refiere al mazdeísmo, considerado en su pureza primitiva y antes de ser adulterado, como lo fue en tiempos posteriores, con la concepción panteísta de Zervân-Akéréné, o sea el tiempo eterno, como principio y substratum común de Ormuzd y de Ahriman. En los fragmentos auténticos y antiguos del Zend-Avesta no existen vestigios de esta concepción verdaderamente monstruosa, y que se halla en evidente contradicción con el papel de creador que se atribuye allí al citado Ahouramazda. Así es que la ciencia moderna sospecha, con sobrado fundamento, que el Zervân-Akéréné o tiempo ilimitado, como ser anterior y superior a Ormuzd y Ahriman, es una concepción extraña al primitivo mazdeísmo iránico. Spiegel, Lenormant, Oppert, con otros historiadores y orientalistas, opinan también que aquella idea es una infiltración del panteísmo materialista de la Caldea y como una verdadera superfetación en la idea religiosa mazdeísta.

§ 21. Filosofía o doctrina zoroástrica
El mazdeísmo o reforma religiosa de que acabamos de hablar, debió su origen, o al menos su nombre y consolidación, al Zoroastro de los griegos, que es el Zarathustra de los persas y de los Naçkas. Casi todos los historiadores convienen en que este célebre legislador religioso nació y vivió en la Bactriana; pero no sucede lo mismo cuando se trata de fijar su carácter social y la época de su nacimiento; pues mientras algunos suponen que no tuvo representación

alguna política, considerándole como un simple reformador religioso, otros añaden a este último carácter el de jefe y hasta rey de la Bactriana, haciendo de él una especie de Moisés de la raza iránica; no faltando quien dice que pereció de muerte violenta en una invasión de las tribus touránicas, enemigas del mazdeísmo.

No es menor la discordancia de opiniones en orden a la época en que floreció. Remotísima es la antigüedad que le atribuye San Justino, quien habla de sus guerras con Nino. Eusebio de Cesárea y San Agustín le suponen contemporáneo de Abraham. Según Aristóteles, Hermipo, Plutarco y algunos otros, floreció cinco mil años antes de la guerra de Troya. La opinión más probable, y la que siguen Burnouf, Spiegel, Oppert con otros críticos modernos de los más acreditados, es que Zoroastro vivió dos mil quinientos años antes de Jesucristo, con corta diferencia.

Ya queda indicado que el punto culminante y capital de la doctrina de Zoroastro es la negación del panteísmo brahmánico. El Ormuzd del legislador bactriano tiene bastante analogía con el Jehovah de los hebreos, a juzgar por varios pasajes de los Naçkas o libros canónicos del mazdeísmo que conocemos, en los cuales Ahoura-Mazda (el Ormuzd de los griegos y latinos) es apellidado luminoso, resplandeciente, eminente en grandeza y en bondad, perfectísimo y muy poderoso e inteligentísimo, y sobre todo es denominado espíritu santísimo, creador de los mundos existentes. Así es que la doctrina zoroástrica acerca del origen de las cosas es la que más se acerca a la creación del Génesis mosaico.

Otra de las analogías y, pudiéramos decir, reminiscencias que presenta el mazdeísmo con respecto a la revelación primitiva consignada en el Pentateuco mosaico, es la afirmación de la caída originaria del hombre. En el Boundehesch, uno de los libros o fragmentos canónico-religiosos del mazdeísmo, después de narrar la tentación y caída del primer hombre y la primera mujer, en términos bastante parecidos en el fondo a la narración de Moisés, se dice: «El Dev (el genio o espíritu malo) que habla la mentira, hecho ya más atrevido, se presentó por segunda vez, y les trajo frutos que comieron, y por esto, de cien ventajas que antes tenían, solo les quedó una».

En un cántico o himno, considerado por los orientalistas como uno de los fragmentos más auténticos de Zoroastro, las ideas principales de éste se hallan resumidas en los siguientes términos: «Hay o existen dos Genios, que son el bueno y el malo, los cuales son igualmente libres, y reinan sobre el pensamiento, la palabra y la acción. Es preciso elegir entre los dos: elegid, pues, al Genio bueno. Por medio, y a causa de su oposición, estos dos Genios producen todas las acciones humanas; el ser y el no ser, el primero y el último, son los efectos que corresponden a estos dos Genios o Dioses.

»Los hombres mentirosos serán desgraciados; los verídicos serán salvos. Escoged: siguiendo al Genio mentiroso y malo, os preparáis una suerte infeliz: los que siguen el partido y la dirección de Ahoura-Mazda, el Dios santo y verdadero, deben honrarle por medio de la verdad y de acciones santas...

»¡Oh, Mazda! Cuando la virtud es desgraciada en la tierra, tú eres el que acudes a su socorro; tú das al hombre piadoso el impero de la tierra, y tú castigas al hombre sus palabras cuya promesa es mentira. Procuremos merecer esa vida feliz por medio de continuos esfuerzos. Practicad las máximas salidas de la boca misma de Mazda (el Dios bueno, creador y omnisciente), máximas que son mortales para los mentirosos, pero favorables al hombre sincero: en estas máximas debéis buscar vuestra salvación».

El mazdeísmo hacía consistir la moral en la pureza del pensamiento, de la palabra y de las obras; admitía la existencia de penas y recompensas en la vida futura, y rechazaba la idolatría y el antropomorfismo. Así es que, según el testimonio de Herodoto, no tenían templos, ni altares, ni estatuas de los dioses. El culto que daban al fuego era solo un culto simbólico, dirigido a Ormuzd como dios del bien y de la luz, o sea como dios verdadero y único; pues es cosa sabida que Ahriman no posee todos los atributos de la divinidad propiamente dicha, puesto que le falta la eternidad.

Todo esto, sin embargo, debe entenderse del mazdeísmo propiamente zoroástrico o primitivo, según dejamos indicado ya; porque, andando el tiempo, y después de las guerras entre medos y persas, y, sobre todo, merced al contacto con las tribus asirio-caldeas, el mazdeísmo sufrió grandes alteraciones en la parte filosófica o especulativa, y más todavía en la parte práctica, por medio del magismo y del culto de las divinidades asirias y caldeas.

La dificultad de comprender y explicar el origen y la existencia del mal, fue lo que arrastró a Zoroastro a abandonar sus tendencias y, como si dijéramos, sus sugestiones monoteístas, que aparecen claramente en sus libros y en sus concepciones, para abrazar el dualismo, error fundamental de su doctrina. Al lado de Ormuzd, principio del bien, aparece como independiente, y enfrente del dios bueno, Ahriman, principio y causa del mal. La lucha entablada entre estos dos seres representa y causa las vicisitudes de los seres y el movimiento de la historia, hasta que en el fin de los tiempos el dios del mal sea vencido y anulado por el dios bueno y eterno.

Así y todo, y tomada en conjunto la concepción zoroástrica, bien puede ser considerada como una de las más nobles y perfectas que produjo la razón humana abandonada a sus propias fuerzas, o, al menos, sin el auxilio de la revelación divina conservada en toda su pureza; porque en el mazdeísmo se descubren vestigios evidentes, aunque oscuros, de esa misma revelación divina. Las siguientes palabras de Lenormant contienen, en nuestro sentir y en resumen, la crítica general más exacta del mazdeísmo zoroástrico o primitivo. «La doctrina de Zoroastro es, sin contradicción, el esfuerzo más poderoso del espíritu humano hacia el espiritualismo y la verdad metafísica, sobre el cual se ha ensayado fundar una religión, prescindiendo de toda revelación y por las fuerzas solas de la razón natural: es la doctrina más pura, más noble y más próxima a la verdad entre todas las del Asia y de todo el mundo antiguo, excepción hecha de la de los hebreos, basada en la palabra divina. Es la reacción de los más nobles instintos de la raza jafética, raza espiritualista y filosófica por excelencia entre los descendientes de Noé, contra el panteísmo naturalista y el politeísmo, su consecuencia inevitable, que se habían introducido paulatinamente en las creencias de los Aryas, adulterando los recuerdos de la revelación primitiva. En su indignación contra el politeísmo y la idolatría, Zoroastro transporta por un procedimiento semejante al de los Profetas de Israel y Padres de la Iglesia, los nombres de los personajes divinos de la religión védica a los malos espíritus. Los dioses de esta religión, Devas, se convierten en demonios; dos de los más importantes, Indra y Siva, son transformados en ministros del principio del mal. Zoroastro en su doctrina religiosa tiende al monoteísmo puro; se eleva con poderoso vuelo hacia este dogma de la verdad eterna; pero apelando a las fuerzas solas de su razón, privado del auxilio sobrenatural de la revelación, Zoroastro tropieza con el formidable problema del origen del mal: este es el escollo que detiene su vuelo; incapaz de salvarlo, cae en la concepción funesta del dualismo.»

La doctrina zoroástrica, en efecto, considerada en su pureza primitiva y con anterioridad a su amalgama con el magismo y con las teorías y prácticas asirias y caldeas, responde a la elevación y profundidad de ideas, y, sobre todo, a la tendencia espiritualista que caracteriza y distingue a la raza arya. En el fondo de la concepción zoroástrica dominan y sobrenadan, por decirlos así, la conciencia moral y la razón, la idea de lo verdadero y de lo bueno, la tendencia ético-espiritualista y la especulación metafísica. Es probable que esta elevación y pureza de la doctrina zoroástrica fueron debidas en parte a la revelación primitiva, o sea a una reacción y restauración de la misma; pero no por eso debemos rechazar ni negar la parte legítima de influencia que corresponde a la fuerza nativa del genio de los aryos.

Por lo demás, la obra de Zoroastro, como todas las obras humanas, adoleció de graves defectos, principalmente desde el punto de vista religioso. Además de su monstruosa concepción de los dos principios, o sea del diosprincipio del mal, Zoroastro, o no supo, o no se atrevió a romper con el politeísmo naturalista de sus conciudadanos, contentándose con modificar y moderar sus prácticas y supersticiones populares. Así es que, andando el tiempo, la religión de Zoroastro, relativamente pura y elevada en su origen, degeneró fácilmente hasta quedar reducida al culto del fuego y a las fórmulas ridículas y supersticiosas de la magia.

§ 22. La Filosofía en el Egipto

En realidad de verdad, ni en el Egipto, ni en la Bactriana, la Persia y demás regiones en que dominó el mazdeísmo, existió la Filosofía en el sentido propio de la palabra. No se conoció allí la Filosofía como ciencia o investigación racional y sistemática de las cosas y de sus causas, ni hubo variedad de escuelas, ni siquiera fueron conocidas ni se cultivaron con separación las diferentes partes de la Filosofía especulativa. En las provincias del Irán, como en el Egipto, puede decirse que no hay más Filosofía que la Filosofía religiosa, las concepciones que sirven de base a la religión y al culto, y las consecuencias o aplicaciones que de ellas se desprenden.

De aquí la dificultad suma de separar la idea filosófica de la idea religiosa, dificultad que adquiere mayores proporciones, cuando esta idea reviste dos formas muy diferentes y hasta contradictorias, como acontece precisamente en el Egipto, en donde la idea religiosa presenta la forma popular y grosera al lado de la forma esotérica y hierática.

Porque, en efecto, a juzgar por el testimonio de Herodoto y de Diodoro con otros varios autores, inclusos algunos escritores eclesiásticos; a juzgar por algunas inscripciones interpretadas por Champollion y otros egiptólogos, y a juzgar, sobre todo, por algunos pasajes de los libros herméticos, la primitiva y real concepción religiosa del país de los Faraones, entraña un teísmo espiritualista, bien que algo desvirtuado por desviaciones panteístas. «Es difícil al pensamiento, se dice en estos libros, concebir a Dios, y a la lengua hablar del mismo. No se puede describir con medios materiales una cosa inmaterial, y lo que es eterno, difícilmente puede aliarse con lo que está sujeto al tiempo... Lo que no puede ser conocido por los ojos y los sentidos, como los cuerpos visibles, puede expresarse por medio del lenguaje; lo que es incorpóreo, invisible, inmaterial, sin forma, no puede ser conocido por nuestros sentidos; comprendo, pues, ioh Thoth!, comprendo que Dios es inefable... no es limitado ni finito; no tiene color ni figura; es la bondad eterna e inmutable, el principio del Universo, la razón, la naturaleza, el acto, la necesidad, el número, la renovación: es más fuerte que toda fuerza, más excelente que toda excelencia, superior a todo elogio, y solo debe ser adorado con adoración silenciosa. Está escondido, porque para existir no tiene necesidad de aparecer. El tiempo se manifiesta, pero la eternidad se oculta. Considera el orden del mundo; debe tener un autor, un solo autor, porque en medio de cuerpos innumerables y de movimientos variados, se advierte un solo orden. Si hubieran existido muchos creadores, el más débil hubiera tenido envidia al más fuerte, y la discordia habría traído el caos. No hay más que un mundo, un Sol, una Luna, un Dios. Éste es la vida de todos, su origen, su poder, su luz, su inteligencia, su espíritu y su soplo. Todos existen en él, por él, bajo él, y fuera de él no hay nada, ni dios, ni ángel, ni demonio, ni sustancia a; porque uno solo es Todo, y Todo no es más que uno.»

En armonía con estos pasajes de los libros herméticos o sagrados de los egipcios, éstos suponían o afirmaban que el Dios supremo, o sea Amon-Ra, es anterior y superior a todas las cosas, y que éstas y toda existencia son emanaciones del mismo. «Permanece inmutable en su unidad, se dice en el famoso libro De mysteriis Aegytiorum, atribuido al neoplatónico Jámblico; es el primero, el mayor y la fuente de todas las cosas (major, et primus, et fons omnium); es el padre del primer Dios y el Dios de los dioses (pater est primi Dei... Deus deorum), el mismo que en su unidad primitiva y solitaria es anterior y superior a todo ente, es principio y padre de toda esencia, de toda existencia,[14] de toda inteligencia; y, finalmente, es el inteligible primero, cuyo culto propio es el solo silencio: Intelligibile primum quod solo silentio colitur.»

Aunque es muy posible que Jámblico, o quien quiera que sea el autor del tratado De mysteriis Aegyptiorum, haya desfigurado algún tanto la concepción teológica del Egipto bajo la influencia de sus propias ideas neoplatónicas, no cabe poner en duda el fondo monoteísta de aquella concepción. Esta concepción unitaria de la divinidad, resto seguramente y reminiscencia de la revelación primitiva, se conservó en la clase sacerdotal más o menos pura por espacio de bastantes siglos, siendo muy probable también que esta enseñanza constituía el fondo principal de los misterios egipcios y de la sabiduría de sus sacerdotes, tan preconizada y utilizada por los filósofos griegos, y principalmente por Pitágoras y Platón.[15] Empero, la costumbre de expresar por medio de símbolos determinados las acciones, propiedades y atributos diferentes de la divinidad, y por otro lado las necesidades y exigencias o condiciones del culto público, fueron causa de que se introdujeran y adoptaran muchos y muy diferentes símbolos, más o menos adecuados, para representar y distinguir los atributos, propiedades y efectos atribuidos a la Divinidad. Bajo la influencia de la imaginación grosera del vulgo, merced también a la ignorancia de las clases populares y a sus tendencias antropomórficas, aquellos símbolos no tardaron en convertirse en divinidades y en objeto de cultos idolátricos de toda especie. De aquí esa muchedumbre de Dioses, esa extravagancia de cultos y adora-

---

14 He aquí el pasaje íntegro de Jámblico, tomado de la versión latina de Marsilio Ficino: «Primus Deus ante ens et solus, pater est primi Dei quem gignit manens in unitate sua solitaria, atque id est super intelligibile. Ille enim major, et primus, et fons omnium, et radix eorum quae prima intelliguntur et intelligunt, scilicet, idearum. Ab hoc utique Uno, Deus per se sufficiens seipsum explicavit: ideoque dicitur per se sufficiens sui pater, per se princeps. Est enim hic principium, Deus deorum, unitas ex uno super essentiam, essentiae principium; ab eo enim essentia, propterea pater essentiae nominatur. Ipse enim et superenter ens intelligibilium principium». De mysteriis Aegyptiorum, pág. 154, edic. 1552.
15 «Pythagoras, Plato, Democritus, Eudoxus et multi alii ad sacerdotes Aegyptios accesserunt. Pythagoras et Plato didicerunt philosophiam ex columnis Mercurii in Aegypto.» De myst. Aegyptiorum, pág. 5.

ciones, que hicieron del Egipto el país clásico de la superstición; ese cúmulo monstruoso de divinidades y prácticas antropomórficas y fetiquistas.

Así vemos que la mitología egipcia, que comienza por la triada primordial Amon (el ser supremo, el fondo divino), Nesth (la naturaleza) y Kneph o Knouphis (la inteligencia), desciende por medio de un proceso interminable y de triadas múltiples hasta los animales, las plantas y los elementos más inanimados. El carnero, símbolo hierático de Amón, pasó después a ser ídolo o encarnación idolátrico-divina del mismo: el toro, símbolo de Osiris, se convirtió a su vez en divinidad para el pueblo, el cual adoraba igualmente y daba culto divino al chacal y al perro, símbolos de Anubis; al gato, símbolo de la Luna; al cocodrilo, símbolo del tiempo y de Tifón; al ibis, símbolo de Hermes; al escarabajo, símbolo del principio activo en la generación; a la serpiente, símbolo de Kneph; a la palmera, símbolo del año; a la cebolla, símbolo del universo, a causa de sus películas concéntricas y esféricas. Esta extraña divinidad, que tenía un templo en Pelusa, es la que motivó el apóstrofe tan conocido y celebrado del poeta latino. El Sol, la Luna, el zodiaco, el Nilo, con otros varios cuerpos, fueron también objeto del culto idolátrico del pueblo egipcio.

Es muy posible y bastante probable, sin embargo, que estos diferentes símbolos, que la ignorancia y la superstición popular convirtieron en divinidades y en materia de culto idolátrico, encerraban en su origen ciertas verdades doctrinales que la Filosofía griega presentó después como fruto de sus propias especulaciones, habiéndolas recibido de las tradiciones hieráticas y reservadas del Egipto. Vestigios evidentes y múltiples de esto, descubriremos en Tales, Pitágoras, Platón y tantos otros representantes de la filosofía helénica. Hasta el éter o fuego divino y animado de los estoicos, parece arrancar del Egipto, a juzgar por lo que Herodoto nos dice o indica[16] acerca de este punto.

§ 23. La Filosofía moral en el Egipto

Si alguna parte de la doctrina del antiguo Egipto merece el nombre de filosófica, es su parte ética. Sin constituir un todo sistemático ni una ciencia racional, la moral egipcia es de las más puras y completas que presenta el paganismo, pudiendo decirse que en ella, como en la concepción unitaria de la divinidad,

---

16 «Egyptii vero censent, vivam belluam esse ignem, quae devoret quidquid nacta sit, tum pabulo satiata, simul cum eo quod devoravit, moriatur.» Herodoto, Historiar., lib. III, n.º 16.

no es posible desconocer ciertos vestigios de la revelación adámica o paradisíaca.

Por el contenido del Ritual funerario, uno de los libros sagrados del Egipto, y del cual se han encontrado varios ejemplares al lado de las momias, sabemos a ciencia cierta que la moral egipcia prohibía blasfemar, engañar a otro hombre, hurtar, matar a traición, excitar motines o turbulencias, tratar a persona alguna con crueldad, aunque fuera propio esclavo. También se prohibían la embriaguez, la pereza, la curiosidad indiscreta, la envidia, maltratar al prójimo con obras o palabras, hablar mal o murmurar de otros, acusar falsamente, procurar el aborto, hablar mal del rey o de los padres. La prohibición de estas cosas como malas, iba acompañada con varios preceptos acerca del bien obrar, entre los cuales resaltan los de hacer a Dios las ofrendas debidas, dar de comer al hambriento, vestir al desnudo y algunos otros por el estilo.

Como base y sanción de estas prescripciones morales, lo egipcios admitían la inmortalidad del alma y el juicio divino después de la muerte, con los premios o las penas correspondientes a las acciones practicadas en vida. Según Herodoto, lo egipcios fueron los primeros que profesaron el dogma de la inmortalidad del alma, pues afirmaban que cuando el cuerpo se descompone o muere, el alma pasa sucesivamente a otros cuerpos por medio de nacimientos o encarnaciones, recorriendo y animando los cuerpos de casi todos los animales de la tierra, del aire y del mar, hasta entrar otra vez en un cuerpo humano en un tiempo o momento dado. Esta evolución o transmigración del alma se verifica en el espacio de tres mil años,[17] doctrina que, como es sabido y hace notar el mismo Herodoto, adoptaron y aun presentaron como original y propia algunos filósofos griegos.

Verdad es que en esta doctrina, lo mismo que en la que se refiere al teísmo unitario, se advierten desviaciones panteístas, y se halla además adulterada o desfigurada por la hipótesis de la mentepsícosis, hipótesis que puede a su vez

---

17 «Primi etiam fuerunt Egyptii, escribe Herodoto, qui hanc doctrinam traderent, esse animam hominis immortalem, intereunte vero corpore, in aliud animal quod eo ipso tempore nascatur, intrare: quando vero circuitum absolvisset per omnia terrestra animalia, et marina, et volucria, tunc rursus in hominis corpus, quod tunc nascatur, intrare: circuitum autem illum absolvi tribus annorum millibus. Hoc placito usi sunt deinde nonnulli e Graecorum philosophi, alii prius, alii posterius, tanquam suum esset inventum, quorum ego nomina, mihi quidem cognita, llitteris non mando.» Historiar., lib. II, n.º 123.

considerarse como una reminiscencia adulterada del dogma de la resurrección final de los cuerpos.

He aquí el resumen que de toda esta doctrina presenta el antes citado Lenormant, resumen que creemos el más ajustado a la verdad y a las conclusiones de la crítica histórico-egipcia. «La creencia en la inmortalidad no se separó nunca de la idea de una remuneración futura de las acciones humanas, cosa que se observa particularmente en el antiguo Egipto. Aunque todos los cuerpos bajaban al mundo infernal, al Kerneter, según le apellidaban, no todos estaban seguros de alcanzar la resurrección. Para conseguirla, era preciso no haber cometido ninguna falta grave, ni en la acción, ni con el pensamiento, según se desprende de la escena de la psychostarsa, o acción de pesar el alma, escena representada en el Ritual funerario y sobre muchos sepulcros de momias. El difunto debía ser juzgado por Osiris, acompañado de sus cuarenta y dos asesores: su corazón era colocado en uno de los platillos de la balanza que tenían en su mano Horus y Anubis; en el otro se ve la imagen de la justicia; el Dios Thoth anotaba el resultado. De este juicio, que tenía lugar en "la sala de la doble justicia", dependía la suerte irrevocable del alma. Si el difunto era convencido de faltas irremisibles, era presa de un monstruo infernal con cabeza de hipopótamo; era decapitado por Horus o por Smow, una de las formas de Set, en el cadalso infernal. El aniquilamiento del ser era considerado por los egipcios como el castigo reservado a los malvados. En cuanto al justo, purificado de sus pecados veniales por un fuego que guardaban cuatro genios con rostro de monos, entraba el pleroma o bienaventuranza, y, hecho ya compañero de Osiris, ser bueno por excelencia, era alimentado y recreado por éste con manjares deliciosos.

Sin embargo, el justo mismo, como que en su calidad de hombre había sido necesariamente pecador, no entraba en posesión de la bienaventuranza final sino a través de varias pruebas. El difunto, al bajar y entrar en el Ker-neter, veíase precisado a franquear quince pórticos guardados por genios armados de espadas; no se le permitía pasar por ellos sino después de haber probado sus buenas acciones y su ciencia de las cosas divinas, es decir, su iniciación; se le sujetaba además a rudos trabajos antes de llegar al juicio definitivo; debía cultivar los vastos campos de la región infernal, lo cual era considerado como una especie de Egipto subterráneo, cortado por ríos y canales. Veíase obligado además a sostener terribles combates contra monstruos y contra animales fantásticos, de los cuales no triunfaba sino armándose de fórmulas sacramentales y de ciertos exorcismos que llenan once capítulos del Ritual citado. A su vez, los malos, antes de ser aniquilados, eran condenados a sufrir mil géneros de tormentos, y volvían a la tierra bajo la forma de espíritus malhechores, para inquietar y perder a los hombres: entraban también en el cuerpo de los animales inmundos.»[18]

La pureza y la perfección relativas de la moral entre los egipcios no tuvieron fuerza bastante para impedir la introducción, si no de castas propiamente dichas, como las de la India, de clases tan privilegiadas que equivalían o se asemejaban a castas. Sabemos, por el testimonio de Heredoto, de Diodoro y otros antiguos historiadores, confirmado por los descubrimientos modernos, que la influencia político-social, los empleos, el gobierno y hasta la propiedad, se hallan monopolizados por la clase sacerdotal y la militar. Los pastores, los artesanos y los agricultores, que formaban el pueblo, y, digamos, la tercer clase del Estado, apenas tenían participación en las funciones públicas, ni en la propiedad de las tierras o bienes raíces, siendo su condición bastante análoga a la de los vayçias y çudras de la India.

El gran principio de la igualdad de los hombres, lo mismo que el gran principio de la dignidad e independencia individual, eran desconocidos a las sociedades paganas, por más que algunas de ellas vislumbraron algo de estas grandes verdades. Moviéndose fuera de la órbita de la revelación divina, ignoraban lo que ésta enseña acerca de la unidad del origen y destino final de la especie humana. Por eso vemos que en todas las sociedades antiguas o paganas, cualquiera que sea su grado de civilización, o domina la institución antihumana y antisocial de las castas, o domina la concepción político-socialista, es decir, la absorción del individuo y hasta de la familia por el Estado. El doble principio de la dignidad e independencia personal y de igualdad de los hombres, principio que constituye el fondo de la civilización cristiana, y que

---

18 «Según se ve por lo dicho, añade Lenormant, el Sol personificado en Osiris constituye el fondo o tema de la metempsicosis egipcia. De Dios que anima y mantiene la vida, se convertía en Dios remunerador y salvador. Hasta se llegó a considerar a Osiris como el compañero del difunto en su peregrinación infernal, como el genio que tomaba al hombre cuando descendía al Ker-neter y le conducía a la luz eterna... El difunto hasta concluía por identificarse completamente con Osiris, por fundirse en cierto modo con su sustancia, hasta el punto de perder su propia personalidad.» Manuel d'Hist. ancien., t. I, cap. IV.

es una de las razones suficientes de su fecundidad indefinida y de su fuerza poderosa de expansión, solo encontró acogida en la antigüedad en el pueblo depositario de la revelación divina, en el pueblo de Abraham, de Moisés y de los profetas.

§ 24. La Filosofía entre los hebreos

No existió entre los hebreos, como tampoco existió entre los egipcios, ni entre los secuaces del mazdeísmo, la Filosofía racional y científica, la Filosofía propiamente dicha o sistematizada, si se exceptúan los últimos siglos de su historia nacional, en que aparecen algunos ensayos más o menos sistemáticos. En cambio, y gracias a la revelación divina, el pueblo hebreo conoció y poseyó un conjunto de verdades teológicas, metafísicas, morales y político-sociales, que constituyen una Filosofía y una ciencia, muy superiores, en cuanto a verdad y pureza de doctrina, a todas las ciencias y a todos los sistemas filosóficos de las antiguas naciones y civilizaciones, sin excluir las de Grecia y Roma. Para convencerse de ello, bastará exponer sumariamente ese conjunto de verdades, comparándolas de paso con las ideas, máximas y práctica de otras naciones y pueblos.

a) Enfrente del panteísmo indio, del dualismo iránico, del ateísmo búdico y sínico, y del politeísmo egipcio y grecorromano, el pueblo hebreo, enseñado por la palabra divina, afirma la existencia de un Dios único, personal, vivo, eterno, trascendente, distinto y superior al mundo, inteligente, libre, omnipotente, infinitamente santo, justo y misericordioso para con el hombre.

b) El dios del brahmanismo saca al hombre de su propia sustancia, o, mejor dicho, el mundo y los seres son fenómenos y evoluciones de la sustancia divina. El dios de Zoroastro y de la Filosofía griega, o sustituye el dualismo a la unidad, o degenera en naturalismo, y, en todo caso, o apenas vislumbra, o desconoce por completo y niega la creación ex nihilo. Solo el pueblo hebreo, iluminado por Dios, sabe y afirma que el mundo y los seres que lo constituyen fueron producidos y sacados de la nada en cuanto a toda su sustancia, mediante la acción omnipotente, libre e infinita de Dios.

c) Dios, pues, es principio y causa del mundo y de todos los seres, no solo en cuanto a su forma, distinción y orden, sino también en cuanto a la materia, y, por consiguiente, es causa, principio y razón suficiente de todo lo que constituye el Universo-mundo, sin que por eso el mundo sea parte de su sustancia, ni Dios dependa en nada ni para nada del mundo, sin el cual existió desde la eternidad. Hasta los nombres mismos y las definiciones que la Escritura atribuye a Dios —Qui est — Ego sum qui sum—, entrañan y revelan altísimo y superior concepto de la divinidad sobre todos los demás pueblos, aun los más civilizados.

d) Dios es autor, creador y padre común de todos los hombres, los cuales, todos, sin distinción de razas, pueblos ni personas, son iguales entre sí, porque son hechos a imagen y semejanza de Dios (faciamus hominem ad imaginem et similitudinem nostram — Ad imaginem quippe Dei factus est homo); son hermanos e iguales, porque son hijos del mismo padre terreno y celestial, llevan impreso el sello divino, y están destinados todos a la vida eterna en Dios. Excusado es llamar la atención acerca de la inmensa superioridad de esta doctrina, sobre la doctrina, las teorías y máximas de los demás pueblos contemporáneos del hebreo, en los cuales, aparte de la esclavitud, dominaba el régimen de castas bajo una forma u otra.

e) La inmortalidad del alma y el premio o castigo de ésta después de la muerte, y hasta la resurrección del cuerpo, son verdades que, además de desprenderse e inferirse lógicamente de otros dogmas, principios y sentencias de la Biblia hebrea, se hallan consignadas terminantemente en varios pasajes de la misma, bastando recordar y citar al efecto, lo que se lee en el Eclesiástico, en el libro de Job y en el de los Macabeos, principalmente al narrar en los últimos el martirio de los siete hermanos.

f) Para Manú, y en general para el panteísmo, el mal trae su origen de Dios; Zoroastro busca su origen en un segundo dios opuesto al Dios del bien. Moisés enseña que el mal trae su origen de la voluntad finita y creada, o sea del abuso de la libertad concedida a los ángeles y al hombre, única teoría que es dable conciliar con la bondad infinita y creadora de Dios, la existencia y el origen del mal moral.

§ 25. Doctrina moral y político-social de los hebreos
La moral de los demás pueblos antiguos, a vuelta de algunos preceptos puros y elevados, contiene siempre máximas y reglas, o inmorales, o ridículas, o que tienden a la idolatría. La moral del pueblo judío, compendiada en los diez pre-

ceptos del Decálogo, es la expresión más filosófica y práctica de la ley natural; excluye toda inmoralidad y toda tendencia idolátrica o politeísta, y se coloca a distancia inmensa de todos los códigos morales de los demás pueblos, al establecer como primer precepto y base de todos los demás, el amor de Dios sobre todas las cosas y el amor general del prójimo.

En la India, en el Egipto y hasta en Roma, la propiedad y el dominio de la tierra vienen a ser derecho casi exclusivo de ciertas castas o clases. En la nación de Judá fue dividida entre todas las tribus y familias con perfecta igualdad. «El país, dice Dios a Moisés y éste al pueblo, será dividido y repartido por suertes entre todos los hijos de Israel, por familias y tribus, de manera que se dará una mayor porción a los que sean en mayor número, y porción menor a los que sean en menor número.» Y para que esta igualdad no desapareciera con el tiempo, se instituyó el año sabático o quincuagésimo, en que las propiedades enajenadas volvían a sus primeros dueños.

Es muy común decir que el gobierno del pueblo israelita fue teocrático; afirmación muy inexacta ciertamente, a no ser que por teocracia se entienda el reconocimiento del dominio supremo de Dios sobre todo reino, como lo tiene sobre todo el mundo. Con más propiedad y verdad que en el pueblo de Israel, la teocracia debe buscarse en el Egipto, la Asiria, la Caldea y otras naciones, cuyos reyes recibían apoteosis en vida y recibían culto divino, con estatuas, templos y demás manifestaciones idolátrico-teístas, cosa que no sucedía con los jefes y reyes del pueblo de Judá. «Mucho extraño, escribe el pastor protestante Brunel, que se halla llamado al mosaísmo una teocracia, puesto que más bien es la única y verdadera democracia de la antigüedad. Es verdad que Dios solo reina en Israel; pero su representante humano, su oráculo, por decirlo así, no es el sacerdocio, sino el pueblo; no es el sacerdote, sino el ciudadano... El pueblo es el que gobierna, o por sí mismo, o por medio de delegados legos, unas veces con el nombre de jueces, y otras con el carácter de reyes... Mientras que el sacerdote egipcio lo posee todo, el sacerdote judío —¡cosa notable!— nada posee, y, lejos de alimentar a los demás hombres, espera y recibe de ellos su subsistencia.»

Excusado parece añadir, porque es bien sabido, que la condición de la mujer, del hijo y hasta la del esclavo entre los judíos, era muy superior y muy diferente de la que tenían entre las naciones que carecían de la luz de la revelación mosaica, y que tanto en esta parte como en otros muchos puntos, el mosaísmo fue la preparación del Cristianismo y el prólogo del Evangelio. Y nótese bien que esta moral tan pura y superior a la de las demás naciones, y sobre todo, que esta grande idea monoteísta, a la vez que las elevadas ideas religiosas que la acompañan en el pueblo judío, arrancan en el terreno histórico de un hombre que había nacido, se había educado y crecido en medio de un pueblo cuya moral y cuyas costumbres eran la antítesis del Decálogo, como sus ideas y prácticas religiosas eran la antítesis del monoteísmo judaico. Las descripciones que encontramos en Herodoto y en otros antiguos historiadores acerca de la moral y religión de los pueblos de la Caldea, demuestran bien claramente que cuando el ilustre emigrado de Ur Chaldaeorum, abandonó su patria y se separó de sus conciudadanos, éstos no se hallaban en estado de inculcarle las ideas morales y religiosas que enseñó a sus hijos y descendientes. La verdad es que este fenómeno histórico, la vocación de Abraham, constituye una prueba la más convincente de la realidad y existencia de la revelación divina. Preciso es que interviniera aquí una iluminación divina y superior, una influencia sobrenatural; porque solo así se comprende que el hombre del fetiquismo, el hombre nacido y educado en la más grosera idolatría, se convirtiera repentinamente en padre de los creyentes, en el progenitor de un pueblo que afirma, defiende y practica la idea monoteísta, rodeado, perseguido y acosado por pueblos y naciones politeístas.

La moral pura y el culto monoteísta del pueblo de Abraham, solo decae y degenera de una manera permanente, ostensible, doctrinal, por decirlo así, a consecuencia del largo roce con naciones extrañas durante la cautividad babilónica. De entonces más aparecen en el seno del pueblo judaico gérmenes visibles de descomposición, encarnados de una manera permanente en el culto de la letra y en el formalismo externo de los fariseos; en el ascetismo ultramístico de los esenios, y más todavía en la secta de los saduceos con sus doctrinas negativas y con su indiferencia religiosa. La religión y la moral del pueblo de Abraham, de Moisés y de los profetas, se hallaban seriamente amenazadas en su existencia, cuando el Verbo de Dios se hizo carne y habitó entre nosotros, para restituirlas a su pureza primitiva, y, sobre todo, para desenvolverlas y completarlas, para colocar a la humanidad en el camino de la verdad y de la vida eterna, para enseñar al hombre a adorar a Dios en espíritu y en verdad. Del cielo a la tierra descendieron entonces en el Verbo y con el Verbo ideas nuevas, grandes y fecundas, a cuyo contacto se estremeció la humanidad, abatida a la sazón y postrada en el lecho del dolor y de la muerte. Pero resonó en su oído la voz augusta del Salvador, que le decía: Surge et ambula, levántate y marcha. Y la humanidad marchó desde entonces, y marcha hoy y marchará siempre, a la victoria contra el mal en la vida presente, a la conquista del bien supremo en la vida futura.

La filosofía griega

§ 26. Origen y carácter general de la Filosofía griega

Dotada la raza griega de aptitud incontestable para la especulación filosófica, y poseyendo a la vez genio original e independiente, no tardó en dar claras muestras de su energía intelectual y de sus tendencias y aspiraciones a una civilización superior a cuantas la habían precedido en la historia. Así es que, instalada apenas en su nueva patria, después de las migraciones a través de otros países y en contacto con otras razas, que la historia narra o vislumbra, las tradiciones religiosas y místicas que de otros pueblos heredaran los griegos, transfórmanse en sistemas cosmogónicos, y al lado de los misterios religiosos, que pueden considerarse como iniciaciones científicas, aparecen también sentencias morales que revelan cierta aspiración a un sistema ético-social, el mismo que recibirá en su día oportunos desenvolvimientos.

Aparte de los poemas homéricos, los cuales contribuyeron indudablemente al movimiento civilizador de los griegos, los himnos religiosos, las sentencias morales y las concepciones cosmogónicas de Orfeo, demuestran que mil doscientos años antes de la era cristiana existía ya en Grecia un cuerpo de doctrinas, que puede considerarse como preformación más o menos sistemática, aunque rudimentaria, de la Filosofía. Cuatrocientos años después, esta Filosofía daba un paso más, merced a las ideas cosmogónicas y teogónicas de Hesiodo (ochocientos antes de Jesucristo), cuyas sentencias morales, así como las ético-sociales y políticas de Epimenides, de Ferecides y de los siete Sabios de Grecia, robustecían la originalidad del pensamiento helénico y ensanchaban los horizontes de la especulación filosófica.

Este periodo de incubación y preparación de la Filosofía griega, encierra dos manifestaciones o fases parciales: la manifestación teogónica, envuelta en mitos y en leyendas poéticas, que algunos apellidan por esta razón Filosofía mítica, y la manifestación ético-política, apellidada, no sin fundamento, por algunos, Filosofía sentenciaria, Filosofía gnómica, en razón a la forma de su enseñanza por medio de versos y sentencias aforísticas.

Fue opinión muy recibida entre los neoplatónicos, entre muchos Padres de la Iglesia, y generalmente entre los antiguos cristianos, que el movimiento inicial de la Filosofía griega, y no pocos de sus elementos, debieron su origen a las religiones y literaturas de otros pueblos más antiguos, y principalmente a las que florecieron en la India, la Persia y el Egipto. Algunos de aquellos exageraron sin duda la influencia ejercida en la Filosofía griega por las religiones asiáticas, y también las relaciones de afinidad entre el pensamiento griego y el pensamiento oriental; pero en cambio no pocos historiadores y críticos modernos, partidarios de la originalidad absoluta de la filosofía griega, cayeron en el extremo contrario. Las opiniones encontradas de Roeth y de Zeller, y los fundamentos respetables en que uno y otro se apoyan, demuestran que el problema no se considera resuelto de una manera definitiva. Bien es verdad que, según nota oportunamente Ueberweg, se trata aquí de un problema cuya solución plena y segura depende de las investigaciones y trabajos referentes al Oriente y al Egipto, investigaciones y trabajos que todavía dejan mucho que desear.

Entre tanto, y habida razón de las pruebas aducidas por los antiguos y de los resultados de la crítica moderna sobre la materia, no debemos admitir una influencia inmediata y directa entre el pensamiento oriental y el pensamiento griego, afirmando en absoluto, como hacen algunos, que la doctrina filosófica de Pitágoras trae su origen y es una simple derivación de la Filosofía china, y que los representantes de la escuela eleática son meros reproductores de las escuelas panteísticas de la India. Esto no obstante, muy bien podemos pensar y afirmar que las tradiciones religiosas del Oriente, las especulaciones astronómicas de los caldeos, los mitos y doctrinas zoroástricas y las iniciaciones hieráticas del Egipto, entraron por mucho en los sistemas de la Filosofía griega durante su primer desarrollo, y hasta pudiera sospecharse que influyeron de una manera más o menos directa y sensible en la variedad de escuelas y sistemas que aparecen durante este periodo.

Es muy probable, en efecto, que la comunicación de Tales con los asirios y persas, lo mismo que sus viajes al Egipto, debieron influir no poco en el origen, tendencias y carácter de la escuela jónica, iniciada por el filósofo de Mileto.

Por otro lado, las opiniones, costumbres y prácticas de la escuela pitagórica presentan notable afinidad con ciertas opiniones, sentencias y prácticas de los egipcios, cosa muy natural dadas las relaciones de Pitágoras con los sacerdotes del Egipto, verdaderos depositarios de la ciencia en aquellos tiempos. Corrobora esta conjetura el hecho de la afinidad que existe entre el pitagorismo y el platonismo, cuyos fundadores fueron los que más cultivaron y frecuentaron la comunicación con los sacerdotes egipcios. Sabida es la importancia que en aquel país se daba a la iniciación en ciertos misterios religiosos, iniciación que probablemente tenía por objeto principal, si no era el único, comunicar a los adeptos el sentido filosófico y científico de ciertos mitos populares y cultos religiosos; pues, según observa M. Cousin, «es imposible que en los misterios no se hiciera otra cosa sino repetir la leyenda; porque repugna que se haga una especie de sociedad secreta, con severas condiciones de admisión para decir allí las mismas cosas que se decían públicamente. Preciso es, por lo tanto, que los misterios encerraran alguna cosa más, o una exposición más regular, o quizá una explicación cualquiera, física o moral, de los mitos populares».

En suma: si Zeller parece apartarse del camino recto y de la realidad histórica, negando, o por lo menos restringiendo demasiado la influencia de las ideas orientales en el origen y desenvolvimiento de la Filosofía griega, Roeth, y más todavía Gladisch, exageran evidentemente esta influencia. Para Zeller, la Filosofía de los griegos, considerada en su origen, en su marcha y en sus evoluciones, es un producto inmediato y espontáneo del espíritu helénico, una manifestación cuya razón suficiente y verdadera debe buscarse en la reflexión independiente y personal de los filósofos griegos, con exclusión de toda influencia oriental que merezca tomarse en consideración. Sin duda que esta tesis del autor de La Filosofía de los Griegos es contestable y relativamente exclusivista y exagerada; pero lo es más la tesis del citado Gladisch, cuando, después de afirmar y probar a su manera la influencia decisiva y preponderante de la Filosofía oriental sobre el origen y desarrollo de la griega, considera a ésta, especialmente en su periodo antesocrático, como una especie de reproducción de los sistemas orientales. Porque para Gladisch, la Filosofía eleática no es más que la renovación de la Filosofía del Indostán; la doctrina de Anaxágoras fue tomada de los judíos; Heráclito reproduce el sistema zoroástrico; la teoría cosmológica de Empedocles trae su origen del Egipto y reproduce el sistema hierático, y, finalmente la doctrina pitagórica es una segunda edición corregida y aumentada de la doctrina filosófica y moral de los chinos.

Los argumentos alegados por Zeller contra la tesis de Gladisch demuestran que se trata de una tesis evidentemente exagerada e inexacta, como lo es también la de Roeth, el cual coincide en el fondo con Gladisch, pero sin admitir el paralelismo greco-oriental defendido por éste, y concediendo a las ideas y literatura del Egipto influencia preponderante en el origen y desarrollo de la Filosofía helénica.

§ 27. División general de la Filosofía griega

Casi todos los historiadores dividen la Filosofía griega en tres periodos, pero no todos convienen cuando se trata de señalar el tiempo que abraza cada uno de estos periodos, y los caracteres que a cada cual corresponde como periodo filosófico. Según Tennemann, el primer periodo corre desde Tales de Mileto hasta Sócrates, y abraza la Filosofía antesocrática, como la apellida Ritter; el segundo comprende desde Sócrates hasta la comunicación y difusión de la Filosofía griega entre los romanos, o sea todas las escuelas originadas y representadas en el movimiento socrático, incluyendo los estoicos y epicúreos; el tercero abraza el estado y vicisitudes de la Filosofía griega bajo la dominación romana hasta su desaparición en el siglo VIII del Cristianismo, o sea hasta San Juan Damasceno. Con esta clasificación e idea general de la Filosofía griega, coinciden en el fondo, y con ligeras variantes, las que adoptan y defienden Ritter y Schleiermacher.

La clasificación y división que propone y sigue Hegel se aparta más de la de Tennemann; pues, según aquel filósofo, el primer periodo comprende desde Tales hasta Aristóteles; el segundo se halla caracterizado por la propagación y estado de la Filosofía griega en el mundo romano; y el tercero abraza solamente la Filosofía neoplatónica.

Sin entrar a discutir el fundamento de estas opiniones, ni de las de Brandis, Zeller y otros, que se apartan más o menos de las arriba indicadas, parécenos muy aceptable y fundada la división adoptada por Tennemann y Ritter, pero limitando la duración o espacio de tiempo señalado para el tercer periodo, el cual, en nuestro sentir, debe terminar con la escuela neoplatónica de Atenas hacia mediados del siglo VI de la era cristiana.

En conformidad y relación con lo expuesto, dividiremos la Filosofía griega en tres periodos, de los cuales el primero abraza las escuelas anteriores a Sócrates a contar desde Tales; el segundo las escuelas posteriores a Sócrates hasta la difusión y propagación de las mismas entre los romanos; el tercero el estado y vicisitudes de estas escuelas y de la Filosofía griega hasta la clausura de la escuela filosófica de Atenas en tiempo de Justiniano. El primer periodo abraza dos siglos, o sea desde el año 600 hasta el 400 antes de la era cristiana: el segundo termina con la reunión o fusión del Pórtico y la Academia para dar comienzo al sincretismo alejandrino, precedido y acompañado del movimiento escéptico, sincretismo que representa y constituye el tercer periodo de la Filosofía griega, la cual coexiste con la cristiana durante algunos siglos. El conjunto de estos tres periodos de la Filosofía griega compone, por consiguiente, un periodo total de mil doscientos años próximamente.

Desde el punto de vista doctrinal, el primer periodo de la Filosofía griega puede denominarse periodo cosmológico, en atención a que las escuelas que aparecen durante el mismo se ocupan con preferencia en la solución del problema cosmológico. Durante el segundo periodo, los filósofos, sin desatender la cosmología, la cual adquiere, además, cierto tinte metafísico, dirigen sus investigaciones a la lógica, la psicología y la moral, o sea las ciencias que se relacionan más directamente con el hombre; así es que puede apellidarse periodo antropológico. Aparte del escepticismo y del movimiento sincrético que se observan en el tercer periodo, el carácter de éste es la investigación del problema divino o de lo Absoluto, o sea la tendencia teosófica, representada principalmente por la escuela neoplatónica. Dicho se está de suyo que no se trata aquí de caracteres exclusivos, sino de señalar la tendencia predominante y más notable en cada uno de los tres periodos, pudiendo decirse que en todos ellos se agitaron más o menos todos los problemas fundamentales de la Filosofía, y que en todos ellos aparecieron representantes más o menos explícitos de la mayor parte de los varios sistemas filosóficos que vemos reproducirse a través de los siglos, bien que mudado el rostro y con diversos ropajes adornados.

Bajo otro punto de vista, el primer periodo de la Filosofía griega puede denominarse periodo de formación y también periodo de juventud; el segundo, periodo de perfección y de virilidad; el tercero, periodo de decadencia o de senectud.

La Naturaleza o mundo exterior, constituye el objeto principal de la Filosofía griega durante su primer periodo: el objeto principal de la misma durante el segundo, es el hombre en todas sus relaciones: la escuela más importante y la única que presenta cierta originalidad durante el tercer periodo, tiene por objeto a Dios. De aquí es que a los tres periodos de la Filosofía griega puede decirse que corresponden los tres objetos fundamentales de la Filosofía.

La forma y el método científico se hallan también en relación y armonía con los tres periodos expresados. Durante el primer periodo predomina la observación sensible y externa; la psicológica y la reflexión racional, durante el segundo; y en el tercero, o al menos en su escuela principal, predomina la intuición intelectual del misticismo panteísta.

Primer periodo de la filosofía griega

§ 28. La escuela jónica

Sin contar la escuela o secta de los sofistas, la cual puede considerarse como la transición al segundo periodo helénico iniciado por Sócrates, el primer periodo de la Filosofía griega abraza cuatro escuelas principales, que son la jónica, la itálica o pitagórica, la eleática y la atomística, si bien esta última es considerada por algunos, no sin fundamento, como una prolongación y variante de la escuela jónica.

Pero sea de esto lo que quiera, conviene no perder de vista que durante este periodo primero de la Filosofía helénica, aparecieron algunos filósofos que, sin pertenecer de una manera exclusiva y sistemática a ninguna de las escuelas mencionadas, contribuyeron al movimiento general de la Filosofía durante este periodo, ora iniciando una nueva evolución en alguna de las escuelas dichas (Heráclito, Anaxágoras), ora inspirándose en varias de las mismas (Empedocles), y formulando una especie de concepción sincrética y conciliadora.

Ya dejamos indicado arriba que el carácter general y común a todas estas escuelas y a sus derivaciones parciales, es el predominio del pensamiento cosmológico, o, si se quiere, del problema físico. Los jónicos y atomistas, lo mismo que los eleáticos y pitagóricos, no menos que Heráclito y Anaxágoras y Empedocles, tratan ante todo y sobre todo de conocer y determinar la materia, la esencia, la realidad que constituye el ser o sustancia de las cosas particulares, y, por consiguiente, del Universo-mundo. Porque es de notar que, para todas estas escuelas y filósofos del primer periodo, excepción hecha a lo más de Anaxágoras, las sustancias materiales y sensibles entrañan la universalidad del ser, la realidad se identifica en el fondo con la naturaleza o mundo visible. Ni el número de los pitagóricos, ni el ser abstracto de los eleáticos, ni el fuego de Heráclito, representan y significan una realidad o sustancia espiritual distinta de la realidad material. Y esta negación, o, mejor dicho, esta ausencia de la concepción de un ser espíritu, constituye otro de los caracteres generales de la especulación helénica en su primer periodo.

Concretándonos ahora a la escuela jónica, distínguese ésta por el modo esencialmente materialista con que plantea y resuelve el problema cosmológico. El ser sustancial, la esencia de todas las cosas, consiste en una materia primera, agua, aire, fuego, tierra, ora solos o unidos. Pero como la materia es de suyo inerte e inmóvil, y las cosas varían, se transforman y se distinguen unas de otras, es preciso que esa materia entrañe, o un principio interno de vida (hylozoísmo), o al menos de movimientos (mecanismo) varios, y de aquí los matices y variantes que aparecen en los partidarios y representantes de esta escuela.

Pero aparte de estos caracteres y de estas diferencias, la escuela jónica, aun prescindiendo de la atomística, como rama o prolongación de la misma, puede y debe dividirse en dos secciones, la primera de las cuales se halla representada por los tres primeros filósofos jónicos, Tales, Anaximandro, Anaxímenes, y la segunda por Heráclito, Anaxágoras y sus sucesores. Porque si es cierto, a la verdad, que uno y otro pertenecen en el fondo a la escuela jónica a causa de la materia que reconocen como principio esencial y sustancia real del mundo, no es menos cierto que colocaron el problema cosmológico en un terreno relativamente nuevo y especial. Hasta entonces solo se había tratado de saber en qué consiste la esencia y sustancia de las cosas, dando por supuesto que es una cosa permanente y fija. Heráclito pone en cuestión esta segunda hipótesis, y esfuérzase en probar que la esencia, el ser y la sustancia de las cosas, lejos de ser una cosa permanente, consiste precisamente en la mutación, en el fieri; que la variación es la única ley invariable, el movimiento continuo e incesante, la esencia real de las cosas.

Por su parte, Anaxágoras inicia y resuelve, aunque de una manera vaga y confusa, el problema espiritualista. Con el filósofo de Clazomene, el mundo deja de ser una combinación fatal de fuerza y materia, para convertirse en producto de la inteligencia, en resultado y representante de la idea, en efecto y demostración, a la vez, de un ser no material, extracósmico y trascendente.

Al hylozoísmo primitivo de la escuela jónica en sus primeros pasos, Heráclito sustituye el principio dinámico y la ley universal del fieri; los atomistas y Empédocles sustituyen el principio mecánico; Anaxágoras tiende a desenvolver y coronar los principios anteriores y la concepción general de la escuela jónica por medio de un principio espiritualista.

§ 29. Tales

Este filósofo, apellidado por Aristóteles príncipe (hujus philosophiae princeps) o fundador de la escuela jónica, nació en Mileto por los años 640 antes de la era cristiana. Si hemos de dar crédito al citado Aristóteles, afirmaba que el agua es el principio, causa y sustancia primitiva de todas las cosas. Fundaba su opinión en que el agua es la que suministra alimento y nutrición a todas las existencias. Hasta el calor vital de los animales depende para su producción y conservación, de la humedad producida por el agua. En la sangre, con los demás humores y líquidos que se observan en la economía animal, así como también en los jugos y savia de las plantas, en todos predomina la humedad o el principio acuoso.

También le atribuye Aristóteles las siguientes opiniones:

a) Que la tierra flota en el agua, o se halla como sumergida en este elemento.

b) Que el imán es un ser animado, toda vez que atrae al hierro.

Cicerón afirma que, además del agua como principio material de las cosas y como substratum general de la naturaleza, admitía la existencia de una inteligencia o mente,[19] como fuerza ordenadora de los seres formados o compuestos del agua. Pero en esta parte, merece más crédito Aristóteles, que atribuye esta doctrina a Anaxágoras, posterior a Tales, opinión que tiene en su favor el sufragio de los más autorizados críticos e historiadores de la Filosofía.

El filósofo de Mileto cultivó también las matemáticas y la astronomía, estudio muy en armonía y muy conducente para el progreso y consolidación de su doctrina filosófica, atendido su carácter físico-cosmológico. Se le atribuye el descubrimiento y primera resolución de algunos problemas geométricos de los más importantes, y no faltan autores que afirman que predijo el eclipse solar acaecido en el año 585 antes de la era cristiana. Esto revela que nuestro filósofo poseía conocimientos astronómicos nada vulgares, atendida la época, y explica por qué fue considerado generalmente en la antigüedad, no solamente como el primer filósofo, sino como el primer geómetra y el primer astrónomo. Herodoto y Diógenes Laercio hablan de Tales como de un notable hombre político, y, entre otras, aducen como prueba el consejo que dio a sus conciudadanos disuadiéndoles de formar alianza con Creso en contra de Ciro.

Tales, como casi todos los representantes de la escuela jónica durante sus primeros pasos, consideraba la naturaleza o materia como vivificada y animada

---

19 «Thales Milesius aquam dixit esse initium rerum, Deum autem eam mentem, quae ex aqua cuncta fingeret.» De Nat. Deor., lib. I, cap. 10.

(hylozoísmo) por una fuerza interna y esencial a la misma, y poblaba el universo mundo de divinidades, las cuales probablemente no eran para el fundador de la escuela jónica más que manifestaciones más o menos perfectas, más o menos sutiles de esa fuerza viva, inherente y esencial a la materia, que constituye para el filósofo de Mileto la sustancia y el fondo real de todas las cosas. En otros términos, los dioses de Tales son los dioses del politeísmo helénico; son personificaciones diferentes de las fuerzas y de los fenómenos de la naturaleza, según que son compatibles con la teoría hylozoísta. Por otra parte, sus conocimientos stronómicos y meteorológicos, que debían ser bastante notables para aquellos tiempos, a juzgar por el testimonio de algunos autores antiguos,[20] se prestan a la concepción naturalista del politeísmo griego.

La teoría concreta de Tales acerca del agua como principio y sustancia de las cosas, fue seguida más tarde por Hipon, natural de Samos, según unos, y de Regio, según otros, y que vivía en Atenas en tiempo de Pericles. A juzgar por ciertos pasajes de Aristóteles,[21] Hipon fue hombre de escaso mérito como filósofo.

§ 30. Anaximandro[22]

Compatriota, amigo y, según algunos, aunque sin bastante fundamento, discípulo de Tales, fue Anaximandro, el cual dio cierta forma unitaria y panteística a la teoría cosmológica de la escuela jónica, afirmando que el principio de las cosas no es el agua, como quería Tales, sino lo infinito, es decir, la naturaleza material considerada como unidad primitiva, potencial e indiferente, respecto de los seres varios que van saliendo de ese fondo o sustancia común como desarrollos parciales de la misma. Gracias a la antítesis y oposición del calor y frío, de la humedad y sequedad, del fondo de ese infinito van saliendo

---

20 Apuleyo, entre otros, dice que Tales conoció temporum ambitus, ventorum flatus, stellarum meatus, tonitruum sonora miracula, siderum obliqua curricula, solis annua reverticula, palabras que revelan la alta opinión que se tenía del saber y conocimientos especiales del fundador de la escuela jónica, en orden a los fenómenos naturales y físicos.

21 Después de mencionar la teoría de Tales y de otros acerca del principio de las cosas, añade: «Hipponem etenim nemo dignabitur cum istis connumerase, propter intellectus ejus simplicitatem». Metaphys., lib. I, cap. II.

22 Los filósofos e historiadores no están acordes sobre este punto. Opinan algunos que el indefinido, señalado por Anaximandro como principio de las cosas, era una especie de materia caótica que contiene en sí los elementos diferentes de la naturaleza material. Otros opinan que en la mente de Anaximandro era un cuerpo intermedio entre el agua y el aire.

sucesivamente los diferentes seres que aparecen en el Universo, para volver a entrar después en ese infinito-materia, que viene a ser de esta suerte como un substratum general de la circulación del ser y de la vida, los cuales aparecen, desaparecen y reaparecen bajo formas nuevas, ya diferentes, ya similares. En suma: el infinito-principio de Anaximandro, lleva consigo la explicación del mundo y la naturaleza por medio de una especie de emanación y remanación panteístico-materialista, y presenta alguna analogía con el Unum de los neoplatónicos; pero mayor acaso con el éter divino de los estoicos, y con el fuego de Heráclito.

Porque conviene tener presente que el infinito, o, mejor dicho, el indefinido de Anaximandro, aunque es infinito propiamente por parte de la cantidad o extensión, por parte de la cualidad es solamente indefinido o indeterminado e indiferente. Las cosas traen su origen del indefinido como de su principio primero y único; pero no por vía de producción, sino por vía de desarrollo, y el Universo mundo, considerado en su totalidad, representa un conjunto de desarrollos y reversiones, una serie indefinida de evoluciones y de involuciones, cualquiera que sea, por otra parte, la esencia concreta e íntima del indefinido, del cual proceden todas las cosas.

Según Anaximandro, la tierra con su atmósfera se halla situada en el centro del mundo, a igual distancia de los puntos de la esfera celeste, y rodeada por todas partes y como sumergida en una sustancia sutil o etérea. Las estrellas y las divinidades celestes están formadas del fuego y del aire, y la tierra, considerada en su origen y formación, se encontró en estado líquido. El alma humana es un sustancia aérea o etérea (materialismo), y todos los animales tuvieron su origen en el agua, en donde se formaron las primeras especies animadas, de las cuales salieron por transformaciones sucesivas (darwinismo, transformismo) las especies superiores, incluso el hombre, que trae su origen de un pez. Solo es permanente el infinito, o sea la materia-principio, que posee la vitalidad perpetua: los individuos y las especies que salen de su seno varían incesantemente.

Por estas indicaciones se ve que la escuela jónica contiene ya desde sus primeros pasos gérmenes panteístas y materialistas, y gérmenes también bastante explícitos del darwinismo contemporáneo, a pesar de sus pretensiones a la novedad y originalidad.

Si hemos de dar crédito a Cicerón, Anaximandro identificaba los dioses con los astros o cielos, y admiraba una serie infinita de mundos,[23] si bien se ignora y disputa entre los críticos e historiadores de la filosofía acerca del sentido en que Anaximandro admitía la pluralidad o serie infinita de mundos. Algunos suponen, no sin algún fundamento, que el filósofo jónico entendía por pluralidad de mundos, pluralidad de cielos. San Agustín opinaba, sin embargo, aunque su autoridad dista mucho de ser irrefragable en la materia, que Anaximandro hablaba de verdaderos mundos, y que se refería a una pluralidad sucesiva y no simultánea: Innumerabiles mundos gignere et quaecumque in eis oriuntur, eosque mundos, modo dissolvi, modo iterum gigni existimavit.

La concepción de Anaximandro es esencialmente hylozoísta, como la de Tales, puesto que su materia universal e indefinida lleva en sus entrañas un principio vital, una fuerza motriz. Sus ideas acerca del estado primitivo, o sea acerca del estado líquido y húmedo de la tierra, parecen abonar la opinión de los que le hacen discípulo de Tales, o revelan, cuando menos, que las ideas de éste ejercieron alguna influencia en la teoría de su compatriota.

Además de filósofo, Anaximandro fue también astrónomo y geógrafo. Cuéntase que construyó una esfera para explicar los movimientos de los astros, y también un mapa descriptivo de la tierra. No falta quien le atribuye la invención de los relojes solares, aunque es más probable que lo que hizo fue introducir entre los griegos el uso de dichos relojes, conocidos y usados desde antiguo por los babilonios.

§ 31. Anaxímenes y Diógenes de Apolonia

Aunque algunos hacen a Anaxímenes discípulo de Anaximandro, Aristóteles, a quien debemos suponer mejor informado, le hace discípulo de Tales. La verdad es que su doctrina, si tiene cierta analogía con la de Anaximandro, también ofrece puntos de contacto y semejanza con la de Tales.

Para Anaxímenes el aire es la primera causa y la primera sustancia de todas las cosas, las cuales no son más que modificaciones y transformaciones de esta sustancia, ora se trate de una sustancia aérea sui generis, ora se trate del aire común o atmosférico, cosa difícil de averiguar con certeza. En estas

---

23 «Anaximandri autem opinio est nativos esse deos, longis intervallis orientes occidentesque eos innumerabiles esse mundos.» De Nat. Deor., lib. I, cap. X.

transformaciones, o sea en el origen, constitución y distinción de las cosas, desempeñan un papel importante la condensación y dilatación del aire, pues la formación, cambios y fases diferentes de los cuerpos, deben su origen a este movimiento perpetuo de condensación y dilatación. Así, por ejemplo, el fuego no es más que el aire enrarecido o dilatado; el agua y sus varios estados y derivaciones, como la nieve, las nubes, el hielo, etc., son el aire en diferentes grados de condensación; y esta misma condensación, llevada a determinados grados, da origen y explica la formación de la tierra, de las piedras y metales.

Excusado parece advertir que para nuestro filósofo el alma humana no es más que una modificación o transformación del aire, como sustancia y causa primera de todas las cosas; porque uno de los caracteres de la escuela jónica en su primera época es el materialismo psicológico, consecuencia inevitable de su monismo material e hylozoísta.

En relación son esas ideas, y, sobre todo, en relación con el principio fundamental de su teoría cosmológica, la divinidad se identifica con el aire inmenso, infinito y en perpetuo movimiento (immensum, et infinitum, et semper in motu), como dice Cicerón, que da origen, ser y propiedades o atributos a todas las cosas, y que constituye el fondo real y esencial de las mismas. Así es que, según el citado Cicerón, para Anaxímenes el aire-principio es el Dios sumo. Sin embargo, creemos que San Agustín, al decir que, según Anaxímenes, los dioses proceden o son hechos del aire,[24] expresó con mayor precisión y exactitud el pensamiento del filósofo jónico.

Atribuyeron algunos escritores antiguos a Anaxímenes el descubrimiento de la oblicuidad de la eclíptica. Lo cierto es que consideraba la tierra como un cuerpo de figura plana, colocada en el centro del mundo, rodeada y transportada por el aire lo mismo que los astros.

El cretense Diógenes de Apolonia floreció después de Anaxímenes, reconociendo o afirmando, como éste, que el aire es la causa y sustancia primera y universal de las cosas. Fue contemporáneo de Anaxágoras, y mientras éste comunicaba a la escuela jónica una dirección espiritualista con tendencias al teísmo verdadero, Diógenes se esforzó en conservar la tradición esencialmen-

---

24 «Omnes rerum causas (Anaximenes) infinito aeri dedit; nec Deos negavit aut tacuit; non tamen ab ipsis aerem factum, sed ipsos ex aere factos credidit.» De Civit. Dei, lib. VIII, cap. II.

te hylozoísta y materialista que venía dominando en aquella escuela desde su origen.

Diógenes, lo mismo que Anaxímenes, señalaba el aire como origen y esencia de todas las cosas, sin excluir el alma humana, a la cual consideraba como una derivación sutilísima de este primer principio. A juzgar por las indicaciones de Aristóteles, el filósofo de Apolonia opinaba que nuestro alma en tanto conoce las demás cosas, en cuanto y porque contiene en sí el aire, primer principio y sustancia de todas ellas, a la vez que por razón de su misma sutileza es causa de los movimientos vitales.

Simplicio y algunos otros comentadores de Aristóteles suponen que Diógenes consideraba la razón o pensamiento como una propiedad o fuerza inherente al aire-principio de las cosas. Este hecho probaría que la concepción espiritualista de Anaxágoras ejerció cierta influencia sobre Diógenes, y que éste había tratado de conciliar las ideas del filósofo de Clazomenes con la doctrina general de la escuela jónica.

Sexto Empírico y algunos otros hacen mención de un Ideo de Himera, del cual apenas se sabe otra cosa, sino que su doctrina coincidía con la de Anaxímenes, en orden a la solución del problema fundamental de la Filosofía por aquellos tiempos. Porque Ideo, como Anaxímenes, consideraba el aire como principio esencial y primitivo de las cosas, si bien se ignora si se refería al aire común, o más bien a un fluido intermedio entre el aire atmosférico y el fuego.

§ 32. Heráclito

Este notable filósofo, que floreció en Éfeso por los años 500 antes del Cristianismo, pertenece a la escuela jónica por su patria y por el fondo de su doctrina; pero sembró en ella gérmenes que desarrollaron sus sucesores, y pensamientos nuevos y superiores a los que hasta entonces habían dominado en esta escuela. Y, en efecto, según Heráclito,

1.º La sustancia común y el elemento primordial de todas las cosas es el fuego, o una sustancia etérea, ígnea y sutil, sustancia que, a juzgar por las propiedades y efectos que le atribuye, es principio, medio y fin de las cosas. Bajo este punto de vista, la doctrina del filósofo de Éfeso coincide con la general de la escuela jónica.

2.º Todos los seres deben considerarse, y son en el fondo, meras transformaciones y derivaciones de este fuego primitivo, y, a su vez, estos mismos seres o sustancias se convierten en fuego etéreo, por medio de combinaciones varias y de transformaciones, ya depurativas, ya descendentes.

3.º Estas transformaciones son fatales y universales: fatales, porque están sujetas al Destino, o sea a una ley fatal e indeclinable, la cual es independiente de los dioses y de los hombres: son universales, por cuanto se extienden a todos los seres sin excepción. El universo puede, por lo tanto, considerarse como el resultado de dos grandes corrientes; una cuyo proceso es de arriba abajo (transformación del fuego primititivo en aire, en vapor, en agua, tierra, etc.), y otra cuyo proceso es de abajo arriba (transformación de las piedras y metales en agua, de ésta en vapor, de éste en aire, de éste en fuego, etc.); de manera que todas las cosas salen del fuego o éter primitivo, y vuelven a él en periodos determinados.

4.º El éter o fuego, que es Dios mismo, y que constituye el fondo esencial y la sustancia primera del mundo, permanece eternamente, pero la colección o conjunto de los seres que constituyen el universo aparece y desaparece periódicamente: desde este punto de vista, el mundo nace y muere, comienza y acaba a intervalos determinados y periódicos.

5.º Así como en el momento que concebimos pro priori a la primera derivación, o sea al desarrollo del primer mundo, solo existía el fuego primitivo, eterno y divino (Dios), así cada vez que un mundo desaparece por medio de la combustión, una vez terminada su evolución periódica (Estoicos), solo queda Dios, o sea el fuego divino y eterno en su estado primitivo, en el cual y por medio del cual comienza la formación del mundo segundo, al cual sucederá un tercero, y así sucesivamente desde la eternidad y hasta la eternidad. De aquí se infiere que la esencia de las cosas, en cuanto distintas del fuego primitivo, el ser del Universo, en cuanto conjunto de naturalezas finitas, determinadas y especiales, consiste en el flujo y reflujo perpetuo, en el movimiento continuo de las mismas; es un ser-movimiento, fluens semper, como escribe Aristóteles.

El mundo, como ser permanente, es una mera ilusión de los sentidos. La esencia de las cosas consiste en el cambio continuo, en el hacerse (fieri), en el tránsito perenne del no ser al ser y del ser al no ser, o mejor, en la amalgama transeunte y variada a cada instante del ser y del no ser.

6.º La vida vegetal, la animal y la intelectual, son manifestaciones diferentes del fuego celeste o primitivo, resultantes del choque y de la combinación de las dos corrientes (de arriba abajo y viceversa) que se desarrollan en el seno de aquella sustancia primordial y que constituyen su ley general. El bien y el mal, la vida y la muerte, el ser y el no ser, se confunden e identifican en la armonía universal (Hegelianismo, la idea = fuego primitivo; la ley dialéctica = el destino), la cual resulta de la lucha y contradicción de las dos corrientes contrarias ya indicadas, de las cuales la una tiende a transformar el éter en materia terrestre, y la otra tiende a transformar ésta y sus derivados en fuego etéreo, en ser divino.

7.º El alma humana es una emanación superior del fuego celeste y primitivo; es más perfecta a medida que es más seca, etérea y sutil, y se renueva, se desarrolla y conserva unida a ese fuego primitivo por medio de la sensación y respiración. Lo mismo, en proporción, debe decirse de los dioses, genios y demonios que pueblan el mundo.

8.º Además de los sentidos, el alma humana posee la razón, que es como una semejanza y derivación inmediata de la razón divina (el fuego primitivo), y un órgano de percepción superior a los sentidos.

9.º Por medio de esta razón el hombre puede percibir lo verdadero, lo que es eterno y permanente en el perpetuo flujo de las cosas, es decir, el fuego primitivo y la ley fatal del Destino, únicas cosas que se pueden denominar permanentes en la teoría de Heráclito.

10.º Toda vez que los sentidos perciben solamente las cosas que pasan o varían sin cesar, son incapaces de percibir la verdad, y toda ciencia que se apoye en el testimonio y percepción de los sentidos es de suyo falsa y engañosa.

§ 33. Crítica
La doctrina de Heráclito coincide en el fondo y en cuanto a la sustancia con la que caracteriza a la escuela jónica. El fuego o éter primitivo es para el filósofo de Éfeso, lo que es el agua para Tales y el aire para Anaxímenes. Sin embargo, su doctrina acerca del flujo o fieri perpetuo de las cosas, acerca de la insuficiencia e impotencia de los sentidos para percibir la verdad acerca de la unidad real el ser o sustancia primigenia, en medio y a pesar de la plurali-

dad fenoménica del mundo, revelan y descubren que la escuela eleática había ejercido alguna influencia en su espíritu y en la elaboración de sus teorías. Pero esta influencia parcial no excluye el predominio del pensamiento cosmológico de la escuela jónica, y por eso nos parece poco fundada la opinión de algunos autores, entre los cuales se cuenta Hegel, que solo ven en la Filosofía de Heráclito un ensayo de conciliación o armonía entre el ser y el no ser, tan rudamente opuestos en la teoría eleática.

Ya queda indicado que la doctrina de Heráclito contiene el germen de varios sistemas filosóficos posteriores, y presenta afinidades y analogías notables con el estoicismo y el hegelianismo. Basta recordar, al efecto, la doctrina de los estoicos acerca del origen y fin del mundo por el fuego, acerca del destino y acerca del alma universal del universo y de las almas particulares. Con respecto al hegelianismo, basta fijarse en la doctrina de Heráclito acerca de la formación de los seres, mediante la oposición, lucha y mezcla del ser y del no ser; acerca de la ley fatal o el destino que rige esta lucha, y acerca de la transformación evolutiva y progresiva, mediante la cual las sustancias terrestres llegan por gradaciones sucesivas y ascendentes hasta convertirse en el éter o fuego primitivo, que es el dios del filósofo de Éfeso.

Heráclito fecundó, además, el pensamiento griego, depositando en él las semillas, siquiera groseras y muy incompletas, de la psicología y de la fisiología. Lo cual, unido a la nueva fase y al notable desarrollo que comunicó a la escuela jónica, planteando a la vez el problema de la pluralidad y distinción de los seres, demuestra la originalidad relativa de su genio, y que no sin razón ocupa lugar preferente entre los filósofos del periodo antesocrático.

Preciso es reconocer, sin embargo, que lo que distingue y caracteriza la doctrina de Heráclito, lo que constituye y representa la idea central de su concepción filosófica, es el fieri de las cosas, es la lucha y contradicción perpetua del ser y no ser, como ley necesaria de la existencia de los seres cósmicos y medida de su realidad. Por otro lado, ese mudar perpetuo de los seres, en medio de la permanencia e inmutabilidad y eternidad del Ser; esa percepción de objetos fugaces e ilusorios por parte de los sentidos, entraña el planteamiento implícito e inicial del problema crítico, a causa de la distinción profunda que supone y establece entre la percepción sensitiva y la racional, entre la sensación y la razón, y consiguientemente entre la apariencia y la realidad, entre el fenómeno y el noumeno. Los sofistas, que más tarde dieron que hacer a Sócrates, se aprovecharon de esta doctrina de Heráclito para establecer y propagar sus conclusiones escépticas.

Más todavía: la teoría de Heráclito tiene, por decirlo así, el mérito de haber servido de ocasión y como punto de partida a Platón, para formular su gran teoría de las ideas. Porque, según indica con bastante claridad Aristóteles,[25] lo que principalmente indujo a Platón a excogitar su teoría de las ideas, fue la consideración de la movilidad y flujo perpetuo de las cosas sensibles, y la consiguiente imposibilidad de servir de objeto y materia para la ciencia.

§ 34. Anaxágoras y sus discípulos

A contar desde Heráclito, y gracias en parte a sus teorías y a los nuevos problemas que planteó de una manera más o menos explícita en el campo de la Filosofía, aparecen en la escuela jónica dos direcciones diferentes, que son: la teístico-espiritualista, representada por Anaxágoras, y la atomística-materialista, representada por Leucipo y Demócrito.

El fundador de la primera, que nació en Clazomenes por los años 494 antes de Jesucristo, manifestó durante toda su vida un celo extraordinario por la ciencia, hasta el punto de hacer consistir el destino y la perfección suprema del hombre en la contemplación de las cosas celestiales y en el conocimiento de la naturaleza. Después de haber filosofado en su patria, fijó su residencia en Atenas, centro a la sazón de la civilización helénica. Supónese que fue el primer filósofo que enseñó públicamente en la ciudad de Minerva, viniendo a ser por esta razón como el fundador de las grandes escuelas filosóficas que brillaron después en la patria de Platón, y hasta puede decirse que Anaxágoras transportó a Atenas la Filosofía griega, la cual hasta entonces había tenido su principal asiento en las ciudades de la Jonia. Todos estos merecimientos no fueron bastantes a impedir las persecuciones y calumnias provocadas por la envidia, la ignorancia y la superstición. Acusado de ser favorable a los persas, y sobre todo de impiedad, porque no reconocía la divinidad del Sol, ni aprobaba las creencias y prácticas politeístas y supersticiosas del pueblo, fue

---

25 «Diogenes autem, sicut et alii quidem, aerem hunc opinatur omnium subtilissimarum partium esse et principium, et propter hoc cognoscere et movere animam; secundum quidem quod primum est, et ex hoc reliqua cognoscere; secundum quod vero subtilissimum est, motivum esse.» De Anima, lib. I, cap. III.

encarcelado, a pesar de los esfuerzos de su amigo Pericles para salvarle, y a duras penas pudo conseguir retirarse a Lampsaco, donde murió por los años de 428. Diógenes Laercio afirma que su memoria era celebrada con fiestas religiosas por los habitantes de Lampsaco.

Aunque, según veremos después, Anaxágoras no pertenece en rigor a la escuela jónica, sobre la cual y fuera de la cual está su teoría cosmogónica y teológica, recibe, sin embargo, esta denominación, y entra en la serie de los representantes de esa escuela, no ya solo por razón de su patria y maestros, sino también porque, a ejemplo de los representantes de la misma, se ocupa casi exclusivamente en el mundo físico, y resuelve en el sentido análogo los problemas que se refieren al origen inmediato interno y a la constitución sustancial de los cuerpos.

Para el filósofo de Clazomenes,

a) Los cuerpos se componen de elementos primitivos, simples, indivisibles y diferentes en esencia y cualidades, según algunos historiadores de la Filosofía, aunque otros los suponen similares. Anaxagoras vero, escribe Aristóteles,[26] infinitatem similium partium. De todos modos, parece cierto, a juzgar por algunos pasajes del mismo Aristóteles, y especialmente por el que se halla en el libro primero De Generatione et Corruptione, que para Anaxágoras y sus discípulos, los elementos o primeros principios de las sustancias, son más simples y primitivos, son menos compuestos que la tierra, el agua, el aire y el fuego, que Empedocles y otros representantes de la escuela jónica consideraban como principios simples y primeros elementos de los cuerpos: Illi autem (anaxagorici), haec quidem simplicia et elementa esse; terram autem, aquam, et ignem, et aerem, composita.

Sea de esto lo que quiera, es muy probable que, en opinión de Anaxágoras, la variedad de sustancias materiales, no menos que las diferencias y diversidad de sus propiedades y atributos, resulta de la combinación varia de estos elementos primitivos, dotados de cualidades diferentes: el predominio de ciertos

---

26 He aquí cómo se explica que el filósofo de Estagira sobre este punto: «Post dictas philosophias, disciplina Platonis supervenit. Cum Cratillo namque ex recenti adolescentia conversatus, et Heracliti opinionibus assuetus, tanquam omnibus sensibilitus semper defluentibus, et de eis non existente scientia, haec quidem postea ita arbitratus est... Impossibile enim (putavit), definitionem communem cujuspiam sensibilium esse, quae semper mutantur; et sic talia entium ideas appellavit». Metaphys., lib. I, cap. V.

elementos y de las cualidades que les son innatas, determina la existencia y manifestación de éstas o aquellas propiedades en el cuerpo.

De aquí es que, según Anaxágoras, la composición y descomposición son el origen inmediato de la existencia y destrucción de las sustancias todas, y representan las dos grandes leyes generales de la naturaleza. En su estado originario, los elementos primitivos de las cosas estuvieron confusamente mezclados y como constituyendo una masa o sustancia caótica, hasta que fueron ordenados por Dios, o sea por la Inteligencia suprema.

b) El pensamiento psicológico de Anaxágoras es bastante oscuro y dudoso. Según algunos, enseñaba que la Inteligencia suprema es el principio común y formal de la vida, de la sensibilidad y de la razón, de manera que la razón del hombre, el conocimiento sensible de los animales y la vida de las plantas, son cosas idénticas en la esencia, y solo se diferencian y distinguen en sus modos de manifestación, a causa de la diferente organización de sustancias. En nuestro sentir, es más verdadera, porque es más conforme con el espíritu general de su Filosofía teístico-espiritualista, la opinión de los que afirman que para Anaxágoras: 1.º, la inteligencia suprema es principio, no formal, sino eficiente de la vida en las plantas, del conocimiento en los animales y de la razón en el hombre; 2.º, que cuando dice que la organización es la que determina las diferentes manifestaciones de dichas sustancias, solo quiere significar que convienen o se asemejan en poseer un principio vital, es decir, en ser sustancias animadas. Esto es tanto más probable, cuanto que nuestro filósofo distingue entre el alma, a la que reconoce y denomina principio de la vida, y la razón propiamente dicha, a la que considera como atributo del espíritu. Por otra parte,

c) Su doctrina acerca de la verdad y el criterio de la misma, hace más fundada la segunda opinión, puesto que, según Anaxágoras, a la razón sola y no a los sentidos pertenece juzgar de las cosas, reconociendo la primera como criterio de la verdad.

Empero el mérito verdadero de Anaxágoras, su gloria especial como filósofo, consiste en haber arrancado a la escuela jónica de las corrientes panteístico-materialistas, en cuyo fondo venía agitándose de una manera más o menos inconsciente, para colocarla en las corrientes más puras del teísmo espiritualista. Hasta entonces la escuela jónica no conocía más divinidad que una fuerza cósmica inherente e innata en la materia, principio necesario del movimiento y vida de la misma, así como de sus combinaciones y transformaciones, especie de alma universal que, en unión con la materia, constituye el mundo, ser único informado, movido, vivificado y animado por esa fuerza inmanente que se parece bastante a la Fuerza de Büchner y de los materialistas contemporáneos. La ley que determinaba los movimientos de la materia y sus varias transformaciones operadas por esa fuerza inmanente, apellidábanla algunos casualidad, mientras que otros la denominaban destino, el cual —sea dicho de paso—, como ley de transformación cósmica, tiene bastante analogía con la ley dialéctica hegeliana.

Anaxágoras, después de demostrar que el acaso y el destino representan una hipótesis absurda que carece de sentido, establece y demuestra que el orden y armonía que reinan en el mundo exigen la existencia de una inteligencia superior al mundo e independiente de éste en su ser y esencia. Esta inteligencia nada tiene de común con los demás seres; es eterna, posee poder infinito, y es la que ha ordenado el mundo con todos sus seres por medio de los elementos primitivos, eternos e indivisibles, y la que rige y gobierna estos mismos seres. Excusado es advertir que, careciendo de la idea de creación, el filósofo de Clazomenes pudo abandonar el terreno panteístico-materialista de la escuela jónica, elevándose hasta el concepto de un Dios personal, inteligente, ordenador del mundo, superior a éste y causa primera de su movimiento, orden y conservación, pero no pudo salir del terreno dualista, reconociendo la existencia de una materia eterna, y en estado caótico, la misma a la que Dios comunicó movimiento, orden y vida.

Es justo añadir, sin embargo, que el pensamiento del filósofo de Clazomenes sobre este punto capital de su doctrina no es tan explícito y completo como fuera de desear, al menos si hemos de formar juicio por el testimonio tan autorizado y competente de Aristóteles. Supone e indica éste algunas veces que la inteligencia suprema admitida por Anaxágoras era el primer principio del movimiento (dicens intellectum movisse omnia), el primer motor o agente, el verdadero principio de todas las cosas (principium maxime omnium), y, lo que es más, principio el más simple entre todos, principio trascendente y puro;[27] pero al propio tiempo le vemos otras veces esparcir dudas sobre el pensamiento genuino de Anaxágoras, y hasta reprocharle que echó mano de la inteligencia divina como de una máquina para explicar el origen y constitución del mundo: Nam et Anaxagoras, tanquam machina utitur intellectu ad mundi generationem.

En orden al origen inmediato y a la constitución interna de los seres, Anaxágoras profesaba opiniones que revelan el estado imperfecto de las ciencias físicas, y que no se elevan gran cosa sobre las que profesaba la escuela jónica. Así le vemos afirmar,

a) Que la Luna está habitada lo mismo que la tierra.

b) Que el Sol es una masa de piedra incandescente.

c) Que el cielo está lleno de piedras, algunas de las cuales caen a veces sobre la tierra, con lo cual explicaba la existencia y caída de los aerolitos.

d) Que las plantas nacieron espontáneamente de gérmenes y semillas contenidas en la atmósfera que rodea la tierra, y

e) Que análogo era el origen de los animales, bien que los gérmenes o principios vitales de éstos, en vez de proceder del aire, habían caído del cielo.

Sobre esta materia el testimonio de Diógenes Laercio y de otros historiadores de la Filosofía se halla confirmado por el de San Ireneo, cuando escribe: Anaxagoras dogmatizavit, facta animalia decidentibus e coelo in terram seminibus. Sin embargo, aun en este punto, Anaxágoras supo elevarse sobre la generalidad de sus antecesores y contemporáneos; pues mientras éstos confundían e identificaban el alma sensitiva de los animales con la intelectiva, Anaxágoras separaba las dos, a juzgar por varios pasajes de Aristóteles.[28]

Los discípulos y sucesores de Anaxágoras, Arquelao de Mileto y Metrodoro de Lampsaco, no quisieron o no supieron conservar pura la tradición de su doctrina teístico-espiritualista, formando una especie de sincretismo y amalgama entre la doctrina de su maestro Anaxágoras y la panteístico-materialista de la escuela jónica. Esta degeneración y alejamiento de las doctrinas y tendencias de su maestro, revélase especialmente en Arquelao, cuya doctrina acerca

---

27 «Verutamem, intellectum ponit (Anxágoras) principium maxime omnium; solum enim dicit ipsum, eorum quae sunt, simplicem esse, et immixtum et purum.» De Anima, lib. I, cap. III.

28 Entre estos merece citarse el siguiente: «Anaxagoras autem videtur quidem aliud dicere animam et intellectum... Solum enim ipsum (intellectum) dicit, eorum, quae sunt, simplicem, esse, et immixtum, et purum». De Anima, lib. I, cap. II.

de la moral y el derecho resume Diógenes Laercio en la siguiente proposición: «Los hombres nacieron espontáneamente de la tierra; fundaron enseguida ciudades, crearon las artes y establecieron las leyes: la diferencia entre lo justo y lo injusto no está fundada en la naturaleza de las cosas, sino únicamente en las leyes positivas». Como se ve, esta doctrina quita el mérito de la originalidad al famoso Hobbes y a los ateos y materialistas de nuestros días.

De todos modos, la escasa influencia que el principio espiritualista ejerció sobre sus discípulos de escuela, se halla ventajosamente compensada por la poderosa y eficaz que ejerció sobre Pericles, Eurípides, y más todavía sobre Sócrates, cuyo mérito principal consiste en haberse apropiado y haber desenvuelto el principio teístico-espiritualista de Anaxágoras, aplicándolo, no solo al orden físico, sino al metafísico, y al orden moral.

§ 35. Escuela itálica o pitagórica

Llámase itálica esta escuela por haber tenido su asiento en Italia, o sea en aquella parte de la península itálica que se apellidó antiguamente Gran Grecia, a causa de las muchas ciudades que allí fundaron los griegos. La denominación de pitagórica le viene de su fundador Pitágoras, filósofo muy celebrado en la antigüedad, acerca del cual se ha escrito mucho en tiempos antiguos y modernos, sin que estos escritos hayan logrado disipar la oscuridad y las dudas que existen acerca de sus hechos y doctrina. Consiste esto en que no poseemos escritos que lleven el sello de indudable autenticidad con respecto a Pitágoras, ni siquiera con respecto a sus primeros discípulos. Aun admitida la autenticidad de los Fragmentos de Filolao, autenticidad que no pocos críticos, o rechazan, o ponen en tela de juicio, es preciso tener presente que este filósofo floreció casi un siglo después de Pitágoras. Ni los famoso Versos áureos, ni los escritos que se atribuyen a Timeo de Locres, a Arquitas y a Ocelo de Lucania, poseen la autenticidad necesaria para servir de guía segura en la materia.

De aquí es que, como observa oportunamente Nourrison, «no existe en la primera antigüedad personaje menos conocido y a la vez más popular que Pitágoras. Su nombre despierta en todos los espíritus la idea de la metempsícosis, al mismo tiempo que trae a la memoria el precepto que prohibe comer carne de animales. Los siglos todos han rendido brillantes homenajes a su memoria. Platón y Aristóteles acatan su gran sabiduría. Al declinar el paganismo, Porfirio y Jámblico oponen su nombre como una respuesta y un apoyo a las nuevas creencias que lo invaden todo. El Cardenal Nicolás de Cusa, en el siglo XV, y Jordano Bruno en el siguiente, adoptan y propagan sus enseñanzas. Leibnitz descubre en su doctrina la sustancia más pura y sólida de la Filosofía de los antiguos».[29]

Sea de esto lo que quiera, y concediendo desde luego que la escuela pitagórica lleva en su seno oscuridad, dudas e incertidumbre en orden al sentido concreto de sus doctrinas y teorías, no es menos indudable que representa y significa cierto progreso respecto de la escuela jónica, y que entraña una fase nueva en el planteamiento del problema filosófico durante el primer periodo de la Filosofía griega. La escuela jónica había planteado y resuelto en el terreno material, sensible y contingente el problema cosmológico —el cual coincide con el problema filosófico durante el periodo antesocrático—, y sus especulaciones hallábanse limitadas y circunscritas al mundo externo, sin que el hombre y Dios, sin que la psicología, la moral y la teodicea llamaran su atención. La escuela itálica eleva el problema cosmológico desde el terreno puramente material y sensible, al terreno matemático, dándole un aspecto más racional y profundo, un modo de ser más universal y más científico.

Como resultado y consecuencia de este modo superior de plantear y resolver el problema filosófico de la época, la escuela itálica se separa también y se eleva sobre la jónica por la universalidad de sus soluciones, formulando una especie de sistema relativamente filosófico, general y complejo, en el cual, la lado de las nociones cosmogónicas, aparecen ideas y nociones relacionadas con la psicología, la moral y la teodicea, por más que estas ideas son por extremo confusas, incompletas, y, sobre todo, poco científicas. Porque la verdad es que estas ideas, en su mayor parte, traen su origen, no de la especulación filosófica, sino de las tradiciones religiosas y de la enseñanza hierática

---

29 «La Francmasonería, añade Nourrison, y en el siglo XVIII las Sociedades de Armonía, señalan la restauración del pitagorismo. Finalmente, entre los contemporáneos hay soñadores que se autorizan con esta doctrina dudosa y oculta; porque ello es que no se la encuentra consignada en ningún escrito auténtico, y hasta los Versos áureos, atribuidos ordinariamente a Filolao, no pueden referirse con certeza a este discípulo de Pitágoras. Al hablar, pues, de Pitágoras, se sigue la tradición filosófica, el dicho común, casi la fábula, más bien que testimonios auténticos y textos irrecusables.» Tableau des progrès de la Pensée humaine depuis Thales juqu`à Hegel, pág. 24.

en que se inspiró probablemente el fundador de esta escuela, gracias a sus viajes por el Egipto. Así es que algunos han considerado la doctrina o Filosofía de la escuela itálica como una concepción sincrética resultante de la amalgama y combinación del elemento griego con el elemento oriental, apreciación que no carece de fundamento, como veremos después, si se tienen en cuenta ciertas opiniones y teorías de los pitagóricos. Esta amalgama de tradiciones hieráticas y de ideas filosóficas, la exposición de estas últimas por medio de reminiscencias mitológicas, y, sobre todo, el abuso de las fórmulas matemáticas, representan los defectos capitales, o, al menos, los más universales y característicos de la escuela fundada por Pitágoras.

§ 36. Pitágoras

Descartando, en lo posible, las fábulas de que éste ha sido objeto, depurando la tradición histórico-filosófica, y ateniéndonos principalmente a los datos y noticias que hallamos en las obras de Platón y de Aristóteles, podemos afirmar y establecer con bastante seguridad que Pitágoras nació en Samos, por los años 582 antes de la era cristiana; que después de haber oído las lecciones de Tales de Mileto, en opinión de algunos, y según la más probable de otros, las de Ferecides y Anaximandro, viajó por el Egipto, la Persia y hasta por la India y la China, según pretenden algunos, estudiando la Filosofía y las ciencias de estos pueblos, e iniciándose en sus misterios religiosos; y que no queriendo o no pudiendo fundar escuela en su patria, tiranizada por Policrates, pasó a Italia, y se estableció en Crotona.

Fundó y organizó en esta ciudad una escuela, o, mejor dicho, una sociedad, que, siendo a la vez filosófica, política y religiosa, adquirió gran celebridad y hasta parece que ejerció notable y decisiva influencia en las vicisitudes políticas de las principales ciudades de la Grande Grecia. Es indudable que en la escuela de Pitágoras, además de la doctrina exotérica o pública y general, había otra esotérica, cuya iniciación se concedía solo a los privilegiados, después de pasar por varias pruebas y purificaciones establecidas al efecto. Lo que no se sabe, ni es fácil averiguar, es lo que constituía el objeto propio de la iniciación, dudándose si ésta abrazaba verdades y doctrinas propiamente filosóficas, o si su objeto era puramente político-moral, y aun religioso. Esto último parece lo más probable, si se tienen en cuenta las prácticas que historiadores antiguos y modernos suelen atribuir a los pitagóricos iniciados en el secreto de la escuela, prácticas entre las cuales se enumeran, además de un reglamento minucioso para las ocupaciones diarias, la comunidad de bienes, vestirse de lino, no comer carne, abstenerse de todo sacrificio sangriento, no faltando quien les atribuya también la observancia del celibato. Krische, que trató ex profeso esta cuestión en su tratado De societate a Pythagora condita, opina con bastante fundamento que el objeto o fin principal de Pitágoras, al establecer y organizar su sociedad, fue político (societatis scopus fuit mere politicus), sin perjuicio de proponerse la moral y el cultivo de las letras, como fines secundarios y medios conducentes al logro del objetivo principal o político: Cum summo hoc scopo duo conjuncti fuerunt, moralis alter, alter ad litteras spectans.

Dícese que Pitágoras, antes de recibir a un discípulo en su escuela, examinaba con cuidado sus rasgos fisonómicos; que aquel quedaba obligado a guardar silencio por espacio de mucho tiempo; que le sujetaba a perfecta obediencia y a otras pruebas más o menos rigurosas. Lo que sí parece indudable, es que en la escuela pitagórica había variedad de grados, y clasificaciones correspondientes para los discípulos. No lo es tanto la prohibición de comer habas y carne, que en leyendas y tradiciones se atribuye al filósofo de Samos, según queda apuntado. Aristoxeno afirma que Pitágoras, lejos de prohibir, recomendaba la comida de las primeras, y, por lo que hace a la comida de carnes, Aristóteles supone que la prohibición solo se refería a ciertas partes de los animales.

La escuela o asociación fundada y regida por Pitágoras en Crotona, tomó parte activa en las cuestiones políticas, y aun parece que llegó a adquirir notable influencia sobre las colonias griegas del país. Esto dio ocasión a que la asociación fuera perseguida y dispersada, y hasta se supone que acarreó la muerte a Pitágoras. Cuéntase, en efecto, que los habitantes de Crotona, impulsados por los pitagóricos, y mandados por uno de éstos, llamado Milón, guerrearon contra los sibaritas, o, mejor dicho, contra el partido democrático de Sibaris, y en favor del aristocrático, perseguido por el tirano Thelis. Vencidos los sibaritas y destruida la ciudad por los de Crotona, surgieron disgustos y reyertas entre los vencedores con motivo del reparto del botín. El partido popular o democrático, acaudillado por Cilón, enemigo de los pitagóricos, acometió a éstos, reunidos en casa de Milón, degolló a muchos de ellos, obligando a los demás a huir y refugiarse en varias ciudades, y entre estos a Pitágoras, que, refugiado en Metaponte, falleció allí, no se sabe si de muerte natural o violenta, siendo lo más probable lo último, pues la persecución contra su escuela se propagó desde Crotona a otras ciudades de la Italia. Cicerón cuenta que en Metaponte le enseñaron el sitio donde había sucumbido Pitágoras. Como suele acontecer en estos casos, su memoria fue muy venerada en las colonias griegas de Italia por los descendientes de los mismos que fueron causa de su muerte y maltrataron a sus discípulos.

§ 37. Discípulos de Pitágoras

La oscuridad y dudas que reinan acerca de Pitágoras, reinan igualmente acerca de sus discípulos. Ante todo, conviene advertir que hay muchos que, llevando el nombre de pitagóricos, no deben ni pueden ser contados entre los discípulos de Pitágoras como filósofo. En los últimos siglos del paganismo grecorromano y en los primeros del Cristianismo, aparecieron en escena no pocos de los apellidados filósofos pitagóricos, los cuales apenas tenían de tales más que el nombre. Amalgamando algunas ideas vagas y algunas tradiciones más o menos legendarias de su escuela y de las antiguas asociaciones pitagóricas, con mitos orientales, con los misterios e iniciaciones de las divinidades paganas, con la magia y operaciones cabalísticas, se presentaban al pueblo, cuya credulidad y superstición explotaban, como poseedores de una ciencia oculta, misteriosa y divina, que de todo tenía menos de filosófica, toda vez que, en lugar de especulaciones y máximas científicas, solo poseían y hacían alarde de fórmulas cabalísticas, operaciones mágicas y comunicaciones teúrgicas. Además de otros nombres menos conocidos, basta citar, como tipos de esta clase de pitagóricos, los de Sotión de Alejandría, Euxeno de Heráclea, Apolonio de Tyana y Anaxilao de Larisa.

Dejando a un lado a estos discípulos espúreos de Pitágoras, y concretándonos a los que difundieron y conservaron con mayor o menor pureza el espíritu y las tradiciones científicas del filósofo de Samos, diremos, con Ritter, que la tradición relativa a los filósofos pitagóricos solo hacia los tiempos de Sócrates adquiere algún grado de certeza histórica. «Esta certeza, añade el citado historiador de la Filosofía,[30] se refiere particularmente a cuatro o cinco hombres, que son Filolao, Lysis, Clinias, Eurites y Arquitas. Aristóteles habla de tres de éstos, de Filolao, Eurites y Arquitas: la existencia del primero y la del tercero se halla reconocida en la historia de una manera indudable. En orden a Lysis, sabemos que vivió en Tebas y que fue maestro de Epaminondas; y si lo que dice acerca de Clinias no es muy cierto, al menos es bastante verosímil.

»Acerca de la época en que vivían estos filósofos, se puede decir que Filolao en Tebas fue el maestro de Sinmias y Cebes, antes que éstos fueran a Atenas a oír las lecciones de Sócrates; que Lysis, poco tiempo después, fue maestro de Epaminondas, y que Arquitas fue contemporáneo de Dionisio el Joven y de Platón. La época en que vivieron los otros se determina por estos datos, puesto que todos tuvieron relaciones entre sí. Hasta me inclino a conceder algún crédito a la tradición que nos dice que Filolao, Clinias, Eurite y también otros, fueron discípulos de Aresas, que había aprendido la Filosofía pitagórica en Italia. En armonía con esta opinión, sería necesario decir que la cultura de la doctrina que llamamos pitagórica, entraña mayor antigüedad, sin que por eso se deba negar que los primeros rudimentos de esta Filosofía habían existido antes de Aresas en el instituto pitagórico. De todos modos, esta Filosofía no nos es conocida sino en el estado en que nos la transmitieron Filolao, Eurite y Arquitas, porque aunque existe un fragmento bajo el nombre de Aresas, su contenido no debe reputarse auténtico.»

«Por otra parte, añade el historiador alemán, Aresas tampoco se dice que haya escrito cosa alguna: hay más aún; existe una antigua tradición, que parece bastante fundada, según la cual, los primeros que publicaron escritos referentes a la Filosofía pitagórica fueron Filolao y sus contemporáneos. De los cinco filósofos arriba mencionados, parece que Lysis y Clinias no escribieron nada para el público... Por el contrario, de Filolao poseemos algunos fragmentos cuya autenticidad demostró Boeckh. Tampoco puede ponerse en duda que Arquitas dejó muchas obras, por más que se le hayan atribuido a otras que no le pertenecen.»

Además de los cinco pitagóricos aquí citados por Ritter, florecieron después Xenófilo de Tracia, Fantón, Diocles y Polymnasto, cuya patria parece haber sido Phlionte.

---

30 Ritter, Histoire de la Philos. anc., l. IV, cap. I.

Aunque Ritter parece excluir del número de los discípulos de Pitágoras y su escuela a Ocelo de Lucania y Timeo de Locres, otros historiadores respetables, y entre ellos Ueberweg, los enumeran entre los partidarios y representantes de la escuela pitagórica,[31] añadiendo también los nombres de Hipaso, Hipodamo, Epicarmo y algunos otros adeptos más o menos fieles de la doctrina pitagórica.

De lo dicho hasta aquí se desprende que las noticias referentes a los discípulos y representantes genuinos de la escuela pitagórica, no son menos oscuras e inciertas que las que se refieren a la vida misma del mismo Pitágoras y a la autenticidad de su doctrina; y se desprende igualmente que la escuela pitagórica, considerada en conjunto, nos ofrece tres etapas o fases históricas.

La primera corresponde y se refiere a la vida y doctrina del mismo Pitágoras. La segunda etapa se refiere, no a los discípulos inmediatos y personajes, por decirlo así, de Pitágoras, sino a los mediatos, o que florecieron muchos años después, como Filolao y Arquitas. En la tercera etapa están comprendidos todos los neopitagóricos que florecieron, ya antes, ya después de la era cristiana.

En orden a la primera fase, puede decirse que carecemos en absoluto de datos y documentos perfectamente auténticos. Aristóteles, a pesar de su exactitud, o, mejor dicho, a causa de su exactitud en citar las opiniones de los demás, expone con frecuencia las de los pitagóricos, pero en ninguna parte afirma que pertenezcan verdaderamente a Pitágoras, ni expone la doctrina propia de éste; lo cual parece indicar que el Estagirita no estaba seguro de que las opiniones y teorías pitagóricas, corrientes en su tiempo, pertenecieran de hecho al fundador de la escuela.

Con respecto a la segunda y tercera fase de la escuela pitagórica, abundan los documentos más o menos auténticos para conocer las opiniones de los representantes respectivos de las mismas, pero sobrecargados y mezclados con multitud de leyendas y tradiciones fabulosas, referentes a Pitágoras y su doctrina. Así es que, como observa Zeller, la tradición acerca del sistema pitagórico y su fundador, crece en detalles a medida que se aleja de la época

---

31 Es curioso y digno de notarse lo que escribe A. Gelio, apoyándose en el testimonio de Timon, a saber, que Platón, para escribir su Timeo se sirvió de un libro por el cual dio mucho dinero, y que se supone escrito por alguno de los filósofos pitagóricos. Hermipo afirma también que Filolao escribió un libro que Platón adquirió a grande precio, y del cual copió su diálogo titulado Timeo.

primitiva a que se refieren; y, por el contrario, a medida que nos acercamos a la época del origen del pitagorismo, la tradición y los detalles enmudecen más y más,[32] hasta desaparecer casi por completo.

«Así, pues, estas exposiciones (de los filósofos pitagóricos, y principalmente las de los neoplatónicos), no pueden ser consideradas como fuentes históricas dignas de fe, ni siquiera en cuanto al fondo mismo de las cosas. Debemos rechazar las indicaciones que contienen, aun cuando éstas, consideradas en sí mismas, no carecen de verosimilitud... Y, a la verdad, ¿cómo fiarnos en orden a las circunstancias accesorias, de escritores que nos engañan groseramente acerca de lo esencial?» Die Philos. der Griechen, per. I, cap. II, § 1.º

§ 38. Doctrina de los pitagóricos

«Los que llevaron y llevan hoy, escribe Aristóteles, el nombre de pitagóricos, siendo a la vez los primeros que cultivaron las matemáticas, dieron a éstas la preferencia sobre todas las cosas, y, embebidos en estas especulaciones, pensaron que los principios matemáticos eran también los principios de todas las cosas.»

Estas palabras del filósofo de Estagira, cuyo testimonio es de gran peso en esta materia, como siempre que se trata de conocer la doctrina de los antiguos filósofos, descubren y expresan a la vez el carácter fundamental de la escuela pitagórica, carácter que consiste precisamente en la exageración de la importancia de las ciencias matemáticas y en la aplicación forzada e

---

32 «Con la extensión de los documentos, añade el citado Zeller, cambia también su naturaleza. Corrieron ya desde un principio leyendas maravillosas acerca de Pitágoras; pero, andando el tiempo, su historia entera se transforma en una serie no interrumpida de sucesos extraordinarios. En su origen, el sistema pitagórico presentaba el carácter de la sencillez y la antigüedad, y estaba en armonía con el carácter o dirección general de la Filosofía antesocrática. En las exposiciones posteriores se acerca más y más a las teorías platónica y aristotélica, hasta el punto de que los pitagóricos de la era cristiana llegaron a sostener que Platón y Aristóteles habían recibido de Pitágoras sus ideas y le debieron sus descubrimientos...

»Así, pues, estas exposiciones (de los filósofos pitagóricos, y principalmente las de los neoplatónicos), no pueden ser consideradas como fuentes históricas dignas de fe, ni siquiera en cuanto al fondo mismo de las cosas. Debemos rechazar las indicaciones que contienen, aun cuando éstas, consideradas en sí mismas, no carecen de verosimilitud... Y, a la verdad, ¿cómo fiarnos en orden a las circunstancias accesorias, de escritores que nos engañan groseramente acerca de lo esencial?» Die Philos. der Griechen, per. I, cap. II, § 1.º

irracional de los principios y fórmulas matemáticas a todos los órdenes del ser y del conocer. De aquí el principio fundamental de esta escuela: Los números son los principios y la esencia de las cosas; y de aquí también la tendencia y empeño en explicar el origen, esencia y propiedades de las cosas, por el origen, esencia y propiedades del número y de la cantidad. Véase, en prueba, el siguiente resumen de la doctrina pitagórica:

Nociones generales.
1.º El número, principio general de las cosas, se divide en impar y par. Los primeros son más perfectos que los segundos, porque tienen un principio, un medio y un fin, mientras que los números pares son indeterminados e incompletos. El número par representa y contiene lo finito, lo determinado; el número impar representa y contiene lo ilimitado, lo indefinido.[33]

2.º Los números, además de constituir la esencia real, el principio inmanente de las cosas, son también los modelos o arquetipos de las mismas, en atención a que el orden jerárquico de los seres responde al orden y proporciones de los números, cuyas propiedades, cuya armonía y cuyas relaciones se hallan como encarnadas en las sustancias y seres que constituyen el universo mundo.

En conformidad y como aplicación de esta doctrina, los pitagóricos

a) Establecían una especie de correspondencia matemática entre los seres cósmicos y los números. El punto, la línea, la superficie y el sólido, corresponden y se refieren a los cuatro primeros números; la naturaleza física o puramente material, corresponde al número cinco; el alma, al número seis; la razón, la salud y la luz, al número siete; el amor, la amistad, la prudencia y la imaginación, corresponden al número ocho; la justicia responde al número nueve. Sabido es, además, que los pitagóricos, aplicando esta relación cósmico-matemática al mundo astronómico, suponen que éste consta de diez esferas o cuerpos celestes que se mueven alrededor de un fuego central (in medio enim ignem esse inquiunt), siendo uno de aquellos la tierra, cuyo movimiento da origen a la sucesión ordenada de días y noches, como dice Aristóteles: circulariter latam circa medium, noctem et diem facere.

---

33 «Qui appellati Pythagorici primi mathematicis operam dederunt, haec praeponebant, et in eis nutriti, eorum principia, entium quoque cunctorum esse putarunt principia.» Metaphys., l. I, cap. III.

b) Consideraban la armonía como uno de los atributos generales de los seres; pues así como los números entrañan armonía, o sea la unidad en lo múltiple, la concordancia de elementos diferentes, no de otra manera las sustancias entrañan o contienen en sí pluralidad de elementos reducidos a la unidad. En este sentido puede decirse, y decían los pitagóricos, que todo es armonía en el mundo; que la armonía es una propiedad de las cosas todas,[34] tanto de las terrestres como de las celestiales.

3.º La unidad, principio esencial y primitivo del número, es también principio esencial y primitivo de las cosas, o del Universo. Es, por lo tanto, inmutable, semejante a sí misma, la causa universal de todas las cosas, el origen y razón suficiente de la perfección de las mismas. Esta unidad o mónada primitiva, respirando el vacío, produce la dyada, la cual, en cuanto producida y compuesta, es imperfecta y origen de la imperfección inherente a los números pares y los seres compuestos. La dyada representa o simboliza para la Filosofía pitagórica, la materia, el caos, el principio pasivo de las cosas. Es muy probable, sin embargo, que esta doctrina no perteneció a Pitágoras, ni siquiera a sus discípulos antiguos, como Filolao y Arquitas, sino que es una adición debida a los neopitagóricos, que amalgamaron las ideas y tradiciones de su escuela con las ideas y tradiciones platónicas y orientales.

4.º La triada, la tetrada y la década representan también para los pitagóricos, esencias y atributos de las cosas. Pero entre estos números la década constituye un símbolo pitagórico de los más importantes, ya porque es la suma de los cuatro primeros números, ya porque expresa el conjunto de todos los seres, o lo que pudiéramos apellidar categorías de la escuela pitagórica, que son:

Lo finito-lo infinito, o, mejor, lo indefinido.
Lo impar-lo par.
Lo uno-lo múltiple.

---

34 Aristóteles indica con su acostumbrada sagacidad el origen de esta teoría pitagórica y su aplicación a los cuerpos celestes, en los términos siguientes: «Item, cum harmoniarum in numeris suspicerent (Pythagorici) passiones et rationes (proprietates et essentias), quoniam caetera quidem viderentur in omnibus numeris assimilari, numeri vero totius naturae primi, numerorum elementa, entium quoque cunctorum elementa esse putaverunt, totumque coelum harmoniam et numerum esse: et illa quidem, quae de numeris et harmoniis consentanea passionibus et partibus coeli ac Universi dispositioni monstrare poterant, colligentes applicabant». Metaphys., lib. I, cap. 3.º

La derecha-la izquierda.
Lo masculino-lo femenino.
Lo que está en reposo-lo que se mueve.
La luz-las tinieblas.
Lo bueno-lo malo.
Lo cuadrado-lo que no es cuadrado perfecto o regular.

Estas categorías ponen de relieve la tendencia de los pitagóricos a subordinar los seres y su clasificación a los números y fórmulas matemáticas, aplicando éstas a toda clase de seres y objetos, sean éstos morales o físicos, sensibles o puramente inteligibles.

5.º Lo que es la unidad respecto del número, es el punto respecto de la cantidad continua. Un punto añadido a otro constituye la línea; el tercero engendra la superficie, y si a los tres se añade y sobrepone otro, resulta el sólido. Las aficiones matemáticas de los pitagóricos los llevaron también a atribuir a los elementos primitivos de los cuerpos diferentes figuras geométricas. Así vemos que Filolao atribuía al fuego la forma tetraédrica, a la tierra la firma cúbica, al aire la forma octaédrica, al agua la forma icosaédrica. En este sentido y desde este punto de vista, los pitagóricos pueden ser considerados como precursores de la escuela atomística de Leucipo y Demócrito.

Dios y el mundo.

1.º Nada hay más oscuro y dudoso que la opinión de los pitagóricos acerca de Dios. A juzgar por algunas indicaciones y pasajes, parece que admitían un Dios personal, superior al mundo e independiente de éste, pero a juzgar por otros pasajes y testimonios —por cierto más auténticos y numerosos—, es más probable que no supieron elevarse a esta noción de un Dios espiritual y trascendente. Sus doctrinas acerca del alma universal del mundo, acerca de la mónada, elemento esencial e interno de los seres, acerca del mundo o cosmos, al cual representan y explican como un Dios engendrado, acerca del Sol o fuego central como lugar o residencia de la divinidad, según el testimonio de Aristóteles, todo revela y hace sospechar que la concepción pitagórica sobre Dios era una concepción esencialmente panteísta, y que el fondo de esta concepción era la idea emanatista que Pitágoras debió recoger en sus viajes y expediciones al Egipto y al Oriente. Abona también esta opinión la idea o concepto de Dios que Cicerón atribuye a Pitágoras,[35] la misma que debemos suponer en sus antiguos discípulos, si bien los más modernos, o sea los neopitagóricos de los primeros siglos de la Iglesia, se explicaron con mayor exactitud acerca de este punto.

2.º Para los pitagóricos el mundo forma un conjunto ordenado, y un todo bello y armónico, según arriba ya dejamos insinuado, siendo los primeros que aplicaron al universo-mundo el bello y adecuado nombre de cosmos, si se ha de dar crédito a Plutarco. En el centro de este mundo está el fuego llamado central, alrededor del cual se mueven diez grandes astros, siendo uno de estos la tierra, y otro lo que llaman antitierra, a pesar de la opinión general entonces que hacía de la tierra el centro inmóvil del mundo. Téngase en cuenta que para los pitagóricos el fuego central, y no el Sol, como equivocadamente creen algunos, representaba el centro del mundo, el centro real del movimiento de la tierra y del mismo Sol.

La perfección que atribuían al número diez y al movimiento circular, determinó a los pitagóricos a atribuir aquel número y este movimiento a los astros y esferas celestes. El movimiento regular y acompasado de estas esferas produce además un sonido armónico o musical, y si nosotros no percibimos, o, mejor dicho, no nos damos cuenta ni tenemos conciencia de este sonido armónico, es porque nuestro oído está acostumbrado a él desde el nacimiento, y también porque el sonido, cuando es continuado, necesita de interrupción para ser percibido.

El mundo, no solamente es un todo armónico y ordenado, sino también un todo animado, o al menos vivificado por medio del alma universal, emanación a su vez del fuego central. Así es que todos los seres participan de la vida en alguno de sus grados. Bien es verdad que las noticias que poseemos acerca de la doctrina auténtica de Pitágoras y de sus primeros discípulos, en orden a la vitalidad de todos los seres, y aun en orden a la existencia y naturaleza del alma universal del mundo, son muy escasas, y no menos confusas e inseguras.

Se ve por estas últimas palabras de Aristóteles que los pitagóricos de su tiempo procuraban llenar con hipótesis gratuitas el vacío que resultaba abierto

---

35 He aquí sus palabras: «Pythagoras, qui censuit (Deum) animum esse per naturam rerum omnem intentum, et commeantem, ex quo nostri animi carperentur». De Nat. Deor., lib. I, cap. XI.

entre los hechos o fenómenos de la astronomía real y las teorías a priori de su escuela.

§ 39. Psicología y moral de los pitagóricos

1.º El alma humana, que es una emanación del alma universal, según la teoría de la escuela de Pitágoras, no es engendrada ni producida con el cuerpo, sino que viene de fuera, puede vivificar sucesivamente diferentes cuerpos, y existir también en las regiones etéreas por algún tiempo sin estar unida a ningún cuerpo humano o animal, pues es sabido que los pitagóricos admitían la metempsícosis. Esta teoría, a pesar de lo extraño y anticientífico de su forma, encierra y lleva en su seno dos grandes ideas: la idea de la inmortalidad del alma humana, y la idea de las penas y recompensas después de la muerte.

Por otra parte, es muy posible que para la escuela pitagórica, o al menos para algunos de sus representantes, no haya sido más que la forma exotérica y como el símbolo de una concepción psicológico-moral, a saber: que gran parte de los hombres, en vez de elevarse a las regiones superiores, inteligibles y divinas por medio del ejercicio de la razón, de la voluntad libre y de la práctica de las virtudes, desciende a las regiones inferiores, sensibles y animales, merced al abuso de su libertad, y, arrastrados por sus vicios y pasiones, haciéndose semejantes a ciertos animales, y revistiendo, por decirlo así, la naturaleza de éstos, en relación con los vicios y pasiones predominantes. En este concepto, el alma del hombre que se distingue por su rapacidad, es un alma de lobo; de un hombre notable por sus instintos y actos de crueldad, decimos que es un tigre, y así de las cualidades, vicios y pasiones que llevan consigo la degeneración del hombre como ser inteligente y libre, y su asimilación moral con los animales.

2.º Es bastante probable que los pitagóricos distinguían en el alma humana dos partes: una superior, perteneciente al orden inteligible, origen y asiento de la inteligencia y de la voluntad; otra inferior, perteneciente al orden sensible, origen y razón de los sentidos y pasiones. La primera, o sea la parte racional del alma, tiene su asiento en la cabeza; la inferior reside en determinadas vísceras, pero principalmente en el corazón, al que atribuían las manifestaciones del apetito irascible, y en el hígado, en donde colocaban las pasiones de la parte concupiscible.

3.º Según el testimonio de Aristóteles,³⁶ los pitagóricos definían el alma: un número que se mueve a sí mismo. Es probable que con esta definición querían significar que el alma humana es una esencia simple que tiene en sí misma el principio de sus actos, o sea una unidad dotada de actividad espontánea.

4.º En relación con sus constantes preocupaciones y aficiones matemáticas, los pitagóricos solían decir que la virtud es una armonía que debe conservarse por medio de la música y la gimnástica. La justicia es un número perfectamente igual, o un número cuadrado, según la versión de otros. En el orden político-social, el hombre es la mónada o la unidad, la familia es la dyada, la triada se halla representada por la aldea, y a la tétrada corresponde la ciudad. Sin embargo, a través de estas fórmulas más o menos oscuras, parece muy cierto que la escuela pitagórica profesó máximas morales bastante dignas y elevadas, enseñando, entre otras cosas, que el bien consiste en la unidad y armonía de las operaciones del hombre, y el mal en la falta de esta unidad; que el fin de la vida es la asimilación con Dios por medio de la virtud; que el suicidio es esencialmente malo; que el hombre debe examinar con frecuencia sus acciones, y que no debe entregarse al sueño,³⁷ sin haber examinado sus actos durante el día.

Jámblico atribuye también a Pitágoras la sentencia de que el amor de la verdad y el celo del bien son el beneficio mayor que Dios ha podido conceder al hombre; pero es muy posible que este bello pensamiento, más bien que a Pitágoras, sea debido a la atmósfera cristiana que rodeaba al discípulo que lo pone en su boca.

---

36 Aristóteles, después de citar la opinión de los que colocan en el centro del mundo la tierra, añade: «Contra dicunt qui circa Italiam incolunt, vocanturque Pythagorei: in medio enim, ignem esse inquiunt; terram autem astrorum unum existentem, circulariter latam circa medium, noctem et diem facere. Amplius autem, oppositam aliam huic conficiunt terram, quam antichthona nomine vocant, non ad apparentia rationes et causas quarentes, sed ad quasdam opiniones et rationes suas, apparentia attrahentes et tentantes adornare...». De coelo, lib. IX, cap. XIII.
Se ve por estas últimas palabras de Aristóteles que los pitagóricos de su tiempo procuraban llenar con hipótesis gratuitas el vacío que resultaba abierto entre los hechos o fenómenos de la astronomía real y las teorías a priori de su escuela.

37 En los Carmina aurea Pythagorae, traducidos y comentados por Esteban o Estéfano Niger, se dice: Nec somnum mollibus oculis jusus inducas quam ter operum diurnorum singula animo percurras: quo profectus? quid egi? quid imperfectum reliqui?

Parece, sin embargo, que ni Pitágoras ni sus discípulos debieron tener ideas muy exactas y racionales acerca de la libertad humana, puesto que, si nos atenemos a los monumentos pitagóricos más o menos auténticos, y principalmente el contenido de los Versos áureos, debemos atribuir al hado inexorable, no ya solo la muerte (omnibus mortem fatu statutam cognosce), sino los demás acontecimientos de la vida: ex calamitatibus quas mortales fato patiuntur.

§ 40. La escuela eleática

Xenófanes, contemporáneo de Pitágoras, y natural de Colofón, se estableció por los años de 536 en Velia o Elea, ciudad de Italia, y de aquí la denominación de escuela eleática con que es conocida y fundada por el mismo, y que fue continuada y desarrollada por Parménides y Zenón de Elea, que florecieron 460 años antes de Jesucristo, y después por Meliso de Samos (445), que son los principales discípulos de Xenófanes y los más notables representantes de esta escuela.

Los filósofos de la escuela jónica se propusieron investigar y resolver el cómo de la existencia de las cosas; los eleáticos trataron de investigar y resolver el por qué de esa existencia. Los primeros, dando por supuesta la multiplicidad de los seres y la realidad de los fenómenos, investigaban la razón suficiente de aquella multiplicidad y trataba de explicar su generación y transformaciones: los segundos se proponían investigar la existencia misma de la multiplicidad real de los seres, y la razón suficiente del hacerse (fieri) de las cosas, dado caso que exista.

La solución dada por la escuela eleática al problema filosófico planteado de esta suerte, es una solución esencialmente panteísta e idealista, si nos atenemos sobre todo a la doctrina de Parménides, que es sin disputa el representante más genuino, más lógico y más completo de la escuela eleática, como escuela metafísica.

El ser, si existe, decía Parménides, es necesariamente uno, eterno, absolutamente inmutable, y en el concepto de tal excluye y niega la posibilidad de toda generación, de toda producción nueva de otro ser o sustancia, de toda pluralidad real.[38] La razón es porque este ser, que se supone comenzó a existir,

---

38 A esta teoría de Parménides y de su escuela alude probablemente Aristóteles en el siguiente pasaje: «Quarentes enim philosophi primi veritatem et naturam entium... dicuntque neque fieri eorum quae sunt, ullum, neque corrumpi, propterea quod necessarium est fieri quod

o procede del ser o del no ser: en el primer caso, el ser se engendraría a sí mismo, el ser saldría de sí mismo, lo que es imposible. En el segundo caso, el ser saldría del no ser, lo cual es igualmente absurdo. Si el ser se cambia o transforma en ser, equivale a decir que en realidad no cambia, sino que permanece siendo ser. Así, pues, no puede haber más que un Ser eterno y absolutamente inmutable, y los cambios, transformaciones y multiplicación de los seres, son meras apariencias a las cuales no responde realidad alguna. Nada puede comenzar de nuevo, ni perecer. El ser (el universo-mundo) es un todo continuo, eterno, indivisible e incapaz de moverse en todo o en parte; porque repugna el vacío, sin el cual no es posible el movimiento.

Este Ser único (el universo, el cosmos), así como es eterno y único, es también absoluto, sin que tenga nada que desear ni recibir fuera de sí. Toda vez que es imposible la existencia de dos seres realmente distintos, síguese de aquí que el pensamiento y la realidad son una misma cosa, que pensar y ser son idénticos (Fichte), y que la razón o el pensamiento es la medida, o, mejor dicho, la esencia de las cosas.

«El pensamiento y el objeto del pensamiento, escribe Parménides en su famoso poema, son una misma cosa... Son, por lo tanto, palabras vacías de sentido las que emplea la preocupación humana, cuando habla de nacimiento y de fin, de cambio de lugar, de transformación. La forma del Todo es perfecta: se asemeja a la esfera en la cual el centro se halla distante igualmente[39] de todos los puntos de la circunferencia. No existe la nada que pueda interrumpir la continuidad de lo real: no existe vacío alguno: no es posible quitar al Todo parte alguna, porque por todas partes es semejante a sí mismo y siempre el Todo.»

La teoría del conocimiento de la escuela eleática, y particularmente la de Parménides, se halla en perfecto acuerdo con su teoría metafísica. La razón sola es la que conoce la verdad y la realidad: los sentidos nos suministran una representación falsa y aparente de las cosas. La ciencia representa el cono-

---

fit, aut ex eo quod est, aut ex eo quod non est: his autem utrisque impossibile esse; neque enim quod est fieri (est possibile), st enim jam; et ex eo quod non est, nihil utique fieri, subjici enim quidpiam oportet. Et sic, neque esse multa dicunt, sed tantum ipsum quod est». Physic., lib. I, cap. X.

39 Tal vez por esta comparación, dice Aristóteles, hablando de los eleáticos, que atribuían a Dios figura esférica.

cimiento de la primera o sea el pensamiento verdadero y real de las cosas: la opinión representa el conocimiento aparente de los sentidos, y comunica a las percepciones de éstos cierta unidad y enlace. Para los sentidos, el Universo consta de dos elementos contrarios representados por la luz y las tinieblas, el calor y el frío; pero para la razón ese mismo Universo es un ser único, una unidad indivisible.

Para los sentidos hay producciones, transformaciones y generaciones de cosas por medio de la combinación de los dos elementos dichos, a causa de la victoria sucesiva de la luz sobre las tinieblas: para la razón, y en realidad de verdad, estas transformaciones son meras apariencias e ilusiones, pues el Universo, que es el ser único, no tiene principio ni fin.

Zenón, amigo, discípulo y compatriota de Parménides, se encargó de consolidar y desenvolver el carácter idealista del panteísmo eleático, trabajo que desempeñó a maravilla, gracias a las armas que le suministró su sutil cuanto temida dialéctica. Empleando unas veces el diálogo, otras la forma silogística, y con más frecuencia la reducción ad absurdum, tomó a su cargo la tarea de afirmar y defender la doctrina de la unidad absoluta del ser contra toda clase de objeciones y de enemigos. Pasando en seguida a la defensa al ataque, complacíase en reducir al silencio a sus adversarios por medio de procedimientos dialécticos, que no por ser sofísticos en parte, dejaban de poner en grave aprieto a los partidarios de la multiplicidad de los seres. Apoyándose en la hipótesis de que la línea y el espacio se componen de puntos, negaba la existencia o realidad del último, toda vez que debería ser a la vez infinitamente grande e infinitamente pequeño; sería infinitamente grande, porque se compone de partes infinitas, puesto que es divisible in infinitum; sería también infinitamente pequeño, porque se supone compuesto de puntos, los cuales, siendo indivisibles, no pueden formar extensión alguna.

Esta misma divisibilidad infinita del espacio le servía también de punto de partida para negar la existencia y hasta la posibilidad del movimiento, echando mano, entre otros, del argumento Aquiles.[40] No hay para qué añadir que el

---

40 Consistía este argumento en afirmar que, a pesar de toda su ligereza de pies y la velocidad de su carrera, el héroe de la Ilíada, no podía dar alcance a una tortuga colocada a corta distancia y que comenzara a moverse al mismo tiempo. Sean dos varas la distancia que separa a Aquiles de la tortuga: el primero no puede dar alcance a la segunda, sin que recorra antes la primera vara; no puede recorrer ésta, sin haber recorrido antes la mitad de la misma, ni

147

terrible polemista atacó con igual energía la realidad objetiva de los fenómenos sensibles, lo mismo que la autoridad y valor de los sentidos en orden al conocimiento.

Parménides es el representante más genuino y completo de la escuela eleática, según hemos dicho arriba, porque desenvolvió y sistematizó su doctrina, comunicándole al propio tiempo la forma metafísico-panteísta que constituye el rasgo característico y el fondo esencial de aquella escuela. Pero no por eso debe echarse en olvido que al fundador de ésta, Xenófanes, corresponde de justicia el mérito de haber hecho serios esfuerzos para depurar la idea de Dios. Cierto es que semejantes esfuerzos resultaron relativamente estériles, a causa del principio panteísta que informaba el pensamiento de Xenófanes; pero no es menos cierto que el filósofo de Colofón descargó rudos y acertados golpes contra el politeísmo y el antropomorfismo que le rodeaban.

Verdad es, en efecto, que Xenófanes parece haber confundido la divinidad con el cielo (ad totum coelum respiciens ipsum unum ait esse Deum), si hemos de atenernos al testimonio de Aristóteles; verdad es que enseñaba también que Dios no está ni en movimiento ni en reposo, y que no es ni infinito ni finito; pero cualquiera que sea el sentido de estas afirmaciones, que parecen obedecer a las exigencias del principio panteísta, es indudable que el fundador de la escuela eleática enseñaba explícitamente que Dios no es ni puede ser más que uno, entre otras razones, porque Dios es perfectísimo y el mejor entre todos los posibles, y si hubiera muchos, ya no sería perfectísimo; que Dios es eterno e inmutable, incapaz de principio y de fin; que Dios es por su misma esencia razón y conocimiento, y también omnipotente; y, finalmente, no solo rechazaba, sino que se burlaba, ya de los que admitían muchos dioses, ya de los que les atribuían forma o figura humana, y, sobre todo, las pasiones y vicios de los hombres. De aquí sus burlas y sarcasmos contra los poetas y los no poetas que deshonraban a los dioses, atribuyéndoles robos, traiciones y adulterios.

---

esta última sin haber recorrido la mitad de esta última mitad. Luego toda vez que la línea que representa la distancia supuesta entre Aquiles y la tortuga consta de partes infinitas, puesto que es divisible por mitades in infinitum, resulta que, a pesar de toda su velocidad, Aquiles no podría nunca dar alcance a la tortuga.

§ 41. Crítica

Ya hemos indicado arriba la diferente manera con que la escuela eleática planteó y resolvió el problema filosófico respecto a la escuela jónica. Ahora debemos añadir que el método científico es también diferente y relativamente opuesto en las dos escuelas; pues mientras la jónica se apoya principalmente en la observación, y emplea el raciocinio a posteriori, la eleática procede a priori, y es guiada por especulaciones dialécticas de la más pura abstracción. Como es natural, la solución eleática, en armonía con este método y con este modo de plantear el problema, es una solución panteístico-idealista, que apenas tiene nada de común con la solución jónica. La concepción de la escuela de Elea es, en efecto, un panteísmo idealista, cuya base fundamental, cuyo principio generador, es el de todos los sistemas panteístas, es decir, la negación de la multiplicidad de que un ser produzca o engendre otro ser.

La escuela eleática, con su unidad absoluta del Ser y la consiguiente negación de la pluralidad real y de las generaciones o transformaciones sustanciales, representa la antítesis más o menos completa de la escuela jónica, pero principalmente es antitética a la Filosofía de Heráclito, cuya tesis fundamental es la negación del ser y la afirmación exclusiva del fieri, la afirmación del flujo o transformación perpetua de la existencia.

La concepción fundamental y la idea madre de la Filosofía eleática es la unidad absoluta del Ser, si bien cuando se trata de fijar la naturaleza y atributos de este Ser único, el pensamiento de la escuela aparece vago e incierto; pues mientras que unos le apellidan y explican como divinidad, otros prescinden de este aspecto, y tienden más bien a identificarlo con el mundo o cosmos. Desde este punto de vista, la teoría eleática tiene grande afinidad y semejanza con la teoría de Vacherot. En nuestra opinión, el Ser único de la escuela eleática, es el ser puro y abstracto, concebido como real u objetivado, pero sin atributos ni determinaciones de ningún género: no es ni materia, ni espíritu, ni inteligencia, ni sentidos, ni cuerpo, ni alma; es el Ser y nada más que el Ser, y en este concepto ofrece bastante analogía con la Idea de Hegel en su estado inicial, y mayor todavía con el Absoluto indiferente de Schelling.

Entre los principales representantes de esta escuela, Xenófanes se dedicó a combatir el antropomorfismo que los griegos atribuían a la divinidad, atacando al propio tiempo su politeísmo por medio de la afirmación del ser divino uno;

Parménides desarrolló y sistematizó, pero en sentido idealista, la concepción de la unidad absoluta del ser; Meliso aplicó esta idea al mundo físico o material, y Zenón la defendió contra los adversarios e impugnadores. Xenófanes fue el teólogo de la escuela eleática, Parménides el metafísico, Meliso el naturalista, y Zenón el dialéctico.

Ya hemos visto que este último adquirió grande celebridad entre los antiguos, a causa de sus famosos argumentos contra la pluralidad de seres, contra la veracidad de los sentidos, contra la realidad del espacio, y, sobre todo, contra la existencia del movimiento. Ahora debemos añadir que las contradicciones que el dialéctico de Elea descubría en estas cosas, tienen bastante analogía con las famosas antinomias cosmológicas de Kant en los tiempos modernos. Así como Zenón es el representante más genuino de la escuela eleática en el orden dialéctico, Parménides lo es en el orden metafísico, como se ha dicho, puesto que, según indica el mismo Aristóteles,[41] fue el único que se elevó a la concepción racional y superior de la unidad del ser, mientras que Meliso buscaba la unidad en la materia, y Xenófanes se agitaba en una concepción vaga y confusa de la misma.

§ 42. La escuela atomista

Hemos dicho antes que, a partir de Heráclito, y debido en parte a sus doctrinas, al lado de la dirección espiritualista, representada por Anaxágoras, se manifestó otra dirección materialista representada por Leucipo y Demócrito. Y, en efecto: Leucipo, cuyo nacimiento y cuya patria son dudosos,[42] inició, o al menos dio impulso a una verdadera reacción contra el idealismo eleático, sucediendo aquí lo que acontecer suele en casos análogos.

Para combatir y atacar al idealismo de la escuela eleática, Leucipo se colocó en un terreno materialista, pretendiendo explicar todas las cosas, sin excepción alguna, por medio de átomos y del movimiento. En vez de limitarse a restablecer los fueros de la experiencia contra las pretensiones exclusivas

---

41 «Parmenides etenim, Unum secundum rationem attigisse videtur; Melissus vero, secundum materiam; Xenophanes autem, quamquam prior istis (nam Parmenides ejus auditor fuisse dicitur), unum posuerat, nihil tamen clarunt dixit, et neutrius horum naturam attigisse videtur, sed ad totum coelum respiciens, ipsum unum ait et esse Deum.» Metaphys., lib. I, cap. IV.

42 La opinión más probable fija su nacimiento por los años de 500 antes de Jesucristo. Mileto parece ser la ciudad que con más derecho pretende ser su patria.

de las especulaciones metafísicas y a priori, restableciendo a la vez o conservando la pluralidad de seres afirmada por la escuela jónica, Leucipo no ve en el mundo más que el vacío y el movimiento, átomos indivisibles e invisibles, sin perjuicio de poseer diferentes formas o figuras, y, por último, sustancias materiales producidas por la composición y descomposición, unión y separación de esos átomos. El alma humana, lo mismo que los demás seres, no es más que una sustancia compuesta de átomos brillantes, esféricos y sutiles, de donde resulta en el hombre el calor, la vida y el pensamiento, fenómenos que son manifestaciones diferentes del movimiento, el cual es inherente y como esencial a los átomos de figura esférica.

Según Diógenes Laercio, concedía Leucipo a todos los átomos movimiento esencial, y las combinaciones que dan origen a los diferentes cuerpos se verificaban por medio de remolinos. Así es que Bayle y Huet apuntaron, no sin fundamento, que el sistema físico de Descartes trae su origen de la doctrina de Leucipo. Éste, olvidando que los átomos y su movimiento suponen y exigen una causa primera, prescindía de ésta por completo, contentándose con afirmar que el movimiento de los átomos se halla sujeto a leyes necesarias e inmutables. Sabido es que, a pesar de sus pretensiones y alardes científicos, nuestros actuales positivistas y materialistas repiten la lección de este antiguo maestro, sin haber dado un paso adelante en este terreno. Por cierto que Aristóteles ya llamaba en su tiempo la atención acerca de esta hipótesis arbitraria y esencialmente anticientífica de un movimiento que existe sin saber cómo, ni por qué (De motu vero unde vel quomodo existentibus inest, omisserunt); acerca de una hipótesis en la cual no se tenía en cuenta que para explicar el origen, constitución y transformación del mundo, no bastan el lleno y el vacío,[43] ni los átomos con sus diferencias de orden, de figura y sitio, que es lo que afirmaba y suponía la escuela atomística, siguiendo a su fundador Leucipo.

---

43 «Leucippus vero ac ejus socius Democritus, elementa (rerum) quidem plenum et vacuum esse ajunt, dicentes hoc quidem ens, hoc vero non ens; et rursus, ens quidem plenum et solidum, non ens autem vacuum et rarum. Quare nihilo magis ipsum ens, quam ipsum non ens esse ajunt; quia nec vacuum quam corpus. Haec autem causas entium esse, ut materiam. Et quemadmodum qui unum faciunt subjectam substantiam, caetera passionibus ejus generant, rarum et densum, passionum (proprietatum) statuentes principia, simili modo hi quoque differentias, causas caeterorum ajunt esse. Has autem tres esse ajunt, figuram, ordinem, et situm.» Metaphys., lib. I, cap. III.

En conformidad con esta teoría, Leucipo explicaba la generación y corrupción sustancial, o sea la formación y destrucción de nuevas sustancias, por medio de la unión y separación de determinados átomos: si solo había cambio de sitio en los mismos, resultaba la alteración y mutaciones accidentales, según el testimonio del citado Aristóteles: segregatione quidem et congregetione, generationem et corruptionem; ordine autem et positione, alterationem.

§ 43. Demócrito

Tomó éste a su cargo completar y desarrollar la doctrina de Leucipo, haciendo aplicaciones de la misma a la psicología y la moral. Abdera, colonia de jonios, parece haber sido la patria de este filósofo, por los años 460 antes de Jesucristo. Dejando a un lado tradiciones y leyendas acerca de su vida y vicisitudes, cuya parte de verdad histórica es difícil discernir,[44] lo que sí parece indudable es que su amor a la ciencia le llevó a emprender largas y penosas peregrinaciones por países distantes y climas muy diferentes. Clemente de Alejandría y otros autores respetables, ponen en boca de este filósofo un pasaje en que se felicita y hace alarde de haber recorrido más países que ninguno de sus contemporáneos. «He visto, dice en el pasaje aludido, la mayor parte de los climas y de las naciones. He oído a los hombres más sabios, y nadie me ha superado en la demostración de la composición de las líneas, ni aun los egipcios, que se llaman a sí mismos arpedonaptas, entre los cuales he residido por espacio de ocho años.» Merced a estos viajes científicos, a su vocación decidida por la ciencia y a la constancia de sus estudios, Demócrito

---

44   Entre otras, merecen indicarse las siguientes, a que hacen alusión varios historiadores y escritores antiguos: «El padre de Demócrito era tan rico, que hospedó en su casa y obsequió a Xerjes a se regreso de la expedición contra los griegos. Suponen algunos que para premiar su hospitalidad, el rey de Persia le dejó algunos magos para que sirvieran de maestros a su hijo Demócrito. Dícese también que cuando este filósofo volvió a su patria, después de largas peregrinaciones y viajes en busca de la ciencia, sus compatriotas quisieron declararle loco, por haber disipado su gran fortuna en semejantes viajes; pero que habiendo leído públicamente uno de sus escritos, los que trataban de expedirle patente de insensato y loco quedaron poseídos de tal admiración al oír la lectura de su obra, que votaron pensiones y estatuas en su obsequio. Es posible que esta tradición sea la que dio origen a la leyenda, según la cual los abderitanos rogaron a Hipócrates que fuera a curar la locura de su conciudadano Demócrito. Según otra leyenda, este filósofo se sacó los ojos con el objeto de evitar mejor las distracciones».

adquirió gran caudal de conocimientos, de lo cual es también evidente indicio el número prodigioso de escritos que le atribuye y cita Diógenes Laercio.

Desgraciadamente, la elevación, pureza y verdad de estos conocimientos no están en relación con su cantidad. Su teoría cosmológica coincide con la de Leucipo: los átomos y el vacío son los principios de todas las cosas; los primeros como principio positivo; el segundo como principio privativo y condición del movimiento atomístico, el cual contiene la razón suficiente inmediata de la existencia, diversidad, atributos y cualidades de los seres. Para no verse en la necesidad de señalar una causa al movimiento, decía que el tiempo es infinito y el movimiento eterno, sin reparar en lo absurdo y contradictorio de estos conceptos.

Para que hubiera, sin duda, proporción y armonía entre el espacio y el tiempo, como la había entre el átomo y el movimiento, uno y otro eternos, según Demócrito, afirmaba éste, si hemos de dar crédito a Cicerón, que el espacio en que se verifica el movimiento de los átomos es también infinito[45] o absolutamente ilimitado.

En conformidad con estos principios, Demócrito enseñaba también, si hemos de dar crédito al testimonio y a diferentes pasajes de Aristóteles, Sexto Empírico, Cicerón y Plutarco: a) que la realidad primitiva, el verdadero y único ser es el átomo; b) que todos los seres y sustancias visibles son cuerpos o agregados de átomos; c) que la constitución, origen y desaparición o muerte de estas sustancias depende exclusivamente de la unión, varia combinación y separación de los átomos, y, por consiguiente, que lo que se llama generación y corrupción de las sustancias no existe en el sentido propio de la palabra; d) que lo que se llama nacimiento y muerte en los animales y el hombre, no tiene más fundamento ni más significación real que la reunión y separación de átomos en condiciones determinadas de número, relación y movimiento.

A la doble hipótesis del tiempo infinito y del movimiento eterno, Demócrito añadía la del número infinito de átomos y de sus figuras. Y apoyándose o partiendo de esta triple hipótesis, el filósofo de Abdera afirmaba que existen muchos mundos, entre los cuales algunos eran semejantes entre sí y otros

---

45 He aquí sus palabras, refiriéndose a Demócrito: «Ille atomos quas appellat, id est, corpora individua propter soliditatem, censet in infinitio inani, in quo nihil summum, nec infimum, nec medium, nec ultimum, nec extremum sit, ita ferri, ut concursionibus inter se cohaerescant». De finib., lib. I, cap. VI.

desemejantes, unos carecían de Sol que los iluminara, al paso que otros tenían muchos soles. Suponía también que dichos mundos están sujetos a vicisitudes análogas a las que experimentan los animales y el hombre, de suerte que, en un momento dado del tiempo, algunos de estos mundos se encuentran en su periodo de crecimiento, otros en el apogeo de su grandeza y perfección, algunos en estado de decadencia y en vías de disolución.

Aunque algunos críticos e historiadores de la Filosofía, así antiguos como modernos, han creído que Demócrito consideraba el vacío como una entidad real y positiva, es mucho más probable, por no decir cierto, que solo quería dar a entender que el vacío existe realmente, es decir, que la existencia del vacío absoluto es una verdad.

En el orden psicológico, Demócrito enseña que el alma del hombre es una sustancia compuesta de átomos sutiles y de figura esférica, como los que constituyen el fuego (infinitis enim existentibus figuris et atomis, quae speciei rotundae, ignem et animam dicit), según afirma Aristóteles. El alma debe concebirse como un cuerpo sutil que existe dentro de otro más grosero, es decir, dentro del cuerpo humano, difundiéndose y penetrando todas las partes de éste, sin perjuicio de producir diferentes funciones vitales en sus diferentes órgano y miembros. El calor vital y la movilidad perpetua que acompañan al alma, son debidos a la figura esférica de los átomos que entran en su composición,[46] por ser ésta la figura que más se presta al calor y al movimiento.

El pensamiento, la conciencia y la sensación son el resultado de la agregación o combinación diversa de los átomos que constituyen la sustancia del alma, y son también la razón suficiente y el origen de sus variaciones, de manera que los diferentes fenómenos psíquicos están en relación con esas combinaciones atómicas. Así, por ejemplo, cuando algunos de los átomos que forman la sustancia del alma salen del cuerpo, sobreviene el sueño y los estados morbosos, que llevan consigo la falta de conciencia. Mientras los átomos anímicos residen dentro del cuerpo, el hombre tiene conciencia perfecta de sí mismo; consiguientemente, cuando todos estos átomos se separan y

---

[46] Refiriéndose a este punto de la teoría de Demócrito, escribe el ya citado Aristóteles: «Harum atomorum autem sphaerica, animam (constituunt), propterea quod maxime possunt per totum penetrare hujusmodi figurae, et movere reliqua, cum moventur et ipsa». De Anima, lib. I, cap. III.

huyen del cuerpo, resulta lo que llamamos muerte. Como el pensamiento, la conciencia y la sensación no pertenecen a los átomos por sí mismos y en sí mismos, sino que son resultado de su combinación y agregación, cuando los átomos anímicos se separan unos de otros y del cuerpo en que antes residían y al cual vivificaban, desaparecen aquellas potencias y atributos, y con ellos la personalidad humana. Porque no sin fundamento afirma Ueberweg que el movimiento circulatorio de los átomos anímicos y luminosos sostenido por la inspiración y la expiración, representa y constituye el proceso y duración de la vida y sus manifestaciones,[47] según la teoría de Demócrito.

En boca de éste, la palabra espíritu no significa ni una fuerza suprema y creadora del mundo, ni siquiera un principio de la naturaleza superior al movimiento mecánico, esencialmente distinta de éste, sino como un materia más sutil y brillante, al lado de otras materias más groseras, o, si se quiere, un fenómeno que resulta de las propiedades matemáticas de ciertos átomos, considerados en sus relaciones con otros de diferente naturaleza y figura.

Los dioses son para el filósofo de Abdera, seres análogos al alma en su origen y composición, sin más diferencia que el estar organizados con más solidez y tener mayor duración de vida, sin que por eso se hallen libres de descomposición y muerte. Estos dioses, por más que sean superiores al hombre y comuniquen a veces con éste por medio de los sueños, no deben inspirarnos temor alguno, toda vez que, además de ser mortales como nosotros, se hallan sometidos, lo mismo que los demás seres, a la ley suprema y fatal de destino (fatum), es decir, a la ley inmutable del movimiento atomístico eterno, necesario y universal a que se hallan sujetas todas las cosas.

Aristóteles afirma que Demócrito identificaba el entendimiento con los sentidos, afirmación que se halla en perfecto acuerdo con la doctrina del mismo hasta aquí expuesta, no menos que con su teoría del conocimiento. Verifícase éste, en opinión de Demócrito, por medio de imágenes sutiles que pasan de los objetos a nuestros sentidos y de éstos al alma, determinando en los primeros las sensaciones o percepción sensible de los cuerpos, y en la segunda lo que llamamos conocimiento intelectual. Apenas sabemos cosa alguna acerca de la esencia real de las cosas; pues por medio del entendimiento sabemos

---

47 «Durch das Einathmen schöpfen wir Seelenatome aus der Luft, durch das Ausathmen geben wir welche an sie ab, und das Leben besteht so lange, als dieser Process andauert.» Grundriss der Geschich. der Phil., tomo I, pág. 74.

únicamente la existencia de los átomos y del vacío. Las percepciones de los sentidos son meras modificaciones o afecciones subjetivas, y nada nos enseñan acerca de la realidad objetiva de las propiedades que atribuimos a los cuerpos. El calor, el frío, lo amargo, lo dulce, etc., no son más que nombres que damos a las modificaciones de nuestros sentidos (Locke – Descartes – Kant), pero no cualidades reales de los cuerpos. Percibir o conocer las cosas en sí, conocer la realidad objetiva pertenece exclusivamente a la razón, única capaz de percibir y demostrar la esencia y la existencia de los átomos, del movimiento y del vacío.

La moral de este filósofo cífrase toda en una tranquilidad egoísta del ánimo, o sea en el amor y goce bien entendido de los placeres. Evitar y apartar de sí todo aquello que puede perturbar el ánimo, o que puede acarrear algún trabajo, algún disgusto, algún pesar, alguna conmoción violenta, he aquí lo que constituye el bien para el hombre; he aquí en lo que consiste la virtud. La intemperancia y los placeres sensuales son vituperables, pero es porque y en cuanto que producen satisfacción pasajera, seguida de disgusto y saciedad, que excluyen la tranquilidad y satisfacción plena del ánimo. De aquí también que si deben evitarse las acciones injustas, es a causa del temor del castigo y del sentimiento de pesar interno que dejan en pos de sí. Cuéntase que Demócrito rechazaba igualmente el matrimonio y el amor de la patria, en atención a los disgustos, trabajos, cuidados y zozobras que estas cosas llevan consigo. Sabido es que las escuelas revolucionarias y los ateos de nuestro siglo, partidarios del amor libre y de la patria universal, sin fronteras ni separación de naciones y estados, han progresado hasta el punto de reproducir las doctrinas del filósofo ateo y materialista, sobre cuya tumba han pasado más de veinte siglos.

§ 44. Crítica

La escuela atomista representa, según queda indicado, una reacción natural contra las exageraciones idealistas, dialécticas y panteístas de la escuela eleática, hubiera podido ocupar lugar más honroso en la historia de la Filosofía, si después de rechazar el panteísmo y el abuso del método puramente idealista y apriorístico de los eleáticos, se hubiera dedicado a completar la Filosofía y las ciencias en armonía con el impulso y las corrientes de Anaxágoras. En vez de adoptar la marcha y la dirección teístico-espiritualista del filósofo de Clazomenes, Demócrito solo abandonó la concepción hylozoísta de los antiguos jónicos, y rechazó la concepción monista e idealista de los eleáticos, para sustituirles una concepción esencialmente materialista y atea.

Aunque la teoría del conocimiento que enseñaba esta escuela, y principalmente la de Demócrito, encierra gérmenes y tendencias al escepticismo, el filósofo de Abdera no puede ser contado con justicia entre los escépticos absolutos, toda vez que su escepticismo se refiere solamente a la objetividad de ciertas cualidades,[48] en cuanto percibidas por los sentidos. Cicerón, o desnaturalizó, o comprendió mal el pensamiento de Demócrito, cuando escribió, refiriéndose al filósofo de Abdera: Ille, verum esse plane negat.

Si fue y es poco exacto el juicio de los que hicieron a Demócrito partidario del escepticismo, todavía es menos exacta y más aventurada la opinión de los que suponen que la teoría del conocimiento del citado filósofo es una teoría esencialmente sensualista. Por lo que arriba hemos apuntado acerca de esta materia, es fácil reconocer que la concepción de Demócrito sobre este punto tiene más de apriorística y de racional o inteligible que de sensualista y empírica. Para el filósofo de Abdera, los sentidos solo perciben impresiones subjetivas, y, cuando más, fenómenos y efectos de los cuerpos, pero no conocen la esencia y atributos de éstos, y mucho menos los elementos primitivos de la realidad cósmica. Porque esta realidad consiste en los átomos y el movimientos condicionados por el vacío, y la razón sola es capaz de conocer la existencia, la esencia y los atributos de estos tres principios cósmicos. Añádase a esto que no es creíble que Demócrito, que tanto rebajaba el alcance de los

---

48   El mismo Sexto Empírico, a pesar de su escepticismo y del natural interés que debía tener en autorizar su sistema con nombres respetables, reconoce que Demócrito no pertenece propiamente a la escuela escéptica. «Paréceles a algunos, escribe, que Demócrito raciocina como los escépticos, porque dice que la miel parece dulce a unos y amarga a otros; pero la escuela de Demócrito da a estas expresiones un sentido muy diferente del de los escépticos: aquello solo quiere significar que ni la una ni la otra cualidad residen en la miel misma, al paso que nosotros (los escépticos) pretendemos que el hombre ignora si esas cualidades o algunas de ellas pertenecen a las cosas aparentes. Todavía hay otra diferencia mayor entre esta escuela y nosotros, puesto que esta escuela, aunque principia por señalar la contradicción y la incertidumbre que reinan en el testimonio de los sentidos, afirma, sin embargo, de una manera explícita, que los átomos y el vacío existen realmente.» Hypot. Pyrrhon., lib. I, cap. XXX.

sentidos como facultades de conocimiento, les atribuyera fuerza suficiente para percibir la eternidad del movimiento y la infinidad del vacío.

Excusado parece advertir que el vicio capital de la escuela atomística de Leucipo y Demócrito, es el mismo que palpita y palpitará siempre en el fondo de toda escuela materialista y atea, es decir, la hipótesis gratuita de un movimiento sin principio, sin causa y sin razón alguna suficiente,[49] unida a otras hipótesis no menos gratuitas ni más racionales.

Y con efecto: la base general, la esencia de la Filosofía de Leucipo y Demócrito, como sucede generalmente con todo filosofía materialista, se reduce a una doble hipótesis gratuita, la existencia del átomo con estas o aquellas propiedades y atributos, propiedades y atributos que nadie ha visto ni pudo ver; la existencia del vacío absoluto como elemento o, al menos, como condición esencial de los seres, hipótesis tan contraria a la razón y la experiencia como la de los átomos, y, por último, la existencia de un movimiento que entra repentinamente en escena sin saber por qué, y sin que se le señale origen ni razón suficiente. Por lo demás, esta escuela es lógica en sus deducciones y en la aplicación de sus principios, al negar la existencia de Dios, la providencia, la espiritualidad e inmortalidad del alma humana, como lo es también al reducir la moralidad a una cuestión de cálculo, no menos que al confundir e identificar con el movimiento de los átomos la vida y el pensamiento.

La teoría psicológica de Demócrito presenta, aparte de su materialismo, el grave defecto de hacer al alma meramente pasiva en la formación del conocimiento, el cual nos viene y nos es impuesto por la naturaleza externa, sin intervención de la espontaneidad de nuestro espíritu.

---

49 Al talento perspicaz de Aristóteles no podía ocultarse este vicio radical de las escuelas materialistas. Así es que llamaba la atención de sus contemporáneos sobre las afirmaciones gratuitas de la escuela atomista en orden a la existencia fortuita y sin origen del movimiento cósmico, mientras que por otro lado, y por una inconsecuencia palmaria, pretendía explicar ciertas mutaciones particulares por medio de movimientos fijos y aun por medio de la influencia o acción de la inteligencia. «Sunt autem quidam, qui et coeli hujus, et mundanorum omnium causam esse ponunt Casum; a casu enim fieri dicunt revolutionem et motum qui discrevit et constituit in hunc ordinem Universum. Et valde hoc ipsum admiratione dignum est, quod dicant ipsa quidem animalia ac plantas a fortuna nec esse, nec fieri, sed aut naturam, aut intellectum, aut quidpiam tale aliud esse causam; non enim quodvis ex semine unoquoque fit, sed ex tali quidem olea, ex tali autem homo: coelum autem et diviniora sensibilium a casu fieri.» Physic., lib. II, cap. II.

Aunque Laercio afirma que Demócrito tuvo muchos discípulos y secuaces de su doctrina, no figura entre ellos ningún hombre notable hasta llegar a Epicuro, el cual ya pertenece a otra época filosófica. Metrodoro de Chio y Diágoras de Melos, que son los más nombrados entre los discípulos y partidarios de Demócrito, solo se hicieron notar por haber desarrollado los gérmenes de ateísmo y de escepticismo contenidos en la doctrina de su maestro.

§ 45. Empedocles

Este filósofo, que fue también médico y poeta, nació en Agrigento, ciudad de Sicilia, y buscó la muerte precipitándose en el Etna, deseando ser tenido por Dios, según una tradición vulgar, apoyada en el testimonio de algunos escritores, tradición aceptada al parecer por el poeta de Venusa, cuando escribe...

> Deus immortalis haberi
> Dum cupit Empedocles, ardentem frigidus Aetnam
> Insiluit.

Hácenle algunos discípulo de Pitágoras, y otros de Parménides; pero sea de esto lo que quiera, es lo cierto que su Filosofía representa una especie de fusión sincrética entre la pitagórica, la eleática y la jónica, interpretada esta última en el sentido y con las modificaciones que había recibido de Heráclito. Acércase a los eleáticos, negando el flujo o fieri perpetuo de Heráclito, rechazando, como Xenofanes, el antropomorfismo de la divinidad, negando todo valor e importancia al conocimiento sensible, y hasta concibiendo el mundo como un ser universal, esférico, único e inmóvil en sí mismo, aunque a la vez dando origen a las transformaciones más o menos reales de las cosas por medio del amor y la discordia, que producen y determinan las transformaciones sensibles y la pluralidad física del Mundo uno.

Con los pitagóricos admitía una inteligencia divina y un alma universal difundida por el cosmos y origen de las almas humanas, así como también la transmigración de éstas, y diferentes clases de genios o demonios. Coincide también con Pitágoras y su escuela en razón a la importancia que concedía a la unidad, considerada por Empedocles como el principio primero de las cosas y como el continente de los cuatro elementos, principios secundarios y materiales de las cosas, y en razón también a sus aficiones simbólicas. Como los pitagóricos, el filósofo de Agrigento gusta de las formas simbólicas, y suele hacer uso de expresiones mitológicas en la ciencia, dando, por ejemplo, el nombre de Juno a la Tierra, el de Nestis al agua, llamando Plutón al aire y Júpiter al fuego.

Finalmente: en armonía con la dirección y tendencias de al escuela jónica, admitía la existencia de cuatro elementos primigenios de las cosas, tierra, agua, aire y fuego, y a ejemplo de Heráclito, concedía a este último un papel muy importante y preferente en la producción de las cosas. Por lo demás, el lenguaje simbólico y la forma poética en que el filósofo de Agrigento dejó consignadas sus ideas, no permiten discernir con entera seguridad sus opiniones verdaderas acerca de ciertas cuestiones, las cuales aparecen resueltas hasta en sentido contradictorio,[50] o al menos de conciliación difícil. Así le vemos, por un lado, hablar de los cuatro elementos y hasta darles nombres divinos (Júpiter, Juno, etc.), atribuyéndoles, en unión con el amor y el odio, la producción y pluralidad de las sustancias; y, por otro, le vemos referir y como absorber e identificar todas las cosas en una unidad superior.

Por lo demás, no es extraño que nosotros encontremos contradicciones en la doctrina de Empedocles puesto que las encontraba también Aristóteles,[51] a pesar de hallarse en condiciones más favorables que nosotros para conocer su pensamiento.

Aun con respecto a las ideas y aserciones que constituyen, por decirlo así, la base y fondo esencial de su teoría cosmológica, el pensamiento de Empedocles no era constante, ni mucho menos lógico, a juzgar por lo que nos dice el filósofo de Estagira, testigo de excepción en la materia. Éste, después de consignar que, para Empedocles, los cuatro elementos son la materia o

---

50 Sabido es que Empedocles expuso su sistema en uno o varios poemas, de los cuales solo conocemos algunos fragmentos, conservados por escritores antiguos. Supónese generalmente que lo que hoy poseemos con el título de Expiaciones, es parte de un gran poema sobre la Naturaleza. Atribuyéronle algunos críticos los famosos Versos áureos, relativos a la doctrina pitagórica; pero esta opinión carece de sólido fundamento.

51 Véase en prueba de esto, uno de los varios pasajes en que pone de relieve las contradicciones del filósofo siciliano: «Empedocles igitur ipse, videtur contraria dicere, et ad apparentia, et ad seipsum. Simul enim dicit alterum ex altero non fieri elementorum ullum, sed alia omnia ex his: simul autem, in unum cum junxerit naturam omnem, praeter litem, ex uno fieri rursus unumquodque». De Gener. et Corrupt., lib. I, cap. I.

sustancia de las cosas, así como la amistad y la enemistad, o la concordancia y discordia representan la causa eficiente de sus mutaciones y diferencias, y después de suponer que la función de la amistad es unir, y la de la enemistad o discordia es separar y disolver las cosas, viene a decir y afirmar en otros lugares de sus escritos, que la amistad separa y la enemistad o discordia reúne: Multis enim in locis apud eum (Empedocles), amicitia quidem disjungit, contentio vero conjungit.

Parece lo más probable, sin embargo, que si se prescinde de ciertas ideas referentes al origen, caída y transmigración de las almas, ideas que más bien que a su sistema filosófico pertenecen a las tradiciones místico-religiosas que Pitágoras había traído del Oriente, la tesis doctrinal y filosófica de Empedocles se resuelve en un mecanismo materialista. Según él, no es el mundo solo de los cuerpos el que se compone y resulta de los cuatro elementos, sino también el mundo de los espíritus, o, al menos, el alma humana, la cual, en tanto puede conocer las cosas, en cuanto que contiene en sí los cuatro elementos de que constan aquéllas, y también las dos causas movientes,[52] o sea la amistad y la discordia.

Creemos, por lo tanto, que no es muy fundada ni exacta la opinión de Lange, cuando escribe:[53] «Empedocles de Agrigento no debe ser considerado como materialista, porque en su teoría la fuerza y la materia todavía aparecen separadas sistemáticamente. Probablemente fue el primero, entre los griegos, que dividió la materia en cuatro elementos, teoría que debió a Aristóteles una vitalidad tan tenaz, que aún hoy se descubren vestigios de la misma en la ciencia. Además de estos elementos, Empedocles admitió dos fuerzas fundamentales, el amor y el odio, encargadas, en la formación y destrucción del mundo, una de ellas de la atracción, y la otra de la repulsión. Si Empedocles hubiera considerado estas fuerzas como cualidades de los elementos, podríamos sin dificultad colocarle entre los materialistas...; pero estas fuerzas fundamentales son independientes de la materia, las cuales triunfan alternativamente a

---

[52] En este punto no cabe poner duda, después del testimonio terminante de Aristóteles, que cita las palabras mismas del filósofo de Agrigento: «Empedocles quidem ex elementis omnibus esse autem et unumquodque horum animam, sic dicens: Terra quidem terram cognoscimus, aqua autem aquam, aethere vero aethera Divuum, sed igne ignem lucidum: concordiam autem concordia, discordiam vero discordia tristi». De Anima, lib. I, cap. III.
[53] Histoire du Materiel., trad. Pommerol, t. I, cap. I.

grandes intervalos. Cuando el amor reina como dueño absoluto, todos los elementos reunidos gozan de armoniosa paz y forman una esfera inmensa: si prevalece el odio, todo se encuentra separado y en dispersión».

Muy dudoso nos parece que Empedocles consideraba estas dos fuerzas como separadas e independientes de la materia, según supone Lange, siendo mucho más natural y más conforme al conjunto y aplicaciones del sistema del citado filósofo, suponer que éste no hizo más que designar con los nombres de amor y odio, en armonía con su estilo poético y figurado, las fuerzas de atracción y de repulsión inherentes a la materia y no separadas de ésta.

Por otra parte, y a mayor abundamiento, nuestro modo de ver en este punto se halla confirmado por las ideas cosmogónicas del filósofo de Agrigento, idénticas en el fondo a las que vienen profesando las varias escuelas materialistas. En la teoría de Empedocles, el amor y el odio, o sea las fuerzas que producen al unión y separación de los elementos y de los seres, la formación y destrucción de los mundos, obran ciegamente y sin sujeción a un plan determinado ni a fines preconcebidos. La formación de los cuerpos es debida al choque fortuito de los elementos producidos y determinados por las dos fuerzas dichas. Los organismos representan ensayos y combinaciones casuales de la naturaleza, la cual forma y destruye alternativamente sus partes y sus órganos, hasta que estos se unen fortuitamente de la manera oportuna para constituir un organismo capaz de reproducirse, en cuyo caso se conserva, pereciendo y desapareciendo los seres que representan los ensayos (Lamarck-Darwin) de organismos anteriores e imperfectos.

A juzgar por lo que indica Aristóteles en su tratado De sensu et sensato, Empedocles[54] creía que la visión se verifica por medio de la luz, que saliendo del ojo ilumina los cuerpos externos, opinión que Alberto Magno atribuye también a Empedocles en términos más explícitos, siendo de notar que, según el Obispo de Ratisbona, Empedocles afirmaba que la luz sale de nuestra vista llena todo el hemisferio que está sobre el horizonte del espectador:

---

54 «Et opinio quidem, escribe este, Empedoclis fuit haec, quod dixit visum (organum visus) esse ignis naturae, a quo continuo emittitur lumen sufficiens ad omnium visibilium discretionem. Cum autem, ab omni luminoso egrediatur lumen ad modum pyramidis formatum, dicebat quos ab oculis egrediuntur tot pyramides, quot visibilia videntur; basis autem illius pyramidis, ut dixit, est res visa, et conus est in puncto oculi.» Opera omn., t. V, trat. I, cap. V.

Concessit... quod a visu egreditur pyramis luminis, quae implet totum haemispherium et sufficit ad omnia visibilia contuenda.

§ 46. Los sofistas

En su origen, el nombre de sofista no llevaba consigo la idea desfavorable que hoy le atribuimos, puesto que solía darse esta denominación a los que hacía profesión de enseñar la sabiduría o la elocuencia. Solo a contar desde la época de Sócrates y Platón, el sofista se convirtió en un hombre que hace gala y profesión de engañar a los demás por medio de argucias y sofismas; que considera y practica la elocuencia como un medio de lucro; que hace alarde de defender todas las causas, y que procede en sus discursos y en sus actos como si la verdad y el error, el bien y el mal, la virtud y el vicio, fueran cosas, o inasequibles, o convencionales, o indiferentes. Tales fueron los que en la época socrática se presentaron en Atenas, después de recorrer pueblo y ciudades, haciendo alarde de su profesión y de su habilidad sofística.

Por un concurso de circunstancias especiales, Atenas vino a ser el punto de reunión y como la patria adoptiva de los sofistas. La forma solemne, pública y ruidosa en que estos exponían sus teorías, el brillo de su elocuencia, los aplausos que por todas partes les seguían, las máximas morales, o, mejor dicho, inmorales que profesaban, todo se hallaba en perfecta armonía y relación con el estado social, religioso y moral de la ciudad de Minerva. La lucha heroica que había sostenido en defensa de la libertad de los griegos, los nombres de Milcíades y Temístocles, las jornadas de Maratón y de Platea, el triunfo de Salamina, excitando maravillosamente el entusiasmo de los atenienses, desarrollando su actividad en todos sentidos, despertando y avivando el genio de la ciencia, de la industria y de las artes, habían hecho de la patria de Solón la patria común y como la capital intelectual y moral de toda la Grecia. A ella afluían las riquezas y tesoros del Asia y la Persia, del continente helénico, de las islas confederadas, derramando en su seno la opulencia y con ella el lujo, la molicie y la relajación de las costumbres públicas y privadas; a ella afluían también los últimos representantes de la escuela fundada por Tales, abandonando la Jonia, amenazada a la vez por el despotismo persa y por las exacciones de los mismos griegos. Afluían igualmente a Atenas los sucesores de Demócrito, los de Parménides y los últimos restos del pitagorismo, atraídos unos por el brillo y cultura de la metrópoli intelectual de la Grecia, y obligados otros por las discordias civiles de su patria. Añádase a esto la supremacía política ejercida por Atenas, el prestigio de la victoria que por todas partes acompañaba sus armas, el brillo esplendoroso que sobre su frente derramaron historiadores como Heredoto y Tucídides, poetas como Sófocles y Eurípides, artistas como Fidias y Praxíteles, y sobre todo téngase en cuenta que era el foco de todas las intrigas políticas, y se reconocerá que aquella ciudad estaba en condiciones las más favorables para ser visitada y explotada por los sofistas, y para servir de teatro a sus empresas.

Entre las causas principales que contribuyeron a la aparición de los sofistas en aquella época, puede contarse también el estado de la Filosofía por aquel entonces. La lucha entre la escuela jónica y la pitagórica, entre la eleática y la atomística; la contradicción y oposición de sus doctrinas, direcciones y tendencias; las fórmulas matemáticas, el esoterismo y las doctrinas simbólicas de la escuela de Pitágoras; las especulaciones abstractas y apriorísticas de los eleáticos, a la vez que su negación radical de la experiencia y de los sentidos; la doctrina diametralmente opuesta de los atomistas y Heráclito, junto con las sutilezas dialécticas de Zenón, debían conducir, y condujeron naturalmente al escepticismo a los espíritus en una sociedad predispuesta a prescindir de la verdad y de la virtud, en fuerza de las diferentes causas que dejamos apuntadas. Así sucedió, en efecto, y todavía no se había apagado el estruendo de las luchas entre pitagóricos y jónicos, entre eleáticos y atomistas, cuando ya resonaba en Atenas la voz de Protágoras, la de Gorgias y la de otros varios sofistas que paseaban las calles de la ciudad de Solón, seguidos de numerosa y brillante juventud, ávida de escuchar sus pomposos discursos, y más todavía de escuchar y aplaudir sus máximas morales,[55] las cuales se hallaban

---

55 En uno de sus diálogos, Platón nos presenta al sofista Protágoras, poniendo en conmoción a toda la ciudad con su llegada. Calias, uno de los principales ciudadanos de Atenas, le recibe y obsequia en su casa, la cual se ve llena de huéspedes que acompañan al renombrado sofista. Rodéanle y síguenle a todas horas y por todas partes otros varios sofistas, y entre ellos Hipias de Elea y Prodico de Ceos; no pocos extranjeros venidos con él o atraídos por la fama; multitud de ciudadanos, los más distinguidos de Atenas, entre los cuales se ven dos hijos de Pericles y el joven Alcibiades. «Detrás de ellos, añade Platón, marchaba un tropel de gente, cuya mayor parte eran extranjeros que Protágoras lleva siempre consigo, y que, cual otro Orfeo, arrastra con el encanto de su voz a su paso por las ciudades. Al divisar aquella muchedumbre, experimenté especial placer, observando con qué discreción y respeto marchaba siempre hacia atrás: cuando Protágoras daba la vuelta en el paseo,

muy en armonía con los gustos y costumbres de la sociedad ateniense por aquel tiempo.

Sabido es que, a contar desde Platón, el nombre de sofista venía representando para todos los escritores y a través de todas las edades y escuelas filosóficas, inmoralidad sistemática, carácter venal, charlatanismo filosófico, dialéctica y teorías falaces. En nuestro siglo, Hegel, a quien no sin alguna razón se ha llamado por algunos el gran sofista de nuestra época, trató de rehabilitar el nombre y la memoria de los antiguos sofistas, tarea en la cual ha sido imitado y seguido por muchos de sus partidarios y también por algunos otros críticos e historiadores, entre los cuales se distinguen Grote en su Historia de Grecia y Lewes en su Historia de la Filosofía. Posible es que la austera gravedad de Platón, sobreexcitada por la muerte injusta de su maestro, haya recargado algo el cuadro al hablar de los sofistas en sus diálogos, y principalmente al ocuparse de las luchas de Sócrates contra ellos; pero de aquí no se sigue en manera alguna que deban ser considerados casi como modelos y como genuinos representantes de la Filosofía, de su método y de sus principios morales, según pretenden Hegel, Lewes y Grote.

Demás de esto, aun suponiendo alguna exageración contra los sofistas en la pintura que de ellos hace el discípulo de Sócrates, no es creíble que esta exageración degenerara en calumnia, especialmente cuando los presenta como corruptores de las costumbres públicas y privadas, toda vez que cuando Platón publicaba sus diálogos, todavía vivían muchas personas que habían conocido y tratado a los sofistas acusados.

§ 47. Protágoras

El más célebre, y acaso el más filosófico de los sofistas, fue Protágoras, nacido en Abdera, y contemporáneo de Sócrates. Después de recorrer varias ciudades de Italia y Grecia, se fijó en Atenas, probablemente por los años 450 antes de Jesucristo. A la vuelta de algunos años pereció en un naufragio, huyendo de Atenas, donde había sido condenado a muerte a causa de sus opiniones semiateístas.

---

veíase a éstos abrirse en ala con religioso silencio, esperando que hubiera pasado para seguir en pos de él.» Opera Plat. Protag. seu de Soph.

La doctrina de Protágoras se halla suficientemente expuesta, o al menos indicada, en el siguiente pasaje de Sexto Empírico: «El hombre es la medida de todas las cosas. Protágoras hace del hombre el criterium, que aprecia la realidad de los seres, en tanto que existen, y de la nada, en tanto que no existe. Protágoras no admite más que lo que se manifiesta a los ojos de cada cual. Tal es, en su teoría, el principio general del conocimiento... La materia, según Protágoras, está en continuo flujo o cambio; mientras ella experimenta adiciones y pérdidas, los sentidos cambian también en relación con la edad y las demás modificaciones del cuerpo. El fundamento de todo lo que aparece a los sentidos reside en la materia; de manera que ésta, considerada en sí misma, puede ser todo lo que a cada cual parece. Por otra parte, los hombres, en diferentes tiempos, tienen percepciones diferentes, en relación con las transformaciones que experimentan las cosas percibidas. El que se encuentra en un estado natural, percibe en la materia las cosas según pueden aparecer a los que se encuentren en semejante estado; los que se encuentran en un estado contrario a la naturaleza, perciben las cosas que pueden aparecer en esta otra condición. El mismo fenómeno tiene lugar en las diferentes edades, en el sueño, en las vigilias y en las demás disposiciones. Por lo tanto, el hombre es, según este filósofo, el criterium de lo que es, y todo lo que aparece tal al hombre, existe: lo que no aparece o se presenta a los hombres, no existe:[56] Est ergo, secundum ipsum, homo criterium rerum quae sunt; omnia enim quae apparent hominibus, etiam sunt, quae autem nulli hominum apparent, nec sunt quidem.

De este pasaje y de lo que acerca de Protágoras dejaron escrito Platón, Aristóteles y algunos otros, despréndese con bastante claridad que el sistema de este sofista era una especie de subjetivismo sensualista, que se resuelve en las afirmaciones siguientes: 1.ª, no existe la verdad absoluta, sino la verdad relativa; 2.ª, la percepción sensible es para el hombre la medida y hasta la razón o causa de la realidad objetiva de las cosas: lo que el hombre percibe por medio de los sentidos, todo es verdadero.

Por lo que hace a la existencia de Dios, es natural que Protágoras la negara o la pusiera en duda, toda vez que no es objeto de los sentidos. Así es que solía decir que la oscuridad del asunto y la brevedad de la vida, no le permitían

---

56 Hypot. Pyrrhon., cap. XXXII.

afirmar si existen o no los Dioses, y cuál sea su naturaleza, caso que existan. No es extraño, en vista de esto, que algunos autores de hayan contado entre los partidarios del ateísmo y que los atenienses le persiguieran[57] y acusaran por esta causa.

A pesar de las apariencias en contra, el sistema de Protágoras se resuelve en puro escepticismo: afirmar que todas las percepciones de los sentidos son verdaderas, reconociendo a la vez que son con frecuencia opuestas y contradictorias, no solo en diversos sujetos, sino en el mismo, en relación con la diversidad, o cambios de edad, de influencias externas y disposición del cuerpo, equivale a decir realmente que son todas igualmente falsas, toda vez que no cabe verdad en la contradicción; equivale a reconocer que no podemos discernir entre la verdad y el error, entre la apariencia y la realidad. Hay, pues, en el fondo de este sistema un escepticismo real, que pudiéramos apellidar escepticismo per excessum. Si las percepciones varias y contradictorias de los hombres son la medida de la realidad y verdad de las cosas, la realidad y la verdad son palabras vanas y representan una cosa inasequible para el hombre.

El sistema o teoría de Protágoras ofrece cierta analogía con la teoría de Fichte. Así como para éste el pensamiento es la medida y causa de la realidad objetiva o del no-yo, el cual en tanto existe en cuanto es pensado y puesto por el yo, así para aquél la percepción de los sentidos, el yo sensitivo, pone, determina y regula la realidad. Al subjetivismo intelectualista e idealista del filósofo alemán, corresponde el subjetivismo sensualista del sofista griego.

§ 48. Gorgias

Por los años 427 antes de la era cristiana, los habitantes de Leontium en Sicilia, enviaron a Atenas, con el carácter de embajador, a su compatriota Gorgias, el cual, lo mismo que Protágoras, hacía profesión de sofista, llamando igualmente la atención de los atenienses con sus discursos y elocuencia. Gorgias hacía profesión de retórico, pero sin perjuicio de incluir en la retórica la ciencia universal. En el diálogo que lleva el nombre de Gorgias seu de Rethorica, Platón nos presenta a este sofista gloriándose de haber contestado a cuantas

---

57 «Protagoras autem dissertis verbis scripsit: de Diis autem, nec an sint, neque quales sint, possum dicere; multa enim sunt quae me prohibent. Quam ob causam, cum eum capitis damnassent Athenienses, fugiens in mari periit naufragio.» Sextus Empir., Adversus Mathemat., lib. VIII.

cuestiones se le habían propuesto, ofreciéndose desde luego a verificar lo mismo entonces.[58]

La doctrina de Gorgias es una especie de escepticismo nihilista, contenido en las tres proposiciones siguientes:

1.ª Nada existe.

2.ª En el caso de que existiera alguna cosa, ésta no podría ser conocida por el hombre.

3.ª En la hipótesis de que algún hombre la conociera, no podría explicarla y darla a conocer a otros hombres.

Sexto Empírico, a quien no puede negarse competencia en estas materias, sobre todo cuando se trata de teorías más o menos escépticas, resume en los siguientes términos las argumentaciones de Gorgias en apoyo de la primera proposición:

«Primera proposición: Nada existe. En primer lugar, la nada no existe, por lo mismo que es nada. En segundo lugar, la realidad tampoco existe; porque esta realidad sería, o eterna, o producida, o lo uno y lo otro a la vez. Si es eterna, no tuvo principio y sería infinita, pero lo infinito no existe en ninguna parte; porque si existe en alguna parte, es diferente del continente, está comprendido en el espacio que le recibe: luego este espacio es diferente del infinito y mayor que el infinito, lo cual repugna a la noción del infinito. Si ha sido producida, o lo fue de una cosa existente, o de cosa no existente: en el primer caso, no es producida, porque existía ya en la cosa que la engendró; sería contradictorio decir que una cosa ha sido producida y no ha sido producida. La segunda hipótesis es absurda... Finalmente; la realidad y la nada no pueden existir al mismo tiempo con respecto a la misma cosa.»

En apoyo de la segunda proposición, alegaba Gorgias, que para que nosotros pudiéramos conocer la existencia y realidad de las cosas, sería preciso que hubiera relación necesaria entre nuestros conceptos y la realidad, o, en otros términos, que la representación de nuestro pensamiento fuera idéntica a la realidad misma, y que ésta existiera tal como nosotros la concebimos y

---

58 «Jussit ergo paulo ante, omnes qui intus aderant, ut quam quisque vellet quaestionem induceret, se singulis responsurum promittens... dic mihi, o Gorgia, num vere dicit Calicles te profiteris responsurum ad omnia, de quibus quilibet sciscitetur? =Gorg.= Vere ait, o Cherepho: nempe, modo id ipsum praedicabam, atque adeo nihil novi a me quemquam multis annis perconctatum esse dico.» Op. Plat. Mars. Fic. interpr., pág. 337.

bajo la misma forma de nuestra concepción; lo cual es ciertamente absurdo, pues de lo contrario, sería preciso admitir que si yo concibo, por ejemplo, que un hombre vuela por el aire, sucede así realmente.

Dado caso que el hombre pudiera o llegara a conocer alguna cosa, le sería imposible comunicar a otros este conocimiento; porque el medio de comunicación que poseemos respecto de los demás hombres es el lenguaje, y éste no es idéntico a los objetos, o sea a las cosas reales que se suponen conocidas. Así como lo que es percibido por la vista, como la luz y los colores, no es percibido por el oído, y viceversa, así también lo que existe fuera de nosotros es diferente del lenguaje. Nosotros transmitimos a los otros hombres nuestras propias palabras, pero no las cosas reales: el lenguaje y la realidad objetiva constituyen dos esferas enteramente diferentes; el dominio de la una no alcanza a la otra.

§ 49. Crítica

Gorgias representa la última evolución de la escuela eleática, considerada ésta en su fase dialéctica y en su elemento criterológico. Discípulo de Zenón, el dialéctico temible de esta escuela, Gorgias aplicó al ser único, a la realidad abstracta de los eleáticos, los argumentos que su maestro había empleado para combatir la existencia del espacio, del movimiento, y, en general, del mundo sensible, transformando por este medio en nihilismo escéptico el idealismo absoluto de Parménides y Zenón. Como medio de establecer y consolidar su tesis escéptica, Gorgias insiste principalmente sobre la independencia y separación entre el sujeto y el objeto, entre la cosa real y la facultad de conocer. Vemos a cada paso, dice, que un sentido no percibe lo que percibe otro sentido; vemos igualmente que el entendimiento concibe cosas o nociones a que no alcanza la percepción de los sentidos: luego no hay relación necesaria entre nuestras representaciones cognoscitivas y los objetos o cosas a que se refieren, puesto que estas cosas existen o parecen existir sin que sean percibidas por las facultades de conocimiento.

Hemos observado antes que existe cierta afinidad entre el sistema de Protágoras y el de Fichte, y ahora debemos añadir que la doctrina de Gorgias tiene análoga y más palpable afinidad con la teoría crítica de Kant. Para el sofista siciliano, el orden sensible no existe para nosotros como real y objetivo, sino como apariencia fenomenal: para el filósofo alemán, la realidad objetiva del mundo sensible nos es igualmente desconocida; solo percibimos las modificaciones internas que los cuerpos determinan en nosotros, los fenómenos y apariencias, y aun esto con sujeción a las formas subjetivas del espacio y del tiempo. Uno y otro establecen, no ya la distinción real, sino el aislamiento entre el orden ideal y el orden real, entre la percepción y el objeto, entre el orden subjetivo y el objetivo. Sin duda que la argumentación filosófica, el procedimiento crítico y los trabajos científicos del filósofo de Koenisberg valen mucho más, incomparablemente más que la argumentación y los trabajos del sofista leontino; pero esto no quita que haya grande afinidad, por no decir identidad, entre uno y otro sistema, afinidad que se revela hasta en lo que constituye el principio fundamental, el carácter esencial del sistema antiguo, es decir, la separación absoluta y el aislamiento entre el orden subjetivo y el objetivo. Bajo este punto de vista, Gorgias puede apellidarse con justicia el antecesor del autor de la Crítica de la Razón pura, con sus intuiciones a priori, con su esquematismo de la razón, y con sus categorías y nociones apriorísticas. Es digno de notarse también que la argumentación empleada por Gorgias a favor de su primera tesis es idéntica en el fondo a la empleada por Kant al exponer la primera de sus antinomias cosmológicas.

§ 50. Otros sofistas

Entre los muchos sofistas que pululan en la Grecia, y especialmente en Atenas, por esta misma época, cuéntase como más notables los siguientes:

a) Hipias de Elis, el cual, además de la elocuencia, poseía conocimientos especiales acerca de las matemáticas y la astronomía. Según Platón, enseñaba que las leyes son el tirano de los hombres, porque obligan a éstos a obrar en contra de las inclinaciones de la naturaleza. Esta tesis se halla en armonía con la que Tucídides atribuye a otros sofistas, a saber: que la sola regla de lo justo y de lo verdadero es que el fuerte debe mandar al débil.

b) Pródico de Ceos, el cual, según Sexto Empírico, enseñaba que «el Sol, la Luna, los ríos, las fuentes, y, en general, todo lo que es útil a nuestra vida, fue divinizado por los pueblos antiguos a causa de la utilidad que estas cosas reportaban»; profesaba la opinión de que el alma humana es le resultado de la organización. Tanto éste, como Diágoras y algunos otros sofistas, fueron considerados como ateos, por más que el temor de las leyes obligaba a disimular sus opiniones sobre la materia.

c) Critias, uno de los treinta tiranos de Atenas, decía que los dioses y la religión eran invenciones de la política para tener sujeto al pueblo, y que el alma humana reside en la sangre y se identifica con ella.

d) Contemporáneos y sucesores de los dichos fueron Polo, discípulo de Gorgias; Trasímaco, oriundo de Calcedonia; Eutidemo, de Chío, con algunos otros de que se hace mérito en los diálogos de Platón y en las obras de Sexto Empírico.

Las doctrinas morales y religiosas de los sofistas correspondían a sus ideas escépticas y ateístas. La base de su moral era, no la idea de lo justo y de lo bueno, sino lo útil y agradable. De aquí es que subordinaban la moral a la política en vez de fundar ésta sobre aquélla. Lo que dejamos indicado en orden a sus teorías filosóficas y sus ideas religiosas, se halla en armonía con la doctrina que Cicerón atribuye a los sofistas en general, a saber: que todo lo que existe es resultado del acaso, y que las cosas humanas nada tienen que ver con una providencia divina. Sabido es, por último, que Platón en sus obras, y principalmente en el diálogo Thaetetes, nos representa a los sofistas negando la distinción entre la virtud y el vicio, como enemigos de la moralidad, y como los corruptores de las costumbres públicas y privadas.

§ 51. Crítica general de este periodo

Según dejamos ya indicado, lo que distingue y caracteriza este periodo antesocrático de la Filosofía griega, es el predominio de la idea cosmológica. El origen, formación y constitución del mundo, constituyen el objeto preferente y casi exclusivo de todas las escuelas filosóficas que en él aparecen, a pesar de sus métodos tan diversos y de sus encontradas direcciones. El empirismo jónico, y el materialismo de los atomistas, y las fórmulas matemáticas de los pitagóricos, y las especulaciones idealistas de los eleáticos, representan esfuerzos, caminos y métodos diferentes de la razón filosófica, pero subordinados todos al pensamiento cosmológico. Este pensamiento absorbe de tal manera la atención del espíritu humano en este periodo, que apenas se encuentran en sus escuelas y filósofos algunas máximas morales, algunos principios teológicos, algunas ideas psicológicas incompletas y como sembradas acaso.

Por lo demás, este fenómeno se halla en perfecto acuerdo con la naturaleza misma del espíritu humano, o, si se quiere, con las leyes que rigen y presiden al desarrollo de su actividad. Ésta se dirige espontáneamente al objeto antes que al sujeto; porque el acto directo es anterior naturalmente al acto reflejo. Por otra parte, es lo cierto que el conocimiento sensible, llámese éste ocasión, origen o condición del conocimiento intelectual, es anterior a éste, y determina en parte su génesis y sus manifestaciones. Siendo, pues, el mundo externo y material lo que solicita la acción de los sentidos, es también el primer objeto que solicita y concentra la actividad intelectual.

Los sofistas inician un movimiento de reversión del objeto al sujeto. El pensamiento, que hasta entonces solo se había ocupado del mundo externo, se repliega sobre sí mismo, y comienza a fijar su mirada en el mundo interno. La Filosofía anterior a la sofística había investigado, había meditado, había hecho uso de la lógica, había empleado diferentes formas de argumentación, había seguido variedad de métodos; pero sin reflexionar sobre estas formas y métodos del conocimiento, sin tener conciencia refleja de éste; en una palabra: sin fijar su atención y sin examinar las condiciones del conocimiento humano. Los sofistas, después de atacar y demoler los sistemas cosmológicos de la Filosofía contemporánea, oponiendo los unos a los otros, plantearon el problema crítico, y si es cierto que no supieron darle solución acertada, también lo es que su solo planteamiento comunicó una dirección nueva al pensamiento humano, el cual comenzó desde entonces a estudiarse, afirmarse y conocerse como sujeto enfrente de objeto.

Desde este punto de vista, y en este concepto, es indudable que la sofística que nos ocupa representa un movimiento progresivo, puesto que con ella y por ella el elemento subjetivo recibe carta de naturaleza en la especulación filosófica, y toma asiento en la historia de la Filosofía al lado del elemento objetivo. De aquí es que puede decirse con verdad, que los sofistas prepararon el terreno que había de cultivar Sócrates, y representan la transición del periodo cosmológico al periodo psicológico o antropológico, iniciado por Sócrates, desenvuelto y perfeccionado por las escuelas y filósofos que constituyen el movimiento socrático.

Téngase presente, sin embargo, para no exagerar el mérito ni el progreso que corresponde a los sofistas, que éstos, si bien plantearon el problema crítico, lo hicieron de una manera indirecta, por medio de la negación de la realidad y de la verdad objetiva; y por lo que hace al modo de resolverlo, lejos de darle acertada solución, solo supieron encerrarse en un escepticismo estrecho e individualista.

Entre los caracteres generales de la Filosofía durante el periodo antesocrático, figura la oscuridad de expresión y la consiguiente oscuridad de conceptos. Heráclito es denominado por sus mismos contemporáneos el oscuro, a causa de la que reina en sus escritos. De los antiguos jónicos y pitagóricos apenas nos restan más que sentencias lacónicas, máximas sueltas, vagas indicaciones históricas, fórmulas de dudoso sentido. Parménides y Empedocles exponen, o, mejor dicho, indican sus doctrinas en poemas alegóricos y con palabras metafóricas de dudosa significación. Así es que también bajo este punto de vista, los sofistas representan un progreso, en atención a que expusieron sus conceptos en prosa y en términos claros y precisos. La sofística perjudicó a la Filosofía, haciéndola perder su profundidad y atacando todas sus verdades; contribuyó, sin embargo, a generalizar los conocimientos científicos, y a difundir las ideas filosóficas en todas las clases sociales. Si la solidez o el fondo de la doctrina hubieran correspondido a la forma, los sofistas hubieran prestado un verdadero servicio a la ciencia y a la sociedad.

§ 52. Ojeada retrospectiva

Antes de entrar en el segundo periodo de la Filosofía griega, bueno será echar una rápida ojeada sobre el camino que acabamos de recorrer. Esto es tanto más necesario, cuanto que se trata aquí del primer periodo de la Filosofía helénica, y, por consiguiente, de un periodo que entraña cierta confusión y adolece de las vacilaciones inherentes y comunes a toda cosa que comienza.

¿Cuáles son los rasgos dominantes y característicos de este periodo? ¿Cuáles son las evoluciones y el proceso de la idea filosófica a través de los nombres y de las escuelas cuya historia acabamos de bosquejar?

Prescindimos aquí de la Filosofía griega considerada en su estado primitivo y rudimentario, en su estado ante-filosófico, por decirlo así, en su estado de incubación; porque no cabe hablar de escuelas, de caracteres y de sistemas filosóficos cuando se daba el nombre de Filosofía al conocimiento y práctica de cosas buenas; cuando se daba el nombre de filósofos a las personas que se distinguían algo del vulgo o de la generalidad de los hombres por algún conocimiento y práctica del bien: *Omnis rerum optimarum cognitio, atque in his exercitatio, philosophia nominata est*, según afirma Cicerón, y según indicaron antes que él Herodoto y Tucídides.

Concretándonos, pues, al periodo propiamente filosófico que comienza con Tales y termina con los sofistas, periodo en el cual la Filosofía helénica ofrece ya cierto organismo científico y aspecto sistemático, diremos que

a) Para la escuela jónica, la materia es el ser-todo y el principio de los seres particulares, cuyos gérmenes, incluso el de la vida animal (hylozoísmo) y cuyas virtualidades lleva en su seno: la observación sensible y la experiencia representan el conocimiento (empirismo) y los principios de conocer para esta escuela.

b) Para le escuela de Heráclito, derivación parcial y ascendente de la escuela jónica, el universo es la combinación, o, mejor, la sucesión eterna e indeficiente del ser y del no ser; toda escuela es de suyo fenomenal y transitoria, y el ser se identifica con el hacerse, con el moverse, para ser y no ser. El ser, el Universo-mundo, es una unidad (monismo); pero una unidad de movimiento, una serie de fenómenos que aparecen y desaparecen con sujeción a una ley eterna y absolutamente necesaria. En suma: no existe realmente el ser, lo absoluto, y sí únicamente el fieri, la sucesión, el moveri.

c) Para la escuela de Leucipo y Demócrito, el ser, el Universo-mundo, no es ni la materia-principio de la escuela jónica, ni el movimiento continuo o sucesión alternada y fugitiva de los fenómenos, sino que es un agregado, una aglomeración de seres particulares (atomismo), distintos y opuestos entre sí, infinitos en número, eternos en su duración y sujetos a choques y combinaciones casuales o fatales. El conocimiento o percepción de estos agregados de átomos que constituyen los cuerpos de la naturaleza, o, mejor dicho, todas las cosas, se verifica por medio de los sentidos, excitados e impresionados por los átomos que se desprenden de los cuerpos; pero esta percepción es más bien subjetiva que objetiva. En realidad de verdad, a la inteligencia sola pertenece percibir y conocer la esencia real; porque lo que hay de real y esencial en las cosas son los átomos y el movimiento, y conocer los átomos y el movimiento es función propia y exclusiva de la razón pura.

d) Para la escuela pitagórica, el ser, la universalidad de las cosas, entraña algo más que la materia de los jónicos, más que el fieri o sucesión perpetua de Heráclito, y más que agregados o combinaciones mecánicas de átomos. Entraña un principio trascendente y superior a la naturaleza material, y sobre todo entraña y exige un principio inteligible, una idea racional inmanente en el Universo, como razón suficiente de la existencia y esencia del Universo, con sus formas y existencias particulares. En otros términos: la escuela pitagórica representa la introducción de la idea en el campo de la Filosofía, a la vez que la afirmación implícita e indirecta del principio espiritualista, enfrente de las afirmaciones materialistas y mecánicas de las escuelas de Tales, de Heráclito y de Demócrito.

c) La escuela eleática representa la antítesis completa y omnímoda de las escuelas jónica, atomista y de Heráclito que se acaban de citar. Desenvolviendo y extremando el principio unitario e inteligible de Pitágoras, la escuela de Elea llega finalmente a la siguiente conclusión: el ser es unidad absoluta y pura; el mundo externo con sus cuerpos, átomos y mutaciones es pura apariencia o ilusión, porque toda pluralidad real es imposible, y esto se verifica, no solamente en el orden sensible, sino hasta en el orden puramente inteligible, de manera que el sujeto y el objeto, el pensamiento y la cosa pensada son una misma cosa, son Dios (panteísmo), único ser, única sustancia real y toda sustancia real. Este ser es pensamiento puro, es sustancia ideal-real, inasequible a los sentidos absolutamente (idealismo), y objeto solamente del pensamiento puro.

f) Con los sofistas, o, si se quiere, con ocasión de los sofistas, entra a formar parte de la Filosofía un elemento nuevo e importante. Las escuelas anteriores se habían ocupado casi exclusivamente en el Universo, en la realidad externa, dejando escapar apenas alguna que otra idea en orden al modo y condiciones del conocimiento. La escuela jónica y sus derivaciones, la pitagórica, lo mismo que la eleática, concentran toda su atención sobre el mundo objetivo; el mundo subjetivo, considerado como elemento y principio de la especulación filosófica, apenas llama su atención.

Con los sofistas se modifica este estado de cosas. La especulación filosófica, que hasta entonces había sido meramente objetiva, comienza a fijarse en el sujeto cognoscente en cuanto cognoscente; se plantean, discuten y resuelven con mayor o menor acierto las cuestiones que se refieren al valor y legitimidad de los sentidos y de la razón como facultades de conocimiento, a los límites de la ciencia, a las condiciones de la certeza científica; en una palabra: el problema crítico queda iniciado, ya que no planteado en su verdadero terreno, ni discutido en relación con su importancia y en sus diferentes aspectos, ni resuelto de una manera profunda y verdaderamente filosófica. Ya dejamos apuntado que en este concepto, y desde este punto de vista, los sofistas prestaron un servicio a la Filosofía y representan una evolución progresiva en la historia de esta ciencia.

Hacemos caso omiso, en esta ojeada retrospectiva, de Anaxágoras y Empedocles, porque representan solo variedades o aspectos parciales de alguna de las escuelas mencionadas. La escuela jónica se eleva en Anaxágoras al presentimiento o concepción rudimentaria del teísmo trascendente, pero sin salir del terreno cosmológico y mecánico, y transformando el concepto hylozoísta en concepto parcialmente dualista y espiritualista.

La concepción o sistema de Empedocles viene a ser una especie de ensayo de conciliación entre las varias escuelas que se agitaban en torno suyo. Para el filósofo de Agrigento, el Universo es a un mismo tiempo unidad y pluralidad, esencialidad una y agregación de sustancias o atomismo, ser permanente e inmutable, y sucesión continua o fieri.

Algunos historiadores de la Filosofía consideran la especulación ética como nota característica de la escuela pitagórica, y el estudio de la lógica o dialéctica como nota de la escuela eleática. Aunque hay algo de verdad en esto, en atención a que estas dos escuelas iniciaron cierta dirección ética y lógica respectivamente, no puede ni debe admitirse que esto constituya su carácter fundamental, ni mucho menos. En una y otra escuela domina el pensamiento cosmológico, el cual constituye, a no dudarlo, su carácter verdadero y su contenido esencial. Solo que el pensamiento cosmológico aparece revestido de fórmulas matemáticas y de algunas aplicaciones éticas en la escuela pitagórica, bien así como en la eleática entra en el terreno de las aplicaciones lógicas. Pero ni la escuela de Pitágoras contiene la teoría ética propiamente dicha, ni la de Elea una verdadera teoría lógica.

Segundo periodo de la filosofía griega

§ 53. La restauración socrática

Al periodo cosmológico que acabamos de historiar sucedió en la Filosofía griega lo que podemos apellidar periodo psicológico, o digamos mejor, antropológico, porque en él se desarrollan y son cultivadas con preferente esmero las ciencias que dicen relación al hombre considerado como ser inteligente, moral y social, las mismas en que apenas se había ocupado la Filosofía durante el periodo anterior. Esta nueva cuanto fecunda dirección filosófica, fue debida principalmente a los trabajos, enseñanzas y ejemplos de un genio extraordinario en muchos conceptos, cuyo nombre va unido con justicia a esta evolución del pensamiento filosófico, y de aquí las denominaciones de periodo socrático, de restauración socrática, que suelen darse a este movimiento.

Porque, en efecto, los trabajos, la enseñanza y los ejemplos de Sócrates, representan la regeneración de los elementos sanos y verdaderamente filosóficos que entrañaba el periodo precedente, la restauración de la dignidad y nobleza de la ciencia, envilecida y desprestigiada por la venalidad, el escepticismo y la impiedad de los sofistas; la investigación racional y sobria de la verdad en casi todas sus esferas; la importancia real de la idea ética junto con la depuración y perfeccionamiento del método científico. En este sentido, el movimiento iniciado por Sócrates merece el nombre de restauración socrática.

Empero si la denominación de socrático corresponde a este periodo, considerado desde el punto de vista histórico, o sea por parte de su iniciador, no es menos cierto que lo que principalmente distingue a este periodo por parte de su contenido real, es su carácter antropológico. Durante su primer periodo, la cuestión capital y casi única para la Filosofía griega era la cuestión cosmológica; la actividad del espíritu se concentra sobre el objeto; la especulación científica marcha en derechura hacia la naturaleza material, hacia el mundo externo, sin acordarse a penas del sujeto que investiga, del espíritu que piensa. Durante este segundo periodo, la indagación de la esencia, atributos y relaciones de este sujeto, representa y constituye la cuestión más capital y fecunda de la Filosofía griega.

Y no es que esta especulación abandone por eso la indagación del problema cosmológico, sino que antes bien lo perfecciona y completa; porque a esto equivale y esto significa la creación de la metafísica, ciencia que, como es sabido, ocupa lugar importante en la especulación platónica y en la aristotélica, y ciencia que representa y significa el desarrollo y como el coronamiento de la cosmología.

Así, pues, en el segundo periodo y con el segundo periodo de su movimiento, la Filosofía griega, sin abandonar la indagación del problema físico, y sin negar la importancia científica de la cuestión cosmológica, entra en una nueva fase de su evolución, dedicando atención preferente al examen y solución del problema antropológico. El hombre, como ser inteligente, como ser político-social, y sobre todo como ser moral, viene a ser el objeto y el centro de las discusiones y sistemas de los filósofos. Aparecen entonces por vez primera, además de los tratados que versan sobre metafísica, los diálogos de Platón, que tienen por objeto investigar la naturaleza, atributos e inmortalidad del alma humana, los que tratan del bien, de la república y de las leyes, así como los tratados De Anima, los Magna moralia y los Politicorum de Aristóteles. Al mismo tiempo, la dialéctica adquiere notables proporciones y sustituye a la dogmática instintiva del primer periodo; la lógica reviste condiciones rigurosamente científicas; la psicología aparece como una ciencia propia y relativamente independiente; pululan teorías político-sociales concretas, y, sobre todo, los estudios y sistemas éticos adquieren extraordinaria y general importancia, como se observa en las escuelas cirenaica, cínica, estoica y epicúrea, en las cuales el pensamiento ético domina y se sobrepone a los demás problemas filosóficos.

Platón y Aristóteles son los principales y los más genuinos representantes de este periodo de la Filosofía griega; porque ellos son los que, sin abandonar ni olvidar el problema cosmológico, antes bien desenvolviendo y completando sus soluciones por medio de la especulación metafísica, condujeron de frente las demás partes de la Filosofía, dieron ser y unidad y conjunto y método científico al problema filosófico en todos sus aspectos, y sobre todo comunicaron a este nueva vida y dirección fecunda por medio del elemento antropológico. De entonces más, el hombre viene a ser como centro principal de la especulación filosófica por medio de la dialéctica, la psicología, la moral, la política y la teodicea.

En los demás sistemas y filósofos de este periodo, predomina la fase moral del elemento antropológico, y en este sentido pueden apellidarse incompletos con respecto a Platón y Aristóteles; pero esto no quita que la idea capital de todos esos sistemas, la concepción que palpita en el fondo de todos, a contar desde Sócrates como iniciador de este periodo, sea la idea antropológica, estudiada y desenvuelta, ora en todas sus fases, ora en algunas de éstas solamente. De aquí la denominación de periodo antropológico que damos al movimiento iniciado por Sócrates en la Filosofía griega.

Y no se diga que los sofistas habían comunicado ya a esta Filosofía el carácter antropológico, puesto que habían apartado la atención del objeto, de la naturaleza exterior, para fijarla en el sujeto. Porque el subjetivismo de los sofistas es un subjetivismo puramente escéptico y digamos antidogmático, que no tiene más fin que echar por tierra las afirmaciones y sistemas de la antigua Filosofía naturalista, sin crear nada nuevo, sin sustituir nada real y sólido al edificio destruido. Los trabajos de los sofistas, según la acertada observación de Zeller, no pueden considerarse como fundamento positivo de la nueva dirección filosófica que forma el contenido del periodo que nos ocupa, sino a lo más como una preparación indirecta de la misma. Cierto que la sofística anterior y contemporánea de Sócrates, al negar la cognoscibilidad de las cosas, apartaba del mundo externo la actividad del pensamiento y la dirigía hacia el sujeto que siente y piensa, pero sin elevarse en manera alguna a concepciones universales y científicas acerca de este mismo sujeto, de sus atributos y relaciones. Y es que los sofistas consideraban los actos y representaciones del hombre como la medida y norma de las cosas; pero al hablar de esta manera se referían, no al hombre en general, no a la esencia o idea de hombre, objeto de la ciencia y de la investigación científica, sino al hombre individuo, al ser contingente y sujeto a perpetuas e infinitas transmutaciones. Entre el subjetivismo escéptico de los sofistas y el subjetivismo propiamente antropológico de Sócrates y sus sucesores, hay toda la distancia que media entre el fenómeno y la esencia, entre la apariencia y la realidad, entre la representación sensible y la idea racional.

§ 54. Sócrates

Nació éste en Atenas 470 años antes de la era cristiana, siendo sus padres el escultor Sofronisco y la partera Fenareta. Después de ejercer durante algunos años el arte de su padre, y después de haber practicado en silencio las virtudes y máximas morales que más adelante debían constituir el fondo principal y la autoridad de su doctrina, comenzó a difundir entre sus conciudadanos las ideas filosóficas adquiridas con la meditación más bien que con el estudio, y a enseñar las virtudes morales y religiosas, que él había tenido buen cuidado de practicar antes de enseñarlas con palabras. A pesar de una naturaleza refractaria a la virtud u de un temperamento inclinado a la violencia,[59] Sócrates practicó constantemente la mansedumbre, y durante el curso de su vida dio pruebas y ejemplos de todas las virtudes, sin excluir las domésticas, las guerreras y las político-sociales. Basta recordar, en prueba de esto, la paciencia e igualdad de ánimo con que sobrellevó el genio violento y las extravagancias de su esposa Xantipa; el valor sereno, hasta rayar en heroísmo, que manifestó en los campos de batalla de Potidea y Delium, donde salvó la vida a Jenofonte, y la entereza y valentía con que resistió a los treinta tiranos en el ejercicio de sus funciones públicas.

A pesar de tantas virtudes, y tal vez a causa de éstas, el pueblo frívolo, inconstante y corrompido de Atenas, excitado por los sofistas y seducido por poetas y por políticos más corrompidos aún, condenó a Sócrates a beber la cicuta, bajo pretexto de que corrompía a la juventud y menospreciaba los dioses. La humanidad indignada execrará siempre la memoria de los autores, cómplices y fautores de la muerte del hombre justo, condenando a eterna infamia los nombres del autor de Las Nubes, del orador sofista Melito, del poeta Lycon y del político Anyto.

Por lo demás, los últimos instantes de Sócrates correspondieron al resto de su vida. Su muerte podría compararse a la del mártir cristiano, si la oscuridad e incertidumbre acerca del destino final del alma, junto con los conceptos fatalistas, con las supersticiones y con la levadura politeísta que en sus discursos y actos aparecen, no la afearan y la hicieran perder gran parte de su belleza y sublimidad. Todavía no había resonado en el mundo la palabra del Verbo de Dios, que debía traer al hombre de la ciencia y al hombre de la ignorancia, al hombre de la academia y al niño de la escuela, la solución clara, precisa, filo-

---

59 Que la naturaleza y complexión de Sócrates no se prestaba mucho a la mansedumbre, y que no entrañaba predisposición y facilidad para la virtud, es cosa atestiguada generalmente por los biógrafos. Por otro lado, para convencerse de esta verdad, basta fijar la vista en el busto clásico y tradicional de este filósofo, con su ruda fisonomía, sus ojos hundidos, su barba áspera, su cabellera inculta, su nariz roma y remangada, sus labios gruesos, caracteres e indicios de una naturaleza vigorosa y ocasionada a pasiones violentas. Dícese que sus compatriotas solían compararle con el sátiro Marsias.

sófica y sencilla del problema formidable de la vida y de la muerte, del origen y del destino del hombre.

§ 55. Filosofía de Sócrates

Entrando ahora en la exposición de su doctrina, diremos:

1.º Que en su opinión, el principio generador de la ciencia y su base propia, es el conocimiento de sí mismo. El nosce teipsum del templo de Delfos, es el primer principio de la Filosofía para Sócrates. Y lo es, en efecto, de la Filosofía socrática, si se tiene en cuenta que ésta se reduce al estudio y conocimiento del hombre como ser moral. Así es que Sócrates, o menosprecia, o apenas concede importancia a las ciencias físicas, cosmológicas, matemáticas, y hasta a las psicológicas y biológicas, en cuanto no se refieren al aspecto religioso-moral y político del hombre. El estudio del hombre y de sus deberes morales, religiosos y político-sociales, he aquí el objeto casi único y verdadero de la Filosofía[60] para el maestro de Platón.

Con respecto al mundo y a las ciencias físicas que al mismo se refieren, Sócrates profesaba un escepticismo[61] muy semejante al de los sofistas sus contemporáneos: escepticismo que solía expresar en aquel aforismo que repetía con frecuencia: solo sé que no sé nada.

2.º El método de Sócrates estaba en relación con el punto de partida que señalaba a la Filosofía, haciendo consistir el primero en la observación de los fenómenos internos, en la reflexión y análisis razonado de los mismos. De aquí la variedad y flexibilidad de su método de enseñanza, que sabía acomodar a maravilla a las circunstancias de los oyentes. Aparentando con frecuencia ignorancia del objeto en cuestión, haciendo otras veces preguntas intencionadas y dialécticas, empleando a tiempo la inducción y la analogía, proponiendo dudas y cuestiones sencillas en la apariencia, haciendo frecuente uso del diálogo, Sócrates conducía insensiblemente a sus oyentes al conocimiento de la verdad, la cual parecía surgir espontáneamente del fondo de su conciencia.

---

60 Aludiendo sin duda a esta tendencia de Sócrates, escribe Aristóteles: «Socratis vero temporibus, usus quidem definiendi increvit, sed indagatio rerum naturalium desiit; nam omne philosophandi studium ad utilem virtutem civilemque usum translatum est». De partib. animal, lib. I, cap. I.

61 «Siquidem, escribe Sexto Empírico, Xenophon in suis de ejus dictis et factis commentariis, disertis verbis dicit, eum abnegasse naturae contemplationem, ut quae sit supra nos; soli autem morum vacasse inquisitioni, ut quae ad nos pertineat.» Adversus Mathem., lib. VII.

No hay para qué advertir que se servía de las mismas armas para poner de manifiesto la superficialidad científica y las contradicciones de los sofistas.

3.º Partiendo de la observación psicológica y del análisis del sentido moral de la humanidad, Sócrates llega por el método indicado a las siguientes conclusiones:

a) El deber del hombre y el empleo más propio de sus facultades, es investigar el bien, y conformar su conducta con este bien moral una vez conocido. El conocimiento de sí mismo, y el esfuerzo constante para dominar sus pasiones y malas inclinaciones, sujetándolas a la razón, son los medios para conseguir este resultado, o sea para adquirir la perfección moral, en la cual consiste la verdadera felicidad del hombre en la tierra.

b) La prudencia, la justicia, la templanza o moderación de las concupiscencias sensibles y la fortaleza, son las cuatro virtudes principales y necesarias para la perfección moral del hombre, el cual será tanto más perfecto en ese orden, cuanto más se asemeje a Dios en sus actos, porque Dios es el arquetipo de la virtud y de la perfección moral. En el juicio divino y en la verdad misma, debe buscarse la norma de esa perfección moral, la noción real y verdadera de la virtud, pero no en el juicio del vulgo y de las muchedumbres: Nobis curamdum non est, quid de nobis multi loquantur, sed quid dicat is unus, qui intelligit justa et injusta, atque ipsa veritas.

Lo importante, añade Sócrates en uno de sus diálogos de Platón,[62] no es el vivir, sino el vivir bien (non multi faciendum esse vivere, sed bene vivere), o sea vivir conforme a las reglas de la rectitud moral y de la justicia. En armonía con estas reglas o principios de moral, no debemos tomar venganza de las injurias, ni volver mal por mal; debemos anteponer la justicia y el amor de la patria y de las leyes a todas las demás cosas, sin excluir los hijos, los padres y la vida misma.

c) La justicia entraña la idea y el cumplimiento de nuestros deberes para con otros, siendo parte principal de estos deberes la observancia y la obediencia a las leyes humanas o positivas, y también a las leyes no escritas, es decir a la ley natural, anterior y superior a aquellas y raíz de toda justicia; pero sobre todo el sacrificio absoluto de nosotros y de nuestras cosas a la patria, y la sumisión incondicional y perfecta a los magistrados.

---

62   Crito vel de eo quod agendum est.

d) La piedad y la oración son dos virtudes muy importantes, por medio de las cuales tributamos a Dios honor y reverencia, al mismo tiempo que buscamos el remedio de nuestras necesidades. La mejor oración es la resignación en las contrariedades, y la sumisión a la voluntad divina.

e) El orden, armonía y belleza que resplandecen en el mundo y en el hombre atestiguan y demuestran la existencia de un Dios supremo, primer autor de la ley moral y su sanción suprema. Dios es un ser inteligente e invisible, que se manifiesta y revela en sus efectos: su providencia abraza todas las cosas, y particularmente se ejerce sobre el hombre, pues está en todas partes, ve todas las cosas y penetra los pensamientos más secretos del hombre.

f) La inconstancia y las miserias de todo género que pesan sobre la vida presente, la harían despreciable y aborrecible, si no existiera una vida futura en que, desapareciendo estos males, llegara el alma a la posesión plena del bien. El justo debe tener confianza ilimitada en Dios, cuya providencia no le abandonará en la muerte.

Estas afirmaciones, unidas a otras ideas que pueden considerarse como premisas lógicas de la inmortalidad del alma, demuestran suficientemente la opinión de Sócrates acerca de este punto, por más que no se encuentren en él afirmaciones directas, precisas y concretas acerca del estado del alma después de la muerte.

§ 56. Crítica

Ya dejamos indicado que el mérito principal de la doctrina de Sócrates consiste en haber tomado como punto de partida de la Filosofía la observación psicológica, y en haber dirigido la investigación filosófica hacia la moral y la teodicea. El método psicológico y la concepción ético-teológica constituyen los dos elementos principales y el carácter fundamental de la Filosofía socrática.

Aparte de lo dicho, y en un orden secundario, Sócrates tiene también el mérito de haber destruido la sofística, atacándola en sus principios, en sus conclusiones, y sobre todo en sus procedimientos: de haber enseñado teórica y prácticamente la sobriedad científica, combatiendo a la vez las exageraciones del dogmatismo y del escepticismo: de haber puesto término a la anarquía intelectual y a la confusión de ideas introducidas y aclimatadas por los sofistas, gracias al método riguroso que seguía en sus discusiones, procediendo de lo conocido a lo desconocido, por gradaciones lógicas, y procurando, ante todo, definir las palabras y las cosas; de haber sacado a la Filosofía del terreno puramente individualista y subjetivo en que la habían colocado los sofistas, para colocarla y asentarla en el terreno de la universalidad, de la inmutabilidad, de la objetividad. El yo individual que servía de objeto a las especulaciones de la sofística, cede el lugar al yo universal, al yo de la especie humana, a la conciencia del género humano; pero, sobre todo, Sócrates no se detiene, como los sofistas, en el conocimiento como fenómeno subjetivo, sino que se sirve de éste para llegar a la realidad objetiva.

En la parte metodológica introdujo Sócrates dos innovaciones que avaloran y distinguen su Filosofía. Tales son las que se refieren al uso de las definiciones, ora nominales, ora reales, y al procedimiento por inducción. Sin ser enteramente desconocidos, eran poco e inexactamente usados estos dos instrumentos para la investigación de la verdad; pero Sócrates les dedicó atención preferente, haciendo frecuente uso de los mismos, especialmente del primero, en sus luchas y discusiones con los sofistas.

En este orden de ideas, o sea desde el punto de vista del método, la Filosofía de Sócrates representa y entraña un progreso real y una de sus manifestaciones más importantes, más prácticas y más duraderas en el movimiento histórico-filosófico. El maestro de Platón combate sin descanso, por medio de definiciones, la falsa ciencia de los sofistas: la posibilidad y existencia de una ciencia real, objetiva e inmutable de las cosas, constituye su afirmación capital enfrente de las teorías negativas de los sofistas, y si alguna vez parece coincidir con éstos en sus doctrinas, trátase solo de coincidencias aparentes y de argumentos ad absurdum o ad hominem, para poner de manifiesto la vanidad y petulancia de sus conocimientos. Para todo historiador serio de la Filosofía, es innegable que a Sócrates pertenece el honor y el mérito de haber transformado en criticismo filosófico el escepticismo intemperante de los sofistas, o, digamos mejor, de haber sustituido a las discusiones escépticas de éstos la crítica racional y científica.

Al lado de todas estas ventajas y excelencias, la Filosofía de Sócrates envuelve el grave defecto de ser una Filosofía esencialmente incompleta. Para el filósofo ateniense no hay más ciencia posible, ni más Filosofía digna de ese nombre, que la ciencia ético-teológica. Las ciencias naturales y matemáticas, o no existen, o no tienen importancia y utilidad propia. El mundo físico, y hasta el mundo antropológico y el mundo divino, si se exceptúa la fase moral de los dos últimos, son objetos que no se hallan al alcance de nuestra ciencia. Nuestros conocimientos físicos, antropológicos, metafísicos y teológicos carecen de valor objetivo y científico, si se los considera en el orden especulativo y con separación del orden moral. La naturaleza, atributos y destino del alma, lo mismo que la naturaleza, atributos y hasta la existencia de Dios, nos son conocidos porque y en cuanto envuelven relación necesaria con el orden moral; porque y en cuanto la conciencia y la ley moral no podrían existir si no existiera Dios. En una palabra: para Sócrates, lo mismo que para Kant en los tiempos modernos, la razón práctica y la ley moral constituyen el único criterio seguro para llegar a la realidad objetiva y a la existencia de Dios. Si el maestro de Platón hubiera puesto por escrito su Filosofía, pudiera haberlo hecho escribiendo una Crítica de la razón pura y una Crítica de la razón práctica, que hubieran tenido muchos puntos de contacto con las del filósofo de Koenisberg, especialmente en la parte relativa a la subordinación de la verdad especulativa a la verdad práctica, de la realidad metafísica a la realidad moral.

Hay, sin embargo, un punto o problema de trascendental importancia, que entraña profunda aunque parcial diferencia, entre la Filosofía de Sócrates y la de Kant, y es el que se refiere a la existencia y naturaleza de las causas finales. El maestro de Platón, no solamente establece y afirma la existencia de las causas finales, sino que el principio teleológico le sirve para probar y explicar la existencia y atributos de Dios, origen, razón y término de aquella causalidad; le sirve igualmente para explicar la existencia, naturaleza y el orden del mundo, y le sirve también para investigar y fijar el origen, los caracteres y condiciones del orden moral. El filósofo de Koenisberg rechaza la finalidad trascendente, la existencia y atributos de la causalidad final en el sentido socrático, y solo admite, como es sabido, una especie de finalidad inmanente, que se acerca mucho a la evolución darwiniana, y que nada tiene de común con la teoría teleológica de Sócrates.

§ 57. Los discípulos de Sócrates

La enseñanza de Sócrates, sin formar una escuela en el sentido propio de la palabra, dio origen a escuelas múltiples y muy diferentes entre sí, en relación con la manera de apreciar la enseñanza del maestro, y en relación también con el carácter y circunstancias especiales de sus oyentes. Algunos de estos eran de avanzada edad, y vinieron a su escuela con opiniones y convicciones científicas formadas ya de antemano, como Cherefón, Antístenes y Critón. Había otros, que, si acudían a las lecciones de Sócrates, era solamente con fines políticos, y con el deseo de aprender el arte de gobernar, o, mejor dicho, de dominar a los hombres, como Jenofonte, Cricias y Alcibiades. Así es que su maestro, el cual poseía a maravilla el arte de atraer los hombres, comunicándoles a la vez provechosa enseñanza, cuando se entretenía con estos, enderezaba sus discursos a sus fines e inclinaciones personales, discutiendo sobre el fin y la constitución del Estado, sobre la democracia y la aristocracia, sobre las leyes y la constitución social.

Diferente era la marcha que seguía y diferente la materia de sus discursos cuando hablaba con hombres en los cuales descubría verdadera vocación filosófica, como sucedía con Fedón, con Teages, con Aristipo, con Euclides, y particularmente con Platón.

Dada la variedad de direcciones que Sócrates sabía imprimir a su enseñanza, y dados los elementos heterogéneos que se agrupaban en su rededor, no es difícil darse cuenta de las varias escuelas que nacieron de su enseñanza, y que pueden dividirse en completas e incompletas. Pertenece al primer género la de Platón, o sea la académica, porque solo esta escuela expuso y conservó la concepción socrática en sus varios aspectos, desarrollándola y completándola a la vez con investigaciones e ideas nuevas. Las demás escuelas formadas al calor de la enseñanza de Sócrates, se limitaron a exponer, cultivar y, generalmente, a exagerar algún aspecto parcial de la misma. Pertenecen a este género la escuela cirenaica, fundada por Aristipo; la cínica, que debe su origen a Antístenes; la megárica, fundada por Euclides, y las de Elis y de Eretria, representadas por Fedón y Menedemo. Hablaremos primero de las escuelas incompletas que representan direcciones parciales de la doctrina socrática, para estudiar después el movimiento general y el desarrollo completo de la misma.

§ 58. Escuela cirenaica

Debe esta escuela su nombre a la ciudad de Cyrene, colonia griega del África, en donde nació Aristipo su fundador 380 años antes de la era cristiana. Habiendo oído ponderar la sabiduría y discursos de Sócrates, se embarcó para Atenas, entró desde luego en la escuela de éste, siendo uno de los discípulos más asiduos de Sócrates hasta su muerte. Después de la catástrofe de su maestro, Aristipo recorrió diferentes países, en los cuales tradiciones legendarias le atribuyen anécdotas y relaciones con tiranos, sátrapas y cortesanos; regresó a su patria, en donde pasó los últimos años de su vida, difundiendo en ella las doctrinas que había aprendido y practicado en otros pueblos y climas.

Sócrates había enseñado que la felicidad es el objetivo y fin último de las acciones y de la vida del hombre. A esta, que pudiéramos llamar premisa mayor socrática, Aristipo añadió la siguiente premisa menor: es así que la felicidad del hombre consiste el goce o los placeres; luego el placer es el último fin y el bien verdadero de la vida humana. Verdad es que Aristipo establecía cierto orden jerárquico entre los placeres, dando preferencia a los goces del espíritu, como la amistad, el amor paterno, la sabiduría y las artes; pero esto no quita que el fondo de su teoría sea esencialmente sensualista, y de aquí la denominación de hedonismo con que era generalmente conocida.

Como suele acontecer en estos casos, los discípulos y sucesores de Aristipo, entre los cuales se cuenta su hijo Aretea, maestra a su vez de su hijo Aristipo, denominado por esta razón Metrodidactos, no solo exageraron el sensualismo primitivo y más o menos moderado de la escuela cirenaica, sino que le llevaron hasta el ateísmo y la negación de toda moral, últimas y naturales consecuencias de todo sensismo. Teodoro, apellidado el Ateo, Bion de Borystenis, y Evehemero, natural de Mesenia según unos, de Mesina según otros, fueron los principales representantes de la evolución ateísta de la escuela cirenaica. Parebates y sus discípulos Hegesías y Anniceris, pertenecieron también a esta escuela, en opinión de algunos escritores; pero son muy escasas y confusas las noticias que existen acerca de su vida y opiniones. Hegesías es considerado como el apologista del suicidio. En general, la vida de los cirenaicos estaba en relación con su teoría moral y con las anécdotas y tradiciones[63] que se refieren a su fundador Aristipo.

En el orden especulativo, los cirenaicos profesaban una especie de idealismo escéptico, muy en armonía con su hedonismo en el orden moral. El hombre, según esta escuela, percibe y conoce sus modificaciones subjetivas, pero no conoce ni puede conocer las causas externas que las producen u ocasionan. Podemos afirmar que somos afectados de esta o de la otra manera; pero no podemos afirmar que existe un objeto externo que sea causa de esta afección interna; y los nombres que damos a las cosas, o, mejor dicho, a sus apariencias, significan en realidad nuestras sensaciones y no los objetos externos. El movimiento, la transformación continua de las cosas, la distancia de los lugares, no permiten al hombre percibir y conocer los objetos exteriores en sí mismos, dado caso que existan. En realidad, nada hay común entre los hombres en el orden cognoscitivo, más que los nombres que dan a las cosas. No existe tampoco criterio alguno mediante el cual el hombre pueda discernir la verdad del error.

El origen del hedonismo cirenaico es haber tomado por objeto de la Filosofía un aspecto parcial de la enseñanza socrática, y el haber confundido la idea abstracta y general de felicidad con el goce sensual.

Sus caracteres doctrinales son el sensualismo en el orden práctico o moral, y el subjetivismo sensista y escéptico en el orden especulativo o del conocimiento. Dados estos caracteres, no son de extrañar ni el ateísmo de Teodoro y de Evehemero, ni la apología del suicidio hecha por Hegesías.

---

63   Cuéntase, entre otras cosas, que respondió a los que le echaban en cara su comercio con Lais: «Yo poseo a Lais, pero Lais no me posee a mí»; respuesta que trae a la memoria los conocidos versos de Horacio:

Nunc in Aristippi furtim praecepta relabor,
Et mihi res, non me rebus subjungere conor.

El mordaz Diógenes le llamaba perro real, porque vivió algún tiempo al lado de Dionisio el Tirano, preguntóle éste un día por qué las casas de los magnates y poderosos se veían siempre llenas de filósofos, mientras que en las de éstos no se veía a los grandes. «La razón es, contestó Aristipo, porque los filósofos conocen lo que les falta, y los magnates no lo conocen.» Esta respuesta, lo mismo que la que dio al dicho tirano cuando éste, en un movimiento de cólera, le escupió a la cara, indican que el poeta latino antes citado conocía bien al filósofo de Cyrene, cuando escribió: Omnis Aristippum decuit color, et status, et res.

Excusado parece llamar la atención sobre la estrecha afinidad que se descubre entre la doctrina de Aristipo y la de Epicuro. Así es que, andando el tiempo, el cirenaísmo se refundió en el epicureísmo, pudiendo ser considerado como un arroyo destinado a perderse en la gran corriente epicúrea.

Nunc in Aristippi furtim praecepta relabor,
Et mihi res, non me rebus subjungere conor.

El mordaz Diógenes le llamaba perro real, porque vivió algún tiempo al lado de Dionisio el Tirano, preguntóle éste un día por qué las casas de los magnates y poderosos se veían siempre llenas de filósofos, mientras que en las de éstos no se veía a los grandes. «La razón es, contestó Aristipo, porque los filósofos conocen lo que les falta, y los magnates no lo conocen.» Esta respuesta, lo mismo que la que dio al dicho tirano cuando éste, en un movimiento de cólera, le escupió a la cara, indican que el poeta latino antes citado conocía bien al filósofo de Cyrene, cuando escribió: Omnis Aristippum decuit color, et status, et res.

§ 59. La escuela cínica

El fundador de esta escuela fue Antístenes, nacido en Atenas hacia el año 422 antes del Cristianismo. Después de escuchar y seguir las lecciones de Gorgias, se hizo discípulo, amigo y admirador de Sócrates. Muerto éste, enseñó públicamente, y sus discípulos recibieron el nombre de cínicos, bien sea a causa del sitio en que enseñaba Antístenes, llamado Cynosargo,[64] bien sea a causa de la rudeza de sus costumbres sociales, o bien por las dos causas a la vez.

La doctrina de la escuela cínica y de su fundador es la antítesis completa de la doctrina cirenaica, bien así como la vida de Antístenes es la antítesis de la vida de Aristipo. Sócrates había enseñado y dicho muchas veces en sus discursos, que en la virtud consiste el bien real, verdadero y único del hombre: y, exagerando y desfigurando el sentido de esta gran verdad, Antístenes comenzó a enseñar que la virtud es el bien supremo, el último fin del hombre,

---

64 Parece que el Cynosorgo o Kunosarges, como escriben algunos, era un gimnasio público frecuentado por el pueblo de Atenas, o sea por lo plebeyos. Si esto es verdad, puede decirse que hasta el sitio elegido por Antístenes para enseñar su doctrina estaba en relación y armonía con el espíritu y las tendencias de ésta.

felicidad suma y única a que éste debe aspirar. Las riquezas, los honores, el poder y los demás bienes son cosas indiferentes en el orden moral; son despreciables, y hasta aborrecibles, por consiguiente, para el hombre virtuoso. El placer sensual, lejos de constituir el bien, la felicidad verdadera del hombre, como pretende Aristipo, es, en realidad, un mal,[65] y un mal de los mayores, a causa de los vicios a que arrastra.

La libertad y la felicidad suprema del hombre consisten en su independencia de todas las cosas por medio de la vida virtuosa, y prueba de ello es que si Dios es perfectamente bueno y perfectamente feliz, es en razón de su absoluta independencia de todas las cosas. Para adquirir la semejanza con Dios, en la cual consiste la perfección y felicidad del hombre, según la enseñanza de Sócrates, es preciso que éste se haga independiente de todas las cosas, como lo es la Divinidad. Con este objeto, además de mirar con indiferencia los honores, las riquezas y demás bienes de este género, debemos menospreciar las necesidades facticias de la sociedad, y sobreponernos a los que se llama conveniencias sociales y exigencias de la civilización. El hombre virtuoso debe limitarse a satisfacer de una manera sencilla y natural las escasas necesidades que le impone la naturaleza.

Aunque parece que Antístenes hacía poco caso de las ciencias especulativas, y particularmente de las físicas y matemáticas, poseía, no obstante, una idea muy elevada de la Divinidad, puesto que enseñaba a sus discípulos que Dios es un ser independiente y superior a todas las cosas, inclusas las divinidades del culto popular; y que, lejos de ser semejante a cosa alguna sensible, no debe ser representado con imágenes, en atención a que es un ser puramente espiritual.

§ 60. Discípulos de Antístenes

a) El inmediato sucesor de Antístenes fue Diógenes, más celebrado por sus extravagancias y modo de vivir que por su doctrina. En realidad, no consta que haya escrito libro alguno, ni que profesara ninguna teoría filosófica que mereciera este nombre. Se le atribuyen, no obstante, algunas máximas o sentencias familiares, muy en armonía con la mordacidad verdaderamente cínica

---

65 Según Diógenes Laercio, Antístenes solía decir: «Quisiera más caer en locura furiosa, que experimentar un placer sensual».

de su carácter: «Los oradores, decía, ponen grande estudio en hablar bien, pero no en obrar bien». «Se pone cuidado en robustecer el cuerpo por medio de ejercicios corporales, pero nadie se cuida de robustecer el alma por medio de la virtud.» «Rico ignorante, carnero con vellón de oro.» Es de suponer, sin embargo, que este cínico no carecía de talento y de instrucción, puesto que Xeniades, noble y rico ciudadano de Corinto, le confió la educación de sus hijos, cuya adhesión supo ganarse, así como la admiración de los corintios, que honraron su memoria con estatuas después de su muerte.

Este filósofo nació en Sínope, ciudad del Ponto, año 414 antes de Jesucristo. Su padre, Inicio, fue condenado y murió en la cárcel por monedero falso; y como Diógenes hubiese sido cómplice de su padre en la fabricación de la moneda, se dirigió a Atenas huyendo de la justicia. Antístenes, que al principio no quiso recibirle en su escuela, y hasta empleó la violencia y los golpes para apartarle de su lado, le admitió por fin, en vista de su insistencia. Después de llamar la atención de los atenienses con su vida y costumbres verdaderamente cínicas, y después de entretener los ocios y la hilaridad de aquéllos con sus extravagancias[66] por espacio de bastantes años, hallóse reducido a la condición de esclavo, no se sabe cómo ni por qué. Vendido a Xeniades de Corinto, permaneció en su casa hasta que murió en edad avanzada. Según algunos, su muerte fue voluntaria, a consecuencia de haber retenido violentamente la respiración; según otros, tuvo lugar a consecuencia de haber comido un pie crudo de buey.[67]

b) Crates, natural de Tebas, fue el discípulo principal de Diógenes, a la vez que el continuador de la doctrina y vida de los cínicos, si bien su carácter y

---

66 Las muchas anécdotas y tradiciones que corren por cuenta de Diógenes, son demasiado conocidas para que sea necesario referirlas. Por lo demás, este filósofo, que no tenía casa ni morada; que no poseía más bienes que su tonel y su zurrón; que arrojó como superflua la escudilla que le servía para beber, cuando vio a un joven que lo hacía con la mano; que despedazaba con sus uñas la carne que comía cruda, hacía alarde de la falta de todo pudor, y ejecutaba públicamente torpezas abominables, que hacían de su vida una vida verdaderamente cínica, como decimos en el texto.

67 Antes de morir encargó que no cubrieran su cuerpo con tierra; y objetándole que los perros le comerían, dijo que le pusieran un bastón en la mano para ahuyentarlos cuando se acercaran. «¿Cómo podréis conocer cuándo se acercan, respondieron sus interlocutores, si entonces no sentiréis nada?» —«Pues si entonces, replicó él, no he de sentir nada, ¿qué me importa que los perros me despedacen?» En vida y muerte, este filósofo quiso siempre ser Diógenes el cínico.

sus acciones no presentan la exageración cínica de Diógenes. A pesar de su deformidad y pobreza,[68] la ateniense Hiparchia, notable por su belleza, concibió una violenta pasión por Crates, con el cual se casó y vivió vida perfectamente cínica, y hasta enseñando también de palabra y por escrito la Filosofía de su marido.[69] El mérito principal del filósofo de Tebas es haber sido maestro de Zenón, con el cual y por el cual el cinismo se transforma en estoicismo.

Entre los partidarios de la escuela cínica aparecen también los nombres de Metroclés, hermano de Hiparchia, de Onesícrito, de Mónimo de Siracusa, de Menipo y de algunos otros menos importantes.

§ 61. Crítica

Lo mismo que la doctrina profesada por la escuela cirenaica, la que profesaba la escuela de los cínicos constituye y representa una Filosofía esencialmente incompleta, no ya solo bajo el punto de vista meramente socrático, sino también como sistema de Filosofía moral derivado de la de Sócrates. Por un lado, limita y concentra toda la moral en una de las máximas o afirmaciones de Sócrates; por otro, desfigura y exagera esta afirmación. Si es verdad que la virtud es el mayor bien del hombre en la vida presente, no lo es que sea el último fin y la perfección suprema del hombre en la vida futura; ni tampoco es verdad que la virtud lleve consigo el menosprecio absoluto de los demás bienes y goces, siquiera éstos sean intelectuales, como pretendía esta escuela.

El fondo y las tendencias de la doctrina cínica ofrecen cierta analogía y afinidad con el fondo y las tendencias de la doctrina de Rousseau en los tiempos modernos, puesto que el pensamiento dominante en las dos teorías es reducir al hombre al estado y condiciones de la naturaleza pura, rechazando las ventajas y desprestigiando las conveniencias y leyes de la vida social. Salvas las inevitables diferencias consiguientes a la diversidad de épocas, existe también cierta analogía entre la vida de los antiguos cínicos y la vida y aventuras

---

68 La pobreza de Crates fue una pobreza voluntaria, si se ha de dar crédito a San Jerónimo y a otros varios escritores, que afirman que antes de partir de Tebas para Atenas, Crates vendió todos sus bienes, distribuyéndolos entre sus parientes y amigos. Tal vez este rasgo extraordinario de desprendimiento fue el origen de la violenta pasión que Hiparchia concibió por Crates.

69 Dícese que Alejandro visitó también a Crates, como había hecho con Diógenes, y que habiéndole preguntado si quería que reedificara Tebas, su patria: «¿Para qué?, contestó el cínico; después vendría otro Alejandro que la destruiría otra vez».

del filósofo ginebrino, y es probable que ni Antístenes, ni Crates, ni el mismo Diógenes, se negarían a reconocer el espíritu y tendencias de su doctrina en las Confesiones de Rousseau.

Puede añadirse, sin embargo, en favor de la escuela cínica, o, al menos, de su importancia histórico-filosófica, que sirve de punto de partida al estoicismo, sistema que representa un verdadero progreso en la esfera de la Filosofía pagana. La preferencia concedida por el estoicismo a la noción de virtud, que es su idea madre, es también el punto central y como el principio general de la escuela cínica, considerada en sí misma y en su origen. En este concepto, y desde este punto de vista, el estoicismo representa una transformación del sistema cínico.

§ 62. Escuela de Megara

La muerte de Sócrates fue la señal de dispersión para sus discípulos y amigos, cuya mayor parte se retiró a su patria respectiva. Cuéntase entre ellos Euclides, que estableció en Megara, su patria, una escuela apellidada megárica y también erística, a causa de su afición a las disputas dialécticas, en las cuales sobresalieron los discípulos y sucesores de Euclides, particularmente Eubulides de Mileto y Estilpon de Megara.

La idea fundamental de Euclides y de su escuela es la unidad del bien,[70] el cual está fuera del alcance de los sentidos, y solo es conocido por la razón.

Déjase ver en esta doctrina la influencia de la escuela eleática, a la que había pertenecido Euclides antes de ser discípulo de Sócrates. La unidad absoluta del ser, identificado con el bien, fuera del cual nada real existe, constituye el fondo de la escuela megárica, la cual se vio precisada a buscar recursos en la dialéctica y la sofística para defender semejante doctrina, como hicieran antes los eleáticos.

Los representantes y continuadores principales de la escuela megárica, fueron, además de Eubulides y Estilpón, ya citados, Alexino o Alexio de Elea, y Diodoro, por sobrenombre Kronos, natural de Jaso, en Caria, y discípulo de Apolonio, quien lo había sido de Eubulides. Parece que Diodoro vivió y enseñó en Egipto, bajo el reinado de Tolomeo Soter.

---

70 Por eso escribe Cicerón: Euclides, a quo iidem illi Megarici dicti, quid id bonum solum esse dicebant, quod esset unum, et simile, et idem semper.

La escuela megárica, según se infiere de lo que dejamos indicado, debe considerarse como un ensayo de conciliación, o más bien de fusión entre la Filosofía eleática y la socrática. El ser uno de los antiguos eleáticos, se transforma en el ser bien para los megáricos, y se identifica con la razón suprema y con Dios.

§ 63. Escuelas de Elis y de Eretria

La escuela de Elis debe su origen a Fedón, uno de los discípulos predilectos de Sócrates, y cuyo nombre lleva el diálogo de Platón sobre la inmortalidad del alma. Retirado a su patria después de la catástrofe de su maestro, fundó allí una escuela, cuyo dogma fundamental parece haber sido, como en la de Megara, la unidad e identidad del ser y del bien. Tanto esta escuela como la de Eretria, que debe su nombre al lugar en donde se fundó, o, mejor dicho, adonde se trasladó desde Elis, y su origen a Menedemo, discípulo de Fedón, se limitaron a enseñar y desarrollar el aspecto moral de la Filosofía socrática. Dadas la escasez e inseguridad de noticias que poseemos acerca de la doctrina de estas escuelas, debemos circunscribirnos a atribuirles como pensamiento fundamental la identidad de la verdad y la virtud, de lo verdadero y lo bueno, al menos con respecto a la escuela de Eretria, de la cual escribe Cicerón: A Menedemo ereatrici appellati, quorum omne bonum in mente positum et mentis acie, qua verum cerneretur.

Tanto estas dos escuelas como la fundada en Megara por Euclides, prepararon el terreno con su doctrina y teorías morales al estoicismo, en el cual vinieron a refundirse con el tiempo. Así, por ejemplo, la apatía o insensibilidad absoluta enseñada por Estilpón y algunos otros representantes de la escuela megárica,[71] tiene bastante afinidad con la que los estoicos atribuían y señalaban a su sabio.

§ 64. Desarrollo y complemento de la Filosofía socrática

Lo que hemos llamado restauración socrática no tuvo cumplido efecto hasta el advenimiento de Platón y de Aristóteles. Sócrates había iniciado, es cierto, esa restauración, pero la había iniciado nada más. La había iniciado, desau-

---

[71] Refiriéndose a estos y comparando su doctrina sobre este punto con la de los estoicos, escribe Séneca: «Hoc inter nos et illos interest; noster sapiens vincit quidem incommodum omne, sed sentit; illorum, nec sentit quidem». Op., epist. 9.

torizando los sofismas de los sofistas reconciliando la Filosofía con el sentido común, creando y practicando el método inductivo-deductivo, señalando a la ciencia su verdadero camino, el camino de la observación psicológica y de la razón refleja, y purgándola de los elementos poéticos, alegóricos y mitológicos que hasta entonces la habían desfigurado; pues, como hizo notar oportunamente Hegel, los dioses abdicaron en cierto modo su dominación en el terreno filosófico cuando la pitonisa de Delfos declaró que Sócrates era el más sabio de los hombres.

Pero Sócrates no hizo más que iniciar la restauración filosófica; porque Sócrates ni poseía el genio sublime y atrevido de la metafísica, ni conocía a fondo las escuelas antiguas, ni supo descubrir y depurar el pensamiento que palpitaba en los sistemas y pensadores anteriores. Y, sin embargo, todo esto se necesitaba, además de las iniciaciones socráticas, para llevar a cabo la verdadera restauración, la verdadera reconstrucción y creación a la vez de la Filosofía; y todo esto se encuentra en Platón y Aristóteles. La Filosofía de Sócrates fue, como hemos dicho, una Filosofía esencialmente incompleta; fue un ensayo moral, acompañado de escasas y ligeras nociones psicológicas, teológicas y político-sociales. Las diferentes escuelas fundadas por sus discípulos después de su muerte son más incompletas e imperfectas todavía, y hasta puede decirse que si la doctrina socrática no hubiera tenido más representantes que aquellas escuelas, es posible que Sócrates hubiera aparecido en la historia de la Filosofía como uno de tantos sofistas, siquiera superior en vida y doctrina a los que fueron sus contemporáneos.

Estas reflexiones nos revelan el mérito, la importancia y la misión verdadera de Platón y de Aristóteles, genuinos representantes de la restauración socrática, si por esta se entiende la reconstrucción perfecta, y, por decirlo así, creadora de la Filosofía.

Con Platón y Aristóteles, la doctrina del impugnador de los sofistas, que hasta entonces había permanecido relativamente estéril; la idea socrática, que solo había encontrado intérpretes parciales e incompletos en las escuelas de Aristipo, Antístenes, Euclides y otros, adquirió un gran movimiento de expansión, y la especulación griega llega a su apogeo, y ofrece los caracteres de una virilidad nunca sobrepujada, de una fecundidad verdaderamente asombrosa. Según dejamos indicado más arriba, en los sistemas y con los sistemas de estos dos sucesores de Sócrates, la Filosofía adquiere todo su organismo interior y exterior. Al lado de la metafísica, que viene a completar y servir de coronamiento a la antigua física, toman asiento la moral, la política, la teodicea, la psicología, la lógica, las matemáticas y las ciencias naturales. Y aparecen también la afirmación del teísmo trascendente en contraposición al hylozoísmo monista de la antigua escuela jónica, y la afirmación del principio espiritualista, y la concepción de la ciencia y de las ideas, y la distinción precisa entre el elemento inteligible y el sensible, con otras grandes y fecundas teorías, o ignoradas, o presentadas solamente por la Filosofía del periodo precedente.

De aquí la importancia excepcional de estos dos nombres en la historia de la Filosofía pagana, y de aquí la consiguiente necesidad de exponer con mayor detenimiento y alguna extensión, su vida, sus escritos y sus ideas.

§ 65. Platón: vida y escritos

De familia ilustre y emparentado con la de Codro y Solón, nació Platón en Atenas, año 427 poco más o menos, coincidiendo su nacimiento con la época de la muerte de Pericles. Algunos dicen que nació en Egina, y son muchos los que afirman que su nombre verdadero, o el que le dieron sus padres, fue el de Agatocles, sin que se sepa de cierto cuándo y por qué recibió el nombre de Platón, que conservó toda su vida. También se dice que en sus primeros años se dedicó a la poesía y que escribió varios poemas épicos y ditirámbicos. Si esto es exacto, es preciso admitir en todo caso que las aficiones poéticas de Platón no fueron duraderas, toda vez que a los veinte años se hizo discípulo de Sócrates, sin ocuparse más de poesía, entregándose por completo al estudio de la Filosofía. Platón siguió la escuela de Sócrates por espacio de ocho años, o sea hasta la muerte de su maestro, después de la cual se retiró a Megara.

Pasado algún tiempo al lado de Euclides para perfeccionarse en la dialéctica, Platón emprendió desde Megara, según tradiciones más o menos autorizadas, diferentes viajes y peregrinaciones. Clemente Alejandrino y Lactancio suponen que permaneció en Egipto por espacio de trece años, instruyéndose en sus ciencias y hasta en sus misterios hieráticos, atribuyéndole también viajes por la Fenicia, Babilonia, la Persia y la Judea. Sin embargo, si se exceptúa el viaje a Egipto, y esto sin determinar el tiempo de su permanencia, es preciso confesar que todas estas tradiciones carecen de fundamentos históricos.

Sus viajes a Italia y Sicilia, su comercio con los discípulos de Pitágoras y con los eleáticos, sus visitas a Dionisio el Tirano y a Dion, merecen mayor y casi completa confianza,[72] dados los fundamentos en que se apoyan. Rico, y cargado, por decirlo así, con los despojos científicos del Oriente y del Occidente, Platón abrió escuela pública en sitio ameno y frondoso, perteneciente a su amigo Academo, de donde se derivó a su escuela el nombre de Academia. El estudio y la enseñanza de la Filosofía ocuparon constantemente su espíritu, hasta que falleció en Atenas, a los ochenta y un años de edad.

Platón es tal vez el único filósofo notable de la antigüedad cuyos escritos han llegado íntegros hasta nosotros,[73] lo cual ha contribuido a su celebridad y a que su doctrina sea mejor conocida. Esto no obstante, el pensamiento de Platón es oscuro y dudoso con frecuencia, contribuyendo a ello en parte la forma de diálogo, que no permite reconocer siempre con seguridad cuál sea la opinión del autor, y, por otro lado, la forma mitológica y alegórica que usa con frecuencia en sus escritos. De aquí es que no han faltado autores que atribuyeron a Platón una doctrina esotérica o secreta; por nuestra parte, creemos que el esoterismo platónico puede reducirse a las precauciones que era preciso tomar, si se quería no chocar o ponerse en abierta contradicción con

---

72 Supónese con bastante fundamento que Platón hizo tres viajes a Siracusa: el primero, cuando tenía cuarenta años; el segundo, a los sesenta años de edad, y llamado por Dion para encargarle la educación de Dionisio el Joven. La gran libertad y energía con que hablaba contra la tiranía en presencia de Dionisio el Antiguo, le acarrearon grandes disgustos y peligros, y hasta el ser vendido como esclavo, según algunos, los cuales dicen que fue comprado y restituido a libertad por el filósofo Aniceris. En edad ya avanzada, Platón emprendió su tercer viaje a Sicilia, con objeto de restablecer la paz entre Dion y su sobrino Dionisio el Joven.

73 He aquí el catálogo o índice de las obras de Platón, según el orden y forma que les señaló Marsilio Ficino: Hipparchus, de lucri cupiditate. —De Philosophia, seu amatores. —Theajes, de sapientia. —Menon, de virtute. —Alcibiades primus, de natura hominis. —Alcibiades secundus, de voto. —Minos, de lege. —Eutiphro, de sanctitate. —Parmenides, de uno rerum principio. —Philebus, de summo hominis bono. —Hippias major, de pulchro. —Lysis, de amicitia. —Theaetetus, de scientia. —Io, de furore poetico. —Sophista, de ente. —Civilis, de regno. —Protagoras, contra sophistas. —Euthydemus, sive litigiosus. —Hippias minor, de mendacio. —Chermides, de temperantia. —Laches, de fortitudine. —Clitophon, exhortatorius. —Cratylus, de recta nominum ratione. —Gorgias, de rethorica. —Convivium Platonis, de amore. —Phoedrus, de pulchro. —Apologia Socratis. —Crito, de eo quod agendum. —Phoedon, de anima. —Menexenus, seu funebris oratio. —Libri decem de Republica. —Timaeus, de generatione mundi. —Critias, de atlantico bello. —Libri duodecim, de legibus. —Epinomis, id est legum appendix, vel philosophus. —Axiochus. —Epistolae duodecim Platonis.

el politeísmo oficial. Ello es cierto, sin embargo, que en sus escritos se tropieza frecuentemente con pasajes cuyo sentido es oscuro y ambiguo, con ideas y teorías que parecen contradictorias, según se echa de ver, entre otros, en los diálogos y textos que se refieren al origen, naturaleza y destino o existencia del alma después de la muerte, y, sobre todo, en los que se refieren a la teoría del conocimiento. Preséntanos unas veces al alma como sustancia puramente espiritual, que vuela al seno de Dios después de la muerte, o es castigada en relación con sus obras; al paso que en otros pasajes hasta parece negarle espiritualidad verdadera y como que se acerca al materialismo, hablándonos del cuerpo etéreo y sutil que lleva consigo al separarse del cuerpo, y hasta de transmigración en cuerpos de animales. Por lo que hace a la teoría del conocimiento, la oscuridad es todavía mayor, siendo difícil por extremo fijar de una manera precisa el sentido y significación que da a las palabras sentido, imaginación, pensamiento o cogitatio, opinión, ciencia, razón, etc.

Es esto tanta verdad y preséntase tan ambiguo y vacilante el pensamiento filosófico de Platón, que ya en tiempos antiguos hubo críticos e historiadores, si hemos de dar crédito a Sexto Empírico,[74] que le colocaron entre los representantes del escepticismo.

La crítica ha disputado mucho, y sigue disputando todavía, acerca de la autenticidad[75] de las obras de Platón. Las que pueden considerarse como de autenticidad incontestable, a la vez que como suficientes para formar idea del pensamiento filosófico de Platón, son las siguientes: el Fedro (de pulcro), el Fedón (de immortalitate), el Convite (de amore), el Gorgias (de Rhetorica), el Timeo (de generatione mundi), el Theaetetes (de scientia), los diez libros de Republica y el tratado de las Leyes. El Critón (de eo quod est agendum), y la

---

[74] «Platonem alii dogmaticum esse dixerunt, alii aporematicum, id est, dubitatorem; alii vero in quibusdam dogamticum, in quibusdam aporematicum. Nam in gymnasticis libris, id est exercitatoriis, ubi Socrates aut ludens cum aliquibus inducitur, aut pugnans adversus sophistas, exercitatorium et dubitatorium quemdam dicunt illum habere characterem, dogamticum autem, ubi serio loquens, sententiam suam aut per Socratem, aut per Timaeum, aut per aliquem ex hujusmodi viris, exponit.» Hypotyp. Pyrrhon., lib. I, cap. XXXIII.

[75] Generalmente son considerados como apócrifos el Hipparchias, el Minos, el Alcibiades secundus y el Axiochus. Las cartas de Platón, el Epinomis, el Theages, el Hippias major y el Alcibiades primus, que son de dudosa autenticidad para muchos críticos, por más que otros hayan escrito en su favor. Lo mismo casi sucede con los diálogos intitulados Parmenides, Cratylus y Philebus.

Apología de Sócrates poseen autenticidad respetable, ya que no sea del todo inconcusa.

Sin perjuicio del sello de profunda originalidad que resplandece en los escritos y doctrina de Platón, no es difícil, ni raro, reconocer que sobre su genio y sus teorías ejercieron influencia más o menos decisiva, ciertas teorías, tradiciones e ideas de otras escuelas y otros filósofos. Al lado de las tradiciones egipcias y orientales; al lado de reminiscencias mitológicas, la doctrina de Platón presenta huellas más o menos sensibles y numerosas del paso por su espíritu de ideas procedentes de la escuela eleática, de la pitagórica y de la de Heráclito. Aristóteles, testigo de excepción en la materia, confirma lo que acabamos de indicar, y concluye dando a entender, que una de las cosas que más contribuyeron a que Platón excogitara su famosa teoría de las Ideas, fue la doctrina de Heráclito acerca del fieri o flujo perpetuo del mundo sensible,[76] o sea de las sustancias singulares. La contingencia y mutabilidad inherentes a éstas, exigen, según Platón, la existencia de realidades distintas, separadas e independientes de las naturalezas singulares y sensibles, realidades o esencias (ideas) inmutables de suyo y eternas: «praeter sensibilia et formas mathematicas, res ait medias esse, a sensibilibus quidem differentes, eo quod perpetuae et immobiles sunt.

»Cum vero Socrates de moralibus quidem tractaret, de tota vero natura nihil; in is tamen universale quaereret, et primus mentem ad definitionem applicaret, illum ob hoc laudans, putavit (Plato) de aliis et non de aliquo sensibilium hoc fieri: impossibile enim putavit definitionem communem cujuspiam sensibilium esse, quae semper mutantur. Et sic talia, entium ideas appellavit, sensibilia vero praeter haec». Metaphys., lib. I, cap. V.

---

76 Después de reseñar las opiniones de las escuelas antesocráticas sobre el principio y constitución de las cosas, Aristóteles añade: «Post dictas vero philosophias, disciplina Platonis supervenit, in plerisque quidem istos secuta; quaedam autem etiam propia, ultra Italicorum habens philosophiam. Cum Cratillo namque ex recenti conversatus, et Heracliti opinionibus assuetus, tanquam omnibus sensibilibus semper defluentibus, et de eis non existente scientia, haec quidem postea ita arbitratus est.
»Cum vero Socrates de moralibus quidem tractaret, de tota vero natura nihil; in is tamen universale quaereret, et primus mentem ad definitionem applicaret, illum ob hoc laudans, putavit (Plato) de aliis et non de aliquo sensibilium hoc fieri: impossibile enim putavit definitionem communem cujuspiam sensibilium esse, quae semper mutantur. Et sic talia, entium ideas appellavit, sensibilia vero praeter haec». Metaphys., lib. I, cap. V.

§ 66. Teoría de Platón sobre las Ideas y el conocimiento

El punto culminante de la Filosofía platónica y la clave de su doctrina es su famosa teoría de las Ideas, íntimamente ligada con la teoría del conocimiento humano. La oscuridad, el lenguaje confuso, y hasta cierto punto contradictorio, que se observa en Platón cuando habla de las Ideas, han dado origen a interpretaciones muy diversas acerca de esta teoría. Para nosotros, la teoría platónica de las Ideas, considerada en sí misma y en sus relaciones con la teoría del conocimiento, puede reducirse a lo siguiente:

a) La ciencia tiene por objeto lo necesario, lo inmutable, lo absoluto: las cosas pasajeras, mudables y contingentes no pueden ser objeto de la ciencia. Síguese de aquí que la ciencia no puede ser el conocimiento de las cosas singulares, visibles y materiales que percibimos con los sentidos, toda vez que éstas varían continuamente, y están sujetas a perpetuo mudar, como enseña Heráclito.

b) El objeto, pues, de la ciencia son las Ideas, las cuales contienen y representan lo que hay de necesario, inmutable y absoluto en las cosas. Estas Ideas son independientes, anteriores y superiores al espacio, al tiempo, a los individuos y al mundo visible; contienen y representan las esencias, es decir, la verdadera realidad de las cosas. Pero a la vez que realidades superiores, eternas, ingenerables, son también nociones universales de las cosas, pero nociones innatas, que no traen su origen de los sentidos, ni de las abstracciones y comparaciones del entendimiento.

c) Estas mismas Ideas son a la vez tipos, modelos y ejemplares primitivos de las cosas singulares y sensibles, las cuales vienen a ser como impresiones, imágenes, imitaciones y participaciones de las Ideas universales, inmutables, inteligibles y eternas. Así es que las Ideas son los verdaderos seres reales; son objetos más reales que los objetos sensibles, puesto que la realidad de éstos tiene su razón suficiente y trae su origen de la realidad de las Ideas. De aquí es que el mundo visible y material debe considerarse como una mera imitación y figura, como una concreción parcial, como una imagen imperfecta del mundo inteligible, que es el mundo de las Ideas.

d) Aunque todas las Ideas convienen en los caracteres de necesidad, inmutabilidad, independencia y superioridad con respecto al mundo sensible, lo mismo que en ser tipos y razón suficiente de las cosas singulares, existe entre ellas cierto orden jerárquico en relación con su universalidad. El lugar supremo entre ellas corresponde a la Idea del Bien, la cual contiene debajo de sí a todas las demás. La Idea del Bien es, además, el modelo típico, el ejemplar supremo, según el cual Dios llevó a cabo la creación, o, mejor dicho, la ordenación del mundo.

e) ¿Pero cuál es el lugar de las Ideas platónicas? ¿En dónde existen o residen estas Ideas? He aquí uno de los puntos oscuros de esta teoría. Platón afirma desde luego que las Ideas no residen en el mundo sensible, y que no necesitan del espacio. En cambio afirma, o al menos indica, unas veces que existen por sí mismas y en sí mismas, ora que existen en el mundo inteligible, ya que existen en la Idea absoluta y suprema del Bien.

f) En el hombre deben distinguirse dos órdenes de conocimiento, uno inferior e imperfecto, otro superior y propiamente científico. El primero abraza las sensaciones y la percepción de los objetos singulares y sensibles con sus imágenes o representaciones. Este conocimiento no alcanza ni penetra a lo que hay de inmutable y permanente, o sea a la esencia de las cosas, y por lo mismo no merece el nombre de ciencia, sino solamente el de opinión, puesto que carece de necesidad objetiva, de claridad y certeza. Sin embargo, sirve para excitar, dirigir y concentrar la razón, que es la facultad superior del alma, sobre las Ideas que preexisten en el espíritu, aunque adormecidas y en estado latente. La intuición de estas Ideas, o digamos, de su contenido, que representa la esencia y realidad verdadera, inmutable y necesaria de las cosas, es lo que constituye el segundo orden de conocimiento, el conocimiento inteligible, la ciencia. De aquí es que, para Platón, la ciencia es una verdadera reminiscencia de Ideas inteligibles, preexistentes y conocidas de antemano, y no una adquisición real de conocimientos o de verdades desconocidas.

En conclusión, y resumiendo: la gran teoría platónica acerca de las Ideas, teoría que constituye el fondo y la esencia de la filosofía del discípulo de Sócrates, puede reducirse y condensarse en los siguientes términos: La Idea, con relación a Dios, es su inteligencia; con relación al hombre, es el objeto primero y real del entendimiento; con relación a al mundo externo y sensible, es el arquetipo, el modo ejemplar; con relación a sí misma, es la esencia de las cosas; con relación a la materia, es su medida, su sigilación, su principio, su impresión.

Si consideramos esta teoría de las Ideas por parte de sus aplicaciones a la teoría del conocimiento, a la que sirve de base, principio y forma, puede resumirse en los siguientes términos: Hay dos mundos, uno eterno inteligible, inmutable e insensible; otro material, producido, mudable, visible y contingente. A estos dos mundos objetivos corresponden cuatro grados de conocimiento por parte del hombre, que son:

   a) La imaginación que percibe especies o representaciones de los objetos sensibles.

   b) La fe (fides), por medio de la cual asentimos a la realidad objetiva del mundo externo, y conocemos las cosas sensibles, como singulares y contingentes.

   c) La ciencia racional (ratio) o demostrativa, por medio de la cual conocemos las Ideas en cuanto constituyen y representan las verdades y objetos del orden matemático.

   d) Y finalmente, la ciencia intelectual (intellectus) o superior, la inteligencia intuitiva de las Ideas, y principalmente la del ser absoluto (intelligentiam quidem ad Supremus ipsum), principio universal de los dos mundos, o sea de la Idea del Bien, que es al mundo inteligible lo que el Sol material es al mundo visible. Porque en la teoría de Platón, esta Idea del Bien es el ser de los seres, la esencia superior a todas las esencias, el principio real de la verdad, de la ciencia y hasta de la inteligencia; en una palabra: es el mismo Dios, principio y razón suficiente de todas las cosas, pero superior y distinto de todas ellas. Por grandes que sean, añade Platón, la belleza y excelencia de la verdad y de la ciencia, puede asegurarse, sin peligro de error, que la Idea del Bien es distinta de las mismas y las sobrepuja en belleza; lejos de identificarse realmente con el Bien, deben considerarse como imágenes y reflejos de aquel, así como en el mundo sensible la visión y la luz no se identifican con el Sol, aunque tienen alguna analogía[77] con el mismo, y son como derivaciones del astro del día.

---

77 Las siguientes palabras, tomadas del largo pasaje en que Platón expone y desenvuelve este punto capital de su teoría del conocimiento humano, podrán servir al lector para juzgar de la exactitud de nuestra exposición, y también para conocer la marcha del filósofo ateniense sobre esta materia: «Saepe audisti Boni ideam esse maximam disciplinam. An majus quid esse putas, sine possessione Boni alia omnia possidere, quam sine Boni ipsius

Es de advertir aquí que, según ya hemos indicado arriba, el pensamiento de Platón acerca de la teoría del conocimiento, o al menos su modo de expresarse, ofrece cierta confusión y ambigüedad. Hay pasajes de sus obras en que los sentidos externos, la memoria, el sentido común, la reminiscencia y la fantasía, aparecen como otros tantos modos y facultades de conocimiento, y hay también otros en que se presentan bajo un punto de vista más o menos diferente del ya indicado a las funciones, alcance y objetos de la imaginación, de la opinión, del pensamiento o cogitatio[78] y del intellectus o ciencia intelectual.

Puede alegarse también, en confirmación de lo dicho, la doctrina que Platón expone en el diálogo Theaetetes acerca del conocimiento humano, doctrina que, si bien coincide en el fondo con la teoría arriba expuesta, no deja de ofrecer algunos puntos de vista diferentes de aquella y algunas fases especiales. El discípulo de Sócrates comienza por distinguir dos órdenes o géneros de ser objeto posible del conocimiento: uno inteligible, inmutable e incorpóreo; otro sensible, corpóreo y mudable. La percepción o conocimiento del primero,

---

et pulchri intelligentia, caetera intelligere?... Sic et de animo cogita. Quando enim illi (Bono) inhaeret, in quo veritas, et ipsum ens emicat, intelligit illud cognoscitque, et intellectum habere videtur. Illud igitur quod veritatem illis, quae intelliguntur, praebet, et intelligenti usum ad intelligendum porrigit, Boni ideam esse dicito, scientiae et veritatis, quae per intellectum percipitur, causam. Cum vero adeo pulchra duo haec sint, cognitio scilicet ac veritas, si bonum ipsum aliud quam ista, et pulchrius aestimabis, recte putabis. Et quemadmodum lumen ac visum, solis speciem quandam habere aestimare decet, idem vero ipsum esse, nequaquam; ita cognitionem et veritatem, Boni ipsius speciem habere quidem aliquam, esse vero ipsum minime; augustior enim est ipsius Boni majestas... Solem quidem dices, ut arbitror, iis quae videntur, non modo videndi praebere potentiam, verum etiam generationem, augmentum, nutritionem, cum ipse tamen generatio non sit. Atque ita dicas, Bonum iis quae cognoscuntur dare non modo ut cognoscantur, sed esse insuper, et essentiam elargiri, cum ipsum essentia non sit, sed supra essentiam, dignitate ipsam et potentia superans».

Platón prosigue exponiendo y aplicando los cuatro modos de conocimiento que hemos mencionado, y concluye en los siguientes términos: «Atque ad has quatuor proportiones (subjecti cognoscentis cum objecto), quatuor itidem animi affectiones accipe. Intelligentiam quidem ad Supremum (Bonum) ipsum; ad secundum, cogitationem; ad tertium, fidem; ad postremum vero, assimilationem sive imaginationem». De republ., lib. VI circa finem.

78 Así vemos que en el Theaetetes habla de la cogitatio y de la opinio en sentido diferente del indicado en el texto, apellidando o definiendo a la primera: Sermonem quem ipsa anima apud se volvit circa illa quae considerat. Y añade a continuación: «Hoc enim mihi videtur, per cogitationem scilicet, animam nihil aliud agere, quam secum ipsam disserere, interrogando, respondendo, affirmando atque negando. Postquam vero definit, idemque sive tardius sive velocius animadvertens asserit, neque vagatur, hanc ipsam opinionem ponimus: quamobrem opinari loqui appello, opinionemque sermonem non ad alium, nec voce, sed silentio et ad seipsum». Op., pág. 157.

considerada esa percepción en general, se llama inteligencia, y es función propia y exclusiva de la razón, así como la percepción del segundo pertenece a los sentidos, y se llama en general opinión.

Empero el ser inteligible e inmutable que constituye el objeto propio de la razón, es de dos especies, a saber: el intelligibile primum, el cual comprende y abraza las ideas divinas, las inteligencias superiores y las almas humanas; y el intelligibile secundum, que abraza y contiene los números y figuras matemáticas, pues esos objetos, aunque son incorpóreos, y en este concepto pertenecen al orden de los seres-objetos inteligibles, ofrecen cierta inferioridad con respecto al contenido del intelligibile primum, porque están sujetos a división. La percepción y conocimiento del inteligibile primum, o, mejor dicho, de las esencias contenidas en él, se llama inteligencia o sabiduría intelectual: la percepción de las esencias matemáticas que constituyen el intelligibile secundum, tiene por nombre propio cogitatio intellectualis. El orden sensible, como objeto-posible de conocimiento, se divide también en dos, que son: el sensibile primum y el sensibile secundum. Pertenecen al primero los cuerpos todos con sus propiedades y accidentes, y su percepción o conocimiento se llama creencia o fe: pertenecen al segundo las representaciones, apariencias e imágenes de los cuerpos, y su percepción recibe el nombre de imaginación.

Comparando y relacionando esta teoría, o, digamos mejor, esta fase de la teoría platónica del conocimiento con la anteriormente expuesta; es como puede formarse idea relativamente exacta y cabal de la concepción del filósofo ateniense acerca del origen, proceso y naturaleza del conocimiento humano. Y tampoco debe echarse en olvido, por lo que puede contribuir a reconocer y fijar el sentido de esta teoría del conocimiento, que Platón suele presentarnos la razón como facultad y percepción intermedia entre la pura inteligencia (intellectus, sapientia) como percepción intuitiva e inmediata de las Ideas, de las cosas divinas, y la opinión como facultad y conocimiento de las cosas inferiores, comprendiendo en éstas, no solamente las cosas sensibles, sino también las matemáticas. Marsilio Ficino, al exponer y desarrollar esta doctrina de Platón, supone, no sin fundamento, que su verdadera mente es enseñar además que la razón, cuando se convierte y aplica a las cosas inferiores, participa de su imperfección y de los errores que entraña la opinión; y que, por el contrario, se hace participante de las cosas divinas y de su percepción cognoscitiva cuando se convierte a las cosas superiores y a la inteligencia o mente, o sea a la parte suprema y como divina del alma, asiento de la sabiduría o ciencia propiamente dicha, al paso que la razón lo es de la reminiscencia: Quoties (ratio) ad inferiora porrigitur, opinionis repletur erroribus et divina cogitare desistit. Cum vero ad mentem sui ducem convertitur, divinorum cognitionem haurit. Quam proprio nomine in mente sapientiam, in ratione reminiscentiam Plato nuncupat.

En vista de todo lo cual, podemos resumir y simplificar la teoría de Platón en los siguientes términos:

a) El objeto propio general del conocimiento humano, como conocimiento científico de las cosas en sí, como conocimiento perfecto, real y posesivo de la verdad, es el mundo suprasensible de las Ideas, mundo permanente, eterno e inmutable, como lo son las esencias de las cosas contenidas, o, mejor dicho, identificadas con las Ideas.

b) El objeto propio general del conocimiento humano, como conocimiento inseguro, mudable e imperfecto, es el mundo sensible, el mundo de los cuerpos singulares, mundo contingente, variable e imperfecto, como lo son los elementos o seres de que consta.

c) Al mundo suprasensible de las Ideas como objeto cognoscible, corresponde como facultad cognoscente en el hombre la inteligencia, y al mundo sensible como objeto cognoscible corresponde a su vez la opinión como facultad cognoscente. Pero en una y otra deben distinguirse dos grados o manifestaciones; porque la inteligencia, o es conocimiento superior de las Ideas como tales y como esencias de las cosas en sí mismas y en sus relaciones con el mundo sensible e inferior, y entonces se llama, ora mente, ora sabiduría, ora inteligencia simplemente; o es conocimiento de la Ideas que constituyen el mundo y las verdades del orden matemático, y entonces se llama razón, y algunas veces pensamiento o ciencia (cogitatio, scientia). A su vez la opinión, en cuanto es percepción y asentimiento a la existencia de los objetos sensibles singulares, se llama fe o creencia; pero en cuanto y cuando es percepción de las representaciones, imágenes, sombras o especies de estos objetos, recibe el nombre de representación, que algunos llaman imaginación, y que otros apellidan conjetura.

En armonía con estas indicaciones puede formarse el siguiente esquema de la teoría Platónica:

A) Objetos

Género o Mundo Inteligible	Género o Mundo Sensible	
Ideas Matemáticas	Cuerpos	Imágenes

B) Formas del Conocimiento

Inteligencia		Opinión
Mente Razón	Fe	Representación

Resulta de lo dicho hasta aquí que en la teoría de Platón el conocimiento humano comprende los siguientes cuatro grados o modos, procediendo de abajo arriba: percepción de las imágenes de los cuerpos (representación; ¿conjetura?) singulares; percepción o conocimiento (fe, creencia) de los cuerpos como cosas o existencias singulares y contingentes; conocimiento científico de las esencias y verdades matemáticas (ratio, cogitatio), conocimiento de las Ideas como esencia de las cosas, de sus mutuas relaciones entre sí y con la Idea del Bien, principio y causa de las demás, y que es el mismo Dios (intelligentia, sapientia) o el Ser Supremo.

Para que una teoría del conocimiento humano sea completa, no basta señalar el objeto y el sujeto o las formas del mismo, sino que es necesario además señalar y explicar el origen y el proceso o generación del mismo, y principalmente el tránsito del orden sensible y contingente al orden inteligible y necesario, que representa el objeto y el terreno propio de la ciencia. Colocado en presencia de esta última fase del problema del conocimiento, Platón no halla modo de resolverlo sino apelando a la hipótesis de la preexistencia de las almas. Las cosas sensibles que constituyen el mundo visible, y que son el primer término u objeto de nuestra actividad, ni contienen la esencia de las cosas, ni menos las condiciones de inmutabilidad, certeza, evidencia y necesidad que entraña la verdad; son como imágenes lejanas y oscuras, meras sombras de las Ideas, y por lo mismo impotentes e incapaces de ponernos en posesión de aquellas y de la verdad. Pero aunque impotentes de suyo para suministrar la percepción de las Ideas y de la verdad en sí, los objetos sensibles excitan y provocan al alma a fijar su mirada en las Ideas, lo cual consigue concentrándose en sí misma y abstrayéndose o separándose del mundo externo. Y si el alma, al concentrarse en sí misma, descubre y conoce las Ideas cuya lejana y oscura sombra había vislumbrado en los objetos sensibles, es porque esas Ideas existen en el fondo del alma, bien que obliteradas y como sepultadas en el olvido y las sombras. Todo lo cual solo puede concebirse y explicarse, admitiendo que las almas humanas, con anterioridad a su unión con el cuerpo, existieron y formaron parte del mundo inteligible, y vivieron en comunicación directa e inmediata con las Ideas; la misma que llevaron consigo al unirse con el cuerpo, y que en virtud de esta unión quedaron como sepultadas, oscurecidas y olvidadas. Luego en realidad de verdad el proceso de generación y el origen inmediato de la ciencia en el hombre, es un proceso de reminiscencia. La ciencia no se adquiere; se reproduce y se recuerda: Discere est reminisci.

Platón prosigue exponiendo y aplicando los cuatro modos de conocimiento que hemos mencionado, y concluye en los siguientes términos: «Atque ad has quatuor proportiones (subjecti cognoscentis cum objecto), quatuor itidem animi affectiones accipe. Intelligentiam quidem ad Supremum (Bonum) ipsum; ad secundum, cogitationem; ad tertium, fidem; ad postremum vero, assimilationem sive imaginationem». De republ., lib. VI circa finem.

§ 67. Metafísica y psicología de Platón
a) Dios es, para Platón, el ser absoluto, el bien supremo, la idea creadora de las cosas. Así como el Sol es el origen y la razón suficiente de la luz y la vida del mundo sensible, Dios es el origen y la razón suficiente del mundo inteligible, o de las Ideas, y del mundo sensible, de la verdad, de la razón, del bien, de la perfección que resplandecen en el primero, a la vez que del orden, de la distinción, de la belleza del segundo. Causa única, suprema y todopoderosa, Dios es principio, medio y fin de las cosas en el orden físico, en cuanto Ser supremo y perfectísimo; en el orden moral, como legislador supremo y suprema justicia.

Sin embargo, hay dos cosas que escapan a la acción, y más todavía a la causalidad de Dios, y son la materia y el mal.

b) Dios es a la vez realidad suprema, y en el concepto de tal, origen y causa de todo bien, de toda vida, de toda realidad, y consiguientemente del mundo y de los seres que contiene. Mas como estos seres son copias, imitaciones, y como impresiones de las Ideas, la acción productora de Dios presupone una materia general, alguna cosa capaz de recibir estas impresiones de las Ideas y la acción de Dios. Luego existe una materia no producida, eterna e independiente de la causalidad de Dios. Luego el mundo es el resultado de tres causas, que son Dios, la Idea y la materia.

Empero ¿cuál es la naturaleza de esta materia? En este punto existen las mismas dudas y la misma oscuridad que en la cuestión relativa a la subsistencia de las Ideas. Para unos, la materia platónica es el espacio; para otros, es la nada; para algunos, es una entidad imperfecta, informe y puramente potencial, muy análoga a la materia prima de Aristóteles, y, finalmente, pretenden muchos que debe concebirse como una masa caótica, o como un cuerpo que carece de formas distintivas, opinión que es la que responde mejor a la teoría cosmológica de Platón, tomada en conjunto. La verdad es, sin embargo, que en sus obras se encuentran pasajes favorables a todas y a cada una de las opiniones indicadas; lo cual hace sospechar que el mismo Platón vacilaba sobre este punto, siendo bastante probable que no tenía ideas claras, precisas y constantes acerca de la naturaleza de dicha materia. Sea de esto lo que quiera, resulta en todo caso que

a) Según la cosmología platónica, el mundo es eterno por parte de la materia, y su producción o formación por parte de Dios se verificó con dependencia y sujeción a la preexistencia y condiciones necesarias de la materia y con subordinación a las Ideas como arquetipos de las cosas. Esta materia es el origen y causa del mal, y, por consiguiente, éste es independiente de Dios, lo mismo que la materia, su causa. Luego el mal es necesario, fatal e inevitable en el mundo: impossibile est mala penitus extirpari; nam bono oppositum aliquid esse semper, necesse est.

b) El mundo es único; su figura es esférica, y en su centro reside el alma universal, emanación de Dios, por medio de la cual vivifica, gobierna y anima el mundo visible, y con especialidad los astros, los cuales por esta razón pueden denominarse dioses contingentes, dioses menores. Así es que el mundo es un verdadero animal, y un animal dotado de inteligencia: quocirca dicendum est hunc mundum animal esse, idque intelligens.

Antes de entrar en el terreno propio de la psicología de Platón, bueno será advertir que la teoría teológico-cosmológica del mismo que acabamos de exponer, representa su pensamiento en lo que tiene de más esencial y probable. Téngase presente, sin embargo, que aquí, como en tantas otras cosas, el pensamiento platónico dista mucho de ser claro, armónico, sistemático, ni mucho menos fijo, viéndosele envuelto en frases ambiguas, confusas y harto contradictorias.

De esta confusión y ambigüedad no está libre su celebrada concepción trinitaria, ora se la considere en sí misma, ora en sus relaciones con la producción y naturaleza del mundo. Esa trinidad platónica, que tanto preconizan y de que tanto nos hablan los que no quieren oír hablar de la Trinidad cristiana, preséntase unas veces como compuesta del unum, del logos o razón, y del anima mundi: aparece otras bajo la forma de bonum, de mundo inteligible o arquetipo, y de mente o forma del universo; alguna vez el primer término de la trinidad platónica es la idea del bien, segundo el conjunto de las demás ideas inteligibles que proceden de la del bien, y el tercero las idea incorporadas en la materia, o en cuanto forman y distinguen las esencias materiales, o, mejor dicho, el mundo visible como impresión múltiple o encarnación de las ideas inteligibles. La idea de bien aparece unas veces como identificada con la esencia divina, al paso que otras aparece como primer efecto o emanación de ésta. Ora se nos dice que Dios es el principio único, la causa universal de todas las cosas, así de las inteligibles y eternas, como de las sensibles y temporales, desde la primera hasta la última, ora se nos dice que Dios produce solo la inteligencia primera y el alma universal, las cuales, a su vez, producen las demás cosas inferiores.

De aquí las contradicciones, reyertas y diversidad de sentidos y pareceres que reinaron en todo tiempo entre los discípulos de Platón y entre los admiradores más entusiastas de su concepción trinitaria. En todo caso, esta concepción poco o nada puede tener de común con la concepción precisa, concreta y definida de la Trinidad cristiana. La cual, aun prescindiendo de la confusión y multiplicidad de significaciones o sentidos que caracterizan a la primera, se encuentra y se encontrará siempre colocada a distancia inmensa de la trinidad platónica, en la cual nada hay que se parezca a la distinción real e hipostática de las tres personas divinas, y mucho menos nada que se parezca a la igualdad absoluta, consustancial y esencial de las mismas. Por otra parte, ¿qué comparación cabe entre la naturaleza, atributos y efectos del Espíritu Santo de la Trinidad cristiana, y la naturaleza, atributos y efectos del alma universal del mundo? Aun suponiendo que Platón concediera divinidad y personalidad a esta alma universal, suposición que carece de certeza y hasta de probabilidad, no sería posible establecer términos de comparación entre esa alma universal del mundo que envuelve una concepción panteísta del cosmos, y el Espíritu Santo, cuya noción propia y cuyas funciones son incompatibles con toda concepción panteísta de la realidad.

Si a lo dicho se añade que los dos términos secundarios de la trinidad platónica proceden del primero, o por emanación, o a lo más por creación, pero en ningún caso por medio de la procesión purísima sui generis que entraña la Trinidad cristiana; si se tiene en cuenta que Platón, lo mismo que Filón y los neoplatónicos alejandrinos, aplican nombres mitológicos y alegóricos a los términos de su respectiva trinidad, los cuales vienen a ser como ciertas personificaciones de ciertas ideas abstractas, preciso será reconocer que se trata aquí de concepciones trinitarias que ofrecen apenas lejanas e imperfectas analogías con la concepción Trinitaria del Cristianismo. Si descartamos de aquéllas la personificación alegórica de ciertas ideas y de las relaciones que concebimos naturalmente entre el ser, la inteligencia y la vida, la trinidad platónica, la de Filón y la de los alejandrinos, quedan reducidas a la nada como concepciones de una trinidad divina y personal. Lo que palpita en el seno de esas concepciones impropiamente llamadas trinitarias, lo que constituye su fondo real, es la afirmación de que la existencia y formación del cosmos material presupone la existencia de ideas arquetipas, la afirmación de la inmanencia de un mundo inteligible e ideal en este mundo visible y corpóreo.

e) Derivación o emanación del alma universal es el alma humana, en la cual hay que distinguir dos elementos, uno divino, o sea el alma propiamente racional e inteligente que exista antes de unirse con el cuerpo, y otro elemento animal, que resulta y se manifiesta en el alma o espíritu en fuerza de su unión con el cuerpo. En otros términos: el alma del hombre es un espíritu que antes de unirse al cuerpo vivía en la región pura de las Ideas, y que al unirse con el cuerpo pierde parte de su pureza espiritual para hacerse sensitiva, terrena y animal.[79] La parte superior es inmortal y recobra su perfección al separarse del cuerpo, mientras que la inferior deja de existir en la muerte. La parte superior o racional del alma reside en la cabeza: la inferior se divide en dos partes o manifestaciones, de las cuales la concupiscible tiene su asiento en el hígado y vísceras abdominales, y la parte irascible en el pecho o corazón.

f) Luego el alma racional es una sustancia que se mueve a sí misma, una esencia dotada de facultades afectivas y cognoscitivas inferiores y superiores. Todas ellas, y particularmente las cognoscitivas, pierden su vigor y se oscurecen a causa de la unión, o, mejor dicho, de la inclusión del alma en el cuerpo; pues no hay verdadera unión sustancial entre el alma y el cuerpo, sino unión accidental, unión del motor al móvil, unión de la causa principal al instrumento. De aquí la oscuridad e insuficiencia del conocimiento humano, mientras que no se eleva y pasa de la sensación y de la percepción de las cosas sensibles y singulares a la intuición racional y superior de las Ideas. Las sensaciones y las percepciones intelectuales determinadas por ellas son o representan las voces confusas y las sombras reflejas y fugaces de la caverna alegórica,[80] excogitada por el discípulo de Sócrates para simbolizar los resultados de la unión del alma con el cuerpo en la vida presente, especialmente en orden al conocimiento de la realidad y a la adquisición de la ciencia.

---

79   Tal es el sentido que los modernos suelen atribuir, por lo general a Platón; sin embargo, algunos de éstos, y casi todos los antiguos, suponen y afirman, acaso con mayor razón y verdad, que el filósofo ateniense admitía en el hombre una alma inferior y sensitiva, y otra superior y racional.
80   Imaginaos, decía Platón, una caverna iluminada por un gran fuego, con una sola puerta abierta del lado por donde entra el Sol, y en esa caverna a varios hombres encadenados, con la espalda vuelta a la puerta, viendo las sombras o figuras que aparecen y desaparecen en el muro, en relación con los objetos que pasan por la puerta, y oyendo el eco de voces confusas de los que hablan fuera, pero sin percibir lo que dicen. He aquí una imagen de la condición del hombre sobre la tierra en general, y con particularidad en orden a la naturaleza y objeto de sus conocimientos. La cueva es la tierra; la hoguera son los sentidos y la inteligencia; la región luminosa fuera de la caverna, es la región de las Ideas iluminadas por Dios, que es la Idea suprema y el Sol de este mundo ideal; la visión de las figuras fantásticas y sombras que aparecen en el muro y las voces confusas, representan la percepción de los objetos mediante los sentidos; los prisioneros, en fin, encadenados y sentados con la espalda vuelta a la región de la luz, son las almas sepultadas en el cuerpo y separadas de la región luminosa de las Ideas.

Porque la adquisición de la ciencia, considerada ésta en su sentido propio, o sea como conocimiento de la realidad permanente y de la esencia de las cosas, es una mera reminiscencia (disciplinam videlicet, nostram nihil esse aliud quam reminiscentiam) de ideas y conocimientos preexistentes en el alma antes de su unión con el cuerpo; es independiente de éste y de los sentidos; es como innata y connatural a nuestra alma que existía y estaba en posesión de la ciencia antes de su unión con el cuerpo: et secundum hoc necesse est nos in superiori quodam tempore, ea quorum nunc reminiscimur, didicisse.

Y aquí es justo insistir sobre lo que ya dejamos apuntado; a saber: que el pensamiento psicológico de Platón es bastante oscuro y aparece a veces hasta contradictorio. Mientras que preconiza unas veces la nobleza superior y la espiritualidad perfecta del alma, hay ocasiones en que se acerca demasiado a las concepciones más o menos materialistas de las antiguas escuelas antesocráticas, y principalmente a la de Empedocles. Después de indicar la opinión de éste acerca de la sustancia del alma, que se suponía compuesta de los cuatro elementos, por medio de los cuales conoce todas las cosas, compuestas a su vez de los mismos elementos, Aristóteles añade que la teoría de Platón coincide con la del filósofo de Agrigento, con el cual enseña que el alma está compuesta de los elementos que son los principios de las cosas, y fundan el conocimiento de éstas por razón de la proporción o semejanza que resulta entre los elementos del alma y los de las cosas conocidas: Eodem autem modo et Plato in Timaeo animam facit ex elementis; cognosci enim simile simili, res autem ex principiis esse.

Añádase a lo dicho que, según el testimonio autorizado de Aristóteles y lo que aquí dejamos apuntado, Platón, en otros lugares de sus obras, considera al alma, ora como un número que se mueve, ora como una armonía, ora como mero motor del cuerpo, sin señalar las condiciones de este movimiento, ni menos la razón suficiente y la naturaleza de la unión del alma movente con el cuerpo movido, según le echa en cara Aristóteles (Copulant enim et ponunt in corpus animam, nihil ultra determinantes propter quam causam et quo modo) con sobrada razón. No es menor la justicia con que reprende a Platón y sus discípulos, porque, a fuerza de atender únicamente al alma, sin considerar sus verdaderas relaciones con el cuerpo y las condiciones de su unión con éste, vinieron a caer en las fábulas de los pitagóricos (secundum pythagoricas fabulas), en orden a la transmigración de las almas[81] y de la indiferencia de éstas para unirse a toda clase de cuerpos.

Sabido es que Platón admitía no solamente la preexistencia de las almas, sino también la mentempsícosis, y que las vicisitudes y condición del alma en estas transmigraciones, estaban en relación con su desprendimiento y elevación sobre las cosas sensibles, con su purificación en el orden cognosciticvo y afectivo, con la adquisición de la ciencia y la práctica de las virtudes morales: voluptates quae in discendo percipiuntur studiose sectatus fuerit, animumque decoraverit temperantia, justitia, fortitudine, libertate, veritate.

§ 68. Moral y política de Platón

«De los bienes y males decía (Platón), escribe Diógenes Laercio, que el fin del hombre es la semejanza con Dios; que la virtud es bastante por sí sola para la felicidad; pero necesita de los bienes del cuerpo como instrumentos y auxiliares, por ejemplo, la fortaleza, la salud; y que también necesita de los bienes externos, como son las riquezas, la nobleza, la gloria; pero aunque falten estas cosas, el hombre sabio o virtuoso será, no obstante, feliz.»

Este pensamiento de hacer consistir la perfección moral del hombre en la imitación de Dios; la importancia que concede a la virtud, al considerarla como el mayor de los bienes humanos; sus ideas acerca de la providencia que Dios tiene de los hombres, juntamente con su teoría acerca de las cuatro virtudes principales como medios de perfección moral para el individuo y la sociedad, acreditan la excelencia de la moral platónica, considerada por parte de sus principios y máximas generales.

Y decimos por parte de sus principios generales porque si, abandonando el terreno de estos principios y máximas generales de la ética platónica, descendemos a puntos particulares y a sus aplicaciones concretas, especialmente en el terreno político-social, tropezaremos al instante con el hombre del paganismo, con el filósofo que carece de las luces y seguridad que en estas materias suministran la moral del Evangelio y la concepción cristiana. Veremos, en fin, al divino Platón enseñar que la vida doméstica debe desaparecer; que la esclavitud es una institución basada y legitimada en la misma naturaleza y en

---

81 «Hi autem solum conantur dicere quale quid sit anima, de susceptivo autem corpore nihil amplius determinant; tanquam possibile sit, secundum pythagoricas fabulas, quamlibet animam quodlibet hábeas ingredi.» De Anima, lib. I, cap. IV.

la inferioridad de ciertos individuos; que las mujeres deben ser comunes; que deben ser abandonados, o, lo que es lo mismo, entregados a la muerte, los niños contrahechos y enfermizos; que a un hombre enfermo e imposibilitado no deben suministrársele alimentos ni asistencia, toda vez que no puede ser útil ni a sí mismo, ni a los otros hombres,[82] y que en la educación de los hijos no deben intervenir los padres.

Afortunadamente, el valor científico y el alcance práctico de máximas tan horribles y absurdas, se hallan como desvirtuados y contrabalanceados por máximas y doctrinas de la más alta moralidad; y, sobre todo, por la general tendencia ética, por el sentido religioso que domina y sobresale en sus escritos. Porque no es raro ver que Platón, inspirándose en la tradición socrática, concede importancia preferente a la perfección moral del hombre, subordinando a ésta en cierto modo la perfección científica y especulativa,[83] y hasta la Filosofía misma y las artes.

Platón enseña y afirma igualmente: a) que la virtud debe anteponerse a las riquezas y placeres, que ni siquiera merecen el nombre de bienes en comparación de aquélla; b) que no solamente debemos honrar a Dios y pedirle auxilio, sino que debe ser el principio y como el inspirador de nuestras palabras (a Diis enim necesse est omnium et dictorum et consiliorum initia proficisci) así como de nuestros consejos y resoluciones; c) que el hombre debe abste-

---

82 El que quiera ver con qué serenidad y sangre fría consigna Platón tan horribles doctrinas, no tiene más que leer sus libros De Republica y De legibus, en donde tropezará a cada paso con máximas de este género, fruto en parte de su concepción socialista y comunista a la vez del Estado. Entre otros, es notable el siguiente pasaje, que condensa el pensamiento de Platón y resume su ideal político-social: «Prima igitur civitas est respublica legesque optimae, ubi quam maxime per universam civitatem priscam illud proverbium locum habet, quo fertur vere, amicorum omnia esse communia. Certe, in hoc praecipue virtutis erit terminus, quo nullus poni rectior poterit, si alicubi, videlicet, aut fit istud, aut unquam fiet, ut communes mulieres sint, comunes et liberi, communis quoque omnis pecunia, omnique studio quod proprium dicitur, undique e vita remotum sit; usque adeo ut ea etiam quae propria singulis natura sunt, communia quodammodo fiant... Talem utique civitatem, sive Dii alicubi, sive Deorum filii una plures habitent, ita viventes eamque servantes, omni referti gaudio vivunt. Qua propter reipublicae exemplar non alibi considerare oportet, sed hac inspecta, talem maxime pro viribus quaerere». Op. Plat., edic. cit., pág. 901.

83 Así es que afirma con frecuencia que la verdadera Filosofía consiste en la práctica de la virtud, y en una de sus cartas, después de ensalzar a Aristodoro porque había buscado y procurado perfeccionar en la Filosofía sus costumbres, añade: «Etenim constantiam, fidem, integritatem, veram philosophiam esse judico; caeteras autem et alio spectantes scientias et artes, elegantiam quandam et venustatem si dixero, recte me dicere arbitrabor».

nerse de hacer mal a otro hombre, aun en el caso de haber recibido injurias y daños graves (etiam graves injurias et acerbas fraudes) de su prójimo; y d) finalmente, que Dios tiene lugar o hace veces de ley para los sabios, es decir, para los hombres virtuosos, así como los necios o viciosos no tienen más ley que el deleite: Deus enim sapientibus est lex, stultis autem voluptas.

Este gran pensamiento, más propio de un filósofo cristiano que de un filósofo gentil, es digno corolario de otro gran pensamiento no menos profundo ni menos propio de un escritor cristiano, que le sirve de premisa; pensamiento, según el cual, la servidumbre y la libertad inmoderadas o excesivas son cosas detestables, así como son cosas excelentes la servidumbre y la libertad moderadas; pero la servidumbre y la libertad entonces serán moderadas y legítimas cuando se hallen informadas y vivificadas por el principio divino, y no por voluntad del hombre; cuando la ley que las fija o regula, el motivo que las inspira, y el fin e intención del sujeto sean la ley eterna, la voluntad santa y justa de Dios y no la voluntad arbitraria del hombre. Cuando Dios es el principio y el fin de la servidumbre, ésta será moderada y no envilecerá al hombre; pero no sucederá lo mismo si el principio y el término de esa servidumbre es el hombre, es la voluntad humana: Servitus enim ac libertas immoderata quidem pessima res est, moderata vero res optima. Moderata autem servitus est, cum Deo servitur: immoderata, cum homibus: Deus enim sapientibus est lex, stultis autem voluptas.

Según la teoría político-social de Platón, la misión del Estado es realizar la justicia, dando a cada ciudadano lo suyo, es decir haciendo y procurando que las funciones ejercidas por cada miembro de la sociedad se hallen en relación y armonía con sus condiciones, facultades y fuerzas individuales. De aquí

El organismo social y político excogitado por nuestro filósofo, según el cual el Estado debe contener tres elementos o clases fundamentales:

a) Los filósofos o sabios, que representan la cabeza y la inteligencia en el Estado:

b) Los guerreros, que representan el corazón del Estado:

c) El pueblo o clase inferior, en el cual entran los artesanos, comerciantes, agricultores y sirvientes o esclavos, los cuales representan la parte inferior y animal del hombre.

A los primeros pertenece y debe confiarse el poder legislativo y ejecutivo, o sea el gobierno del Estado: a los segundos pertenece y debe confiarse la defensa del Estado por medio de la guerra: a los terceros pertenece y debe confiarse el cuidado de la parte económica de la sociedad, o sea la producción de las cosas necesarias para la manutención de los ciudadanos y consiguiente conservación del Estado. Todos los bienes y males del ciudadano, todos sus intereses, todas sus aptitudes y afecciones, dependen en absoluto del Estado y desaparecen ante el interés y ante la voluntad omnipotente del Estado. Nacimiento y educación, vida y muerte, matrimonio y familia, libertad y esclavitud, artes y ciencias, religión y culto, todo debe amoldarse a las exigencias del Estado, todo debe ceder y cambiar ante el imperio de su voluntad.

Por lo que hace a las formas políticas de gobierno, después de enumerar las tres o cuatro fundamentales, y después de indicar la naturaleza y condiciones de la tiranía en que puede degenerar cada una de ellas, Platón, sin conceder preferencia absoluta a ninguna de aquellas formas, concede, sin embargo, a la monarquía y al gobierno de muy pocos (recta illa civitatis administratio vel apud unum, vel apud paucissimos certe est quaerenda) cierta preferencia relativa.

A juzgar por algunos textos de sus escritos, Platón hace consistir la legitimidad y bondad del gobierno del Estado en la bondad, justicia y rectitud de fines por parte del imperante, de manera que la recta constitución del Estado y la bondad o perfección de un gobierno se refunden en una especie de absolutismo subjetivo y personal. Si el imperante es sabio, justo y prudente, y trabaja por mejorar la condición de sus súbditos, el gobierno será bueno y recto, sin que importe nada para esto que la sujeción sea voluntaria o involuntaria por parte de los súbditos, ni que el imperante proceda en conformidad y siguiendo las leyes escritas, o prescindiendo de éstas (qui arte quadam imperant, volentibus an nolentibus, secundum scripta an absque scriptis institutisque et legibus nihil refert), y hasta de las instituciones patrias: si los magistrados saben gobernar bien, entonces solamente diremos que la república o Estado es lo que debe ser,[84] y que su gobierno es verdaderamente recto y legítimo.

---

84 «Necesse est igitur eam maxime a solam rectam existimare rempublicam in qua qui magistratibus funguntur, revera gubernare sciunt, sive legibus, seu absque legibus dominentur, sive volentibus sive invitis. Quatenus enim scientia et justitia freti ex deteriori meliorem pro viribus civitatem efficiunt atque servant, eatenus rectam appellari rempublicam volumus,

Los gobernantes o príncipes no comenten falta o pecado, cualquiera que sea la cosa que hagan (quidquid prudentes principes agant, nunquam delinquunt), con tal que atiendan al bien de sus súbditos, y será hasta ridículo vituperarlos cuando obligan a éstos a ejecutar lo que consideran justo y honesto, aunque sea contrario a las leyes y costumbres patrias: Cum aliqui coguntur praeter patrias leges moresque facere quae justiora, meliora, honestioraque sunt, ridiculosissimus omnium erit quisquis vim eam vituperabit.

Doctrina es esta que abre el camino para que la tiranía y la arbitrariedad del gobernante ocupen la plaza del derecho y la justicia, y doctrina también que parece más propia del amigo comensal de Dionisio de Siracusa que del discípulo de Sócrates. Afortunadamente, en otros lugares de sus obras reprueba la tiranía y la arbitrariedad; reconoce la necesidad de leyes que sirvan de norma común y general a los ciudadanos (quod communius est, quodque et pluribus et plurimumm conducere putant instituendum), y hasta confiesa y afirma que, no solamente los ciudadanos particulares, sino también los reyes, deben estar sujetos al imperio de las leyes: Cum leges imperent non solum civibus aliis, sed etiam regibus ipsis.

Como reminiscencia y corolario de la importancia excepcional que a las dotes y condiciones personales del imperante concedía Platón, puede considerarse aquella afirmación o sentencia, consignada en varios lugares,[85] según la cual la Filosofía o la ciencia superior es necesaria para que las sociedades políticas sean bien gobernadas.

§ 69. Crítica

De lo que acabamos de exponer en orden a la moral y política de Platón, dedúcese desde luego que una y otra dejan mucho que desear, la primera por razón de ciertas máximas detestables y de doctrinas horribles, y la segunda, aparte de otros defectos, por su carácter utópico, y, más que todo, por

---

et in eo ipso duntaxat definitionem rectae gubernationis consistere: caeteras vero omnes, neque legitimas nec veras dici putandum.» Op., pág. 215.

85 Uno de los más explícitos y terminantes es el siguiente, tomado de una de sus Cartas: «Qua propter veram synceramque philosophiam celebrans adductus coactusque sum, ut praedicarem, hominum generi nullum miseriarum modum, malorumque finem prius futurum, quam aut recte vereque philosophantium hominum genus ad civiles magistratus et publicos accessisset, aut hi penes quos civitatum principatus essent, singulari aliquo deorum immortalium beneficio vere sancteque philosopharentur».

sus tendencias socialistas y comunistas. Porque, en efecto, la teoría política del discípulo de Sócrates, si se la considera por parte de la concepción que entraña acerca de la familia, de la propiedad, de la educación, es una teoría comunista, al paso que su concepción del organismo del Estado y de la acción avasalladora, omnímoda y omnipotente del mismo, es una concepción esencialmente socialista.

Apenas se concibe, por lo mismo, que historiadores y críticos heterodoxos y ortodoxos hayan querido presentarnos la república de Platón como preformación y como una especie de modelo de la república cristiana, o sea de la Iglesia. Solo obedeciendo a preocupaciones de escuela y de religión, o inspirándose en concepciones sistemáticas, cabe descubrir o señalar relaciones de afinidad y semejanza entre la Iglesia de Cristo, con su moral purísima y elevada, y la república de Platón, en que el hijo no conoce a la madre ni la madre al hijo; en que éste es arrebatado a la patria potestad para entregarlo al Estado desde sus primeros años; en que el hombre carece de libertad para seguir su vocación y elegir estado; en que la vida de familia es ahogada y viciada en su mismo origen, mercede a la comunidad de mujeres; en que el infanticidio deja de ser crimen para transformarse en deber; en que, para decirlo de una vez, la propiedad, la familia y hasta la libertad de la conciencia humana, quedan anuladas, negadas y conculcadas.

Porque es preciso no olvidar que la absorción del individuo por el Estado no se limita a las relaciones del hombre con lo finito, sino que se extiende a sus relaciones con lo infinito; no se limita a la esfera política, sino que abraza la esfera religiosa; no se limita a los fines e intereses temporales, civiles, naturales y transitorios, sino que hasta los intereses y fines religiosos, sobrenaturales y eternos, son sacrificados al Estado. Y bastaría y basta esto solo para establecer distancia infinita, verdadera contradicción, entre la república de Platón y la Iglesia de Cristo, que desde sus primeros pasos viene afirmando y defendiendo con la palabra y el ejemplo la libertad y la dignidad de la conciencia del hombre en la esfera religioso-divina, la incompetencia del Estado para dirigir al hombre a su fin eterno, la superioridad del orden sobrenatural y divino sobre el orden natural y humano. En la concepción cristiana, el momento religioso representa una esfera superior, eterna, autónoma, infinita, a la cual se subordina la esfera civil y política: en la concepción platónica sucede todo lo contrario; el momento político absorve y se sobrepone al momento religioso; el principio divino queda subordinado al principio humano; lo finito y temporal se sobrepone a lo infinito y eterno.

En su metafísica, y especialmente en la parte que llamamos teodicea, Platón se eleva a una altura a que ningún filósofo anterior había llegado. Sin embargo, cuando se fija la atención en el fondo de las cosas, y cuando se examinan sus doctrinas y afirmaciones en concreto, obsérvase que su concepto divino, sin dejar de ser elevado y hasta extraordinario en un filósofo gentil, se halla desfigurado por ideas que rebajan su importancia científica, cuales son, entre otras, la existencia del Demiurgo, o ser intermedio entre Dios y el mundo, y, sobre todo, la eternidad de la materia. Añádase a esto la confusión y oscuridad con que se explica acerca de la verdadera naturaleza del Demiurgo y de la materia eterna, lo mismo que acerca del modo de existencia de las Ideas, las cuales aparecen unas veces como tipos existentes en la mente divina, y otras como sustancias subsistentes en sí mismas y por sí mismas; unas veces aparecen superiores a Dios e independientes, mientras que otras aparecen subordinadas a su poder y voluntad.

Idéntica observación puede hacerse con respecto a la psicología platónica. Sublime y verdaderamente filosófica cuando proclama la espiritualidad del alma, y cuando demuestra su inmortalidad, y reconoce su origen divino, y coloca la esencia de la ciencia y la posesión de la verdad en el conocimiento de lo necesario, de lo inmutable, de lo eterno de la Idea, esa misma psicología decae, degenera y pierde su elevación, cuando reduce la ciencia a una mera reminiscencia, cuando nos habla de la preexistencia de las almas y de la mentepsícosis, y de su unión accidental con el cuerpo, y de sus purificaciones y ascensiones. Así es que, andando el tiempo, los maniqueos, los gnósticos y los filósofos alejandrinos buscarán y encontrarán el germen de sus respectivas teorías en las teorías cosmológicas, teológicas y psicológicas de Platón. En suma: el carácter dominante, a la vez que el vicio radical de la Filosofía platónica, es el dualismo absoluto e irreductible. Dualismo cosmológico entre el mundo inteligible y el mundo visible: dualismo teológico entre Dios y la materia: dualismo psicológico entre el alma y el cuerpo en el hombre. Platón, no solamente no acertó a resolver en superior unidad los dos primeros dualismos por medio del concepto de la creación y de la teoría de las ideas divinas, en el sentido profundo que entraña y enseña la Filosofía cristiana, sino que ni siquiera acertó a resolver el dualismo psicológico en unidad de esencia y de persona, como lo consiguió Aristóteles por medio de su teoría sobre la generación y la forma sustancial.

Excusado parece advertir que otro de los caracteres principales de la Filosofía platónica es el idealismo; porque este sistema palpita en el fondo de su teoría de las Ideas, y palpita también en el fondo de su teoría del conocimiento. La ninguna importancia que le concede a los objetos externos, en orden al origen y constitución de la ciencia; la influencia nula, y hasta indirectamente perjudicial de los sentidos y sensaciones en el desenvolvimiento y conocimiento de la verdad; la teoría de la reminiscencia; las ideas innatas, y la subsistencia de las Ideas con su independencia y anterioridad respecto del mundo, todo gravita, y marcha, y se precipita hacia las corrientes idealistas. La Filosofía, para Platón, es la ciencia de las Ideas, es la ciencia de las intuiciones a priori; en ella nada significan los hechos sensibles, los seres individuales, la observación y la experiencia. De aquí también sus aficiones matemáticas y su predilección por la geometría, pues ésta, lo mismo que la Filosofía de Platón, levanta su edificio científico tomando por base las ideas de línea, triángulo, círculo, etc., ideas abstractas e independientes de la materia y sus transformaciones, por más que la materia ofrezca como el reflejo, la copia y la participación de aquellas figuras ideales.

Téngase presente, sin embargo, que el idealismo de Platón es un idealismo sui generis, que se parece muy poco al idealismo de la Filosofía moderna; pues mientras éste es generalmente subjetivo y escéptico, el idealismo de Platón es un idealismo que tiene mucho de objetivo y dogmático. Las ideas de Platón no son resultado ni meras modificaciones de las facultades de conocimiento sin contenido real y objetivo, como suponen algunos modernos idealistas, sino esencialmente objetivas y subsistentes. Las ideas de Platón no son tampoco las mónadas originarias y primitivas de Leibnitz, dotadas de representación y pensamiento, sino que, por el contrario, son los objetos del pensamiento, el cual, en tanto es pensamiento puro, conocimiento intelectual, en cuanto y porque participa de la realidad o esencia de las ideas, y se pone en contacto con ellas. El idealismo, en fin, de Platón, no excluye la realidad objetiva del mundo externo ni su cognoscibilidad, por más que una y otra sean inferiores a las de las ideas, y dista mucho, por consiguiente, del idealismo subjetivo de Fichte, que reduce el mundo externo a un fenómeno de la conciencia.

Por lo demás, y a poco que se reflexione, descúbrense notables analogías y cierta afinidad entre Platón y Kant con respecto a la teoría del conocimiento. Uno y otro convienen en negar a los sentidos la percepción o conocimiento de la realidad objetiva de los cuerpos, circunscribiendo su esfera a las transformaciones y modificaciones transitorias de los mismos. Uno y otro afirman que las ideas o conceptos puros del orden inteligible no dependen ni menos traen su origen de las sensaciones.

Si Platón reconoce que los sentidos solo suministran al hombre el conocimiento de los accidentes externos, del flujo y redujo de los fenómenos del mundo material, pero no su realidad y sustancia, Kant reconoce a su vez que los sentidos nos suministran el conocimiento o intuición fenoménica del mundo externo, pero no el conocimiento de su realidad objetiva, de su sustancia, del numeno. Si Platón explica la posibilidad del conocimiento intelectual por medio de las ideas innatas, Kant explica esa misma posiblidad por medio de formas subjetivas y de nociones o conceptos a priori, que equivalen en realidad a ideas innatas. Platón y Kant apenas se separan sino cuando se trata de determinar el valor objetivo de estas ideas, valor que el primero reconoce y que el segundo niega, echando por tierra con esta negación la existencia y hasta la posibilidad de la ciencia. No hay para qué advertir que la ventaja aquí está de parte del filósofo ateniense, el cual supo detenerse en los umbrales del escepticismo, umbrales que atravesó el filósofo de Koenisberg, después de recorrer en compañía, o si se quiere, en pos de Platón, el terreno del idealismo. Verdad es que el filósofo alemán es más consecuente en este punto, porque elescepticismo es consecuencia natural y lógica del idealismo.

Ya dejamos indicado que Platón, aunque fue discípulo de Sócrates, no lo fue de solo Sócrates, sino que puede apellidarse también discípulo de Heráclito, de los pitagóricos, de los eleáticos y hasta de los sacerdotes del Egipto y del Oriente. La Filosofía de Platón abarca horizontes muy superiores a los horizontes estrechos y parciales de la Filosofía socrática, reducida y limitada, como hemos visto, a un ensayo de moral y a algunas nociones psicológico-teológicas y políticas, mientras que en la Filosofía platónica entran además, y entran en proporciones más o menos notables, la ontología, la teodicea, la

223

dialéctica, las ciencias político sociales y las matemáticas. Para las escuelas anteriores a Sócrates, solo existía la Filosofía del objeto; para Sócrates, apenas existe más que la ciencia del sujeto como ente moral; en Platón y con Platón, la Filosofía entra en posesión del objeto y del sujeto simultáneamente, y el último es discutido y estudiado en sus diferentes fases y en sus relaciones múltiples y complejas.

§ 70. Discípulos y sucesores de Platón

Dejando a un lado al fundador de la escuela peripatética, principal discípulo de Platón, los sucesores de éste en la Academia antigua, y antes que de ella nacieran la Academia media y la nueva, de las que hablaremos más adelante, fueron los siguientes:

a) Speusipo, sobrino y sucesor inmediato de Platón, que regentó la Academia desde el año 347 antes de Jesucristo, hasta el de 339, que fue el de su muerte.

Según Sexto Empírico, admitía como criterio de verdad, además de la razón para las cosas inteligibles, los sentidos para las cosas sensibles, en lo cual se apartaba algún tanto y moderaba la doctrina de su maestro. Empero el carácter principal de la doctrina de Speusipo es la dirección pitagórica que comunicó a la Filosofía de su maestro, introduciendo en ella, o al menos desarrollando la idea pitagórica de la emanación, y haciendo frecuentes aplicaciones de la teoría de los números a la Filosofía platónica. A juzgar por algunos pasajes de Aristóteles, Speusipo desfigura la doctrina de su maestro en otro punto de mayor importancia, opinando que la bondad y la perfección son atributos propios de las cosas producidas, más bien que de Dios o del principio supremo del mundo,[86] afirmación que se halla en armonía con la teoría que le atribuyen el mismo Arsitóteles y otros autores, según la cual, el origen y producción de las cosas se verifica ab imperfecto ad perfectum, y no viceversa, como enseñaba su maestro Platón.

Es difícil, por otra parte, conocer a punto fijo las opiniones especiales de Speusipo, careciendo, como carecemos, de sus obras, a pesar de que fueron

---

86 «Dicimus itaque Deum, sempiternum optimunque vivens esse... Quicumque vero, ut Pythagorici et Speussippus, putant, optimum et pulcherrimum non esse in principio, eo quod plantarum quoque ac animalium principia causae quidem sunt; bonum vero et perfectum in his esse quae ex his sunt, non recte putant.» Metaphys., lib. XII, cap. III.

muy numerosas,[87] y no habiendo llegado hasta nosotros más que algunas anécdotas relativas a su vida.

b) Xenocrates fue el sucesor de Speusipo en la Academia, pues viéndose éste atacado de perlesía, envió a llamar a Xenocrates para encargarle la dirección de la escuela. Había sido éste condiscípulo de Speusipo y acompañó a Platón en sus viajes a Sicilia. Fue natural de Calcedonia, y hombre de austeras costumbres y de rostro grave, hasta el punto que los ociosos y alborotadores de Atenas callaban y le abrían paso cuando venía a la ciudad; pero era de ingenio algo tardo. Por esta causa Platón, refiriéndose a Xenocrates y a Aristóteles, solía decir: El uno necesita de aceite y el otro de freno. Murió de edad avanzada, año 314 antes de Jesucristo,[88] habiendo enseñado en la Academia por espacio de veinticinco años.

Lo que principalmente caracteriza su doctrina, es la predilección por las fórmulas matemáticas, pudiendo decirse que su Filosofía representa un paso más en este camino iniciado por Speusipo. Xenocrates obliga a la Filosofía platónica a descender de su altura, para encerrarla y comprimirla en estrechas fórmulas matemáticas, sin exceptuar la misma divinidad. Así es que le vemos hablar de un dios macho y de un dios hembra, el primero de los cuales representa y es significado por la unidad, y el segundo por la dualidad. El dios masculino, que es el dios verdadero o superior, Júpiter, la razón, es el número impar: el dios femenino, dios inferior, es la madre de los demás dioses, y el alma que vivifica y anima todas las cosas. Descúbrese en estas ideas la influencia preponderante de la doctrina pitagórica, y descúbrense también los gérmenes de las emanaciones, pleromas, genios y eones de la gnosis y de la escuela de Alejandría, que aparecieron siglos después.

c) Después de Xenocrates, regentaron la Academia Polemón, natural de Atenas, y Crates, originario de Triasio. Según Diógenes Laercio, Polemón solía

---

87 «Dejó muchos comentarios, escribe Diógenes Laercio, y muchos diálogos, entre los cuales se halla uno titulado Aristipo Cireneo; otro De las riquezas; otro Del deleite; otro De la Justicia; otro De la Filosofía; otro De la amistad; otro De los Dioses; otro El Filósofo; otro A Cefalio; otro Clinomaco o Lisias; otro El Político o Ciudadano; otro Del Alma.» De vitis, dogmat., et apot., etc., lib. IV.

88 Diógenes Laercio refiere que Xenocrates fue vendido por los atenienses por no poder pagar un impuesto o tributo, y que fue rescatado por Demetrio Falereo. Añade después que «murió de noche, habiendo tropezado con un barreño, a los ochenta y ocho años de edad».

decir que conviene ejercitarse en las obras y no en especulaciones dialécticas. Estos dos filósofos vivieron juntos en la misma casa y fueron colocados en el mismo sepulcro. Contemporáneo de estos dos académicos fue Crantor, natural de Soli, el cual falleció antes que ellos, pero tuvo por discípulo a Arcesilas, fundador de la Academia media, de que hablaremos después.

Aunque son muy pocos los historiadores de Filosofía que hacen mención de ellos, deben enumerarse entre los discípulos de Platón, Hermodoro y Heráclidas, natural éste de Heráclea, en el Ponto; así como también Eudoxo, natural de Gnido, y Filipo, de Opuncio, los cuales se distinguieron mucho en matemáticas y astronomía.

§ 71. Aristóteles

Corría el año 384 antes de la era cristiana, cuando en una colonia griega de Tracia vio la luz uno de los genios más poderosos que han aparecido sobre la tierra, y cuyo nombre brilló y brillará siempre en la historia de la Filosofía. Apenas es posible hablar de Filosofía y de ciencias sin que acuda a la mente y a los labios el nombre de Aristóteles, natural de Estagira, colonia de origen griego. Fue hijo de Nicomaco, médico y amigo de Amyntas II de Macedonia, y perteneciente a la familia ilustre de los Asclepiades, familia que hacía remontar su origen hasta Esculapio, y en la que parecía hereditaria y como vinculada la profesión de la medicina. Muerto su padre, que le había inspirado la afición a las ciencias naturales, Aristóteles pasó a Atenas,[89] entró en la Academia y se afilió entre los discípulos de Platón, cuya enseñanza y lecciones escuchó por espacio de veinte años. Su maestro, que descubrió pronto el genio superior y el valor extraordinario del nuevo discípulo, solía apellidarle el pensamiento y el alma de su escuela, sin que esto impidiera a Aristóteles adoptar tendencias y direcciones doctrinales diferentes de las de su maestro, meditando y preparando ya desde entonces sus grandes trabajos filosóficos y científicos. Fundándose acaso en la oposición de doctrinas más bien que en documentos históricos, hase dicho que ya en la misma Academia estalló cierta rivalidad

---

89 Suponen algunos autores que después de la muerte de su padre, Aristóteles se entregó en su juventud a una vida de desórdenes, y que, habiendo disipado su fortuna en éstos, se vio precisado a establecer en Atenas un comercio de droguería. Pero no existe testimonio alguno auténtico que confirme esta noticia, la cual, por otra parte, no se halla en armonía con lo que sabemos de su vida y costumbres.

entre el maestro y el discípulo. Según tradición, pero tradición no muy autorizada, dícese que Aristóteles ponía en aprieto a su maestro por medio de cuestiones capciosas y sutiles, y que a su vez Platón solía comparar a su discípulo con los pollos, que pelean contra su madre cuando se sienten ya con fuerza.

Muerto Platón, Aristóteles permaneció tres años al lado de Hermias, tirano o rey de Atarne en la Misia, con el cual tuvo estrechísima amistad, tomando por esposa a su hermana Pytias, de la cual tuvo una hija del mismo nombre. A la muerte de Hermias se retiró a Mitilene, en donde al poco tiempo recibió la invitación de Filipo de Macedonia para que se hiciera cargo de la educación de su hijo Alejandro, invitación que no honra menos al rey de Macedonia que al filósofo de Estagira, y que demuestra a la vez la justa celebridad que el último gozaba ya por entonces en toda la Grecia y países adyacentes. Las grandes empresas militares, políticas y científicas llevadas a cabo o favorecidas por su discípulo, demuestran bastantemente que Aristóteles supo responder a la confianza de Filipo en la educación y preparación del que a la vuelta de pocos años debía apellidarse Alejandro Magno, y formar época en los anales de la historia. Sabido es que el gran conquistador puso especial cuidado en adquirir, coleccionar y remitir a su antiguo maestro toda clase de documentos, noticias, libros y objetos capaces de contribuir al progreso de las ciencias, las cuales debieron mucho, sin duda, al amor que Aristóteles supo inspirar a su real discípulo.

No le debió menos Estagira, su patria, que había sido destruida y asolada en las guerras de Filipo; pues consiguió de éste su reedificación, privilegios y distinciones, entre las cuales sobresale la fundación o establecimiento de un gimnasio filosófico, apellidado Nymphaeum, donde el futuro conquistado de la Persia y de la India oyó las lecciones de Aristóteles, en compañía de Calistenes, Teofrasto y algunos otros, hasta que pasó a vivir en los campamentos para completar su educación militar.[90]

Mientras que Alejandro llevaba a cabo sus grandes conquistas asiáticas, Aristóteles volvió a fijarse en Atenas, y el Liceo vio reunirse en torno del gran filósofo multitud de discípulos y oyentes de todo género. Dícese que su escuela recibió la denominación de peripatética, a causa de la costumbre de

---

90 Dícese que los estagiritas, agradecidos a los muchos beneficios y favores que recibieron de su compatriota, instituyeron en su honor fiestas y juegos bajo el nombre de Aristotélica, que se celebraban anualmente.

Aristóteles de enseñar paseándose por las calles de árboles del Liceo. No hay para qué añadir que el brillo y el nombre del Liceo oscurecieron bien pronto el brillo y el nombre de la Academia platónica y de las demás escuelas filosóficas contemporáneas.

A la muerte del vencedor de Darío, el partido macedónico fue objeto de la persecución y venganza del partido contrario en toda la Grecia, y especialmente en Atenas. Aristóteles no pudo librarse de esta persecución. Habiendo sido acusado de ateísmo por Curymedon y Demófilo, se retiró a Calcis en la isla de Eubea, para evitar a los atenienses un segundo crimen y la repetición de la tragedia socrática. Al poco tiempo, y en este lugar de voluntario destierro, falleció a la edad de sesenta y dos años, de muerte natural, por más que algunos autores suponen que murió envenenado.[91] Según la tradición, Aristóteles tenía voz escasa, ojos pequeños, piernas delgadas, llevaba anillo y usaba cierta elegancia en el porte de su persona. Dícese que su amor al estudio le sugirió la idea de dormir con una bola de cobre en la mano, que le sirviera de despertador al caer en un vaso de metal.

§ 72. Escritos de Aristóteles

Aulo Gelio escribe que Aristóteles enseñaba dos especies de doctrina, una exotérica o general para toda clase de oyentes, y la otra esotérica o especial y reservada. Según este autor y otros muchos, nuestro filósofo comunicaba por la mañana a ciertos discípulos privilegiados la doctrina reservada y superior; pero por la tarde franqueábanse las puertas del Liceo a toda clase de personas, y las explicaciones del maestro eran acomodadas a semejante auditorio. De aquí también la distribución de sus escritos en exotéricos, y esotéricos o acroamáticos. Sin embargo, aunque los autores admiten generalmente esta división, distan mucho de hallarse conformes cuando se trata de aplicar estas denominaciones a éste o aquel escrito, y hasta cuando se trata de señalar el fundamento y origen de esta clasificación. Algunos fundan la clasificación en la diferencia de método: fúndanla otros en la naturaleza o condición la materia que se expone o trata en la obra, según que es más o menos elevada y metafísica, más o menos sencilla y práctica. Para otros, la clasificación se

---

91 No merece discutirse, ni apenas mencionarse, la tradición, o, mejor dicho, la fábula, según la cual Aristótels se precipitó en el fondo del Euripo, despechado por no poder comprender y darse razón de su flujo y reflujo.

refiere al estilo, llamándose exotéricas las obras escritas en estilo más claro y abundante, y acroamáticas las que ofrecen un estilo más conciso y oscuro. Según algunos, finalmente, esotéricos son todos los libros de Aristóteles, a excepción de los escritos en forma de diálogo.

Por lo demás, las obras de Aristóteles son la mejor demostración, no ya solo de la prodigiosa actividad de su genio, si que también y especialmente de la admirable fecundidad y flexibilidad de su talento verdaderamente enciclopédico. La lógica y la gramática, la poética y la dialéctica, la física y la historia natural, la astronomía y la meteorología, la moral y la política, la sociología y la historia, la antropología y la cosmología, la metafísica y la teodicea, todo se halla tratado en sus obras, y tratado a fondo y de una manera sólida, a pesar de que algunas de esas ciencias eran desconocidas hasta su tiempo. Para cualquiera que conozca el catálogo y la importancia de sus obras,[92] es incuestionable que estas son la expresión más elevada y completa de la Filosofía y de la ciencia, dada la época en que floreció.

Desgraciadamente, ni todas sus obras han llegado hasta nosotros, ni la autenticidad de las que poseemos se halla al abrigo de toda duda en cuanto a la integridad y disposición del texto; pues, como observa con razón De Gerando, el texto de sus obras sufrió muchas alteraciones, y el orden de las

---

92 Las obras principales de Aristóteles que han llegado hasta nosotros son las siguientes: Perihermenias seu de interpretatione.— Categoriae, o sea Praedicamenta. —Analytica priora. —Analytica posteriora. —Topicorum, libri octo. —Elenchorum, libri duo. Todos estos tratados reunidos forman el Organon de Aristóteles. —Physicorum, libri octo. —De Coelo, libri quatuor. —De generatione et corruptione, libri duo. —Meteorologicorum, libri quatuor. —De anima, libri tres. —De sensu et sensibilibus. —De memoria et reminiscentia. —De somno et vigilia. —De longitudine et brevitate vitae. —De juventute et senectute. —Metaphycorum, libri quatuordecim. —De Xenophane, Zenone et Gorgia. —Ethica ad Nichomacum. —Magna moralia. —Ethica ad Eudemum. —Politicorum, libri octo. —Rhetoricorum ad Theodectem, libri tres. —De Poetica. —De Historia animalium, libri novem. —De animalium incessu. —De Partibus animalium, libri quatuor. —De generatione animalium, libri quinque. Y cuenta que hacemos aquí caso omiso de varios escritos que corren entre sus obras, pero que, o son apócrifos, o de autenticidad muy dudosa, en cuyo caso se hallan, entre otras, las siguientes: Physiognomica. —De motu animalium. —De mundo. —De coloribus. De spiritu. —De lineis insecabilibus. —De causis. —De re mechanica. —De insomniis. —De divinatione per somnium. —Rhetorica ad Alexandrum. —Parva naturalia.

Añádase a todo esto que algunas de sus obras no han llegado hasta nosotros, siendo muy de lamentar esta desgracia con respecto a la Historia de 158 constituciones de Estados o repúblicas, obra curiosísima sin duda y de la mayor importancia para conocer y juzgar el proceso de la idea política en la antigüedad.

ideas ha experimentado notables y evidentes trastornos. De aquí la dificultad de penetrar su verdadero pensamiento sobre muchas materias, dificultad que sube de punto a causa de la oscuridad de su lenguaje en ocasiones y de la excesiva concisión de su estilo. Por otra parte, las investigaciones nuevas que llevó a cabo, y las nuevas ciencias que creó en cierto modo, le obligaron a inventar y emplear nuevas palabras; pues, como dice Cicerón, imponenda nova, novis rebus nomina; y dicho se está de suyo, que no siempre está fácil determinar y fijar el verdadero sentido de aquellas nuevas palabras y de las viscisitudes que experimentaron al cabo de veinte y tantos siglos.

La desigualdad, lagunas y alteraciones que se observan en los escritos del filósofo de Estagira, tendrían fácil explicación histórica, a ser completamente cierto lo que Strabón y otros autores antiguos refieren acerca de las vicisitudes de sus escritos. Cuéntase, en efecto, que Teofrasto, que heredó de su maestro esos escritos, los transmitió por herencia a su sobrino Neleo de Scepsis, el cual los escondió en un subterráneo, temeroso de que los reyes de Pérgamo pretendiesen apoderarse de ellos sin pagar su justo valor. Al cabo de muchos años fueron desenterrados y vendidos. Apelicón, su comprador, sin poseer los conocimientos necesarios al efecto, sustituyó con otros los pasajes que se habían hecho ilegibles, añadiendo a la vez otros nuevos en lugar de los que faltaban, a causa del gran deterioro que habían sufrido las obras de Aristóteles mientras permanecieron bajo tierra. Habiendo llevado Syla a Roma la biblioteca de Apelicón, las obras de Aristóteles fueron confiadas al gramático Tyranión, el cual las corrigió y modificó, llenando las lagunas que existían; correcciones y modificaciones que después hizo tambiéna su manera Andrónico de Rodas.[93]

Pocos escritores habrá cuyas obras hayan sido objeto de tantos comentarios, glosas, interpretaciones y exposiciones como las de Aristóteles. Los

---

93 Es cosa notable el silencio que guarda Aristóteles en sus escritos acerca de su discípulo Alejandro Magno. Ni una sola vez le nombra en sus numerosas obras, a pesar de sus relaciones de amistad y de los auxilios y materiales que Alejandro le proporcionó para escribir sus libros. Es muy posible, y también muy probable, que tan obstinado silencio responde a un sentimiento de venganza de Aristóteles contra su real discípulo, a causa de la muerte violenta e injusta que aquél dio a su pariente y discípulo Calistenes. Si esto es así, el filósofo de Estagira supo escoger bien el arma de su venganza, dado el afán de gloria y celebridad que dominaba al gran conquistador, el cual hubiera trocado parte de sus tesoros y conquistas por algunos elogios en boca y en los escritos de Aristóteles.

nombres de Simplicio, Alejandro de Afrodisia, Porfirio, Ammonio, Temistio, Filopón, Averroes, Alfarabi, Alberto Magno, Santo Tomás, San Buenaventura, Cayetano, Toledo, Domingo Soto y de cien otros antiguos y modernos, demuestran la importancia y consideración que en todo tiempo han merecido a los filósofos y sabios las obras del filósofo de Estagira. En nuestros días, las versiones y traducciones en varias lenguas de las obras de Aristóteles, acompañadas de prólogos, de notas, de advertencias y aclaraciones, han sustituido a los antiguos comentarios y exposiciones. Entre estas últimas merece especial mención la que se hizo en Berlín, bajo la dirección de Bekker y Brandis, edición de las más correctas en cuanto al texto, preparado y corregido por el primero, y no menos apreciable por parte de algunos comentarios antiguos, corregidos y revisados por el segundo, el cual enriqueció además con escolios excelentes esta grande edición de las obras de Aristóteles.

Añádase a todo esto que algunas de sus obras no han llegado hasta nosotros, siendo muy de lamentar esta desgracia con respecto a la Historia de 158 constituciones de Estados o repúblicas, obra curiosísima sin duda y de la mayor importancia para conocer y juzgar el proceso de la idea política en la antigüedad.

§ 73. Lógica y psicología de Aristóteles

Sabido es que la lógica, considerada como ciencia peculiar, como parte especial de la Filosofía, como ciencia independiente, debe, ya que no su origen, su esencia, su ser científico, su perfección, a Aristóteles; porque Aristóteles fue quien, fundiendo, comparando y desarrollando los elementos dispersos y los ensayos parciales anteriores, creó en realidad la lógica como organismo científico.

Exponer o compendiar siquiera los puntos principales de la doctrina aaristotélica acerca de la lógica, equivaldría a exponer y compendiar el contenido de cualquier tratado de lógica elemental, puesto que cualquiera de estos contiene y refleja por necesidad los puntos capitales de la lógica de Aristóteles. Nos permitimos observar únicamente:

1.º Que el punto culminante y el nudo de la lógica aristotélica es la teoría del silogismo demostrativo; pues en realidad esta teoría del silogismo demostrativo viene a ser el objeto final, el centro común y el término general de relación de los diferentes tratados que componen el Organon de Aristóteles, como son las Categorías, el libro De Interpretatione, los Analytica priora y posteriora, el libro Topicorum, etc.

2.º Que esta teoría silogística del fundaror de la escuela peripatética es tan completa, tan filosófica y tan acabada, que nada sustancial han podido añadirle ni cambiar en ella los escritores de lógica que vinieron en pos de él, a pesar de la marcada predilección que algunos filósofos de primera nota han manifestado en diferentes épocas hacia esta clase de estudios.

Trendelemburg observa con razón que el nombre de Aristóteles respecto de la Lógica, es como el nombre de Euclides respecto de la Geometría. Así como los geómetras no pueden prescindir de la doctrina del último en los problemas que ocuparon su atención, no de otra suerte antiguos y modernos, contemporáneos y sucesores, vense precisados a buscar modelo e inspiraciones en los escritos de Aristóteles, siempre que se trata de lógica; la teoría lógica del Estagirita aparece y se manifiesta superior a las vicisitudes todas de los siglos: Ut in geometria Euclides, sic in logicis Aristoteles saeculorum vicissitudines ita superant, ut uterque exemplar sit in quod intueantur et aequales, et posteri.

El Organon de Aristóteles comprende:

a) El tratado o libro acerca de las categorías o predicamentos (praedicamenta), como las apellidaron algunos traductores e intérpretes latinos. En este libro, Aristóteles reduce, en primer lugar, a diez el número de conceptos, o, digamos mejor, predicados posibles más generales de un sujeto; a saber: sustancia, cantidad, cualidad, relación, lugar, tiempo, sitio, hábito o modo de ser por parte del vestido y armas, acción y pasión,[94] y después entra en explicaciones acerca de la significación, sentido, importancia y divisiones de cada uno.

b) El tratado que lleva por título Perihermemas o De interpretatione, entre los latinos, en el cual, después de algunas consideraciones acerca del nombre, del verbo y de la oración enunciativa o proposición en general, trata de las diferentes especies, formas y propiedades de la proposición.

---

94 Aristóteles al hacer esta división de categorías, se expresa en los siguientes términos: «Eorum, quae secundum nullam complexionem dicuntur, unumquodque, aut substantiam significat, aut quantum, aut quale, aut ad aliquid, aut ubi, aut quando, aut situm, aut habere, aut agere, aut pati». Categ., cap. V.

c) El tratado que lleva por título Priora analytica, y más generalmente Priorum Analyticorum libri duo, en el cual se trata con detenimiento y profundidad verdaderamente analítica de los elementos o principios, esencia, propiedades, figuras, especies y efectos del silogismo, y con este motivo se trata también de la inducción, la analogía, el entinema y otras especies de argumentación.

d) El tratado dividido en dos libros Posteriorum analyticorum, en que se trata la demostración considerada en sus principios, en su esencia, en sus especies, en sus efectos, etc., y también de la definición.

e) Los ocho libros Topicorum, en los cuales Aristóteles expone el concepto de la dialéctica como arte de disputar o discutir y las diferencias que la separan de la ciencia lógica; investiga y expone la naturaleza y condiciones del silogismo probable, en contraposición al demostrativo, y termina señalando y discutiendo los lugares de donde se pueden sacar argumentos probables, razones y pruebas más o menos fuertes y conducentes, ora para afirmar o negar alguna tesis, ora para resolver algún problema.

f) Finalmente: el tratado o los dos libros Elenchorum, destinados a exponer los sofismas, o sea la naturaleza, especies, origen y remedios de las argumentaciones sofísticas.

Después de enumerar las categorías y fijar su significado por medio de ejemplos,[95] Aristóteles advierte que estas categorías son representaciones simples, o responden a conceptos incomplejos de suyo, de manera que, en cuanto tales, carecen de verdad y falsedad; porque la verdad y la falsedad no existen mientras no haya complexión de ideas por medio de afirmación y negación. Las categorías son elementos posibles para la afirmación y la negación (horum autem complexione affirmatio vel negatio fit), resultado de la complexión, es decir, de la comparación de aquellas; pero consideradas en su estado incomplejo, en su estado natural de representación simple de un objeto, no poseen ni verdad, ni falsedad: eorum autem, quae secundum nullam complexionem dicuntur, nullum neque verum, neque falsum est.[96]

---

95 Enumeradas las diez categorías, Aristóteles añade: «Est autem substantia quidem (ut in figura dicatur), ut homo, equus: quantum autem, ut bicubitum, tricubitum: quale, ut album, grammaticum: ad aliquid, ut duplum, dimidium, majus: ubi vero, in foro, in lyceo: quando, ut heri, superiore anno: situm vero esse, ut jacet, sedet: habere autem, ut calceatum esse, armatum esse: agere vero, ut secare, urere: pati, ut secari, uri».

96 «Priora vero sunt et notoria bifariam; non enim idem prius natura et ad nos prius, neque notius et nobis notius. Dico autem ad nos quidem priora et notiora, quae sunt propinquiora

En este mismo tratado, y desde sus primeras páginas, comienza a dibujarse, o, mejor dicho, se revela claramente el principio que informa la concepción lógico-metafísica de Aristóteles, en contraposición a la concepción de su maestro. Ya hemos visto que para Platón la idea representa y constituye la sustancia o esencia verdadera de las cosas; que es una realidad objetiva que existe en sí misma; esencia independiente, anterior y superior a los individuos, los cuales, más bien que esencias y sustancias verdaderas, son imitaciones y como participaciones imperfectas de la idea o esencia universal. Aristóteles enseña todo lo contrario: para Aristóteles, a la sustancia universal, a la sustancia específica o ideal, solo le conviene la razón de sustancia en sentido menos propio (secundum quid) y de una manera imperfecta; el nombre y la razón de sustancia, en su sentido propio, principal y absoluto o perfecto (proprie, et principaliter, et maxime), corresponde solamente a la sustancia-individuo, a las sustancias singulares. Para Platón, la primera sustancia es la idea, es decir, la sustancia universal, y los individuos son meras sustancias secundarias: para Aristóteles, estos son y constituyen las primeras sustancias; las universales o específicas solo constituyen sustancias segundas: Merito igitur post primas substantias, aliorum omnium species et genera secundae substantiae dicuntur.

Al analizar y desenvolver la la naturaleza, propiedades y efectos de la demostración en su Posteriora analytica, Aristóteles combate a los escépticos que negaban la existencia y posibilidad de la ciencia, y combate también o rechaza las pretensiones de algunos que enseñaban que toda proposición es demostrable; lo cual, si fuera así, haría imposible la ciencia, porque sería necesario proceder in infinitum en la serie de las pruebas de las premisas de cualquiera demostración. Hay, pues, algo indemostrable, concluye Aristóteles, algo que ni necesita ni puede ser demostrado, porque es evidente por sí mismo. Tal es el principio de contradicción, y en general los primeros principios o axiomas que sirven de base a toda demostración y a las diferentes ciencias. Estos principios o axiomas son lo primero y más fundamental, son lo más evidente, si se los considera en sí mismos y en relación con el orden inteligible; pero considerados con respecto a nosotros (quoad nos), o sea

---

sensus; simpliciter autem priora et notoria, quae longius. Sunt autem longissime quidem ipsa maxime universalia, proxime vero ipsa singularia.» Poster. analyt., lib, I, cap. II.

en relación con el proceso del conocimiento humano, lo primero y lo más evidente o conocido son los objetos singulares que percibimos por medio de los sentidos.

Los puntos fundamentales de la Psicología de Aristóteles son los siguientes:

a) El alma humana es forma sustancial del hombre; lo cual vale tanto como decir que se une inmediatamente a la materia prima (entidad puramente potencial, sin acto ni determinación alguna) como determinación sustancial y actualidad primitiva, para constituir con ella una naturaleza humana y una persona humana. Es la entelequia del hombre, el acto primero, la razón suficiente a priori, el principio originario de todas las manifestaciones de la vida; pues, como dice el mismo Aristóteles, anima id est, quo vivimus, et sentimus, et movemur, et intelligimus primo, como lo es también de las demás propiedades y atributos del hombre. El alma humana, como toda forma sustancial, es única en el nombre en cuanto a su ser y sustancia, y, por consiguiente, principio y causa radical de todos los actos del hombre. Pero esta unidad de ser y de sustancia no excluye la pluralidad de potencias, las cuales pueden reducirse a cinco géneros o clases, que son la facultad vegetativa, la sensitiva, la locomotriz, la apetitiva y la intelectual. El alma racional del hombre, sin dejar de ser una, entraña y contiene en sí de una manera virtual y eminente la perfección del principio vital de las plantas, y también la del alma sensitiva de los animales.

b) El entendimiento y el apetito racional o voluntad que se encuentran en el alma humana, la simplicidad de sus actos y la universalidad de sus objetos, demuestran que el alma racional es una sustancia simple, inmaterial, independiente, separable del cuerpo[97] y colocada a inmensa distancia del alma sensitiva de los animales, en los cuales las facultades de conocimiento no exceden de la imaginación, que es la más perfecta entre las del orden sensible; pero no poseen la intelección y la razón, las cuales son propias del hombre y no convienen a los animales: et in aliis animalibus non intellectio, neque ratio est, sed imaginatio.

c) Esta doctrina de Aristóteles, la misma que expone en otros lugares de sus obras, y que, además, se halla en perfecto acuerdo con su teoría teológico-

---

97 «Unde nec rationabile est ipsum (intellectum) mixtum esse cum corpore... Et bene utique, qui dicunt animam esse locum formarum (de las especies o ideas mediante las cuales se verifica el conocimiento); nisi quod non tota, sed intellectiva; sensitivum enim non sine corpore est, hic (intellectus) autem separabilis est.» De Ani., lib. III, cap. I.

moral, según la cual la perfección y la felicidad suprema de la Inteligencia infinita, o sea de Dios, consiste en la contemplación intuitiva de sí mismo, y la perfección última o felicidad suprema del hombre consiste en la contemplación y conocimiento de la Inteligencia separada, nos da derecho para afirmar que este filósofo admitía la inmortalidad del alma humana, por más que acerca de este punto no se explique alguna vez con la precisión y claridad que serían de desear. Esta oscuridad relativa ha dado ocasión y pretexto a algunos autores para decir que su opinión es contraria a la inmortalidad del alma, o que, por lo menos, abrigaba dudas sobre este punto. Sin contar que las vicisitudes y lagunas de las obras aristotélicas que han llegado hasta nosotros, juntamente con la pérdida de otras, nos privan tal vez de pasajes más explícitos y de investigaciones directas y precisas acerca de la inmortalidad del alma humana, la verdad es que ésta se halla suficientemente comprobada en lo que nos queda de Aristóteles, ora sea atendiendo a los pasajes que se relacionan directamente con este problema, bien sea que se tengan en cuenta sus teorías teológicas y éticas. Merece citarse, entre otros, el siguiente pasaje, que se encuentra en su obra De generatione animalium, en donde, después de sentar que las almas de los animales no vienen de fuera para unirse al cuerpo, sino que son engendradas en el cuerpo y con el cuerpo, sin el cual no pueden existir, como tampoco pueden obrar, añade que sola la mente o alma racional viene de fuera para unirse al cuerpo, que ella sola es divina, y su acción nada tiene de común con las acciones corporales: Restat igitur, ut mens sola extrinsecus accedat, eaque sola divina sit; nihil enim cum ejus actione communicat actio corporalis.

No es menos concluyente y explícito en favor de la inmortalidad del alma racional el pasaje que se encuentra en le libro segundo De Anima, donde, hablando del alma inteligente, en la que reside la facultad de especulación racional, dice que parece pertenecer a un alma de género superior, y que puede separarse del alma y facultades sensibles, como se distingue y separa lo perpetuo de lo corruptible: Videtur genus aliud animae esse; et hoc solum posse separari, sicut perpetuum a corruptibili.

Fijando la atención en los autores que atribuyeron y atribuyen al filósofo de Estagira la negación de la inmortalidad del alma, no es difícil reconocer que muchos de ellos lo hacen llevados por el empeño de buscar antecedentes y patrocinadores para sus teorías sensualistas y materialistas, al paso que algunos son arrastrados por el afán sistemático de presentar las doctrinas y las teorías de Platón y de Aristóteles como universalemte antitéticas, y de buscar oposiciones radicales y absolutas en sus respectivas concepciones antropológicas. Entre los antiguos, sin embargo, si se exceptúa a Alejandro de Afrodisia y a Pamponazzi, que propendían a negar la inmortalidad del alma humana, es más probable que procedieron de buena fe al atribuir a Aristóteles la opinión indicada,[98] opinión que, por otra parte, tiene en su favor ciertos pasajes y extos del mismo.

---

98 Los principales y más autorizados escritores antiguos, que opinaron que Aristóteles había negado la inmortalidad del alma, son los siguientes: Alejandro de Afrodisia, Plutarco, Plotino y Porfirio, al menos si nos atenemos al testimonio de de Eusebio de Cesárea. Entre los Padres de la Iglesia, fueron partidarios de esta opinión San Justino, Teodoreto, Orígenes, San Gregorio Niseno, el Nacianceno y Nemesio. Entre los escolásticos, se inclinan a la opinión expresada Escoto, Hervé y el Cardenal Cayetano, cuya tendencia, así como la de Escoto, en esta materia, es posible que tenga algo de interesada y parcial, habida razón de su modo de pensar acerca de la dificultad suma en que se encuentra la razón humana para demostrar evidentemente con sus fuerzas propias la inmortalidad del alma racional.

Entre los que opinaron que Aristóteles conoció y afirmó la inmortalidad del alma, cuéntase desde luego la mayor parte de los comentadores antiguos, como Temistio, Juan Filopón, Simplicio, Boecio y otros. Los escolásticos opinaron generalmente en favor de Aristóteles sobre esta materia, distinguiéndose entre ellos Alberto Magno, Santo Tomás, Egidio Romano, Durando, Soto, Toledo, Vázquez, Suárez, con otros muchos. Una y otra sentencia se apoyan en textos y raciocinios más o menos explícitos y concluyentes, cuya exposición y resumen hace Suárez en su tratado De Anima. Extractaremos parte del capítulo en que el filósofo granadino discute esta cuestión, lo cual servirá también para que el lector pueda conocer la forma y alcance que los escolásticos daban a esta discusión.

Después de indicar los autores más notables que atribuían a Aristóteles la negación de la inmortalidad del alma, Suárez añade: «Fundamenta hujus sententiae ex variis locis et dictis Aristotelis, illa inter se conferendo, seu conjungendo desumuntur. Primum sumitur ex 1.º et 3.º De Anima, et isto modo conficitur. Si intelligere est opus phantasiae, vel non est sine phantasia, anima non est separabilis a corpore; sed intelligere vel non est opus phantasiae, vel non est sine phantasiae operatione: ergo anima non est separabilis a corpore, et consequenter est mortalis. Supponimus enim, apud Aristotelem idem esse animam esse inmortalem, quod esse separabilem a corpore, id est, esse natura sua aptam ad existendum post separationem a corpore, quod est verissimum, ut supra ostendi, quia si separata manet, amplius corrumpi non potest, ut demonstravimus. Unde e contrario, idem etiam sunt esse inseparabilem a corpore, et esse mortalem animam; quia si est inseparabilis a corpore, pendet a materia in suo esse, et consequenter per separationem desinit esse: ergo est mortalis, quia per illam separationem fit mors hominis, per quam anima commoritur (ut sic dicam) si esse desinit: illa ergo duo idem sunt, et illa est phrasis seu modus loquendi Aristotelis, ut ex omnibus locis allegandis constabit. Consequentia ergo principalis argumenti per se nota est, et formalis: utraque autem praemissa ex ejusdem Aristotelis doctrina sumpta est.

237

»Nam in primo De Anima, text. 12, neccessarium esse dicit, inquirere an operationes vel affectus animae omnes sint communes, vel sit aliqua operatio animae propria: vocat autem communem, quae sit cum corpore; propriam vero, quae est solius animae: tractat enim de operationibus vitalibus, quarum principium omnino necessarium et principale est anima, ideoque nulla talis operatio esse potest propria solius corporis, quia sine influxu animae fieri non potest: ac propterea, Si corpus etiam illi cooperatur, dicitur operatio communis: si autem non pendet a corpore, dicitur operatio animae propria. Merito ergo ait Aristotelis necessarium esse inquirere, an sit aliqua operatio propria animae, utique ad investigandum, an sit aliqua anima incorporea, separabilis, et inmortalis; quia ex operatione colligi debet, qualis sit anima, quia non suppetit nobis aliud medium magis proprium ad naturam formae investigandam, ut in duobus capitib. praecedentibus ostendimus. Et ita hoc etiam principium supponit Aristoteles in loco citato, et lib. II De Generat. animal, C. III, et aliis locis infra referendis. Addit autem in loco allegato, inter animae opera ipsum intelligere videri esse opus maxime proprium ejus. Et tunc adiungit alteram conditionalem propositionem, quam in majori propositione n. 2, posuimus: Si intelligere phantasia quaedam est, aut sine phantasia non est, non continget sine corpore esse: ac proinde nec anima esse poterit sine corpore: quia ex depedentia operationis (ut dixi), dependentiam formae colligimus; tum quia inter se proportionem servant, tum etiam quia forma non est sine operatione. Unde statim in textu 13, addit Philosophus tertiam conditionalem, quod si nulla sit operatio animae propria, nec ipsa anima separabilis sit. Major ergo propositio, aristotelica est. Minor autem ab eodem sumitur lib. III De Anima, text. 3.º ubi expresse dicit, animam numquam sine phantasmate intelligere: cum ergo ad veritatem disjunctivae una pars sufficiat, vera erit illa propositio disjunctiva, intelligere, vel est phantasia, vel non est sine phantasia: ergo juxta priorem conditionalem, intelligere non est operatio propria animae: ergo anima nullam habet operationem propriam, et si qua est propria, maxime est intelligere: ergo anima est mortalis, juxta Aristotelis principia.

»Secundo, argumentor ex eodem Philosopho, lib. III De Anima, cap. V, ubi distinguens intellectum in agentem, et passivum, ait intellectum passivum esse corruptibilem: est autem intellectus passivus seu passibilis, potentia intellectiva per quam anima rationalis intelligit: si autem hic intellectus corruptibilis est, profecto etiam anima, quia vel in re sunt idem, vel sunt ejusdem ordinis, et quia sine intellectu anima esse non potest. Unde licet de intellectu agente dicat Aristoteles ibidem, esse impatibilem, et aeternum, videtur profecto ibi sentire non esse animae potentiam, sed aliquam substantiam separatam, seu intelligentiam aliquam. Adde quod lib. I De Anima, text. 65, numerans actions animae, per quas movetur ipsa, et movet cor vel aliam partem corporis, ut sunt irasci, timere, etc., inter eas point, ratiocinari, licet addat, ratiocinari autem, aut hujusmodi est, aut aliud quidpiam. Statim vero subjungit: sicut non dicitur proprie animam texere, vel aedificare, ita ne irasci, discere, vel ratiocinari, sed hominem per animam: ergo sentit illas actiones aeque communes esse corpori. Tertio, est locus obscurus ibi libro II De Generat. animal, cap. III, ubi ait, non solum vegetativam, et sensitivam animam, in potentia materiae contineri, sed etiam rationalem. Unde sentit de potentia materiae educi, et consequenter ab ea pendere, et materialem, ac mortalem esse. Quarto, in libro I. Ethicorum, cap. XVI. Solonis sententiam reprobat, dicentis hominem non posse in hac vita esse felicem, sed post mortem. Improbat autem hac ratione: Felicitas in operatione posita est; at post mortem nulla est operatio: ergo nec felicitas. Videtur ergo Aristoteles in illa propositione subsumpta, sentire post hanc vitam nullam felicitatem superesse: ergo negat manere animam post mortem: quia si maneret, et operationis, et felicitatis capax esset. Et libro III. Ethicor., cap. VI, dicit post mortem nihil boni, vel mali superesse. Et 12, Metaphys., cap. VII, text. 39 indicat felicitatem hominis tantum esse in hac vita, et brevi tempori durare. Denique, eodem 12 Metaphysic., cap. III, quaestionem hanc attingens, indecisam eam relinquit, et libro primo De Anima, text, 63, et sequentib. anceps est, et sub dubio loquitur.

»Ultimo addi possunt conjecturae: una est, quia si Aristoteles cognovisset animam esse immortalem, et immaterialem, credidisset utique non educi de potentia materiae, et consequenter fieri ex nihilo per creationem: at ipse utique negat ex nihilo aliquid fieri, seu creari: ergo. Secundo, quia si animae post mortem permanerent, nunc essent animae infinitae, quod est impossibile, juxta doctrinam ejusdem Aristotelis tertio Physicorum. Sequela patet ex alio ejus principio, quod mundus, et homines ab aeterno fuerunt: quia hoc posito, necesse est, ut homines infiniti praecesserint, ac subinde, ut tot animae simul nunc sint: cum Aristoteles ipse transanimationem seu transmigrationem animarum in diversa corpora non admittat.

»Responderi ad utrumque potest, Aristotelem cognovisse creationem aeternam per simplicem emanationem a prima causa. Et ita, credere etiam potuisse omnes animas aliquando futuras ab aeterno fuisse creatas, et postea suis temporibus corporibus infundi. Sed hoc in primis non solvit nodum, imo illum magis implicat: nam multo magis necessarium fuisset, animas illas in numero infinito simul esse creatas, ut ad hominum generationes finitas non solum a parte ante, seu quae jam praecesserunt, sed etiam a parte post, ad illas, quae, juxta ejusdem Philosophi mentem, in aeternum succedent, sufficere possent; quandoquidem, quae semel a corporibus separantur, generationibus aliorum hominumnon inserviunt, ex ejusdem Aristotelis sententia. Deinde, assertum illud de animarum existentia ante corpora repugnat eidem Aristoteli libro diodecimo Metaphys., cap. III. text. 16, dicenti causam efficientem praecedere suum effectum, formam autem ex illo incipere, quod ibidem de anima intellectiva in specie affirmat, ut Divus Thomas ibi notat. Ex quo ultima conjectura confici potest: quia, texte eodem Aristotele, quidquid habet existendi initium, habet etiam finem, ut ipse probare conatur libro primo De Coelo, cap. XII; sed anima rationalis habet initium existendi, ut ipse affirmat loco citato: ergo habet etiam finem.»

Suárez cita a continuación los principales autores que opinan que Aristóteles conoció y afirmó la inmortalidad del alma humana, y añade: «Fundatur primo haec sententia in contrario discursu, facto in fundamento primo praecedentis sententiae. Nam Aristoteles in I De Anima, tex. 13, hoc fundamentum jacit: Si anima habet operationem vel affectum proprium, id est, quem per se ipsam sine corpore habeat, fieri poterit, ut ipsa separetur. Quod principium communiter receptum est, ejusque rationem supra attigimus, et paulo post illud magis explicabimus et probabimus a nu. 10; sub illo autem et ejusdem Aristotelis doctrina sumimus, animam hominis in corpore aliquam operationem propriam habere. Ego recte concluditur, animam, ex Aristotelis sententia, esse separabilem a corpore, et immortalem, quia utraque praemissa est Aristotelis, et in virtute assertionem continet. Superest probanda minor, de qua Aristoteles, lib. I De Anima in eodem textu 12. Maxime vero proprium videtur intelligere. Quia vero ibi non tam asserendo, quam dubitando loqui videtur, ideo libro III, text. 4, et sequentib. probat ex professo, intellectum esse potentiam impermixtam utique materiae, id est, esse incorpoream. Et textu 6, inde infert intellectum non esse potentiam organicam, et species intelligibiles non recipi in conjuncto, sed in ipsa anima, quae propter hanc causam locus specierum dicitur. Utiturque illa ratione, quod potentia intelligens omnia corpora, debet esse denudata a natura corporea, ac subinde immaterialis, et incorporea.

Unde clare sequitur esse immortalem, quam rationem supra expendimus: et text. 7, addit aliam, qua directe probat intellectum non esse potentiam organicam, et intelligere non fieri per organum corporis. Nam potentia organica, ratione organi laeditur et impeditur a vehementi objecto, ut in sensibus patet: intellectio autem non impeditur, nec intellectus laeditur ab excellenti intelligibili, sed in eo magis perficitur. Nam quia excellentiora intelligibilia contemplari novit, inde ad inferiora intelligenda habilior redditur. Unde concludit, intellectum esse separabilem, non autem sensum. Et ideo in lib. I, text. 92, dixit non posse partem corporis assignari, in qua sit intellectus tanquam in organo, vel per quam ipsum intelligere eliciatur.

»Praeter haec, inveniuntur in eisdem libris De Anima plura loca, in quibus Aristoteles intellectum, quo anima intelligit, aut exitimat vel opinatur (ut ipsemet exposuit text. 5, lib. III) vocat impermixtum, separabilem vel separatum, perpetuum, seu aeternum, et advenire, et passione vacare, et quid divinum esse. Unde in lib. I De Anima, textu 65 et 66, de intellectu ait, videri esse substantiam, nec interire. Et utitur alia ratione ex eo sumpta, quod per senium corporis non labefactatur iintellectus, ut late ibi exponit Themistius, et Philoponus, et novissime Hyeronimus Dandinus, et in text. 28, intellectum vocat, nobillissimum et divinum. In lib. autem 2, textu 11, ait nihil vetare aliquam partem animae separabilem esse, eo quod nullius corporis si actus. Clarius in textu 21: De intellectu, dicit, et contemplativa potentia, nondum quidquam est, sed videtur animae genus diversum esse, idque solum posse separari, quemadmodum aeternum a corruptibili, caeteras vero partes, id est, species animae, non esse separabiles. Quod testimonium esset irrefragabile, si majori cum asseveratione Philosophus loqueretur; nihilominus tamen satis mentem suam indicat, quamvis verbo, videtur, utatur, quia rem non ex profeso tractabat, et lib. III De Anima, cap. IV, intellectum ponit inter res separatas a materia, et passionis expertes, et cap. V, de intellectu agente clare dicit esse separabilem, non mixtum, passioneque vacantem. Sunt vero, qui de intelligentia separata, vel de Deo ipso locum illum interpretentur. At satis clare ibidem docet Arsitoteles, intellectum illum esse potentiam, et quasi habitum vel lumen animae, de quo in lib. IV, dicturi sumus. Addi vero potest, quod ait lib. I de Part., cap. I, intellectum, quo anima intelligit, esse immaterialem, seu a materia in suo esse abstractum. Praetera lib. XII Metaphys., cap. III, text. 17. Si autem aliquid posterius permanet, considerandum est, in quibusdam enim nihil prohibet. Utique in hominibus, ut declarat, dicens: Veluti si anima tale sit, non omnes, sed intellectus, omnem namque fortassis impossibile est.

»Unde in lib. II De Generat. amimal, cap. III, cum dixisset animas caeterorum animantium non posse extrinsecus advenire, nec sine corpore existere, quia omnis eorum operatio corporalis est, adungit: Restat igitur, ut sola mens extrinsecus accedat, eaque sola divina sit, nihil enim cum ejus actione communicat actio corporalis. Quem locum in hac materia solemnem et clarissimum, aliqui detorquent, per mentem, non rationalem animam, sed Deum vel aliam intelligentiam exponentes; frigide tamen, et contra tenorem contextus, et contra illam doctrinam, quam inter hominem, et alia animalia Aristoteles constituit. Ponderat item Philoponus addere ibi Philosophum illud ipsum, quod de mente dixerat, Non satis adhuc constare, quod de divina mente nunquam Philosophus dixit. Quae quidem animadversio, sicut est optima al illam violentam expositionem refellendam, ita enervat vim testimonii, et aliquam inconstantiam, et dubitationem scribentis ostendit. In eodem tamem lib. Text. 45, aperte dicit rationalem animam, non esse corpoream. Et 2 De Part. animal., cap. X, dicit inter animantia solum hominem divinitatis esse participem. Quod latius declarat lib. X. Ethicor., cap. VIII. Nam cum dixisset, felicitatem consistere in vacatione vitae contemplativae, addit: Talem vitam superare hominis naturam, utique quatenus corpore, et animo constat. Nam ut latis est, magis in actione versatur. Unde addit: Non enim hoc ipso, quo homo est, ita vivet, sed quo est quid in ipso divinum, scilicet, anima rationalis, quae Deo, et intelligentiis in hoc similis est, quod per mentis contemplationem supra corpus elevatur. Et ideo adjungit: Quantum igitur hoc, id est, intellectivum, ab ipso composito differt, tantum et hujus operatio distat ab ea, quae ab alia virtute proficiscitur: quod si mens divinum ad ipsum hominem est, et vita quae ab ea manat, divina est respectu ipsius vitae humanae. Et inde subinfert, non oportere homines tantum mortalia cogitare, sed, quoad fieri potest, immortales nos ipsos facere, etc. In quibus omnibus non loquitur de beatitudine vitae futurae, sed tantum praesentis. Nihilominus tamen fundamenta ponit, quibus immortalitas animae naturaliter innotescit, quia per illam divinitatis participationem, quam per mentis elevationem, et contemplationem in nobis experimur, intelligimus habere nos aliquod principium operandi simile Deo et intelligentiis, et consequenter a corpore separabile, et aeternum: et lib. IX. Ethic., 8, cap. in fin. ponit aliud immortalitatis signum, quod nos supra expendimus, scilicet, quia vir probus corporis bona, et ipsam etiam corporalem vitam, propter honestatem contemnit. Non videtur ergo verisimile illum, qui de honestate, et felicitate humana, tan preclare sensit, animae immortalitatem ignorasse.

»Est ergo haec posterior sententia valde credibilis; suadebitur autem amplius, respondendo prioribus argumentis, vel certe haec posteriora cum illis conferendo. Principalis autem difficultas in primo fundamento utriusque sententiae posita est. Ad quam radicaliter expediendam, exponere oportet tres priores conditionales, quas Aristoteles in d. lib. I De Anima, cap. I, textu 12 et 13, posuit tanquam fundamenta ad animae rationalis immortalitatem indagandam necessaria. Et claritatis gratia incipiemus a secunda, quae est haec: Si anima humana aliquam habet operationem propriam, fieri poterit ut ipsa separetur. Circa quam in primis supponendum est, sermonem esse de anima corpori conjuncta, quod per se evidens (quidquid Cajetanus ibi tergiversetur, ut mox dicam); quia medium demonstrationis, quo a posteriori probamus immaterialitatem, separabilitatem, et immortalitatem animae, est operatio quae habet dum est in corpore: tum quia illa exprimitur, et non quam habet separata; tum quia alias ad probandum animam esse separabilem supponeremus ipsam separatam operari, et a fortiori esse, quit esse egregius argumentadi modus: ergo sub illa conditionali oportet subsumere, animam, conjunctam habere operationem propriam, id est, non commumem corpori, ut supra declaravi, sed nondum satis declaratum est, quanta, et qualis haec proprietas operationes esse debeat. Distinguunt enim ibi Philoponus, Averroes, et praecipue Divus Thomas in citatis locis, duos modos, quibus operatio animae conjunctae corpori, est illi communis, scilicet, vel tanquam instrumento seu organo, per quod sit, et in quo subjetactur, vel tamquam ab objecto quasi excitanti, vel danti occasionem operandi: quam distinctionem Cajetanus etiam, et omnes moderni admittunt estque per se satis clara, sed in applicatione et usu ejus potest esse defectus.

»Dicunt ergo aliqui, Aristotelem in dicta propositione, per operationem propriam animae, illam intelligere, quae neutro ex dictis modis corpori communis est. Ita sensit Albertus, quem sequitur Cajetanus, et probat ex prima hypothetica propositione tradita ab Aristotele, scilicet: Si intelligere est phantasia, aut non sine phantasia, non est separabile. Nam ex hac colligitur, intelligere non esse propriam animae operationem, ex qua possit separabilitas animae colligi; quia licet sit phantasia, non est sine phantasia, ut in tertio libro idem Philosophus dixit. Ex qua ratione et explicatione, existimat Cajetan. Priman objectionem convincere, Aristotelem in ea fuisse sententia, quod anima non subsistat a corpore separata. Nam in

241

Preciso es reconocer, sin embargo, que la opinión contraria, la que atribuye

prima conditionali expresse dixit, quod si intelligere est phantasia, vel non sine phantasia, non est separabile. Unde nunquam dixit, intelligere esse opus proprium animae, sed maxime proprium videri. Unde virtute sic argumentari videtur: si aliquod est opus animae proprium, maxime intelligere; sed hoc non est animae proprium, quia non est sine phantasia: ergo omnes affectus vel operationes animae sunt communes corpori, ac proinde non est anima separabilis.

»Nihilominus, Divus Thomas et alii expositores, communiter intelligunt Aristotelem vocasse operationem propriam animae, illam, quae per organum corporeum non elicitur, nec in illo recipitur, etiam si aliquam aliam operationem corporis concomitantem habeat. Quam sententiam verissimam esse judico, tum in re ipsa, tum ex mente Aristotelis. Probatur prior pars: quia si intelligere est opus proprium animae formaliter (ut sic dicam), id est, quia ab illa sola elicitur, et in ipsa sola sine corporeo organo recipitur, etiam si non sit propria causaliter, seu per redundantiam in corpus (ut ita rem aptius explicem), est sufficiens medium ad concludendam animae separabilitatem, et immortalitatem. Ergo illa conditionalis: Si anima habet propriam operationem, separabilis est, intellecta de operatione propria tantum formaliteer, verissima est. Consequentia est clara, et antecedens probatur. Quia operatio sic propria non est materialis, nec corporea, quia non fit elicitive, per se per organum corporeum, nec recipitur in parte organica, seu corporea. Ergo per se fit a potentia immateriali, in qua etiam recipitur: ergo et ipsa operatio, et potentia est in immateriali subjecto, quod est anima ipsa: ergo multo magis anima ipsa est spiritualis, ac subinde immortalis, juxta alios discursus in praecedentibus capitibus factos.

»Et confirmatur: quia si operatio est ita propria animae, ut per corpus non fiat, nec in aliqua ajus parte organica recipiatur, necesse est ut in sola anima recipiatur, vel inmediate, vel mediante potentia, quae in ipsa etiam anima immediate sit: ergo talis operatio supponit animam per se ac de se subsistentem, nam tale est esse, quale est operari, et substare accidenti, supponit subsistere: ergo anima, quae operationem sic propiam habet, immaterialis est, utpote a materia, vel alio subjecto independens. Dices, non repugnat operationem esse ab anima et in anima, sine medio instrumento seu organo corporeo, et nihilominus animam ipsam pender a materia, et consequenter etiam operationem pender a materia etiam, saltem remote mediante anima; ac proinde non repugnabit esse materialem operationem, et esse a sola, et in sola anima. Respondeo, id aperte repugnare: quia si anima pendeat a materia in suo esse, non operatur nisi ut unita materiae, quia operari supponit esse, et illi proportionatur; forma autem pendens a materia non est, nisi quatenus inest, ut sic dicam, seu non prius est, quam sit unita, et ideo non operatur nisi ut unita. Ergo operatio talis formae non est propria ipsius, sed necessario fit per aliquam materialem partem determinatam et apte dispositam ad talem operationem, et consequenter per corporale organum; quia non potest fieri ab anima, ut unita tali corpori, et singulis partibus ejus, ut es per se notum. Nam ob hanc causam, et non propter aliam, omnes operationes sensuum organicae sunt, et communes corpori, et non proprie solius animae. Unde e contrario, si anima habet operationem propriam illo modo, id est, non factam per corporale organum, talis operatio nos est ab anima, ut unita materiae, sed abstracte, et secundum se, ac proinde talis anima est formaliter, ut sic dicam, independens a materia in operando: ergo etiam in essendo. Ergo propositio illa hypothetica, si anima habet operationem propriam, separabilis est, verissima est, intellecta de operatione propria formaliter sive sit etiam propria, sive causaliter, seu concomitanter, sive non.» De Anima, lib. I, cap. XI.

al discípulo de Platón el conocimiento y enseñanza de la inmortalidad del alma, sobre tener en su apoyo textos más explícitos que la contraria, se halla también más en armonía con el espíritu de la Filosofía Aristotélica, con su concepción ético-teológica, y especialmente con su teoría del conocimiento, la cual puede resumirse en los siguientes términos:

En el hombre existen dos órdenes o géneros de conocimiento enteramente distintos entre sí, en relación con los dos géneros de facultades cognoscitivas que en el mismo se manifiestan y funcionan; a saber: los sentidos exteriores e interiores, por medio de los cuales se verifica el conocimiento sensible, y la inteligencia o razón pura a la cual pertenece el conocimiento inteligible.

Además de los cinco sentidos externos, existen en el hombre, según Aristóteles, cuatro sentidos internos, que son: a) el sentido común, que es como el centro y lazo de los cinco sentidos externos, cuyas sensaciones y objetos propios percibe y distingue; b) la imaginación, cuya función propia es reproducir las sensaciones anteriores y los objetos por ellas percibidos o sentidos; pero en el hombre, y a causa de su unión y subordinación a la razón, posee además la facultad de componer o construir representaciones complejas (un palacio de oro, un centauro, un hombre con tal estatura, tal color, etc.), que resultan de la unión o combinación de diversas cualidades y objetos percibidos de antemano, y en este concepto recibe el nombre de fantasía, y sus efectos o manifestaciones el nombre de phantasmata; c) la memoria, cuya función peculiar es retener las sensaciones y representaciones anteriores de los demás sentidos; y d) la estimativa natural, cuya función propia es percibir y distinguir, pero de una manera instintiva, inconsciente y espontánea, lo que es conveniente o inconveniente, útil o nocivo al sujeto. Este sentido interno, que, lo mismo que los tres anteriores, no es exclusivo del hombre, sino que se encuentra también en los animales perfectos, en el hombre posee cierto grado de elevación y perfección en fuerza de su unión con la inteligencia o razón, bajo cuya dirección e influencia compara y discierne de una manera relativamente consciente y refleja los objetos singulares y sensibles: de aquí es que alguna vez es denominada razón particular, y más frecuentemente entendimiento pasivo (intellectus passivus) por Aristóteles, denominaciones que han dado origen a errores que bien pueden calificarse de graves y extraños por parte de escritores,[99] de quienes parece que debiera experarse mayor exactitud de ideas.

---

99   Muchos, muchísimos son los escritores, principalmente duranre los dos últimos siglos y en nuestros mismos días, que incurrieron e incurren en graves equivocaciones y en lastimosa confusión de ideas al exponer la teoría psicológica de Aristóteles. Citemos solo, por vía de ejemplo a Tiberghien, escritor tenido en grande estima por los adeptos del krausismo, y autor de varias obras filosóficas. En la que lleva por título Ensayo teórico e histórico sobre la generación de los conocimientos humanos, en la cual, atendida su naturaleza histórico-crítica, había derecho para esperar rígida exactitud en la exposición de sistemas y doctrinas, al hablar de la teoría de Aristóteles acerca del conocimiento y de las facultades del alma humana, nos habla, entre otras cosas, no más exactas ni menos extrañas: a) de un sentido individual y de sentidos en general, como si para Aristóteles los sentidos todos no fueran individuales, no solamente por parte del sujeto en que residen, sino por parte del objeto que perciben; b) de un sentido común que no reside en los órganos, y mediante el cual «obtenemos la percepción de lo que es común a muchos objetos», siendo, como es, evidente de toda evidencia para quien quiera que haya saludado los escritos de Aristóteles: 1.º, que para éste el sentido común, lo mismo que los demás sentidos, residen en determinados órganos y funcionan mediante ellos; 2.º, que percibir lo que es común a muchos objetos, nunca fue para el filósofo de Estagira función del sentido común ni de ningún otro sentido, sino que es función exclusiva y propia del entendimiento o razón: después de esto, el krausista belga supone que Aristóteles admite «dos clases de razón, la universal, activa, eterna, inmutable y divina, que es la sabiduría del universo (¡una razón que es la sabiduría del universo! ¿Qué entenderá este escritor por sabiduría del universo?); y la razón particular, pasiva, que existe como potencia en los individuos». Esto quiere decir que Tiberghien, en primer lugar, atribuye a Aristóteles la teoría averroística, dando por supuesto, como la cosa más natural del mundo, que la doctrina de Averroes sobre este punto fue profesada por Aristóteles, y, en segundo lugar, que confunde buenamente el entendimiento agente de Aristóteles con el entendimiento o razón universal; y el entendimiento pasivo del mismo, o sea la estimativa, que es uno de los sentidos internos, con el entendimiento posible.
Si la índole de esta obra lo consintiera, señalaríamos otros muchos pasajes que revelan el casi absoluto desconocimiento de la verdadera teoría psicológica de Aristóteles que se echa de ver en el libro citado de Tiberghien; pero bastará añadir a lo ya indicado, que, según el escritor krausista, Aristóteles admite y enseña la ineidad de las ideas, cuando es sabido, y punto menos que indiscutible, que uno de los puntos más capitales y evidentes de la doctrina aristotélica es la negación de las ideas innatas.
La verdad es que, cuando se leen semejantes cosas escritas por un filósofo y en una historia de la Filosofía, no es posible dejar de experimentar cierta desconfianza general en orden al contenido de todo el libro y en orden a la exactitud de los juicios críticos emitidos por su autor acerca de los sistemas filosóficos que expone. Y si esto acontece tratándose de un filósofo tan importante como Aristóteles, cuyas obras fueron y son tan leídas y comentadas, ¿qué sucederá cuando se trate de exponer y juzgar la doctrina y sistemas de Santo Tomás, por ejemplo, y de otros escolásticos, para lo cual es preciso manejar y leer muchos infolios escritos en latín, con terminología especial, y en los cuales se hallan amalgamadas las materias filosóficas con otras de índole diferente y extraña?

Los sentidos, tanto externos como internos, perciben solamente objetos materiales, sensibles y singulares: el entendimiento tiene por objeto propio lo universal, lo necesario y lo esencial, aun con respecto a los objetos sensibles, y además puede percibir y conocer objetos espirituales o separados de toda materia.

Las ideas intelectuales, mediante las cuales el entendimiento conoce el universal, las esencias de las cosas en cuanto inmutables y necesarias, no son sustancias reales y subsistentes fuera de nosotros, como pretende Platón, sino meros conceptos o representaciones inteligibles de las naturalezas reales, en lo que tienen de común, de necesario y de inmutable. La cosa representada en estas ideas y conocida por el entendimiento es la naturaleza misma, la esencia real existente fuera de nosotros en los individuos, si bien el entendimiento la considera y conoce sin considerar sus determinaciones individuales o su estado de singularización. El contenido de la idea intelectual, el objeto representado en ésta y conocido por el entendimiento, existe fuera de nosotros: lo que no existe fuera de nosotros es el modo de representación, es la universalidad, bajo la cual es representado y percibido el objeto real.

De esta manera Aristóteles, sin incurrir en el absurdo de Platón en orden a al subsistencia externa de las Ideas universales, salva la realidad y el valor objetivo de los conceptos puros, o sea de las ideas intelectuales. Sabido es que, según Aristóteles, estos conceptos pueden reducirse a diez categorías o géneros supremos, que expresan y contienen toda la realidad, y son: sustancia, cantidad, relación, cualidad, acción, pasión, tiempo, lugar, sitio y hábito o vestido.

Estas ideas, mediante las cuales se verifica el conocimiento intelectual, no son innatas, ni las trae el alma consigo al unirse con el cuerpo, según pretende Platón, sino que deben su origen a la fuerza abstractiva y verdaderamente superior y divina que se llama entendimiento agente, el cual hace aparecer en las representaciones sensibles (phantasmata) lo universal, formando en consecuencia la representación inteligible (species, forma) y universal del objeto representado antes cono singular en la percepción sensible. En otros términos: el entendimiento agente es una facultad sui generis, una luz superior e intelectual que comunica a los objetos reales, pero representados como singulares en los sentidos, la universalidad, y, con ella, la inteligibilidad inmediata, de que

245

carecían y carecen mientras que permanecen en el estado de singularidad, así como la luz corporal comunica a los colores la visibilidad actual e inmediata de que carecían antes de recibir la luz. Comparación es esta que emplea, o al menos indica el mismo Aristóteles (quale est lumen, quodam enim modo, et lumen facit potentia existentes colores, actu colores), y comparación en la cual se refleja la superioridad, la excelencia, el origen divino y la inmortalidad del alma racional, sujeto, principio y razón inmediata del entendimiento agente y de sus manifestaciones y funciones propias: Et hic intellectus separabilis est, et inmixtus, et impassibilis substantia... Separatum autem est solum hoc quod quidem est, et hoc solum immortale est et perpetuum.

Non reminiscimur autem, añade el filósofo de Estagira, después de exponer su teoría del conocimiento humano, y particularmente su doctrina acerca del entendimiento agente y posible, palabras y teorías que entrañan la negación radical y la refutación perentoria de la extraña teoría de Platón, según la cual la ciencia humana se reduce a una simple reminiscencia. Para Aristóteles, lejos de ser innatas las ideas, como suponía su maestro, el entendimiento se halla en potencia y en estado de receptividad pura con respecto a las mismas, a la manera de una tabla en que nada hay escrito[100] actualmente, pero que puede recibir toda clase de letras. En suma: por sí mismo, y originariamente considerado, carece de toda idea; pero puede recibirlas todas, y bajo este punto de vista se llama posible, así como recibe la denominación de agente en atención y a causa de su fuerza abstractiva y generadora de las ideas, en cuanto representaciones inteligibles y universales de los objetos.

Aunque estas ideas y el conocimiento intelectual que por medio de las mismas se verifica son, no solo distintas, sino de un orden superior a las sensaciones y al conocimiento sensitivo, las sensaciones suministran la materia para la abstracción y elaboración de dichas ideas. Así es que el ejercicio y desarrollo de la actividad intelectual y del conocimiento científico dependen del ejercicio de los sentidos y presuponen las sensaciones y representaciones del orden sensible. Prueba de esto es que el hombre que carece de algún sentido, carece también de la ciencia relativa al objeto u objetos de aquel sentido, como manifiesta la experiencia, la cual nos dice igualmente que el

---

100 «Quoniam potentia quodam modo est intelligibilia intellectus, sed actu nullum, antequam intelligat. Sicut tabula in qua nihil est escriptum actu, quod quidem accidit in ipso intellectu.» De Ani., lib. III, tex. 14.

ejercicio de la actividad intelectual va, no ya solo precedido, sino acompañado del ejercicio de la actividad sensitiva;[101] lo cual evidencia la relación íntima y el enlace necesario entre el conocimiento sensitivo y el intelectual: Qua propter, concluye Aristóteles, nihil sine phantasmate intelligit anima.

Es justo notar aquí que en esta teoría de Aristóteles sobre el origen y naturaleza del conocimiento humano, hay un punto oscuro y dudoso, y es el que se refiere al origen y naturaleza de lo que conocemos bajo el nombre de primeros principios o axiomas. ¿Proceden estas verdades de la inducción y de la experiencia, a la manera que se verifica respecto de las leyes que rigen los fenómenos del mundo físico, y respecto también de las verdades de orden inferior, en cuya posesión entra el entendimiento mediante la abstracción intelectual directa e inmediata de las representaciones sensibles? ¿Preexisten, por el contrario, al menos de una manera implícita y virtual, en el entendimiento humano los prima principia, que sirven de base a toda demostración y que contienen virtualmente y en germen la ciencia? He aquí un problema que no es fácil resolver con seguridad, porque a ello se oponen la vaguedad y confusión relativa de ideas que se observan en el filósofo estagirita en este punto, y sobre todo la existencia de pasajes y textos que parecen favorecer, ya a una, ya a otra solución. Unas veces parece indicar que todos nuestros conocimientos proceden de la inducción y de la experiencia (ex sensu igitur fit memoria... ex memoria vero quae plerumque ejusdem fit, experientia... experientia autem... est artis principium et scientiae... Planum itaque, quod nobis prima inductione cognoscere necessarium est, sensus etenim sic universale facit), al paso que en otros pasajes habla de principios inmediatos y de su conocimiento por medio de un hábito natural, y, por consiguiente, innato, denominado por él intellectus, el mismo que los escolásticos llamaban intelligentia y habitus primorum principiorum, no faltando también pasajes en que parece suponer que el conocimiento y asenso que damos a los primeros principios son inmediatos y no dependientes de otras cosas,[102] preexistiendo como escondidos (latuere) en el entendimiento humano.

---

101 «Et ob hoc qui non sentit aliquid, nihil utique addiscet, nec intelliget; et cum speculatur, necesse est simul phantasma aliquod speculari.» De Ani., lib. III, text. 31.
102 He aquí algunos de estos pasajes: «Quod igitur non contingit scire per demonstrationem non cognoscenti prima principia inmediata, dictum est prius. Inmediatorum autem cognitio, utrum eadem sit, aut non eadem dubitare posset aliquis... et utrum non inexistentes habi-

La importancia especial del principio de contradicción es otro de los puntos fundamentales de la teoría del conocimiento expuesta por Aristóteles. Este principio excede a todos los demás en certeza y evidencia (quod igitur tale principium omnium, certissimum est, patet); es anterior y superior a los demás primeros principios; es la base primera y el último término analítico de toda demostración, y, por consiguiente, de toda ciencia filosófica propiamente dicha: quare omnes demonstrantes ad hanc ultiman opinionem reducunt naturaliter; etenim, haec caeterarum quoque dignitatum omnium principium est.

Vese bien claro, por lo que se acaba de exponer, que la oposición que existe entre la teoría psicológico-ideológica de Aristóteles y la de Platón, con ser uno de los puntos en que más se apartan uno de otro, no es tan profunda y radical como algunos suponen. Y con esto dicho se está que tampoco hay derecho para atribuir al filósofo de Estagira la negación de la inmortalidad del alma, tomando por fundamento la disidencia de éste con su maestro acerca de la teoría del conocmiento y acerca de otros puntos filosóficos. Por nuestra parte, creemos y opinamos, como Focio,[103] que en este problema de la inmortalidad, reina perfecto acuerdo entre Platón y su discípulo.

§ 74. Cosmología y Teodicea de Aristóteles

El universo mundo se divide en mundo celeste y mundo sublunar. El primero no está sujeto a mutaciones sustanciales que afecten a su esencia, y, por consiguiente, es ingenerable, incorruptible y conserva perfectamente la forma sustancial que recibió en su origen, o, digamos mejor, desde la eternidad, de manera que, aunque consta de materia y forma como todos los cuerpos, el cielo no está sujeto a generación sustancial, ni a corrupción, ni siquiera a disminución, aumento ni alteración. Esta incorruptibilidad, la inmutabilidad de los cuerpos celestes, y principalmente del primer cielo, hacen de éste el lugar propio y como connatural de Dios, cosa que se confirma y se halla en armonía

---

tus innascantur, aut inexistentes latuere». Analyt. post., lib. II, cap. XI. «Sunt autem vera et prima, añade en otra parte, quae non per alia, sed per seipsa fidem habent.» Topic., libl, cap. I.

103 «Plato et Aristoteles, dice este diligente escritor, uno consensu immortalem dicunt animum, quamvis aliqui altam mentem Aristotelis non intelligentes, mortalem esse animam, eum dicere existiment.» Biblioth., Cod. 259, pág. 1314.

con la opinión general de los hombres que consideran el cielo como el lugar propio de la Divinidad, siendo de notar que semejante convicción se observa lo mismo entre los griegos que entre los bárbaros,[104] o pueblos no civilizados.

No sucede lo mismo con los cuerpo sublunares, los cuales, aparte de sus mutaciones accidentales, están sujetos a transformaciones sustanciales, que son las que afectan a la esencia misma y sustancia específica de las cosas.

Para que se realice esta mutación esencial, o sea la generación y corrupción sustancial, se necesita: 1.º, alguna cosa que sirva de substratum o sujeto general de estas mutaciones, puesto que la mutación supone un sujeto que se muda, una materia primera, en la cual puedan verificarse sucesivamente esas variaciones sustanciales; 2.º, alguna forma que, actuando y determinando esa materia, constituya en unión con ella un ser determinado, una sustancia específica, el cuerpo A o B; 3.º, un agente o fuerza activa que, obrando sobre el cuerpo A y alterando sus propiedades y condiciones de ser, determine en él la pérdida de la forma preexistente y la introducción de otra nueva. Así, pues, la materia prima, que forma parte y parte esencial de todo cuerpo, debe concebirse como una realidad sustancial, pero incompleta y potencial de suyo, capaz de recibir diferentes formas sustanciales, pero que de sí misma no tiene ninguna. La forma sustancial es también una realidad incompleta, pero esencialmente determinante y actuante, la actualidad primitiva de la materia. De la unión inmediata e íntima de estas dos entidades, resulta el compuesto sustancial, y la esencia específica una y única, con unidad de esencia y de sustancia. La forma sustancial, por lo mismo que es acto primero primero de la materia, y por lo mismo que es actualidad y determinación por su misma esencia, es la raíz y la razón suficiente originaria de todas las formas accidentales, de todas las perfecciones y actos que se manifiestan en la sustancia de que es la forma, y en general de toda la actualidad y perfección del compuesto.

Todo agente que obra, obra de una manera consciente o inconsciente para producir algún efecto y conseguir algún fin. Luego todo efecto o mutación lleva consigo el concurso de cuatro causas, a saber: causa final, causa eficiente, causa formal y causa material; y a estos cuatro se pueden reducir todos los géneros de causas.

---

104 «Omnes enim homines de Diis habent existimationem, et omnes eum qui sursum est locum, Deo tribuunt, et Barbari, et Graeci, quicumque putant esse Deos, tamquam videlicet, immortali immortale coaptatum sit.» De Coelo, lib. I, cap. IV.

El mundo es eterno, y, por consiguiente, la serie de generaciones sustanciales es infinita. Mas como esta generación exige y presupone la acción del agente que une la forma a la materia, y como quiera que no es posible proceder in infinitum en la serie de causas eficientes, es preciso reconocer la existencia de un Primer Movente inmóvil, de un agente inmutable, de una primera causa eficiente respecto del mundo.

La causalidad de esta primera causa eficiente, ¿se extiende a la materia prima en la mente y opinión de Aristóteles, o se limita solo a su transformación sustancial, o sea a la educción de la forma sustancial de la potencialidad de la materia? He aquí un problema oscuro y dudoso, que no es posible resolver con seguridad. En el primer caso, el filósofo de Estagira se habría elevado, o al menos habría vislumbrado la idea de creación; en el segundo, su teoría acerca del origen del mundo se diferenciaría muy poco del dualismo platónico.

Empero, sea de esto lo que quiera, es cierto que para Arsitóteles Dios es un ser necesario, que existe por sí mismo, causa primera del movimiento y del mundo, sustancia eterna, inmaterial, superior a todo lo sensible, inextensa, indivisible, inmutable, dotada de poder infinito (nam infinito tempore movet; nihil vero finitum infinitam potentiam habet), inteligencia perfectísima y acto purísimo, sin mezcla alguna de potencialidad ni de composición, hasta el punto que en Dios son una misma cosa el entendimiento y el inteligible (seipsum vero intellectus (primus) intelligit... ita ut idem sit intellectus et intelligibile), la intelección, el sujeto inteligente y el objeto entendido. La vida divina consiste precisamente en el pensamiento actual de Dios, en la intelección intuitiva de la sustancia divina esencialmente inteligente e inteligible,[105] como actualidad purísima, y tan pura, aun en el orden inteligible, que la noción más propia de Dios, el concepto más esencial de la Divinidad, es la intelección, el pensamiento actual de su misma esencia como acto puro, de manera que Dios es la intelección de la intelección, el pensamiento del pensamiento: Seipsam ergo intelligit... et est intellectionis intellectio.

En conformidad, y como consecuencia de la idea tan pura y elevada que poseía Aristóteles acerca de la Divinidad, rechazó éste la concepción antro-

---

105 «Caeterum, escribe, vita quomque profecto inexistit (in Deo); siquidem intellectus operatio vita est; ille vero est actus, actus vero per se illius vita optima et perpetua est. Dicimus itaque Deum, sempiternum, optimumque vivens esse. Quare vita et aevum continuum et aeternum Deo inest, hoc enim est Deus.» Metaphys., lib. XII, cap. VII.

pomórfica, tan generalizada a la sazón,[106] y apesar del apoyo que encontraba en el politeísmo de la época.

Porque no debe perderse de vista que, para Aristóteles, Dios, aunque tiene razón de fin o de bien amado, de término del orden que resplandece en el mundo, y aunque es principio y causa de este orden, así como de todos los seres que constituyen el universo (a tali ergo principio tum coelum, tum natura dependet) o naturaleza,[107] no debe concebirse ni como término o producto de la evolución del universo, ni menos como forma inmanente del mismo, sino como una sustancia actualísima e inteligente, como quid prius con prioridad de naturaleza respecto del universo mundo y de todas sus perfecciones; como un ser personal y consciente que existe en sí y para sí, a la manera que el general de un ejército, sin perjuicio de ser el término, el bien y el principio del orden del ejército, es, sin embargo, independiente de éste y superior al mismo, dueño de sus actos y de su propia personalidad.

A juzgar por las indicaciones de Diógenes Laercio, Plutarco y algunos otros, y principalmente por el pasaje que Cicerón cita y atribuye a Aristóteles,[108] demostró éste la existencia de Dios con toda clase de razones y argumentos.

---

106 Para convencerse de ello, basta leer el siguiente pasaje, en el cual, al refutar la teoría platónica de las ideas, rechaza de paso, y se burla en cierto modo de los partidarios del antropomorfismo: «Idealem namque hominem, et idealem equum, et sanitatem ajunt, simile quid illis facientes, qui dicunt quidem esse Deos, sed formae similis hominibus; nec enim isti aliud faciebant nisi homines sempiternos». Metaphys., lib. III, cap. III.

107 Comentando Santo Tomás este texto de Aristóteles, escribe, entre otras cosas, lo siguiente: «Ex hoc ergo principio quod est primum movens sicut finis dependet coelum, et quantum ad perpetuitatem substantiae suae, et quantum ad perpetuitatem sui motus, et per conseques dependet a tali principio tota natura». Comment. in lib. Metaphys., lib XII, lec. 7.[8]

108 He aquí este notable pasaje, que merece ser conocido, no ya solo por el fondo o doctrina que contiene, sino también como muestra del estilo elegante y animado que en ocasiones sabía usar el discípulo de Platón: «Si essent inquit (Aristoteles), qui sub terra semper habitavissent, bonis et illustribus domiciliis, quae essent ornata signis atque picturis, instructaque rebus iis omnibus, quibus abundant hi qui beati putantur, nec tamen exissent unquam supra terram, accepissent autem fama et auditione esse quoddam numen et vim Deorum. Deinde, aliquo tempore, patefactis terrae faucibus, ex illis abditis sedibus evadere in haec loca quae nos incolimus atque exire potuissent; cum repente terram et maria, coelumque vidissent, nubium magnitudinem ventorumque vim cognovissent, adspexissentque solem ejusque tum magnitudinem pulchritudinemque, tum etiam efficientiam cognovissent quod is diem efficeret, toto coelo luce diffusa; cum autem terras nox opacasset, tum totum coelum cernerent astris distinctum et ornatum, lunaeque luminum varietatem tum crescentis tum senescentis, eorumque omnium ortus et occasus, atque in omnis aeternitate ratos immu-

Apenas se concibe, en verdad, que después de una concepción tan elevada, tan pura y tan profundamente filosófica de la Divinidad, Aristóteles haga de Dios un ser solitario, sin relación de providencia y sin causalidad eficiente con respecto al gobierno del mundo. Y, sin embargo, así sucede, por extraño que parezca. Nuestro filósofo, que reconoce y afirma a Dios como ser inteligente y perfectísimo, y, lo que es más, como causa primera del mundo, y como vida perpetua, y como principio eterno e infinito del movimiento, niega la Providencia divina, o sea la intervención de Dios en el gobierno del mundo y de los seres que lo componen. Y es que el filósofo griego cree que el conocimiento del mundo y de sus partes es incompatible con la pureza y elevación de la intelección divina, cuyo objeto único debe ser la sustancia, la esencia purísima y actualísima de Dios.

Dios, no solamente es el primer principio y la primera causa eficiente de las sustancias sublunares y de sus generaciones y corrupciones sustanciales, sino también de los cuerpos celestes, los cuales no están sujetos a generación ni corrupción. El movimiento de las esferas celestes y de los astros es circular, y debido a la acción inmediata de siertas sustancias inmateriales e inteligentes (intellectus, intelligentia), muy análogas a los ángeles de la teología cristiana, los cuales son motores de los astros, pero no formas sustanciales de los mismos.

El mundo, aunque es eterno o infinito en cuanto a la duración, no lo es en cuanto a su extensión o magnitud; el espacio es finito, y fuera del mundo no hay ni vacío ni lleno. La figura del Universo, lo mismo que la de la tierra, es esférica. Los cielos y astros solo están sujetos al movimiento local, o sea la mutación secundum locum, al paso que los cuerpos sublunares experimentan, además de esta mutación local, la generación y corrupción, o sea el tránsito del no ser al ser, y viceversa en el orden sustancial, la alteración, que es el tránsito de un accidente a otro, o de la carencia de una forma accidental a su adquisición, o viceversa.

La tierra, el agua, el aire y el fuego son los cuatro elementos que constituyen la masa general de los cuerpos sublunares, cuya diferencia de fuerzas y propiedades radica en el predomio relativo de uno u otro de aquellos ele-

---

tabilesque cursus: haec cum viderent, profecto et esse Deos, et haec tanta opera Deorum esse arbitrarentur». Apud Cicer., De nat. Deorum, lib. II, 37.

mentos. Pero no se entienda que estos elementos conservan su ser propio al entrar a formar parte de los cuerpos mixtos, según pretenden los atomistas (Leucipo, Demócrito), sino que, por el contrario, al verificarse la generación sustancial del cuerpo A, los cuatro elementos dichos pierden su proia forma sustancial y reciben la forma específica de aquel cuerpo, por la cual quedan actuados e informados.

§ 75. Moral y política de Aristóteles

El hombre es capaz de moralidad, porque y en cuanto está dotado de libertad y de razón. A diferencia de los animales, los cuales obran propter finem de una manera instintiva e inconsciente, el hombre conoce, delibera y obra propter finem, de una manera consciente y refleja. El fin o bien que el hombre se propone alcanzar por medio de su acción, es el primer movente y la primera causa de esta acción, aunque su consecución real y efectiva es posterior a las otras causas: primum in intentione, est ultimum in executione.

No siendo posible proceder in infinitum en el número y orden de los bienes que sirven de fin a nuestras acciones deliberadas, es preciso que haya alguna cosa que se considere como fin último y bien supremo asequible por medio de dichas acciones, y, por consiguiente, como la última perfección del individuo.

Consiste esta, para el hombre, en el ejercicio más perfecto de las facultades que son propias del hombre como ser racional, y, por consiguiente, en la práctica de la virtud, y sobre todo en la contemplación de la verdad, operación la más sublime y como la parte más divina (eorum, quae sunt in nobis divinissimum) que hay en el hombre. Así, pues, la última perfección del hombre y su felicidad en la vida presente consiste en la operación propia de la razón, como la cosa más divina en el hombre, y la vida que emana de esta operación es vida divina con respecto a la vida humana.[109] Las riquezas, los honores, la salud y los demás bienes de la vida, no constituyen la felicidad y perfección del hombre; pero pueden contribuir a ella y son neccesarios para esta felicidad, según que y en la medida con que pueden facilitar la posesión de la virtud y la contemplación perfecta de la verdad.

---

109 «Talis autem vita superat hominis naturam; non enim hoc ipso quo homo est, ita vivet; sed quo est quid in ipso divinuum... Quod si mens divinum ad ipsum hominem est, et vita quae ab hac manat, divina est respectu ipsius vitae humanae.» Ethic., lib. X, cap. VII.

Cierto que Aristóteles parece concretarse a la vida presente al exponer la teoría acerca de la felicidad como fin último del hombre; pero se reconoce fácilmente que su teoría es igualmente aplicable a la felicidad del hombre en la vida futura, enla hipótesis de la inmortalidad del alma, y, sobre todo, dada la concepción elevada y sublime que había formado de Dios; pues es claro que, una vez admitida la inmortalidad del alma, su felicidad después de la muerte debe consistir en el conocimiento perfecto y en la contemplación intelectual de Dios, ser infinito en su esencia y atributos. La aplicación de esta teoría a la felicidad del hombre después de la muerte, no solo es una exigencia de la lógica, sino que se halla, si no explícitamente consignada, indicada al menos en algunos pasajes de sus obras.[110]

Sócrates y Platón habían enseñado que la virtud consiste en la asimilación con Dios. Aristóteles, sin negar esto, antes bien dándolo por supuesto, define y determina de una manera más filosófica el concepto de la virtud moral, apellidándola un hábito que inclina al hombre a obrar conforme a la recta razón, rechazando a la vez la opinión de Sócrates, que confundía la virtud con la sabiduría; pues las ciencias residen y perfeccionan la parte intelectual de hombre, siendo así que las virtudes residen en la parte afectiva y perfeccionan sus operaciones. Aun la prudencia, que reside en el entendimiento, en tanto es una virtud, en cuanto que facilita y dirige las acciones humanas bajo

---

110 Merecen citarse, entre otros, los siguientes: «Oportet autem, non quemadmodum monent quidam, humana nos sapere sum simus homines, aut mortalia cum simus mortales, sed quoad fieri potest, immortales nos ipsos facere, cunctaque efficere, ut ea vita vivamus, quae ab eo manat, quod est eorum, quae nobis insunt praestabilissimum.» Ethic. ad Nicom., lib. X, cap. VII.

«Quosque igitur contemplatio sese extendit, eousque sese extendit et felicitas ipsa; et quibus contemplatio magis inest, iis et felicitas magis inest, non per accidens quidem, sed per ipsam utique contemplationem... At vero, qui mente operatur et eam colit, disponitur optime, is et amicissimus diis immortalibus esse videtur... Quare sapiens hoc quoque modo, maxime fuerit felix.» Ibíd.., cap. VIII.

El florentino Acciajoli, uno de los comentadores más sensatos de Aristóteles, deduce del último pasaje que el filósofo griego hacía [312] consistir la felicidad suprema del hombre en la unión con Dios, su autor supremo, por medio de la contemplación intelectual: «Concluditur autem quod ultiman, et supremam felicitatem humanam collocavit philosophus Aristoteles in operatione secundum sapientiam, qua virum sapientem conjungi cum causa sua quoquo modo velle videtur, id est, cum Summo Deo, auctore suo, ut ei per contemplationem eo pacto... per quamdam amicitiam, si dicere licet, ei conjungatur, quoad fieri potest... Etiam indicare videtur Metaphys., XII, nostram felicitatem humanam consistere in contemplatione substantiarum separatarum, et praecipue et maxime ipsius Dei.»

el punto de vista de la moral. La justicia reside en la voluntad, determinando su operación recta con relación a su objeto propio, que es dar a cada uno lo que es suyo. La templanza y la fortaleza rectifican y moderan las pasiones de la parte afectiva sensible, haciendo que sus manifestaciones se hallen subordindas a la razón, norma inmediata de la moralidad.

La virtud moral, según Aristóteles, es un hábito o facilidad adquirida por la repetición de actos para elegir y ejecutar el bien honesto, consistente en el medio que se aparta de los extremos viciosos, siendo propio de la razón, informada y perfeccionada por la prudencia, conocer y fijar el medio en que consiste la virtud, sirviendo de principio y de norma general para reconocer y prefijar la naturaleza y condiciones de la acción moralmente buena o virtuosa. Esto y no otra cosa es lo que quiere significar el filósofo de Estagira cuando escribe que la virtud est habitus electivus in mediocritate consistens, quae quidem mediocritas ratione praefinita sit, atque ita ut prudens praefiniret.

De las tres partes que abraza el alma humana, vegetativa, sensitiva y racional, la última es el sujeto per se, connatural y propio de la virtud moral, y en sus potencias específicas residen las principales de aquéllas, que son la prudencia y la justicia: aunque de una manera secundaria e indirecta, la segunda es capaz de virtud moral por parte de algunas de sus facultades o potencias, cuales son el apetito concupiscible y el irascible, porque aunque irracionales en sí mismos, participan en cierto modo y hasta cierto grado de la razón (concupiscibilis autem particeps rationis quodammodo est, quatenus ipsi obedit, imperioque ejus obtemperat), a la cual se hallan subordinados y obedecen con mayor o menor perfección. La parte vegetativa del alma es incapaz de virtud moral, porque no participa en manera alguna de la razón (nam vegetalis nullo modo cum ratione communicat), a la cual no obedece ni se halla sujeta en sus potencias y actos.

Y nótese aquí que, cualquiera que sea la opinión que se atribuya o suponga en Aristóteles acerca de la felicidad última, perfecta y ultramundana del hombre, es indudable que este filósofo hace consistir la felicidad de la vida presente en la práctica de la virtud, en las acciones del alma procedentes de la perfecta virtud moral: Felicitas animae per virtutem perfectam operatio quaedam est.

La teoría político-social de Aristóteles comienza por afirmar que el hombre está destinado por la misma naturaleza a vivir en sociedad, no solamente porque la sociabilidad es una inclinación y hasta un atributo de la naturaleza humana, sino a causa de las grandes ventajas que el hombre reporta de la sociedad, tanto en el orden intlectual, como en el moral, económico y físico. La sociedad no puede subsistir sin un poder público y sin leyes. El poder público y sus depositarios se comparan a la sociedad como el alma al cuerpo y como la razón a las facultades inferiores. La ley es, o natural, o puramente humana. Esta última, o sea el derecho legal, determina y prescribe lo que es indiferente de suyo u originariamente; pero deja de serlo para el ciudadano, una vez promulgada la ley, como las leyes relativas a los pesos y medidas. La ley o derecho natural obliga siempre y en todas partes, aun cuando no se halle escrito ni sancionado por el legislador humano.

El gobierno real, el aristocrático y el democrático, son tres formas de gobierno buenas en sí mismas, a condición de que no degeneren en tiranía el primero, en oligarquía el segundo y el tercero en demagogia. La condición fundamental de su bondad y legitimidad es que procuren y realicen el bien común, y no e particular de los gobernantes. En principio, y por punto general, el gobierno de uno es preferible al de muchos; pero en concreto, debe atenderse al estado, hábitos, carácter y condición social de cada pueblo, para determinar la forma de gobierno que más le conviene.

Porque Aristóteles, que se distingue por su sentido de la realidad, especialmente en las cosas político-sociales, enseña y afirma que cuado se trata de fundar u organizar el régimen político de una sociedad, no se ha de atender a lo que es mejor en sí mismo y en principio, sino a lo que es posible (non solum respublica quae optima sit considerari debet, sed etiam quae constitui possit), sin perder de vista al propio tiempo las condiciones que pueden influir para hacer más fácil y aceptable para la generalidad de los ciudadanos ésta o aquella forma de gobierno: Praeterea, quae facilior et cunctis civibus communior habeatur.

En todo caso, y cualquiera que sea la forma política del gobierno que se adopta, se debe atender ante todo a evitar la tiranía, y quienquiera que sea el depositario del poder, debe conducirse como verdadero rey y padre de familia, y no como tirano; debe administrar y gobernar como procurador del bien común, y no como dueño absoluto de los bienes y personas,[111] viviendo con moderación en todo.

El fin del gobernante y legislador, debe ser ante todo hacer virtuosos a los ciudadanos (propositum enim ejus est ut cives bonos legibusque obtemperantes efficiat) y obedientes a las leyes. El Estado debe realizar el derecho en la sociedad (jus ordinatio est civilis societatis), y así es que la justicia es en cierto modo la virtud específica, y como característica de la comunidad político-social. Nada hay más detestable y perjudicial que la injusticia acompañada del poder (saevissima est enim injustitia tenens arma), ora se trate del poder público o del poder privado. El estado social, que es connatural al hombre, eleva y perfecciona a éste, cuando el Estado realiza y aplica la justicia;[112] pero fuera de estas condiciones y cuando el hombre no está sujeto a la ley y al juicio como derivación y aplicación de la justicia, el hombre conviértese entonces en el peor de los animales (pessimum est omnium animalium).

Entre las excelentes máximas de conducta que Aristóteles propone e inculca a los gobernantes, merece especial mención a la que se refiere a la ambición de dominar por medio de guerras y conquistas. El discípulo de Platón, sin negar la conveniencia y hasta necesidad de estar preparado para la guerra, y sin negar a legitimidad de ésta y su utilidad en algunos casos, advierte y afirma que el legislador, el político y el gobernante no deben proponerse esto como fin propio, ni siquiera como fin principal o preferente del Estado; que es absurdo y contrario al Estado mismo emprender guerras y conquistas cuando no son legítimas y justas, y que yerran grandemente los que hacen consistir el arte político en dominar a otros, sin reparar en la justicia o injusticia de semejante dominación,[113] no avergonzándose de hacer contra otros lo que no quieren que a ellos se les haga.

---

111 «Huc enim sunt omnia reducenda, ut iis qui sub imperio sunt, non tyrannum, sed patrem familias aut regem agere videatur, et rem non quasi dominus, sed quasi procurator et praefectus administrare ac moderate vivere, nec quod nimium est sectari.» Politic., lib. V, cap. XI.

112 «Natura igitur omnibus ad hujusmodi societatem est appetitus. Qui autem primus instituit, maximorum bonorum causa fuit, ut enim perfectione suscepta, optimum cunctorum animalium est homo, ita si alienus fiat a lege et a judiciis, pessimum est omnium animalium. Itaque impiissimum et immanissimum est sine virtute... justitia vero civile quiddam est, nam jus ordinatio est civilis societatis; judicatio autem justi judicium.» Polit., lib. I, cap. II.

113 El pasaje en que Aristóteles expone estas ideas es digno de ser leído, no solamente por la verdad, exactitud y elevación de ideas que contiene, sino también por la energía y viveza con que las expresa: «Videretur nimis absurdum esse, si quis considerare velit, an hoc

Recorriendo sus tratados o libros políticos, se ve claramente que Aristóteles poseía en alto grado el sentimiento de justicia y de su necesidad para la constitución y conservación de los Estados o sociedades políticas. Cuando éstas perecen y se disuelven, es principalmente a causa de haber infringido y violado la justicia. Dissolvuntur autem maxime respublicae propter transgressionem justitiae in ipsis factam.

La propiedad y la familia son dos condiciones y elementos esenciales de la sociedad; la comunidad de bienes y de mujeres es absurda, inmoral e incompatible con el buen orden y hasta con la existencia misma de la sociedad. Sin embargo, el Estado tiene el derecho y el deber de prohibir a los padres conservar a los hijos que nacen estropeados, y también tener más hijos que los señalados por la ley.

Esto no obstante, el sistema de educación propuesto por Aristóteles para niños y jóvenes es mucho más moral y rígido que el de Platón. Entre otras cosas, ordena y advierte que debe evitarse con todo cuidado que vean u oigan cosa alguna deshonesta, prohibiendo al efecto las estatuas y pinturas menos decentes en las calles y las plazas, y no permitiendo tampoco que asistan a las comedias y demás representaciones teatrales.

Por lo demás, el padre de familia tiene el derecho de mandar a su mujer e hijos, pero no como a esclavos, sino como a personas libres, y, por consiguiente, con ciertas restricciones, las cuales desaparecen casi por completo respecto de los esclavos. Porque el filósofo de Estagira, lo mismo que sus antecesores, considera los esclavos como seres de condición naturalmente inferior, y la esclavitud como una institución fundada en la naturaleza misma, haciendo del esclavo como una especie de ser intermedio entre el bruto y el hombre libre. Sin embargo, la doctrina de Aristóteles en orden al tratamiento y conducta con los esclavos es más racional y humanitaria que la de Platón; pues enseña que es conveniente y justo fijar un término a la esclavitud, ofreciendo y concediendo la libertad al esclavo en un plazo dado.

---

propositum esse debeat ejus qui legibus instituit civitatem, [317] providere, scilicet, ut illa dominetur finitimis, et volentibus, et invitis. Quomodo enim id civile, aut lege, sanciendum quod nec legitimum quidem est? neque enim legitimum, non solum juste, verum etiam injuste dominari. Sed plerique videntur existimare civilem disciplinam esse dominari, et quod in seipsos fieri nollent, hoc in alios facere non erubescunt: ipsi pro se justitiam quaerunt, pro aliis vero nulla eis justitiae cura est... Patet igitur quod rei bellicae studia bona sunt existimanda, sed non ut finis supremus, sed gratia illius.» Politic., lib. VII, cap. II.

Debe advertirse igualmente que cuando Aristóteles dice que algunos hombres son naturalmente esclavos, no debe entenderse esto en el sentido de que la naturaleza misma, o la ley natural, los haga tales, sino en el sentido de que, así como hay algunos hombres dotados de ingenio y de felices disposiciones para la virtud, el saber y el mando, así hay otros con quienes la naturaleza no fue tan benévola, que poseen un ánimo naturalmente servil, inclinaciones bajas y cierto grado de estupidez nativa, de todo lo cual resulta que en esta clase de hombres la esclavitud y la sujeción son como connaturales. Quienquiera que lea con reflexión los pasajes del Estagirita que a esta materia se refieren, se convencerá fácilmente de que éste es el sentido en que enseña que la esclavitud es natural a cierto hombres, al menos en la mayor parte de los pasajes a aludidos, aunque debemos confesar que algunos de ellos no se compadecen fácilmente a primera vista con esta interpretación.

§ 76. Crítica

Cuando se trata de formar juicio crítico sobre la Filosofía de Aristóteles, considerada en conjunto y en sus líneas generales, lo primero que espontáneamente viene al pensamiento es comparar su doctrina con la de su maestro Platón, estableciendo una especie de parangón entre los dos grandes filósofos de la Grecia, para fijar la misión respectiva del uno y del otro en el terreno histórico-filosófico.

Ya hemos visto que Platón, además de cultivar y desenvolver el elemento ético-teológico que había heredado de Sócrates, completó este elemento socrático enlazándolo con la dialéctica y con una psicología y una física más o menos incompletas, y sobre todo creando en cierto modo la metafísica, parte fundamental y esencial de las ciencias filosóficas. Aristóteles hizo más que esto. Aristóteles, después de cultivar y desenvolver, como Platón, el elemento ético-teológico, o sea el pensamiento socrático en toda su amplitud, y después de crear también una metafísica, rival digna de la de Platón, dio vida, ser y organismo científico a la psicología, la física, la astronomía y la historia natural, con sus libros De Anima, Physicorum, de Coelo, De Generatione, De Historia Animalium, y con otros varios que tratan de estas materias. Pero ante todo y sobre todo, Aristóteles creó la lógica con su Organon, llevándola a su última perfección de un solo golpe, sin contar sus trabajos y escritos sobre retórica, poética y gramática general. De él, como de Leibnitz en tiempos posteriores, pudiera decirse que conducía de frente todas las ciencias.

No son menos notables y profundas las diferencias que separan a Platón y Aristóteles por parte del método y de las tendencias o caracteres generales de la doctrina. El diálogo y las especulaciones a priori constituyen respectivamente el método externo e interno del primero: el raciocinio lógico, la iducción y la observación constituyen el método aristotélico. El idealismo es el carácter dominante de la doctrina platónica: el realismo concreto es el carácter dominante de la doctrina de Aristóteles. Complácese Platón en sacar, por decirlo así, del fondo de sí mismo y de su razón, sistemas, ideas, teorías utópicas, y hasta los objetos de la ciencia: Aristóteles busca en la realidad externa el objeto de la ciencia, la base de los sistemas filosóficos, la razón suficiente de las teorías científicas. El punto de vista de Platón es más elevado, más indefinido; abarca horizontes más vastos; pero, por lo mismo, su pensamiento es más vago, más oscuro, más flotante: el punto de vista de Aristóteles, sin ser tan elevado y sin abarcar horizontes tan vastos como el de Platón, es más filosófico, más real y práctico, más objetivo, y su pensamiento es más preciso, más conforme a la realidad, más científico. Platón concibe, contempla y crea los objetos del pensamiento: Aristóteles observa, clasifica y raciocina acerca de los objetos del pensamiento. Platón se mueve y se agita en la región altísima y misteriosa de lo ideal: Aristóteles marcha con paso seguro por el camino de la realidad, y muévese siempre en la región de las existencias y de los hechos. Los sentidos y la experiencia, que, según Platón, nada significan en el orden científico, y que son elementos, si no dañosos, extraños a la ciencia, son, por el contrario, elementos muy importantes e indispensables, según Aristóteles, con respecto al origen y constitución de las ciencias. En suma: en Platón más elevación intuitiva, más originalidad utópica, más genio creador, más espontáneidad de imaginación: en Aristóteles hay más seguridad de juicio, más profundidad de ingenio, más conocimiento de la realidad, y, sobre todo, más ciencia y más verdad.

Concretándonos ahora a Aristóteles, hemos visto que su teoría del conocimiento dista mucho de merecer el epíteto de sensualista que le atribuyen algunos filósofos e historiadores de la Filosofía. Para desvanecer esta idea tan inexacta, hemos querido citar y aducir textos, contra nuestra costumbre, al hacer su exposición, y a poco que se fije la atención en ellos, se reconoce fácilmente que la teoría aristotélica sobre el conocimiento poco o nada tiene de común con las teorías sensualistas, por más que en ella haya lagunas y puntos oscuros y dudosos. Lo mismo puede decirse en orden a su psicología: la unión del alma con el cuerpo en razón de forma sustancial, excluye el estrecho dualismo platónico, a la vez que sus utopías sobre preexistencia y metempsícosis; al paso que la teoría aristotélica sobre el entendimiento agente, echa por tierra las ideas innatas y la reminiscencia platónicas, cerrando a la vez la puerta a las teorías del sensismo y del materialismo.

Como la teoría de las Ideas es la clave, el punto capital y como el centro de la Filosofía de Platón, así la teoría de la materia prima y la forma sustancial es la clave, el punto culminante y el centro de la Filosofía de Aristóteles. Y esta teoría lleva al filósofo estagirita a vislumbrar la grande idea de la creación, y por medio de la misma evita en todo caso el escollo del dualismo absoluto de Platón en el orden cosmológico, dualismo incompatible con la educción de la forma sustancial de la potencialidad de la materia por medio del agente o causa eficiente, sobre todo cuando se trata de una causalidad infinita, como es la de Dios, en concepto de Aristóteles.

Por lo que hace al problema teológico, puede decirse que Aristóteles, sin hablar de Dios con tanta frecuencia como Platón, posee una idea más precisa y concreta, una concepción verdaderamente metafísica y filosófica de Dios y de sus atributos. Hasta en la parte errónea que incluye esta concepción, cual es la negación de la providencia con respecto a una parte del mundo, se descubre cierto fondo de verdad y de elevación filosófica; porque hay cierto fondo de verdad y como una aspiración teológica en afirmar que el único objeto digno de la inteligencia divina es su misma sustancia, su ser infinito, su mismo pensamiento (seipsam ergo intelligit, et est intellectio intellectionis), su acto purísimo. Faltóle solamente a Aristóteles la iluminación cristiana, que enseña a conciliar la elevación, pureza y simplicidad del pensamiento divino con la extensión y universalidad de su objeto. Por otra parte, la negación o dudas de Aristóteles en orden a la providencia no se extienden a la humanidad, objeto principal de la providencia divina, puesto que en algunos lugares de sus obras[114] reconoce la existencia y manifestaciones de la providencia divina con respecto a los hombres.

La teoría político-social de Aristóteles es la antítesis directa de la teoría de Rousseau y del socialismo contemporáneo, y lo es también en gran parte de la teoría platónica, cuyas tendencias utópicas excluye. La sociedad, o sea el estado social, lejos de oponerse a la naturaleza y lejos de ser origen de males para el hombre, es, por el contrario, connatural a éste, y origen y condición necesaria de bienestar y perfección en todas las esferas de la vida humana. El organismo social propuesto por Platón, y sobre todo su doctrina acerca de la comunidad de bienes, de mujeres y de hijos, son cosas, no ya solo utópicas, sino esencialmente inmorales y contrarias al orden y existencia misma de la sociedad. Ya queda indicado también que el pensamiento de Aristóteles con respecto a la esclavitud, sin dejar de ser erróneo e irracional, es más humanitario en sus aplicaciones que el pensamiento de los demás filósofos, sus predecesores y contemporáneos.

Lo mismo puede decirse en orrden a la existencia y educación de los hijos; pues las ideas de Aristóteles sobre esta materia, sin ser lo que debieran, sin ser ajustadas a la recta razón y menos a la conciencia cristiana, son menos irracionales y repulsivas que las de Platón y de sus contemporáneos. El sistema de educación propuesto por Aristóteles es más práctico y moral que el de éstos, y por lo que respecta a la multiplicación de los hijos y su exposición y abandono en ciertos casos, aunque incurre en aberraciones análogas a las de sus antecesores y contemporáneos, todavía procede aquí con ciertas reservas y limitaciones, que revelan en su autor sentido moral más recto y seguro. Así, por ejemplo, aunque concede al Estado la facultad de fijar el número de hijos que deben procrearse para evitar la excesiva multiplicación de éstos, aconseja que se tomen medidas oportunas para conseguir esto antes que se verifique la concepción, porque es ilícito atentar contra el feto animado o que ya tiene vida: antevenire oportet ut non concipiantur, nam postquam concepti sunt, et sensum aut vitam acceperint, nefas est attingere eos.

---

114 Véase entre otros pasajes, lo que escribe en la Ethica ad Nicomachum: «Nam si Dii curam humanarum rerum, ut existimatur, aliquam habent, rationi sane consentaneum fuerit ipsos eo gaudere quod est optimam, maximeque sibi cognatum... et in eos qui maxime hoc amant (mentem) et honorant, beneficia vicissim conferre, tamquam curam iis quae sibi sunt chara, ac diligentiam adhibentes, in recte beneque agents». Lib. X, cap. VIII.

La obra maestra del discípulo de Platón, aparte de su teoría sobre la generación sustancial, es la lógica, que le debe, si no su origen, al menos su ser científico, su desarrollo y su perfección; porque la verdad es que el Organon de Aristóteles contiene la exposición analítica más acabada y completa de las leyes del pensamiento humano. La dialéctica de Platón, la de Sócrates y la de los eleáticos, se convierten y transforman con el Organon en la ciencia del pensamiento y de la investigación de la verdad. Lo mismo debe decirse de Zenón, a quien algunos apellidan sin razón fundador y creador de la lógica. La lógica rudimentaria del filósofo eleático es la lógica puramente dialéctica y disputadora; no es la lógica científica que enseña a buscar la verdad por medios y métodos racionales. La lógica de Zenón, si tal nombre merece su ensayo dialéctico, es el arte de disputar, es la que enseña a combatir y demoler, sin edificar nada: la lógica de Aristóteles es el arte que enseña el modo de investigar la verdad y levantar el edificio de la ciencia; es la que enseña a pensar y discurrir rectamente para llegar al descubrimiento de la realidad, para entrar en posesión de la verdad de una manera refleja y realmente científica. Que si Zenón el eleático, y los sofistas, y Sócrates, y el mismo Platón, habían hecho uso de la dialéctica y habían empleado la demostración y el silogismo, hiciéronlo sin darse cuenta a sí mismos de la naturaleza íntima y de las condiciones científicas de la demostración. Aristóteles no se limitó a demostrar y hacer uso de raciocinios evidentes, según habían hecho sus predecesores, sino que descubrió y fijó sus preceptos y su método, demostró la demostración, si es lícito hablar así, descubriendo y formulando su teoría, según había observado ya su comentarista Filopón[115] en siglos anteriores.

Así es que el mundo de los sabios no ha escaseado a Aristóteles los elogios por esta grande obra, ni ha negado jamás el tributo de su admiración al legislador del pensamiento. Un defecto se nota en el Organon, y es la ausencia de un tratado acerca de los universales; pero esto culpa es e injuria de los tiempos, no de Aristóteles, puesto que escribió un tratado del Género y la Especie,

---

115 He aquí cómo se expresa éste en la vida que escribió de Aristóteles: «Magnam item accessionem fecit ad artem disserendi, quandoquidem ab ipsis rebus normas praeceptaque secrevit, et demonstrandi rationem cum via instituit. Nam superioris memoriae Philosophi demonstrare quidem ac evidentibus rationibus uti, sciebant, sed demonstrandi modum ac evidentes probationes conficere, ignorabant: atque idem ipsis usu veniebat, quod sutoribus, qui coria secare non queunt, calceis autem uti probe queunt». Aristotelis vita ex monum. Joan. grammat. Philopo alexandrini. Tom. I de las obras de Aristóteles, edic. De Lyon, 1566.

según Laercio, y en realidad hace alusión a este escrito en el libro primero de los Tópicos. La introducción o Isagoje de Porfirio hace menos sensible esta pérdida.

Al lado de estas excelencias y ventajas, la doctrrina de Aristóteles adolece de graves defectos, según queda indicado. Tales son la falta de afirmaciones precisas acerca de la inmortalidad del alma, la negación de la providencia divina sobre todas las partes del universo, las afirmaciones referentes a la eternidad del mundo, a la solidez e incorruptibilidad de los cielos, a las inteligencias o ángeles que mueven las esferas, y a las causas que señala para explicar muchos fenómenos físicos, meteorológicos y astronómicos, explicaciones que se resienten del atraso de las ciencias físicas y naturales por aquel tiempo. Así y todo, éstas le deben mucho, por haberlas enriquecido con nuevas observaciones, y por haber llamado la atención de los sabios sobre estas materias y sobre el moso de tratarlas.

Defecto grave es también de la Filosofía de Aristóteles la separación que establece entre la idea teológica y la idea ética. La idea de Dios, base metafísica y sanción real y última del orden moral, apenas se deja ver en la Filosofía ética de Aristóteles, cuya teoría moral ofrece un aspecto puramente racionalista y entraña una sanción casi exclusivamente humana y empírica, que tiene grande afinidad con la moral independiente de nuestros días.

No es fácil encontrar efectivamente, entre todos los filósofos de la antigüedad, una concepción tan vasta, tan profunda, tan científica, tan lógica como la concepción ética de Aristóteles. El concepto, la esencia y propiedades de la virtud moral, sus condiciones esenciales, la división o clasificación de las virtudes morales con sus relaciones mutuas, la libertad, las pasiones, la ley natural y civil, los principios racionales inmediatos de la virtud, bien así como sus relaciones y aplicaciones al orden político y al orden económico, la familia, la propiedad, la justicia, la educación: todas estas cosas y otras más no menos importantes, son investigadas, discutidas y analizadas profundamente en los libros morales y políticos de Aristóteles; pero al terminar la lectura se experimenta como cierto vacío, cierto vago malestar, porque se advierte que falta allí la idea de Dios y de la vida futura iluminando, afirmando y dando sanción suprema y metafísica a esa concepción gigantesca, pero incompleta. La teoría moral de Aristóteles es un bello y grande edificio, pero que carece de coronamiento; es una estatua de Fidias, a la cual falta la cabeza.

Por lo demás, la doctrina y los escritos de Aristóteles representan uno de los elementos más fecundos y universales de la cultura intelectual del espíritu humano a través de las edades históricas, y esto, no ya solo habida razón de su valor interno, sino a causa de los muchos libros a que dieron ocasión y origen,[116] y a causa principalmente de los muchos comentarios y dis quisiciones de que fueron objeto.

§ 77. Discípulos y sucesores de Aristóteles

Cuéntase que, preguntado Aristóteles, poco antes de morir, a cuál de sus discípulos consideraba más digno de suceder en la dirección de la escuela, contestó diciendo: el vino de Lesbos y el de Rodas son excelentes los dos; pero el primero es más agradable. Quiso dar a entender con esto que Eudemo de Rodas y Teofrasto de Lesbos eran los más dignos y capaces de regir la escuela peripatética; pero que entre los dos, Teofrasto llevaba alguna ventaja a su condiscípulo de Rodas. Cualquiera que sea la verdad histórica de este hecho, narrado por Aulo Gelio, es lo cierto que

a) Teofrasto fue el sucesor inmediato de Aristóteles, el cual le impuso el nombre de Teofrasto, a causa de la dulzura y elegancia de su lenguaje, pues su nombre primitivo era el de Tirtamo. Según Diógenes Laercio, fue natural de Ereso, e hijo de Melanto, lavador de paños. Discípulo primeramente de Leucipo, y después de Platón, entró finalmente y perseveró en la escuela de Aristóteles. Falleció en edad muy avanzada, dejando escritas un número prodigioso de obras, a juzgar por el catálogo que trae el citado Laercio. Desgraciadamente han desaparecido en su mayor parte, y apenas quedan más que fragmentos, algunos tratados de historia natural, y la obra que lleva el título de Caracteres.

---

116 Uno de los libros más curiosos e interesantes que se han publicado acerca de las obras de Aristóteles, es el que en el siglo XVI escribió el monje benedictino español P. Fr. Francisco Ruíz, natural de Valladolid. Contiene este libro un índice copiosísimo de la doctrina de Aristóteles, dispuesto en orden alfabético. Este trabajo, que con el modesto título de Indice es un verdadero compendio o resumen de la doctrina de Aristóteles, forma dos volúmenes en folio menor, y fue impreso año de 1540. El autor conocía a fondo, no solamente las obras de Aristóteles, sino las de sus comentadores principales.

Teofrasto y su condiscípulo y rival Eudemo, se dedicaron a intepretar y exponer la doctrina de su maestro, ya completarla en algunos puntos, pudiendo citarse, entre otros, el que se refiere a los silogismos hipotéticos, de los cuales trataron Teofrasto y Eudemo, según afirma Boecio. El primero siguió con preferencia la dirección científica y empírica del maestro, cultivando las ciencias naturales y la parte de observación en las filosóficas: el segundo dio preferencia al elemento filosófico-teológico, tendiendo a armonizar la doctrina de Aristóteles con la de Platón, al paso que Teofrasto sienta las premisas y prepara el camino a su discípulo y sucesor en la dirección en la escuela peripatética.

b) Estratón de Lampsaco, con el cual la doctrina de Aristóteles degenera y se transforma en un naturalismo, tan favorable al materialismo como contrario a la doctrina verdadera del fundador de la escuela peripatética. En efecto: Estratón, apellidado el Físico, a causa de su predilección exclusivista por las ciencias físicas, enseñaba que la Naturaleza no necesita ni supone la existencia de una inteligencia, causa eficiente primitiva y ordenadora del mundo, sino que éste debe su origen, su gobierno, sus seres y sus transformaciones a fuerzas inherentes e inmanentes en la naturaleza. De aquí la negación lógica de un Dios trascendente, y la consiguiente identificación de la Divinidad y la Naturaleza.[117] En armonía con esta doctrina, este filósofo apenas reconocía distinción real y efectiva entre el entendimiento y los sentidos.

c) Después de la muerte de Estratón, la dirección y enseñanza de la escuela pasó a manos de Licón de Troade, cuya fecundidad y elegancia en el decir alaba Diógenes Laercio, fecundidad que le reconoce Cicerón, pero indicando que era de palabras y no de cosas: oratione locuples, rebus ipsis jejunior.

Tanto Licón como sus discípulos y sucesores Aristón de Ceos, Critolao y Jerónimo, no ofrecen cosa especial en su doctrina, al menos en lo que hasta nosotros ha llegado. Si en algo se distinguen, es en haber cultivado con preferencia la parte ética de la Filosofía de Aristóteles, aunque sin seguir con mucha fidelidad las tradiciones de su maestro, el cual ciertamente que no hacía consistir la felicidad suprema del hombre en la ausencia de dolor, vacuitem doloris, ni en los goces y satisfacción de una vida pasada según la

---

117 «Strato, escribe Cicerón, is qui physicus appellatur, omnem vim divinam in natura sitam esse censet, quae causas gignendi, augendi et minuedi habeat, sed careat omni sensu.» De Nat. Deo., lib. I, cap. XIII.

inclinación natural (vitae recte fluentis secundum naturam), como enseñaban Jerónimo y Critolao.

d) Mientras que estos peripatéticos desnaturalizaban la teoría ética de Aristóteles, Dicearco de Mesina, Aristoxeno, natural de Tarento, y algunos otros, hacían lo mismo con respecto a su teoría psicológica. Para el primero, el alma humana, como entidad distinta y separable del cuerpo, es una entidad quimérica, una palabra vacía de sentido, nomen inane totum, en expresión de Cicerón, el cual añade que, para Dicearco, las funciones vitales y sensitivas son el resultado de la figura y complexión del cuerpo: nec sit quidquam nisi corpus unum et simplex, ita figuratum ut temperatione naturae vigeat et sentiat.

Por su parte, el músico Aristóxeno no veía en el alma más que una especie de armonía,[118] resultante de las vibraciones y movimientos del cuerpo.

Entre los partidarios de la escuela aristotélica, cuéntase también Demetrio Falereo, discípulo de Teofrasto, más conocido por sus empresas políticas y guerreras que por sus doctrinas filosóficas; pues mientras acerca de éstas nada especial refiere la historia, consta por ésta que gobernó a Atenas por espacio de diez años en el concepto de arconte; que los atenienses levantaron en su honor tantas estatuas de bronce como días tiene el año, las mismas que derribaron después, llevados de su habitual suspicacia y volubilidad, condenando a muerte a su anterior ídolo Demetrio, el cual se retiró a la corte de Tolomeo Lago, en Egipto. Aunque Diógenes Laercio supone que fue desterrado de Egipto por intrigas políticas y que se dio la muerte por medio de un áspid, otros autores afirman, con más verosimilitud, que siguió gozando de crédito y honores en la corte de Tolomeo Filadelfo, cuya biblioteca alejandrina enriqueció con muchos volúmenes. No faltan autores que afirman que fue él quien sugirió a Tolomeo Filadelfo la idea de traducir al griego los libros de la Ley de los Judíos, y que a él se debe, por consiguiente, la famosa Versión de los Setenta.

---

118 Dícese que, resentido por la preferencia que Aristóteles dio a Teofrasto para sucederle en la escuela, honor a que aspiraba el filósofo tarentino, se vengó de este desaire calumniando a su maestro en sus obras, entre las cuales, la que se titula Elementos armónicos, fue publicada por Meibonio en el siglo XVII.

§ 78. Crítica y vicisitudes posteriores de la escuela peripatética

De la ligera reseña contenida en el párrafo anterior, despréndese con toda evidencia: 1.º, que los discípulos y sucesores de Aristóteles no pudieron o no supieron conservar a conveniente altura el brillo y nombre de la escuela fundada por su maestro, la cual decayó de una manera tan lamentable como rápida; 2.º, que tampoco supieron conservar la dirección enciclopédica de Aristóteles, haciendo marchar a la vez, y en sentido armónico, la Filosofía y las ciencias naturales, ni siquiera cultivando simultáneamente las diferentes ramas de la Filosofía aristotélica; pues unos se aplicaban a la ética, otros cultivaban la psicología, aquellos la física y estos la parte teológica, sin cuidarse apenas de las demás partes de la Filosofía.

De aquí la profunda degeneración y la decadencia tan rápida de la escuela fundada por Aristóteles, o, mejor dicho, de su Filosofía, la cual solo recobró alguna parte de su importancia y esplendor, primeramente con los trabajos de Andrónico de Rodas, el cual ordenó, compiló y llenó algunas lagunas de sus obras, como hicieron también Boeto de Sidón, discípulo de Andrónico, y Jenarco, que enseñó en Atenas y Roma. Vinieron después los escritos y comentarios de Nicolás de Damasco, casi contemporáneo del origen del Cristianismo, los de Alejandro de Ega, que fue maestro de Nerón, y los de Adrasto.

Los trabajos de todos éstos quedaron en cierto modo oscurecidos, y fueron sobrepujados por los de Alejandro de Afrodisia, que floreció a fines del siglo II de la era cristiana, y que es sin duda el comentarista más notable de Aristóteles[119] entre los antiguos. Algunos neoplatónicos, y principalmente Porfirio, rehabilitaron también y comentaron diferentes partes de la Filosofía de Aristóteles, y es sabido que el Isagoje del discípulo y biógrafo de Plotimo acerca de los universales, suplió en parte la pérdida de ciertos escritos del Estagirita sobre la materia, sirviendo a la vez de base y de punto de partida para las grandes controversias de los escolásticos sobre el realismo y el nomi-

---

119 Sus comentarios han merecido ser reimpresos en nuestros días en Berlín, y ya en el siglo XVI los que se refieren a la metafísica fueron traducidos al latín por nuestro compatriota Sepúlveda, y publicados en Venecia con la siguiente portada: Alexandri Aphrodisaei Commentaria in duodecim Aristotelis libros de prima philosophia, interprete Joanne Genesio Sepulveda Cordubensi. Esta versión de Sepúlveda es de las más exactas y muy estimada.

nalismo, según veremos oportunamente. Temistio de Paflagonia, que floreció en el siglo IV de la Iglesia; Asclepio de Trales, que vivió en el quinto; Filopón, gramático de Alejandría,[120] y Simplicio, que florecieron en el siglo VI, conservaron y propagaron las tradiciones y enseñanza de la escuela peripatética, principalmente en las regiones orientales.

Interrumpida esta enseñanza y entopercida su comunicación al Occidente por la clausura de la escuela filosófica neoplatónica de Atenas, por la irrupción de los bárbaros con las guerras y trastornos consiguientes, y agravada esta situación antifilosófica en el Oriente mismo a causa del fanatismo musulmán contra las ciencias en el primer periodo de sus conquistas, la Filosofía aristotélica reapareció de una manera paulatina y trabajosa en la Europa cristiana, cuando ésta se halló en estado de reanudar la tradución interrumpida, recogiendo y desarrollando por un lado las ideas aristotélicas comentadas por Boecio, Casiodoro y San Isidoro de Sevilla, y por otro ensanchando y desenvolviendo estas mismas ideas con auxilio de los libros, noticias y tradiciones doctrinales que introdujeron paulatinamente en la Europa los primeros Cruzados; pero más todavía la comunicación entre la Iglesia Oriental y la Occidental por medio de los Concilios y de las controversias eclesiásticas.

Una vez iniciado el movimiento de restauración de la Filosofía aristotélica por los medios y causas indicadas, bastó el genio de la Europa, preparado y fecundado por las ideas cristianas, para organizar el movimiento científico conocido bajo el nombre de Filosofía escolástica, sin necesidad de buscar su origen o razón suficiente en la Filosofía de los árabes. Éstos comentaron también, es verdad, los escritos de Aristóteles, como veremos en su lugar, y en este concepto contribuyeron más o menos, no al origen ni al primer desenvolvimiento de la Filosofía escolástica, sino a su mayor desarrollo, influyendo en algunas de sus direcciones y en determinadas controversias. Por cierto que entre estas direcciones y controversias provocadas por los comentarios de los árabes, hubo algunas opuestas directamente a las conclusiones fundamentales de la Filosofía cristiana, conclusiones y doctrinas que sirvieron de base y punto de partida a ciertos filósofos de la época del Renacimiento para adoptar

---

120 Los comentarios de Filopón sobre la metafísica, traducidos por Patrizzi, fueron impresos en 1583 con el siguiente título: Joannis Philoponi breves, sed apprime doctae et utiles expositiones, in omnes 14 Aristotelis libros eos qui vocantur Metaphysici, quas Fr. Patricius de graecis latinas feceral. Ferrariae 1583.

teorías esencialmente heterodoxas y racionalistas. Tal aconteció, entre otras, con la afirmación de que una cosa puede ser falsa en Filosofía y verdadera en teología o en el terreno religioso, tesis esencialmente racionalista, derivada de una aserción análoga de Averroes, y tal aconteció principalmente con la famosa teoría de éste, acerca de la unidad del entendimiento, o, digamos mejor, del alma inteligente, unidad incompatible con la inmortalidad de las almas humanas singulares, pero tesis reproducida por no pocos filósofos renacientes de las escuelas italianas: porque sabido es que, durante la época del Renacimiento, los que en Italia hacían profesión de seguir la doctrina aristotélica, negaban la inmortalidad del alma, de una manera explícita y directa algunos de ellos, y otros, o sea los averroístas, de una manera indirecta; pues, como observa con razón Marsilio Ficino, testigo de toda excepción en la materia, casi todos los peripatéticos de su tiempo estaban divididos en dos sectas, siguiendo unos al comentador Alejandro de Afrodisia, y otros a Averroes, pero conviniendo todos en echar por la tierra la inmortalidad del alma,[121] y negando a la vez otras verdades fundamentales del Cristianismo.

§ 79. El estoicismo

Zenón, fundador del estoicismo, nació en Cittium, ciudad de Chipre, hacia mediados del siglo IV antes de Jesucristo. Su padre, que era comerciante, le trajo de Atenas algunos libros de Sócrates y de otros filósofos, con suya lectura comenzó a aficionarse al estudio de las ciencias. Habiendo perdido toda su fortuna en un naufragio que le sobrevino navegando para Atenas, al llegar a esta ciudad se encontró casualmente con el cínico Crates, cuya escuela y enseñanza siguió por espacio de algunos años. Después frecuentó las escuelas megárica y académica o platónica, oyendo sucesivamente a Estilpón de Megara y a Xenocrates. Al cabo de veinte años de estudios y meditaciones, Zenón había formado un sistema propio de Filosofía, sistema que comenzó a

---

[121] He aquí cómo se expresa Marsilio Ficino sobre este punto: «Totus enim ferme terrarum orbis a peripateticis occupatus, in duas plurimum sectas divisus est, alexandrinam et averroicam. Illi quidem intellectum nostrum esse mortalem existimant; hi vero unicum esse contendunt. Utrique religionem omem funditus aeque tollunt, praesertim quia divinam circa homines providentiam negare videntur, et utrobique a suo Aristotele defecise, cujus mentem hodie pauci, praeter Picum complatonicum nostrum, ea pietate qua Theophrastus olim et Themistius, Porphyrius, Simplicius, Avicenna, et nuper Plethon interpretantur». Op. Plotini Mars. Fic. interp., prólogo.

explicar públicamente en un pórtico de Atenas, denominado Stoa, razón por la cual su Filosofía recibió los nombres de Estoicismo y escuela del Pórtico. En edad muy avanzada, reduciendo a la práctica su teoría acerca de la legitimidad del suicidio, el fundador del estoicismo puso fin a sus días, dejando en pos de sí un nombre muy respetado de los moradores de Atenas en vida y muerte,[122] una escuela floreciente y numerosos discípulos, los cuales no se limitaron a conservar su doctrina, sino que la precisaron, desenvolvieron y modificaron en muchos puntos. Así es que la exposición de la doctrina estoica que vamos a hacer, comprende la de su fundador junto con las adiciones y aclaraciones principales de sus discípulos y sucesores, y con particularidad las de Cleantes y Crisipo. Esto, limitándonos a los estoicos griegos y greco-asiáticos, y prescindiendo de los estoicos romanos, que modificaron y purificaron algunas partes del sistema.

El estoicismo, considerado en Zenón y en sus inmediatos sucesores, representa como una restauración del punto de vista socrático. A ejemplo del maestro de Platón, el filósofo de Cittium y su escuela cultivan y desenvuelven el elemento ético con preferencia a todos los demás. Física y metafísica, cosmología, teodicea y dialéctica, y hasta la misma religión, se subordinan a la moral, y todas reciben una dirección práctica bajo la influencia del pensamiento estoico.

Otro de los caracteres más salientes y trascendentales del estoicismo consiste en haber separado la moral de la política, y en haber comunicado a la primera una dirección esencialmente subjetiva, independiente e individualista. En los sistemas filosóficos anteriores, sin excluir a Platón y Aristóteles, vemos que la ética se halla en cierto modo confundida e identificada con la política, ligada íntimamente y como absorbida por ésta, resultando de aquí que el hombre como individuo, la personalidad humana, no vive ni obra sino por la comunidad y para la comunidad, la cual viene a ser la fuente y como la norma principal de la moralidad de los actos humanos. Con el estoicismo desaparece esa confusión antigua de la moral con la política, y la primera adquiere cierto carácter individualista e independiente. En lugar de esta comunidad absorbente, ante la cual desaparecía la vida moral y la acción propia del individuo,

---

122 Dícese que los atenienses depositaron en manos de Zenón las llaves de la ciudad para que las entregara al ciudadano que considerara más digno de gobernarlos, que le ofreció una corona de oro, y que votó en su honor estatuas y la sepultura en el Cerámico.

aparece en el estoicismo y con el estoicismo el sabio, el hombre de la virtud, que se concentra en sí mismo; que se basta a sí mismo; que se sobrepone a todo lo que no es su propia razón, su personalidad; que se declara, en fin, independiente y superior a la naturaleza, a la sociedad, a la divinidad misma, a todo lo que no es él mismo.

Esta dirección esencialmente práctica, independiente e individualista del estoicismo, échase de ver en todas sus teorías, aun en aquellas que de suyo son más abstractas, según se observa en su antipatía contra las ideas de Platón, en su solución al problema de los universales, en su negación de la trascendencia divina, y en otras varias afirmaciones que indicaremos al exponer su Filosofía.

§ 80. La lógica según los estoicos

Ya queda indicado que para el estoicismo, la lógica, lo mismo que la física y todas las demás ciencias, inclusa la teología, solo tienen una importancia secundaria, o, lo que es lo mismo, en tanto deben cultivarse en cuanto sirven de preparación e introducción para la ética, única y suprema ciencia, a la vez que perfección verdadera del hombre, a la cual deben subordinarse todos los demás bienes, las demás ciencias, y en general, todas las cosas.

El fondo y como sustancia de la lógica de los estoicos, en la cual comprendían generalmente la retórica y poética, es la teoría del conocimiento; pues, en cuanto a lo demás, coincide generalmente con la lógica aristotélica.

La teoría estoica del conocimiento reconoce las sensaciones como fuente común de todas las ideas intelectuales, las cuales se reducen a cuantro categorías, que son: sustancia, modalidad o modo de ser, cualidad y relación. Nuestra alma es una tabla rasa en la que nada hay escrito, y sus concepciones o ideas, lejos de ser innatas, como pretende Platón, traen su origen de la sensación y deben su ser a la acción misma del entendimiento. La impresión sensible que da origen a la sensación es una impresión material, como la que produce el sello sobre la cera. Las Ideas universales y subsitentes de Platón son un absurdo y una quimera: las naturalezas representadas en los conceptos universales no tienen realidad, ni en las Ideas de Platón, ni en los singulares, como supone Aristóteles, sino que son meros conceptos subjetivos y abstracciones del entendimiento (nominalismo), a las cuales no corresponde realidad alguna objetiva. En otros términos: el universal, objeto de la ciencia, no existe ni fuera de las cosas, según quiere Platón, ni en las cosas, según quiere Aristóteles, sino como abstracción del pensamiento.

La verdad de una idea o concepción consiste en la fidelidad y exactitud con que reproduce y representa el objeto; la claridad objetiva, la perspicuidad inteligible del objeto, constituye el único criterio de verdad, o, mejor dicho, de certeza, en la cual se deben distinguir cuatro grados, imaginación, fe o creencia, ciencia y comprensión. La mano abierta representa la imaginación o sensación; medio cerrada, representa el asenso o creencia de alguna cosa; cerrada completamente, representa la ciencia; enlazada con la otra mano, representa la comprensión, o sea la ciencia universal y sistemática, la sabiduría. La evidencia es el único y general criterio de verdad, la norma del juicio: perspicuis cedere, rem perspicuam approbare, como dice Cicerón.

En conformidad con su teoría esencialmente sensualista y empírica, los estoicos no veían en la memoria, en la experiencia y en las ideas primeras, más que modificaciones y asociaciones espontáneas de las sensaciones, y como representaciones o anticipaciones de la espontaneidad sensible. «Los estoicos, escribe Plutarco a este propósito,[123] enseñan que cuando el hombre nace, la parte principal de su alma es para él como un pergamino, como una especie de tablilla en la cual anota e inscribe los conocimientos que adquiere sucesivamente. En primer lugar, anota allí las percepciones de los sentidos. Si ha experimentado una sensación cualquiera, por ejemplo, la sensación de lo blanco, cuando ésta ha desaparecido, conserva la memoria de la misma. Cuando se asocian muchas sensaciones semejantes, resulta y se constituye la experiencia, según los estoicos, en fuerza y por virtud de esta asociación; porque la experiencia no es más que el resultado de cierto número de sensaciones homogéneas. Ya hemos dicho de qué manera se verifica la percepción de las nociones naturales (sensaciones, representaciones sensibles), sin auxilio extraño. Las otras son fruto de la instrucción y del trabajo propio, razón por la cual son las únicas que merecen apellidarse nociones (conocimientos racionales), pues las primeras son meras prenociones o anticipaciones.»

---

123 De placit. philosoph., lib. IV, cap. XI.

§ 81. Física del estoicismo

La física del estoicismo comprende la psicología y la teología, porque para el estoicismo, o al menos para la mayor parte de sus partidarios, todos los seres son corpóreos, y, por consiguiente, objeto de la física. Aunque alguna vez hablan de cosas incorpóreas, como el espacio, el lugar, el vacío, el tiempo, trátase de una incorporeidad relativa y de nombre, siendo muy probable que apellidaban incorpóreas estas cosas, en atención a que no tienen realidad distinta de las cosas sujetas al tiempo, espacio, etc. Porque la verdad es que para el estoicismo, cuerpo es todo ser real, todo lo que es capaz de acción o de pasión. Así es que, en realidad de verdad, todo lo que existe es, o cuerpo, o cosa corpórea y material, sin que haya cosa alguan que sea espíritu puro, sin excluir a Dios, diga lo que quiera Aristóteles. Lo que se llama espíritu, no es más que el principio o elemento activo en contraposición al elemento pasivo.

En conformidad con estos principios fundamentales, los estoicos concebían el mundo como el resultado y efecto de la unión de Dios, principio activo universal, con la materia inerte y grosera,[124] que sirve de principio pasivo. En realidad, sin embargo, tanto el principio activo como el pasivo, son materiales, y solo se distinguen por cuanto el primero, Dios, la sustancia etérea, el fuego divino, es un ser inteligente, está dotado de razón, por medio de la cual obra sobre la materia inferior y más grosera; pero obra entrando a formar parte de las sustancias producidas con operación o producción inmanente; de manera que el animal, por ejemplo, en tanto es animal y vive, por cuanto lleva dentro una parte del calor o fuego divino: Omne quod vivit, sive animal, sive terra editum, id vivit propter inclusum in eo calorem.

De aquí se infiere que la unión del principio activo con el principio pasivo, la unión del Dios-éter con la materia inferior y más grosera, no es la unión del motor al móvil, ni de la causa eficiente respecto de su efecto; es la unión de un principio informante y plástico, que informa, penetra y vivifica todas las partes del universo, a la manera que el alma humana informa y vivifica el cuerpo humano. Dios es, pues, el alma universal del mundo, y este es el cuerpo de la Divinidad, la cual, aunque como fuerza inmanente está unida al mundo de una

---

124 «Stoici nostri, escribe Séneca, duo esse in rerum natura (dicunt), ex quibus omnia fiant, causam et materiam. Materia jacet iners res ad omnia parata, cessatura, si nemo moveat; causa autem, id est, ratio, materiam format, et quocumque vult versat; ex illa varia opera producit.» Op., epist. 65.

manera íntima, le sobrepuja, no obstante, como razón; es la razón suficiente de su belleza, origen de su finalidad y del gobierno providencial a que se hallan sometidos los seres del universo, bien que esta Providencia se realiza de una manera fatal y necesaria; porque la Providencia divina de los estoicos se identifica con el fatum o destino de la antigua mitología, de manera que, en realidad, la razón divina que gobierna el mundo y la ley necesaria de la naturaleza, son una misma cosa.

El Dios del estoicismo es un ser corpóreo, como lo son todos los seres reales: apellídanle con frecuencia fuego, éter primitivo, y sus transformaciones contienen el origen y la razón suficiente de la variedad de seres que pueblan el mundo, el cual por esta razón está sujeto a perecer y renacer periódicamente. El universo, que ha salido de Dios o sea del éter divino, entra otra vez, al cabo de un tiempo dado, en éste, por medio de la combustión. Esto quiere decir que la realidad, el ser, para los estoicos, es uno y único, es el fuego primitivo, es Dios, que se transforma en universo por medio de evoluciones e involuciones periódicas y fatales, las cuales llevan consigo la destrucción de los seres particulares, permaneciendo solo eternamente el ser divino, germen y fondo esencial, principio, medio y término real de todas las cosas.

Por lo demás, es preciso no perder de vista que las ideas del estoicismo, sin excluir a sus principales representantes y a su mismo fundador, adolecen de cierta vaguedad, confusión e inconstancia, que no permiten formar concepto exacto y seguro de su teoría físico-teológica. Ora en Zenón, ora en sus discípulos, la Divinidad es el mundo o universo, es la razón difundida por todas las partes de éste; es un ser que carece de forma y sentido; es una fuerza fatal que agita la naturaleza y determina sus manifestaciones; es fuego o éter que informa y vivifica las partes del mundo; es el Sol con los demás astros; es el éter que rodea y contiene dentro de sí al mundo,[125] sin contar las aplicaciones e interpretaciones mitológicas. De todos modos, la idea más constante y más

---

125 Todas estas opiniones, más algunas otras, se hallan indicadas en el siguiente pasaje de Cicerón: «Zenon autem naturalem legem divinam esse censet... quam legem quomodo efficiat animantem, intelligere non possumus: Deus autem animantem certe volumus esse. Atque hic idem alio loco aethera Deum dicit... Aliis autem libris rationem quandam, per omnium naturam rerum pertinentem, ut divinam esse affectam putat. Idem astris hoc idem tribuit, tunc annis mensibus annorumque mutationibus... Cujus discipuli Aristonis non minus magno in errore sententia est; qui neque formam Dei intelligi posse censeat, neque in diis sensum esse dicat, dubitatque omnino, Deus animans, necne sit.

conforme con los principios del estoicismo que parece desprenderse de sus afirmaciones sobre la materia, es que Dios debe concebirse con la realidad una y toda que se halla sujeta a una ley fatal y necesaria, en virtud de la cual, y gracias también a la fuerza viva e inteligente que contiene en sí aquella realidad toda y una, reviste diferentes formas, estados y grados de evolución, los cuales constituyen el mundo, o, digamos mejor, los mundos, que aparecen y desaparecen alternativamente con sus diferenes seres o existencias particulares. Cuando los estoicos dicen que Dios es la razón o mente del mundo, conceden esta denominación a la mente en cuanto y porque es como la parte principal de Dios, pero no Dios mismo; pues en rigor este nombre solo puede convenir al mundo mismo en totalidad y unidad, toda vez que para el estoicismo el mundo, no solamente es el mejor y más perfecto de todos, sino que nada se puede pensar más perfecto: Certe nihil omnium rerum melius est mundo... nec solum nihil est, sed nec cogitari quidem quidquam melius potest.

Dada esta concepción de la divinidad, dicho se está de suyo que auque el estoicismo nos habla de providencia divina y de libertad humana, una y otra deben considerarse como meras palabras y fórmulas sin realidad objetiva en el sentido propio de la palabra. Los movimientos y acciones del hombre, los mismo que las transformaciones productivas y evolutivas de Dios están sujetas a la ley inflexible del fatum universal, sin que Dios ni el hombre puedan dejar de poner sus actos en la forma que los ponen. La libertad, lo mismo para Dios que para el hombre, solo puede significar la espontaneidad natural, pero necesaria, que si excluye la coacción externa, no excluye la necesidad interna,

---

»Cleanthes autem, qui Zenonem audivit una cum eo, quem proxime nominavi, tum ipsum mundum Deum dicit esse; tum totius naturae menti atque animo tribuit hoc nomem; tum ultimum, et altissimum atque undique circumfusum, et extremum omnia cingentem atque complexum ardorem, qui aether nominetur, certissimum Deum judicat, tum divinitatem omnem tribuit astris...

»Jam vero Chrysippus, qui stoicorum somniorum vaferrinus habetur interpres, magnam turbam congregat ignotorum Deorum...

»Ait enim vim divinam in ratione esse positam, et universae naturae anima atque mente; ipsumque mundum Deum esse dicit et ejus animi fusionem universam: tum ejus ipsius principatum qui in mente et ratione versetur; tum fatalem vim et necessitatem rerum futurarum; ignem praeterea, et eum, quem antea dixi, aethera; tum ea quae natura fluerent atque manarent, ut et aquam, et terram et aera, solem, lunam, sidera universitatemque rerum, qua omnia continerentur.» De nat. Deorum, lib. I. n. 14 y 15.

incompatible con la verdadera libertad con dominio de sus actos, incompatible con lo que se llama libre albedrío.

De aquí es que para el estoicismo el mal es necesario e inevitable en el mundo. No solamente los males físicos, como la guera, las enfermedades, la muerte, sino también el mal moral, son manifestaciones, o, si se quiere, evoluciones necesarias y fatales de la Divinidad; pues aunque no se diga que Dios quiere el mal, este es inevitable y hasta necesario para que exista el bien, tanto en el orden físico como en el orden moral. Para probar esta doctrina, los estoicos, apropiándose el pensamiento de Heráclito y preludiando a la escuela hegeliana, enseñaban que ninguna cosa puede existir sin que exista su opuesto, razón por la cual la justicia no puede existir sin la injusticia, y en general el bien no puede existir sin el mal.

Admitían los estoicos cierta especie de teología natural, fundada en la realación y subordianción de fines entre los diferentes seres del mundo, pero no con respecto a éste, el cual no se ordena (praeter mundum, caetera omnia aliorum causa esse generata) a ninguna otra cosa, siendo, como es, el ser perfectísimo. En esta serie teológica corresponde al hombre lugar importante y preferente, pues tiene por fin la contemplación e imitación del mundo, es decir, de Dios, del ser perfectísimo y supremo: ipse autem homo ortus est ad mundum contemplandum et imitandum.

El alma humana es una emanación del alma universal del mundo, un soplo, una participación del fuego divino primitivo. Aunque corporal en su esencia, es superior al cuerpo humano, y puede sobrevivir a la destrucción de éste. Pero esta inmortalidad o incorruptibilidad del alma es solamente relativa y temporal, en atención a que perece y deja de existir cuando perece el mundo por medio de la combustión, para que comience a existir otro universo. La inmortalidad absoluta corresponde a Dios solamente.

§ 82. Moral del estoicismo

La moral del estoicismo se halla resumida y condensada en la siguiente máxima: vivir y obrar conforme a la razón y la naturaleza. Como quiera que para los estoicos el fondo de la naturaleza es la razón divina, obrar en conformidad con la naturaleza equivale a obrar conforme a la razón, y de aquí procede que algunos de ellos explicaban y definían la virtud como conformidad con la naturaleza y otros como conformidad con la razón. Este modo de vivir y obrar constituye la virtud, y la virtud es el bien sumo y único del hombre: la fortuna, los honores, la salud, el dolor, el placer, con todas las demás cosas que se llaman buenas o malas, son de suyo indiferentes, y hasta puede decirse que son malas cuando son objeto directo de nuestras acciones y deseos. Sola la virtud, la virtud practicada por la virtud misma y con absoluto desinterés, constituye el bien, la perfección y la felicidad del hombre. La apatía perfecta, la indiferencia absoluta, mediante las cuales el hombre se hace superior e indiferene a todos los dolores y placeres, a todas las pasiones con sus objetos, a todas las preocupaciones individuales y sociales, son los caracteres del sabio verdadero, del hombre de la virtud. Las pasiones deben desarraigarse, porque son naturalmente malas; la virtud es una necesariamente, porque nadie puede adquirir ni perder una virtud, sin adquirir o perder simultáneamente todas las demás.

En vista de máximas y principios de moralidad tan elevada, cualquiera creería que la moral del estoicismo se hallaba exenta de las grandes aberraciones que hemos observado en otras escuelas filosóficas; y, sin embargo, sucede todo lo contrario. La mentira provechosa, el suicidio, la sodomía, las uniones incestuosas, con otras abominaciones análogas, autorizadas en la moral de los estoicos, demuestran que la superioridad de ésta es más aparente que real, y que el orgullo solo puede producir doctrinas corruptoras, y que la razón humana por sí sola es impotente para descubrir y formular un sistema completo de moral,[126] o que nada contenga contrario a la recta razón.

---

126 Si de da crédito a Diógenes Laercio, para los estoicos «los padres e hijos son enemigos entre sí, cuando unos y otros no son sabios». El mismo autor añade que Zenón «establecía por dogma que las mujeres fuesen comunes a todos».
Por lo demás, son tantas y tan grandes las aberraciones del orden moral que encontramos en los estoicos, y esto después de haber sentado principios y máximas generales de indudable rectitud ética, que bien pueden considerarse semejantes aberraciones como castigo ejemplar del orgullo de la razón humana. Y para que no se crea que exageramos en este punto, vamos a transcribir algunos pasajes de Sexto Empírico, que resumen, no todas, sino algunas de estas aberraciones, debiendo advertir que nos vemos precisados a indicar muy a la ligera, y a omitir por completo palabras y periodos que se refieren a ciertas abominaciones, que ni siquiera en latín debemos estampar. «Apud nos turpe, non vero nefarium habetur, mascula Venere uti, apud Germanos autem, ut fertur turpe non est. Quod cur mirum ulli videatur, cum etiam Cynici philosophi, et Zenon Citticus, et Cleanthes, et Chrysippus indiferens hoc esse dicant? Stoicos etiam audimus dicentes a ratione non abhorrere cum meretrice congredi, aut quaestu a meretrice facto aliquem sustentare vitam.

La prudencia o sabiduría, la fortaleza, la templanza y la justicia, son las cuatro virtudes cardinales. El hombre que posee con perfección estas cuatro virtudes, nada tiene que pedir ni envidiar a la Divinidad; se hace igual a Dios, del cual solo se diferencia en la duración mayor o menor de su existencia (bonus ipse tempore tantum a Deo differt, en expresión de uno de los principales representantes del estoicismo, o sea porque no es absolutamente inmoral, como lo es Dios.

La virtud es la verdadera y única felicidad posible al hombre: ella sola puede denominarse bien, en el sentido propio de la palabra, así como, por el contrario, el único mal verdadero es el vicio. Toda las demás cosas son en realidad indiferentes. La constancia, fijeza e inmutabilidad de la voluntad, representan el carácter más noble de la virtud.

El sabio estoico, el hombre de la virtud, vive y obra con sujección absoluta a la naturaleza, a la divinidad, a la ley inmutable y fatal de las cosas, y no con miras interesadas y de propia felicidad. Así es que la virtud se basta a sí misma,

---

»Quin etiam Citticus Zenon ait a ratione alienum et abhorrens non esse, matris naturam suae afr... Atque adeo Chrysippus in Politia sua dogma hoc ponit, patrem ex filia et matrem ex filio, et fratrem ex sorore liberos procreare. Cum praeterea detestabile sit apud nos... Zeno approbat.» Hypot. pyrrhon., lib. III, cap XXIV.

No es menos explícito el siguiente pasaje, que nos presenta a los estoicos aprobando las abominaciones más repugnantes, inclusa la antropofagia: «ipse ergo princeps sectae eorum, Zeno de puerorum institutione, cum alia similia, tum vero haec dicit: dividere nihilo magis nec minus paed... nec foeminas quam mares; non enim sunt alia quae paed... nec foeminas aut mares deceant, sed eadem illos decent. De pietate autem erga parentes idem ait, de Jocastae et aedipodis facto loquens, non fuisse mirum si matrem... nihil in eo erat turpitudinis si alias partes... ex matre liberos procreavit.

»His autem Chrysippus adstipulans in Politia scribit... Quim etiam in iisdem libris humanarum carnium esum inducit; ait enim: Quod si ex vivis abscindatur aliqua pars ad esum utilis, neque defodere illam, neque temere projicere, sed eam consumere, ut ex nostris alia pars fiat.

»In libris autem De officio, de parentum sepultura scribens, haec nominatim dicit: Mortuis autem parentibus, sepulturis utendum simplicissimis, quipped cum corpus (quemadmodum ungues, aut dentes, aut pili), nihil ad nos pertineat... Ideoque si quidem utiles sunt carnes, illas in suum alimentum convertent (quemdmodum et si aliquod ex propriis membris abscissum fuisset, verbi gratia, si pes, uti ipso conveniens fuisset); sin autem sint inutiles (ad esum) aut defossas relinquent, aut longius projicient, nullam earum rationem habentes, tanquam unguium aut pilorum.» Ibíd.., cap. XXV.

Bueno sería que meditaran estos pasajes y se miraran en este espejo los que nos presentan la moral del estoicismo como el tipo y origen de la moral cristiana.

y no aspira ni necesita otra vida, ni de la inmortalidad del alma, para ser feliz: virtus seipsa contenta est, et propter se expetenda.

Tesis fundamental del estoicismo era también la igualdad de las faltas morales. Para los estoicos, así como una verdad no es mayor que otra, ni un error más error que otro, así también un pecado o falta moral no es mayor que otra. De aquí también la correlación íntima, la conexión necesaria de las virtudes, no siendo posible poseer una de éstas sin poseerlas todas.

Ya queda indicado que los estoicos consideraban las pasiones como movimientos contrarios a la razón, y consiguientemente como malos en el orden moral. Por lo demás, el estoicismo solía reducir las pasiones todas a cuatro géneros, que son: la concupiscencia (libidinem, dice Cicerón) o deseo, la alegría, el temor y la tristeza. Las dos primeras se refieren al bien como a su objeto propio; las últimas son relativas al mal.

Además de los muchos y graves defectos de que adolece la moral del estoicismo, y que se acaban de indicar, todavía entraña y lleva en su seno otro principio que la vicia en su mismo origen y en su esencia. Ya hemos visto que la libertad humana, el libre albedrío individual en el sentido propio de la palabra, es incompatible con la teoría metafísica y teológica del estoicismo, según el cual la naturaleza humana se halla determinada en su naturaleza y en sus actos por la naturaleza universal, y la razón individual por la razón divina. Ley universal de Dios, del hombre y del mundo, es la fatalidad absoluta, significada por el Destino en el estoicismo y para el estoicismo. Síguese de aquí que cuando éste nos habla de vivir y obrar conforme a la naturaleza y a la razón, no puede significar otra cosa que vivir y obrar conformándose con el movimiento irresistible de la naturaleza universal, abandonándose al destino y a la corriente fatalista de las cosas, y marchando impulsado por las corrientes de la vida, que le arrastran hacia su fin, es decir, hacia el fin general del universo.

De aquí se desprende que, a pesar de las apariencias en contrario, y a pesar de sus pretensiones, la moral del Estoicismo, no solo es sumamente imperfecta y viciosa, sino que apenas merece semejante nombre, puesto que le falta una de las bases y condiciones esenciales para la moralidad. Porque donde no hay libre albedrío, donde no hay verdadera libertad humana, no hay ni puede haber verdadera moralidad para el hombre, y los nombres de bien y de mal, de virtud y de vicio, carecen de sentido. Resultado y aplicación lógica de este principio fatalista, es esa indiferencia o impasibilidad que constituye la virtud, la perfección suprema del hombre para el Estoicismo, la superioridad real del sabio estoico, superioridad y perfección que le pone en estado de mirar como indiferentes y lícitas las abominaciones más grandes, los actos más repugnantes e inmorales a que arriba hemos aludido.

§ 83. Crítica

La doctrina expuesta en el párrafo anterior, casi nos excusa de emitir juicio crítico acerca de la moral del estoicismo. Elevada, pura y hasta sublime en alguna de sus máximas fundamentales, incurre, sin embargo, en frecuente aberraciones, desciende al absurdo, la abominación y la inmoralidad más repugnantes, cuando entra en el terreno de las deducciones y de las aplicaciones concretas. La ética del estoicismo merece bien de la razón, de la sociedad y de la Filosofía, cuando establece y afirma que la virtud entraña la conformidad con la naturaleza y con la razón divina; pero esta concepción que, considerada en sí misma y prout jacet, tiene algo de elevada y superior, decae de esta elevación, no ya solo cuando fijamos la vista en sus aplicaciones erróneas y exageradas, sino principalmente cuando fijamos la atención en el fondo materialista y en el sentido panteísta que entraña. Porque ya se ha visto que para los estoicos, Dios y la naturaleza material son una misma cosa, una sola sustancia. Así, no es de extrañar que la moral estoica, en medio y a pesar de su elevación aparente y parcial, decaiga rápidamente en sus aplicaciones, porque éstas proceden de un árbol dañado en su esencia, cual es su panteísmo materialista. Porque ya hemos visto que la moral del estoicismo es una moral radicalmente viciosa y sin valor real ético, toda vez que entraña la negación de la libertad humana y arranca del principio fatalista que representa una de las tesis fundamentales de la metafísica de los estoicos.

Por otro lado, los dos celebrados preceptos del estoicismo sustine et abstine, buenos y hasta excelentes como expresión del imperio y dirección que la razón debe ejercer sobre las pasiones, dejan de serlo cuando se convierten en preceptos de exterminio de las mismas: una cosa es la moderación de las pasiones y su subordinación a la parte superior, y otra cosa su aniquilamiento y la apatía estoica.

La afectada pureza en el motivo de la acción; su precepto de obrar la virtud por la virtud misma, con el consiguiente menosprecio e indiferencia en orden a todas las demás cosas, y, sobre todo, la independencia autonómica que atribuyen a su razón individual, norma única, medida y fuente de la virtud, tienen grande afinidad, por no decir identidad, con los imperativos categóricos de Kant y con las recientes teorías racionalistas del krausismo de obrar el bien por el bien. Y no hay para qué decir que todas estas teorías morales, a pesar de su aparente desinterés y de sus fórmulas rigoristas, se resuelven definitivamente en refinado egoísmo; en egoísmo que sustituye a la razón divina la razón propia; en el egoísmo del hombre que se coloca a sí mismo en lugar de Dios para recibir las adoraciones de su propia vanidad y de los demás hombres. Víctor Cousin observó oportunamente que el egoísmo, que es la última palabra del epicureísmo, es también la última conclusión lógica del estoicismo.

La física y teología de los estoicos se reducen a un panteísmo psicológico-materialista, más o menos informe, el cual, después de clasificar a Dios entre los cuerpos, hace de la Divinidad el alma del mundo, o sea una fuerza que informa y penetra todas las cosas, que las engendra y destruye por medio de evoluciones e involuciones periódicas, y de la cual son derivaciones o participaciones pasajeras las almas humanas. Sin embargo, esta Divinidad, aunque unida y ligada con el mundo y consituyendo su fondo esencial, es superior al mundo, es causa o fundamento del mismo, y lo gobierna por medio de su razón y de leyes providenciales. No es difícil reconocer que esto tiene bastante analogía con la doctrina cosmológico-teológica del krausismo. Por otro lado, el éter-primitivo, Dios, que se transforma en variedad y multiplicidad de mundos y de seres con sujeción a la ley necesaria del Destino o fatum, trae a la memoria las evoluciones y transformaciones de la Idea hegeliana, sujetas a la ley dialéctica, tan necesaria e inmutable como la del Fatum estoico.

Tomada en conjunto la Filosofía del estoicismo, puede considerarse como una síntesis más o menos completa de la Filosofía cínica y de la doctrina de Heráclito. En la teoría moral de Zenón descúbrense las huellas de la enseñanza del cínico Crates, su primer maestro, y su teoría físico-teológica tiene muchos puntos de contacto con la Filosofía de Heráclito. Así es que la escuela cínica pierde su importancia, y, por decirlo así, su autonomía, desde que aparece y se consolida el estoicismo, el cual absorbe y transforma la moral de los antiguos cínicos. Aparte de sus contradicciones, o, digamos, de sus caídas, tan opuestas a su puritanismo, como, cuando justifica la mentira, el suicidio, etc., la moral estoica tiene el grave defecto de condenar en absoluto el placer y las pasiones, confundiendo e identificando la energía nativa de éstas con la inmoralidad. Una cosa es que las pasiones deban moderarse y subordinarse a la razón y al cumplimiento del deber moral, y otra que sean inmorales y malas por su misma naturaleza, obsevación que puede aplicarse igualmente a los placeres y satisfacciones sensibles.

Otro defecto grave de la moral estoica es la separación, o, mejor dicho, la oposición que establece entre la virtud y la felicidad, como consecuencia, efecto y complemento de la misma, especialmente en la vida futura. Una cosa es que el hombre, al obrar, no deba proponerse como fin principal y único de la acción virtuosa la felicidad personal, y otra que el derecho a esta felicidad no sea consecuencia natural y legítima de la acción virtuosa, o que ésta deba prescindir y rechazar la esperanza y el deseo de esta felicidad, la cual, después de todo, puede considerarse como una prolongación, como una manifestación de la virtud.

En resumen: si consideramos en conjunto al estoicismo, puede decirse que, al lado de cierta elevación parcial desde el punto de vista ético, entraña graves errores como sistema filosófico; porque la verdad es que su psicología es una psicología sensualista; su teodicea es una teodicea panteísta; su metafísica y cosmología son materialistas en el fondo, y hasta su moral degenera en idealismo exagerado en sus principios, contradictorio y empírico en sus aplicaciones y máximas.

§ 84. Discípulos y sucesores de Zenón

El estoicismo es una de las escuelas filosóficas de vida más larga y brillante entre las antiguas. Aparte de la elevación y superioridad relativa de sus máximas morales, contribuyeron a esta longevidad las luchas que se vio obligado a sostener contra escuelas rivales, y con especialidad contra el epicureísmo y la nueva Academia.

Los discípulos y representantes del estoicismo pueden dividirse en estoicos greco-asiáticos y en estoicos romanos. Dejando estos últimos para cuando hablemos de la Filosofía entre los romanos, nos limitaremos a consignar aquí los nombres principales que representan las tradiciones y la enseñanza del estoicismo en Grecia y Asia.

Fueron estos:

a) Cleantes, natural de Asos, en la Troade, el cual sucedió a Zenón en la dirección de la escuela, y a quien Laercio atribuye largo catálogo de escritos que no han llegado hasta nosotros. Discípulos igualmente de Zenón y contemporáneos de Cleantes fueron Perseo, compatriota del fundador del estoicismo; Aristón, natural de Chío, de quien se dice que fundó escuela aparte y que en su doctrina se aproximó a la escuela escéptica, y Herilo de Cartago, el cual propendía a realizar la importancia de las ciencias especulativas, y trató de corregir y moderar el exclusivismo ético de la escuela estoica.

b) Crisipo, que nació en Solí, según unos, y según otros en Tarso de Cilicia, sucedió a Cleantes en la regencia de la escuela estoica, y fue considerado en la antigüedad como segundo fundador del estoicismo, a causa sin duda del gran desarrollo y propaganda que ejerció en favor de sus doctrinas, según Diógenes Laercio, sostuvo frecuentes controversias y luchas contra los filósofos contemporáneos en defensa de las doctrinas del Pórtico, y escribió con este objeto más de 700 libros, siendo apellidado por esto la Columna del Pórtico.

c) Sucedieron a Crisipo en la escuela estoica Zenón de Tarso en Cilicia, y el compatriota de éste Antipatro, aunque algunos le hacen natural de Sidón. Finalmente: entre los principales representantes del estoicismo figuran también Diógenes de Babilonia, el mismo que fue a Roma en calidad de embajador siglo y medio antes de Jesucristo, junto con el académico Carneades y el peripatético Critolao; Panecio de Rodas, discípulo de Diógenes, el cual procuró moderar el rigorismo excesivo de la moral estoica, se esforzó en aproximar y conciliar las doctrinas del Pórtico con las de Platón y Aristóteles, y combatió la astrología judiciaria, y, por último, Posidonio de Apamea en Siria, que enseñó en Rodas y tuvo por discípulos a Pompeyo y Cicerón. Diógenes, Panecio y Posidonio despertaron y arraigaron entre los romanos la afición a las doctrinas del estoicismo.

A propagar y consolidar esta doctrina entre los romanos contribuyeron también poderosamente Antipatro de Tiro, y Atenodoro de Tarso, maestro el primero, y el segundo compañero y amigo de Catón de Utica.

§ 85. Epicuro

Por los años de 337 a 340 antes de Jesucristo, nació Epicuro en Gargetos o Gargesia, aldea del Ática, no lejos de Atenas, siendo sus padres Neocles y Querestrata, de quien se dice que era adivina de profesión. Algunos autores suponen, no sin fundamento, que Epicuro nació en Samos. Después de frecuentar por algún tiempo las escuelas del platónico Xenocrates y del peripatético Teofrasto, abrió escuela propia a los treinta y dos años de edad, y después de enseñar su sistema y sus doctrinas por espacio de cinco años en Mitilene y Lampsaco, trasladó su escuela a Atenas, donde murió de edad avanzada, rodeado de sus discípulos, que le tuvieron en grande veneración. Además de escuchar las lecciones de los indicados maestros, Epicuro se entregó con pasión y ahinco al estudio de los escritos de Demócrito, en los cuales se inspiró principalmente para concebir y formular su sistema.

Pocos filósofos hay cuya vida y doctrina hayan dado origen a debates tan acalorados y a interpretaciones tan diferentes como la vida y doctrina de Epicuro. Según algunos, su vida fue un modelo de moderación, rectitud y honestidad, y su teoría moral dista mucho de ser la teoría del sensualismo grosero y del materialismo que le atribuyen generalmente otros autores, los cuales, por otro lado, tampoco dan crédito ni admiten la moderación y moralidad de su vida.

Por nuestra parte, creemos que unos y otros exageran el bien y el mal en lo que atañe a la vida y doctrina de Epicuro, y en este concepto procuraremos evitar los dos extremos en la exposición de su doctrina, exposición a que daremos principio por la moral; porque ésta es la parte esencial y como la clave y la sustancia toda de su Filosofía, en la cual, si se ocupa de física, de psicología y de dialéctica o canónica, como él la apellida, es solo con el objeto de poner estas partes de la Filosofía en relación con su sistema ético.

§ 86. La moral de Epicuro

La esencia de la Filosofía consiste en conocer el objeto final de la vida y de las acciones humanas, en determinar la cosa en que consiste el bien sumo del hombre y que constituye su felicidad. Prescindiendo de la felicidad perfecta y absoluta, la cual solo puede hallarse en los dioses, si existen, la felicidad relativa, imperfecta y limitada de que es capaz el hombre, consiste esencialmente en el deleite, puesto que el deleite es la cosa que deseamos y buscamos por sí misma y a la que subordinamos todas las demás cosas. Todos nuestros actos y aspiraciones deben tener por objeto la posesión de esta felicidad, o sea del placer posible al hombre en esta vida; porque, perdida esta felicidad, nada nos queda si no es la esperanza ilusoria y quimérica de la felicidad propia de los dioses.

Este deleite o placer, que constituye la felicidad del hombre, tiene dos manifestaciones, que son el movimiento y el reposo. El placer consiguiente a la satisfacción de una necesidad o apetito sensible que se experimenta, el que resulta de las emociones agradables, como la alegría, la amistad y otras análogas, representan el primer aspecto de la felicidad, mientras que el segundo, o sea el placer del reposo y por el reposo, consiste en estar libre o exento del dolor y de la petrubación. Aunque la felicidad humana abraza las dos manifestaciones del deleite, la segunda, sin embargo, es superior a la primera, y constituye en cierto modo la verdadera felicidad del hombre, toda vez que ésta, en último término, consiste en la exención de dolores por parte del cuerpo y en la tranquilidad del espíritu, o sea en la exención de perturbaciones e inquietudes por parte del alma. Nos autem, escribía Cicerón en persona de los partidarios de Epicuro, beatam vitam in animi securitate, et in omni vacatione munerum ponimus.

Epicuro enseñaba también que el placer que constituye la felicidad y bien supremo del hombre, es el que resulta del conjunto de todos aquellos actos y estados del cuerpo y del alma que representan la mayor suma posible de placer y bienestar para el hombre, y esto, no precisamente con relación al instante o tiempo presente, sino abrazando el pasado y el futuro. Y añadía también que en este conjunto de bienes y placeres que constituyen la felicidad humana, entran por mucho, y aun como parte principal y superior, los placeres y satisfacciones morales e intelectuales, los placeres del alma, los cuales son superiores a los del cuerpo, porque éstos son de suyo momentáneos y fugaces, mientras que los del alma se extienden a lo pasado y a lo porvenir.

Fundándose en este aspecto relativamente laudable de la moral de Epicuro, pretendieron y pretenden algunos hacer su elogio, y hasta presentárnosla como una concepción racional y digna de respeto. Pero los que esto intentaron procedieron sin duda inconsideradamente, según dice con justicia Ritter; porque la verdad es que enfrente de este aspecto parcial y relativamente laudable de la ética de Epicuro, existen otras opiniones del mismo y de sus discípulos inmediatos, que desvirtúan por completo el valor real de esa aserción. Según el testimonio de Diógenes Laercio, Epicuro decía terminantemente que no podía concebir el bien o felicidad del hombre sino mediante «los placeres del gusto, los goces del amor carnal, los del oído y la vista de las bellas formas»: y Metrodoro, amigo y discípulo de Epicuro, solía decir que el hombre que sigue la doctrina naturalista y epicúrea, no debe cuidarse más que del vientre. «Este elogio del placer sensual, escribe el ya citado Ritter,[127] no se halla contradicho ni por lo que Epicuro dice en otras partes acerca del placer del alma, ni por la desaprovación que en otros lugares arroja sobre los placeres sensuales. Para convencerse de la verdad de lo que aquí decimos, bastará examinar lo que Epicuro y su escuela entendían por placer del alma. Metrodoro, en un escrito destinado a demostrar que el principio de la felicidad está en nosotros mismos más bien que en los bienes exteriores, enseña que por el bien del alma no debe entenderse otra cosa más que el estado sano y tranquilo de la carne, acompañado de la seguridad de que semejante estado permanecerá en adelante. El mismo Epicuro completa este pensamiento, diciendo que todo placer del alma resulta y existe en cuanto y porque la carne goza anticipadamente del deleite de que se trata, porque lo que distingue al placer intelectual del placer o deleite corporal, es precisamente, según ya lo hemos indicado arriba, que en el primero el goce no se limita al momento actual, sino que se extiende a lo pasado y a lo porvenir; lo cual probablemente no quiere decir otra cosa para Epicuro, sino que el placer del espíritu consiste en el recuerdo del placer pasado y en la esperanza cierta que tiene el sabio de que gozará del mismo placer en lo sucesivo... Después de esto, bien pudo decir Epicuro que el sabio no deja de ser feliz, aun cuando sufre horribles tormentos, porque, atormentada con dolores corporales, el alma del sabio será bastante fuerte todavía para elevarse sobre el dolor del momento y para sacar placer del recuerdo y de la esperanza. Pero el placer que ensalza Epicuro no consiste, sin embargo, en la tendencia del alma a la virtud perfecta, sino únicamente en el placer corporal

---

127 Histoire de la Philos. ancien., t. III, lib. X, cap. II.

de que gozamos en el momento presente, y al cual asociamos el recuerdo del placer corporal pasado y la esperanza del placer corporal futuro.»

Al lado de esta teoría moral, esencialmente terrena, utilitaria y sensualista, y a pesar de su psicología esencialmente materialista, por una feliz inconsecuencia, Epicuro admite la existencia del libre albedrío y de la responsabilidad moral. Gassendi, en su Syntagma philosophiae Epicuri, expone en los siguiente términos la doctrina de este filósofo en orden al libre albedrío: «La virtud descansa sobre la razón y el libre albedrío, dos cosas inseparables y que se corresponden; porque sin el libre albedrío la razón sería inactiva, y sin la razón el libre albedrío sería ciego... Este libre albedrío es la facultad de perseguir lo que la razón juzga bueno, y rechazar lo que ésta juzga malo. La experiencia atestigua la existencia en nosotros de esta facultad: el sentido común confirma esto mismo, mostrando que solamente merece alabanza o vituperio lo que se ha hecho libremente, lo que se ha hecho voluntariamente y por elección relfleja. Por esta razón, las leyes instituyeron justamente premios y castigos; pues nada sería menos justo que esta institución, si el hombre estuviera sometido a esa necesidad que algunos suponen como soberana absoluta de todas las cosas.»

Excusado parece advertir que la virtud, para Epicuro, consiste en la investigación y práctica de los medios conducentes para adquirir y asegurar la posesión de la mayor suma de placer, como felicidad real del hombre, en el sentido antes indicado. Así es que la principal y como el tronco de las demás, es la prudencia, cuyo objeto es el interés personal bien entendido, y cuyo oficio es reconocer y procurar al individuo, atendidas sus condiciones personales y las ciscunstancias que le rodean, el camino que debe seguir, el género de vida que debe adoptar para conseguir y perseverar en la posesión de la mayor suma posible de placer o deleite.

No es menor la contradicción que se nota en su doctrina, o, si se quiere, en sus palabras, son respecto a la existencia y atributos de la Divinidad, a la cual considera unas veces como mero resultado de vanos terrores del vulgo, mientras que otras veces recomienda el culto y veneración a los dioses, considerando esto como un deber y como una virtud. A pesar de lo dicho, Epicuro niega que Dios tenga cuidado y providencia de las cosas del mundo, que dispense beneficios a los hombres, que se descuide de premiar o castigar las obras del hombre, ni en esta vida ni después de la muerte. En realidad, el fondo de su teología es un ateísmo más o menos disimulado, el mismo que su fiel discípulo Lucrecio se encargó de poner de manifiesto. Esto sin contar que los dioses de Epicuro son dioses nominales, toda vez que no son más que agregados de átomos los más sutiles; su cuerpo es análogo al cuerpo humano, aunque más sutilizado y noble; su figura es la figura humana, que es la más perfecta de todas. Así, no es de extrañar que ya entre los antiguos corriese muy válida la opinión de que Epicuro, solo de palabra, y no en realidad, admitía la existencia de Dios, no faltando quien le suponga influido en este punto por el temor del pueblo ateniense: Nonnullis videri Epicurum, ne in offensionem Atheniensium caderet, verbis reliquisse Deos, re sustulisse.

§ 87. La filosofía especulativa de Epicuro

La física de Epicuro es la teoría de Demócrito, con escasas modificaciones. El universo, el Cosmos, es infinito, eterno e indestructible; pero es finito, temporal y corruptible por parte de los seres particulares que contiene. El Universo, y también las partes o seres de que consta, son el resultado de los átomos primitivos, los cuales, moviéndose y chocando eternamente en el vacío, dieron, dan y darán origen a todos los seres reales. La variedad de átomos y de combinaciones producidas por su movimiento, contiene la razón suficiente de la diversidad de sustancias que pueblan el mundo, así como de sus atributos y propiedades. La imperfección, los defectos y males de todo género que se observan en el Universo, prueban que éste no es obra de una inteligencia, sino más bien del acaso: las que algunos llaman causas finales, son nombres vacíos de sentido; pues lo que se atribuye a éstas es el resultado del movimiento y choques fortuitos de los átomos. En resumen: los átomos, el movimiento y el vacío son las causas eternas y únicas del Universo, o, mejor dicho, son el Universo, el Ser: todas las cosas, todas las sustancias, cualquiera que sea su naturaleza y propiedades, están formados de átomos primitivos y se resuelven en átomos

La extensión o cantidad, la forma y el peso, son las tres propiedades de los átomos, los cuales, puestos en movimiento por razón de su peso o gravedad, forman los seres todos y el mundo, o, digamos mejor, los infinitos mundos que deben llenar el vacío infinito, porque decir que en éste hay solo un mundo, sería como representarse un campo con una sola espiga. Nada se hace de nada (De nihilo quoniam fieri nil posse videmus), sino que todo se hace de los átomos primitivos. Todo cuanto existe es cuerpo, y nada hay incorpóreo sino es el vacío.

Hasta aquí, la concepción cosmológica de Epicuro puede considerarse como mera reproducción de la del antiguo atomismo profesado por Demócrito. Pero es justo adevertir aquí que Epicuro parece haber introducido en aquel atomismo un principio nuevo, que modifica y cambia notablemente el valor y la significación de la concepción atomística. Había procurado Demócrito explicar el origen y formación del mundo por medio del movimiento de los átomos en el vacío, consiguiente o procedente del peso de los mismos, resultando de aquí los seres y el mundo subordinados, y sujetos en su origen y constitución al destino o necesidad absoluta. Epicuro habíase propuesto librar a los hombres del terror e influencia de los dioses, y al mundo o naturaleza de la acción e influencia de la necesidad fatalista o destino de que echaban mano los estoicos en su teoría cosmológica. Y para conseguirlo, introdujo o supuso en los átomos, además del movimiento necesario procedente del peso o gravedad de los mismos, otro movimiento espontáneo y libre, por virtud del cual pueden estos separarse de la línea recta, produciendo pequeñas declinaciones (exiguum clinamen, como dice Lucrecio), las cuales hacen posibles y facilitan los choques múltiples y las consiguientes combinaciones variadas de los átomos. Tal es el nuevo principio o elemento que introdujo Epicuro en la cosmología atomista, si hemos de dar crédito a indicaciones repetidas y a pasajes terminantes de Diógenes Laercio, Plutarco, Cicerón y Lucrecio. Al doble movimiento producido por el choque y el peso de los átomos, Epicuro añade un tercer movimiento de mínima declinación (tertius quidam motus oritur extra pondus et plagam, cum declinat atomus intervallo minimo), con lo cual se hace posible la diversidad de seres por medio de la multiplicidad y variedad de combinaciones atomísticas: Ita effici complexiones et copulationes, et adhaesiones atomorum inter se.

Según todas las apariencias, la inducción y la analogía suministraron a Epicuro el argumento principal para establecer la existencia de este tercer movimiento atómico, de ese movimiento interno y espontáneo de declinación que constituye la parte original de la cosmología del filósofo de Gargeto o

Samos, y que le sirvió a maravilla para excluir y negar la causalidad cósmica del destino o necesidad fatalista, después de haber negado y excluido la causalidad cósmica de Dios. Epicuro, en efecto, no hizo más que trasladar y aplicar a los átomos, principios o semillas primordiales de las cosas, el movimiento voluntario y variable que observamos en el hombre, además del movimiento mecánico y necesario de su cuerpo y miembros,[128] después de lo cual, y por una especie de reversión lógica, buscó en el movimiento primitivo declinatorio de los átomos y el origen y la razón suficiente de los actos voluntarios y libres de los animales y del hombre, actos que deben considerarse como aplicaciones y transformaciones de la fuerza interna que produce el movimiento de declinación primitiva que supone en los átomos. Esta declinación primitiva, que constituye y representa la parte original —si alguna tiene— de la doctrina de Epicuro, sirvió a éste, no solamente para explicar al existencia de la libertad en el hombre, según queda indicado, sino también para negar el proceso infinito en las causas, y para dar razón de la parte de contingencia que observamos en el mundo, en oposición a la necesidad absoluta y universal, enseñada por los estoicos y algunos otros filósofos: Principium quoddam quod fati foedera rumpat —Ex infinito ne causam causa sequatur.

La psicología de Epicuro es la aplicación de esta doctrina y la deducción espontánea de semejantes premisas cosmológicas. El alma humana es un agregado de átomos redondos, una sustancia compuesta de fuego o éter, de aire y de otro elemento innominado y sutil que reside en el pecho. El alma se halla extendida y unida con todo el cuerpo humano, como una sustancia sutil y delicada a otra más grosera. La sensación, lo mismo que la intelección, se verifica por medio de imágenes o simulacros materiales que se desprenden de los objetos, flotan en el aire, entran por los órganos de los sentidos, se fijan y se

---

128 Así se desprende claramente de algunos pasajes de Lucrecio, que conocía a fondo el pensamiento de Epicuro, entre los cuales pueden citarse los siguientes.

«Ut videns initium motus a corde creari
Ex animique voluntate id procedere primum
...
Quare in seminibus quoque idem fateare necesse est
Esse aliam, praeter plagas et pondera, causam
Motibus, unde haec est nobis innata potestas.»

De natura rer., 2.º, v. 260 y siguientes.

suceden en el alma. Todos los conocimientos se reducen a sensaciones y anticipaciones. Las primeras son el resultado inmediato de la impresión producida en el alma por las imágenes atómicas y sutiles que se desprenden de los cuerpos. Las segundas son el resultado de las sensaciones y como una especie de generalización de las mismas, o, mejor dicho, una colección de sensaciones, puesto que, según Diógenes Laercio, Epicuro definía la anticipación como «un recuerdo de aquello que se nos ha representado exteriormente con frecuencia». Los discípulos de Epicuro solían dar también a estas anticipaciones los nombres de comprensión, pensamiento, idea racional; pero sea cualquiera la denominación de las mismas, es lo cierto que no son más que el resultado o producto casi mecánico de la sensación, con la cual se identifican en el fondo.

La creencia en la inmortalidad del alma humana es una vana aprensión. «Para librarte de semejantes aprensiones, decía, acostúmbrate a considerar que la muerte es la nada para nosotros. El mal o el bien no nacen más que del sentimiento, y todo sentimiento se concluye con la vida. Mientras vivimos, la muerte no existe para nosotros: cuando ésta ya ha sobrevenido, nosotros ya no somos nada.»

La sensación, el pensamiento, con las demás facultades del alma, son resultado de la fuerza inherente a los átomos y de la combinación de éstos, o, mejor, de la fuerza motriz esencial a los átomos de que se compone. Que el alma consta de átomos, aunque más sutiles que los que entran en la constitución del cuerpo, y que sus facultades y actos son meras manifestaciones de la fuerza interna de la materia atómica, se prueba por la relación y dependencia que existen entre las mutaciones del cuerpo y las vicisitudes del alma y sus facultades. El alma se desarrolla y perfecciona a medida que se desarrolla y perfecciona el cuerpo. Sus facultades y funciones, débiles en la niñez, vigorosas en la virilidad, decaen y se atrofian en la vejez, y vemos además que crecen y disminuyen, cambian, se modifican, aparecen y desaparecen con los cambios, vicisitudes y enfermedades del cuerpo.

§ 88. Crítica

Lo primero que llama la atención en la Filosofía de Epicuro es su perfecta conformidad con el positivismo y materialismo contemporáneos, en los puntos fundamentales, y hasta en las pruebas aducidas para negar la creación, la causalidad final y la inmortalidad del alma humana. Más aún: el sistema de Epicuro contiene, no ya solo el germen, sino al sustancia de la concepción transformista del movimiento, única parte del materialismo contemporáneo que se presenta con cierto aspecto de originalidad. Porque ello es indudable que para Epicuro el movimiento, como fuerza interna y esencial a los átomos, es el origen, el fondo y la causa primera de todas las demás fuerzas y manifestaciones activas que aparecen y desaparecen en los cuerpos, de la misma manera que para los positivistas de nuestro siglo, todas las manifestaciones de fuerza y actividad, desde la simple atracción hasta el pensamiento, son transformaciones del movimiento, el cual se encuentra en el fondo de todas ellas, no ya solo como su condición sine qua non, sino como germen y esencia común de las mismas.

En el orden o terreno psicológico, la doctrina de Epicuro es una doctrina esncialmente sensualista. Su teoría del conocimiento es muy parecida a la de Condillac; pues, en realidad, todas las facultades y conocimientos del hombre se reducen a la sensación. Sensaciones puras o primitivas, sensaciones generalizadas por medio del recuerdo, sensaciones transformadas y combinadas de diferentes maneras: he aquí lo que constituye y representa el contenido interno y real del conocimiento humano en todas sus esferas. No existe en nuestro espíritu actividad alguna intelectual, nativa, libre y superior a las sensaciones: lo que llamamos reflexión racional y científica, no es más que el recuerdo y combinación de sensaciones pasadas y presentes. La sensación da origen al recuerdo, y el recuerdo hace posibles los juicios, generalizando las sensaciones, no por vía de abstracción, sino por vía de colección, combinación y analogía.

Por lo demás, la Filosofía de Epicuro viene a ser una síntesis, o, digamos mejor, una amalgama más o menos incoherente de la física materialista de Demócrito y del hedonismo cirenaico, cuyas debilitadas corrientes quedaron absorvidas finalmente en la gran corriente epicúrea. Es justo notar, sin embargo, que la teoría moral de Epicuro es superior a la de los cirenaicos, ya porque Epicuro parece subordinar los deleites sensuales del cuerpo a los deleites del alma, como son la amistad, la alegría, la alabanza, etc., mientras que los cirenaicos daban la preeminencia a los placeres del cuerpo, ya también porque el primero consideraba como la parte principal y fondo esencial de la felicidad la ausencia de cosas penosas por parte del cuerpo y del espíritu, al paso que los segundos hacían consistir la felicidad en las emociones agradables, en las sensaciones voluptuosas.

La verdad es que la moral de Epicuro encierra dos elementos relativamente contrarios: hállase representado el uno por sus máximas generales acerca del placer como fin último y felicidad única del hombre, juntamente con la negación de la vida futura: el otro consiste en su enseñanza acerca de la preeminencia de los placeres del alma sobre los del cuerpo, y acerca de los inconvenientes y peligros del abuso de los deleites sensuales. Como acontecer suele en semejantes casos, sus discípulos y sucesores dejaron a un lado el segundo elemento, y dedicaron sus esfuerzos a cultivar y desarrollar el primero, exagerando y falseando sus aplicaciones en el terreno teórico y práctico. De aquí el menosprecio y la aversión con que llegaron a ser mirados generalmente los representantes de esta escuela, y de aquí también las persecuciones que sufrieron, siendo arrojados de las ciudades, y prohibiéndose en más de una ocasión la enseñanza de su doctrina en las escuelas públicas.

A pesar de los esfuerzos que Gassendi y algunos otros hicieron en diferentes épocas para rehabilitar la memoria y la doctrina de Epicuro, es preciso reconocer que éste, como hombre de ciencia, significa poca cosa al lado de Platón y de Aristóteles. Justifican, además, este juicio sus pueriles opiniones acerca del sistema del mundo, y principalmente acerca de la magnitud del Sol y de la Luna. Epicuro afirmaba con toda seriedad que el Sol no es mayor de lo que a nuestra vista parece, afirmación que repite y sigue su fiel discípulo e intérprete Lucrecio, cuando escribe:

«... Nec major,
Esse potest nostris quam sensibus esse videtur.»

Esto no obstante, la concepción cosmológica de Epicuro, tomada en conjunto, es relativamente superior y más verdadera que la de Demócrito. Cierto que la concepción cosmológica de los dos es esencialmente mecánica; pero mientras el filósofo de Abdera, procediendo con lógica más exacta y severa, establece y afirma el fatalismo o necesidad absoluta en el proceso de las causas y efectos,[129] Epicuro, faltando, si se quiere, a las exigencias de la lógica, establece y admite alguna contingencia causal, fundándola en cierta declinación de los átomos (Epicurus declinatione atomi, vitari fati necessitatem putat), por medio de la cual se apartan más o menos de la línea recta y fija que debieran seguir, habida razón del peso o fuerza mecánica interna.[130] Vese, por lo dicho, que la concepción cosmológica de Epicuro, sin dejar de ser mecánica en el fondo, como la de Demócrito, entraña como cierta desviación dinánica, la cual constituye su originalidad, y, si se quiere, su ventaja o progreso sobre la concepción de Demócrito, por más que, según observa con justicia Cicerón, el movimiento declinatorio de los átomos no es más que una hipótesis gratuita, una ficción inventada por Epicuro para librarse del fatum universal del Estoicismo y de la necesidad absoluta y fatalista de su maestro Demócrito: Qui aliter obsistere fato fatetur se non potuisse, nisi ad has commentitias declinationes confugisset.

§ 89. Discípulos y sucesores de Epicuro
La corrupción general que a la muerte de Epicuro se había apoderado de la Grecia y del Asia, la molicie en las costumbres, la irreligión y el descreimiento que reinaban en aquellos países, al propio tiempo que comenzaba a propagarse en Roma y en las provincias sujetas a su dominación, contribuyeron poderosamente al desarrollo, extensión y permanencia, que por espacio de siglos alcanzó la escuela epicúrea entre griegos y romanos. Bien es verdad que la importancia y mérito de sus discípulos y adeptos no corresponde a su número; pues, si se exceptúa al famoso autor del poema De rerum natura, apenas hay alguno que sea digno de especial mención.

a) Diógenes Laercio, en quien se descubre cierta predilección por Epicuro y cierta complacencia bastante significativa en la exposición de su doctrina, habla de sus discípulos y sucesotes más inmediatos en los siguiente términos:

---

129 «Democritus, escribe Cicerón, auctor atomorum accipere maluit, necessitate omnia fieri, quam a corporibus individuis naturales motus avellere.» De Fato, cap. X.

130 El ya citado Cicerón escribe sobre esto: «Epicurus, cum videret, si atomi ferrentur in locum inferiorem suopte pondere, nihil fore in nostra potestate, quod esset earum motus certus et necessarius, invenit quomodo necessitatem effugeret. Ait atomum, cum pondere et gravitate directe deorsum feratur, declinare paullulum». De natura Deor., lib. I, cap. XXV.

«Tuvo muchos y muy sabios discípulos, como Metrodoro Lampsaceno, el cual, desde que le conoció, jamás se apartó de él, excepto seis meses que estuvo en su casa, y se volvió luego... Era constantísimo de ánimo contra las adversidades y contra la misma muerte, según dice Epicuro en el Primer Metrodoro. Dicen que murió siete años antes que su maestro, a los cincuenta y tres de su edad...

b) »Fue también discípulo de Epicuro Polieno de Lampsaco, hijo de Atenodoro, hombre benigno y amable, como le llamó Filodemo. Lo fue igualmente su sucesor en la escuela Hermaco de Mitilene, el cual al principio seguía la oratoria. De éste quedan excelentes libros, que son veintidós Cartas acerca de Empedocles. De las Matemáticas, contra Platón y contra Aristóteles. Murió en casa de Lisias este varón ilustre. Fueron también discípulos suyos Leonteo con su mujer Temistia, a la cual escribió Epicuro, y asimismo Colotes e Idomeneo, todos naturales de Lampsaco.»

c) Sucedió a Hermaco en la dirección de la escuela Polistrato; a éste sucedió Dionisio, por cuyo fallecimiento entró a regir la escuela epicúrea Basilides y después Apolodoro, autor de más de cuatrocientas obras. Su discípulo Zenón, originario de Sidón, escribió también bastantes obras, según el citado Diógenes Laercio. Filodemo, discípulo de Zenón, lo mismo que los dos Tolomeos de Alejandría, Demetrio de Lacón, Diógenes de Tarso, conservaron las tradiciones y la enseñanza de la doctrina de Epicuro, sin introducir en la misma modificaciones notables ni desarrollos científicos. Generalmente se limitaron a reproducir y popularizar la doctrina de su maestro, si bien algunos acentuaron las tendencias materiales y ateas del mismo. Los partidarios griegos del epicureísmo fueron superados en este terreno por el admirador entusiasta del Grajus homo, o sea por el autor del poema De rerum natura, según veremos más adelante.

Tercer periodo de la filosofía griega

§ 90. Crisis y decadencia en la Filosofía helénica

El grande y fecundo movimiento filosófico iniciado por Sócrates, desenvuelto y completado por Platón, Aristóteles, Zenón y Epicuro, entró en manifiesta y pronta decadencia con la muerte de sus últimos representantes. Cuando éstos desaparecieron, cuando murieron Zenón y Epicuro, el centro de la Filosofía griega que habían sostenido en sus manos, aunque no con la elevación de ideas ni con la verdad que lo hicieran Platón y Aristóteles, este cetro cayó en tierra hecho pedazos. Carecían de vigor y fuerza para sostener levantado en alto este cetro los brazos débiles de los discípulos y sucesores de Platón, que se entregaron a un escepticismo estrecho; y los brazos de los discípulos y sucesores de Aristóteles, que se precipitaron en las corrientes del materialismo; y los brazos también de los discípulos y sucesores de Zenón y de Epicuro, que ni siquiera supieron conservar la grandeza relativa de las concepciones estoica y atomista, consideradas como concepciones más o menos originales, aunque inexactas y erróneas en el fondo. Diríase que el esfuerzo gigantesco, las grandes producciones del espíritu helénico, llevadas a cabo en Platón y Aristóteles, en Zenón y Epicuro, habían agotado sus fuerzas y su vitalidad.

Apenas había transcurrido un siglo desde la muerte de Sócrates; apenas se había extinguido el eco de la voz de esos grandes representantes y factores del movimiento socrático, cuando vemos a la Filosofía griega entrar en un periodo de visible decadencia, y degenerar rápidamente, y agitarse en luchas estériles, y marchar con pasos vacilantes e inseguros, y adoptar direcciones múltiples, pero infecundas y estériles, hasta que, puesta en contacto con el elemento oriental y con el elemento cristiano, y obedeciendo a un movimiento sincretista, produce la concepción neoplatónica, la cual representa los últimos resplandores de la Filosofía griega considerada en sí misma, considerada como doctrina independiente y aislada del Cristianismo. Y decimos esto, porque al lado del movimiento neoplatónico, debido principalmente a la combinación del elemento filosófico griego con el elemento filosófico, o, mejor dicho, teosófico oriental, se verificaba otro movimiento paralelo, debido a la combinación de la parte más racional y elevada de la Filosofía griega con el elemento cristiano. Esta combinación primitiva, esta síntesis inicial contenía el germen del grandioso y bello edificio que los Padres de la Iglesia y los Doctores escolásticos habían de levantar andando el tiempo, y que es conocido en la historia con el nombre de Filosofía cristiana.

La historia nos enseña que siempre que en un punto dado aparecen y se desenvuelven varios sistemas filosóficos, esta aparición y desenvolvimiento dan origen generalmente a un movimiento escéptico y a un movimiento ecléctico. Y es natural y lógica la manifestación de este doble movimiento; porque la lucha y los ataques recíprocos de los diferentes sistemas producen y desarrollan en ciertos espíritus las dudas y la desconfianza con respecto a todos ellos. Esta desconfianza se transforma y convierte fácilmente en la idea de que la verdad, o no existe, o es inasequible para nosotros, al paso que en otros espíritus el examen crítico de los diferentes sistemas engendra la idea o convicción de que la verdad se halla como fraccionada y diseminada en los mismos. De aquí resulta que los primeros dirigen sus esfuerzos a establecer la falsedad de todos los dogmatismos, y demostrar la impotencia más o menos radical del entendimiento humano para conocer la realidad de las cosas, para llegar a la conciencia cierta y refleja de la verdad. Los esfuerzos de los segundos tienen por objeto reconocer y separar la verdad y el error parciales en los diferentes sistemas, para entrar en posesión de la verdad íntegra, de la conciecia absoluta y perfecta.

Tal debía suceder, y sucedió efectivamente, durante el periodo socrático, cuya historia acabamos de bosquejar, pero principalmente cuando hubo dado a luz sus sistemas más originales e importantes, o cuando hubo terminado su ciclo creador. Al lado y en pos de los sistemas dogmáticos y más o menos contradictorios de Platón, de Antístenes, de Aristipo, de Aristóteles, de los estoicos y de Epicuro, aparecen el escepticismo y el eclecticismo, presentando a su vez variedad de escuelas, fases y gradaciones, en relación con sus fundadores y principales representantes, con el carácter de los dogmatismos que motivaron su origen, y hasta con las ciudades que sirvieron de centro de irradiación para su doctrina. Ni Atenas, ni Roma, por ejemplo, presentaban condiciones tan favorables como Alejandría para el movimiento ecléctico y sincretista, que tuvo su asiento y foco principal de la ciudad de Alejandro y de los Tolomeos.

El periodo, pues, cuya historia vamos a trazar, es un periodo de crisis, de transición, de decadencia y de fermentación, siendo, por lo mismo, bastante difícil clasificar y ordenar su contenido con riguroso método. Para conseguirlo en lo posible, hablaremos

a) Del movimiento escéptico que durante este periodo se apoderó de la Filosofía griega y de sus principales fases, el escepticismo pirrónico, el académico y el positivista.

b) De la propagación y representantes de la Filosofía helénica y de sus diferentes escuelas entre los romanos.

c) Del movimiento ecléctico y sincretista de la misma, y de los sistemas o escuelas que fueron resultado de este movimiento de la Filosofía griega, y principalmente de su contacto y fusión con las ideas científicas y las tradiciones religiosas del Oriente.

§ 91. Escepticismo pirrónico

a) Pirrón, de quien recibió el nombre este escepticismo, fue natural de Elis, contemporáneo de Aristóteles, y acompañó a Alejandro Magno en sus expediciones por el Egipto, la Persia y la India. De vuelta a su patria, comenzó a dogmatizar en sentido escéptico, y a vivir y obrar en armonía con su teoría, si se da crédito a Diógenes Laercio, el cual refiere varias anécdotas[131] en confirmación de esto. Fue muy honrado por sus conciudadanos, y murió a la avanzada edad de noventa años.

Según los testimonios más fidedignos, Pirrón solo negaba al hombre el conocimiento de la verdad objetiva y de la esencia de las cosas, pero no negaba la realidad subjetiva, ni el valor de los sentidos como norma de conducta práctica en el proceso de la vida. El hombre debe obrar en conformidad con las prescripciones de la ley, de la cual emana la distinción entre lo bueno y lo malo; pero debe abstenerse de afirmar y de negar cosa alguna acerca de la realidad objetiva del mundo externo, de las cosas sensibles, y con mayor razón de las cosas espirituales. Los efectos e impresiones que en sí mismo experimenta, no dan derecho ni medio al hombre para afirmar nada en pro ni en

---

131 Cuenta y afirma, entre otras cosas, que no se apartaba de los carros, perros y precipicios que había o le salían al paso en su camino, teniendo que cuidar sus discípulos de apartarle en estos peligros, fundándose en que no se debe dar crédito alguno al testimonio de los sentidos. En cierta ocasión pasó al lado de Anaxarco, que había sido su maestro y que había caído en un lodazal, sin detenerse a darle auxilio para salir.

contra de la existencia y naturaleza de las causas. En este quietismo de juicio y en ejecutar ciegamente las leyes consiste la felicidad del hombre.

b) La escuela de Pirrón duró poco tiempo después de su muerte, y el más notable de sus representantes fue su compatriota y amigo el médico Timón, el cual escribió un poema satírico con el exclusivo objeto de poner de relieve las contradicciones en que habían incurrido los metafísicos o dogmáticos de todas las escuelas, desde Tales hasta su contemporáneo Arcesilao. Tanto en este como en otros escritos escépticos, Timón esfuérzase en probar que al hombre solo le es dado conocer lo que las cosas parecen a sus sentidos y a su entendimiento; pero no le es dado conocer su naturaleza o realidad objetiva. Lo que los filósofos y metafísicos suelen ofrecernos como una tesis cierta o como conclusiones demostradas, no son ni serán jamás sino hipótesis más o menos especiosas. Como se ve, el escepticismo de Timón, lo mismo que el de su maestro, es un escepticismo objetivo, pero no absoluto o subjetivo.

Diógenes Laercio indica que el fundador del escepticismo que nos ocupa no escribió obra alguna (Pyrrho quidem ipse nullum reliquit opus) para enseñar y extender su doctrina, dejando esto a cargo de sus discípulos, entre los cuales ocupa lugar preferente el ya citado Timón, a quien se debe principalmente la consolidación y propaganda del escepticismo pirrónico, ora por los elogios que tributa al fundador de esta doctrina,[132] comparando su vida con la de los dioses (solus ut in vivis gereres te Numinis instar), ora por el desenvolvimiento que comunicó a las razones y argumentos en favor del escepticismo.

Aunque fue el principal o más celebrado, no fue Timón el único discípulo y sucesor de Pirrón; pues fuéronlo también Euriloco, acérrimo enemigo de los dogmáticos o sofistas, como los apellidaban los pirrónicos; Filón, muy perito y ejercitado en disputas dialécticas contra los dogmáticos; Hecateo, natural de Abdera, y Nausifanes, que fue maestro de Epicuro, según algunos autores antiguos, lo cual se halla en perfecta consonancia con las tendencias escéptico-sensualistas de este filósofo, y con el menosprecio o ninguna importancia y valor que concedía a la dialéctica, si hemos de dar crédito a Cicerón, cuando escribe que Epicuro totam dialecticam et contemnit et irridet.

---

132 En el ya citado poema dice, entre otras cosas, dirigiéndose a su maestro y en alabanza del mismo: Miror qui tandem potuisti evadere Pyrrho. —Turgentes frustra, stupidos vanosque sophistas. —Atque imposture fallacis solvere vincla. —Nec fuerit curae scrutari, Graecia quali. —Aëre cingatur, neque ubi aut unde omnia constent.

§ 92. El escepticismo académico

El esceptismo académico y debe su origen a una transformación de la escuela platónica. Arcesilao, natural de Pitana, en la Eolia, y discípulo sucesor de Crates en la Academia, fue el autor de esta transformación. Con el intento de oponer una valla y correctivo al dogmatismo exagerado de Zenón y Crisipo, resucitó y puso de nuevo en boga el método socrático, empleando la ironía, la interrogación y la duda en las controversias filosóficas. Los procedimientos escépticos por parte del método le condujeron al escepticismo objetivo, y sus ataques contra las ideas claras de los estoicos como criterio de la verdad, le arrastraron a exagerar las ilusiones de los sentidos y la impotencia de la razón par cerciorarse de la realidad objetiva de las cosas y para llegar a la posesión científica y refleja de la verdad. Sócrates había dicho: solo sé una cosa, y es que no sé nada; y Arcesilao, desarrollando el germen escéptico del maestro de Platón, añadía: ni aun sé de cierto que no sé nada. Sin embargo, su escepticismo no se extendía al orden moral, cuya fijeza admitía con los estoicos, limitándose al orden especulativo y metafísico. Sus discípulos y sucesores inmediatos fueron Lacides de Cirene, Evandro de la Focide y Hegesino de Pérgamo. Su sistema es conocido generalmente en la historia de la Filosofía con los nombres de Academia media, Academia segund, para distinguirlo [...]

b) La Academia tercera o nueva, que debió su origen al filósofo Carneades. Nació éste en Cirene, dos siglos antes de Jesucristo; y habiendo sido enviado a Roma en calidad de embajador en 155, llamó la atención de los romanos con su elocuencia, y más todavía con su doctrina filosófica, la cual parece que se diferenciaba poco en el fondo de la de Arcesilao. Uno y otro oponían a la percepción comprensiva (catalepsia) de los estoicos la incomprensibilidad (acatalepsia) objetiva de las cosas, o sea la imposibilidad de conocer con certeza y evidencia lo que son las cosas en sí mismas, su realidad objetiva.

Algunos de ellos, sin embargo, y con especialidad los representantes de la Academia nueva o tercera, reconocían el valor relativo y la legitimidad práctica de los sentidos, como reconocían también la posibilidad y la suficiencia de la verosimilitud o probabilidad racional para la dirección de la vida. Yerran, según observa Cicerón, los que piensan que los académicos niegan en absoluto el testimonio de los sentidos; pues lo que realmente niegan a éstos es la razón de criterium, o nota propia para discernir lo verdadero de lo falso. Tampoco niegan toda especie de afirmación y negación, sino la que se refiere a la realidad objetiva de las cosas,[133] o, mejor dicho, a la cognoscibilidad cierta y evidente de esta realidad objetiva. Podemos, no obstante, formar juicios probables acerca de las cosas, los cuales son suficientes para la dirección y orden de la vida, por más que admitirse que el hombre conoce con certeza y comprende con verdad la naturaleza o ser de las cosas como son en sí mismas, cuya realidad o esencia y atributos permanecen incomprensibles a la razón humana.

El argumento fundamental en que se apoyaban para llegar a esta conclusión, es la imposibilidad en que nos hallamos de reconocer con certeza y evidencia si nuestras percepciones e ideas son o no conformes con los objetos a los que se refieren nuestras representaciones. Así es, que pudiera decirse que en realidad de verdad la doctrina de Arcesilao (Academia media), y la de Carneades (Academia nueva), representan una doctrina idealista más bien que una doctrina escéptica, o al menos que su aspecto escéptico es una deducción y resultado de su concepción idealista. El escepticismo académico es bastante análogo al escepticismo idealista de Berkeley y al criticismo escéptico de Kant en los tiempos modernos. Más todavía: la analogía entre Arcesilao y Kant, hácese más notable si se tiene en cuenta que, así como el filósofo de Koenisberg colocó el orden moral fuera del principio escéptico por una feliz inconsecuencia, así también el filósofo griego no extiende ni aplica al orden práctico el rigorismo acataléptico que profesa en el orden especultativo.

Por lo demás, la diferencia entre Carneades y Arcesilao, entre la Academia nueva y la Academia media, más bien que en el fondo, consiste en el método

---

133 Merece ser leído el pasaje en que Cicerón expone y resume el pensamiento académico a que se alude en el texto: «Vehementer errare eos, qui dicant, ab Academia sensus eripi, a quibus nunquam dictum sit, aut colorem, aut saporem, aut sonum nullum esse; illud sit disputatum non inesse in his propriam, quae nusquam alibi esset, veri et certi notam.
»Quae cum exposuisset, adjungit, dupliciter dici assensum sustinere sapientem: uno modo, cum hoc intelligatur, omnino eum rei nulli assentiri; altero, cum se a respondendo, ut aut approbet quid, aut improbet, sustineat, ut neque neget aliquid, neque ajat. Id cum ita sit, alterum placere, ut nunquam assentiatur, alterum tenere, ut sequens probabilitatem, ubicumque haec aut accurrat, aut deficiat, aut etiam, aut non respondere possit. Nam, cum placeat, eum, qui de omnibus rebus contineat se ab assentiendo, moveri tamen et agere aliquid, reliquit (Carneades) ejusmodi visa, quibus ad actionem excitemur... Non enim lucem eripimus, sed ea quae vos percipi comprehendique, eadem nos, si modo probabilia sint, videri dicimus.» Lucul., cap. XXXII.

de procedimiento y de aplicación. Carneades, además de acentuar en sentido más idealista la doctrina de Arcesilao, se distingue por la crítica sutil y universal de los sistemas filosóficos, y con especialidad del estoicismo, al cual persiguió sin tregua ni descanso, refutando y demoliendo una por una todas sus afirmaciones dogmáticas.

c) Clitómaco, natural de Cartago, discípulo y sucesor de Carneades, se limitó a continuar la enseñanza de su maestro, y poner por escrito sus argumentos y sus ataques contra los estoicos.

d) No imitó su ejemplo su discípulo y sucesor Filón de Larisa, el cual inició en el seno de la Academia platónica un movimiento de restauración antiescéptica, esforzándose en restablecer el dogmatismo moderado de la antigua Academia. Según Sexto Empírico, reconocía Filón la posibilidad de conocer los objetos con certeza y evidencia, y admitía, además, ciertas proposiciones lógicas como absolutamente ciertas y verdaderas.

e) Este movimiento de restauración dogmática, que Filón no había hecho más que iniciar, recibió desarrollo y complemento en manos de Antíoco de Ascalón, el cual admitía la evidencia intelectual o percepción clara de la razón, como criterio de la ciencia,[134] y lo que es más aún, reconocía la evidencia de los sentidos como razón[135] y fuente de juicios ciertos y verdaderos.

Teniendo en cuenta las profundas diferencias de doctrina que separan a este filósofo de las teorías escéptico-idealistas profesadas por Arcesilao y Carneades. Dieron algunos a su escuel el nombre de Academia novísima. Pero la verdad es que la doctrina de Antíoco no es ni escéptica ni académica; pues su solución del problema crítico participa a la vez de la solución platónica, de la estoica y de la peripatética. Filón de Larisa, y con particularidad Antíoco de Ascalón, representan la transición del escepticismo al sincretismo, y preparan el camino al eclecticismo superior y sistemático de la escuela de Alejandría.

---

134 Así se desprende de la doctrina que Cicerón le atribuye por boca de Lúculo, cuando escribe en sus Cuestiones académicas: «Et cum accessit ratio, argumentique conclusio, tum... eadem ratio perfecta his gradibus, ad sapientiam pervenit. Ad rerum igitur scientiam vitaeque constantiam, aptissima cum sit mens hominis, amplectitur maxime cognitionem».

135 He aquí las palabras que en orden a este punto pone en su boca el citado Cicerón: «Ordiamur igitur a sensibus, quorum ita clara judicia et certa sunt... Meo judicio ita est maxima in sensibus veritas, si et sani sunt et valentes, et omnia removentur quae obstant et impediunt». Acad. Quaest., lib. II, cap. X.

§ 93. Escepticismo positivista. Enesidemo

Mientras que en el escepticismo académico tenía lugar un movimiento de restauración, mediante el cual se transformaba en dogmatismo ecléctico, aparecía una nueva escuela de escépticos positivistas y empíricos, que, no solamente resucitó el anticuado pirronismo, sino que le comunicó una extensión y desarrollo que jamás había alcanzado. Fue el primer representante notable de este escepticismo, Enesidemo, natural de Gnose, en Creta, y que parece enseñó en Alejandría, aunque se ignora la época precisa en que floreció, haciéndole unos contemporáneo o poco posterior a Cicerón, al paso que otros suponen que vivió en el primer siglo de la era cristiana. Sea de esto lo que quiera, es lo cierto que sus Ocho libros sobre el pirronismo, de los cuales solo poseemos fragmentos y el estracto de los mismos conservado en las obras de su correligionario Sexto Empírico, Enesidemo expone y desenvuelve las razones principales en que se apoya el escepticismo positivista y empírico. Los escépticos llamaban a estas razones o motivos de duda universal tropos, y son en número de diez, siendo las principales las ocho siguientes:

1.º La diversidad de organización que se observa entre los seres sensibles, y la consiguiente diversidad y oposición de las impresiones producidas por los objetos en dichos seres.

2.º La diversidad en la organización humana, de la cual debe resultar y resulta diversidad de impresiones, de ideas y de inclinaciones, las cuales deberían ser idénticas, si no hubiera diversidad en la organización de los individuos.

3.º La variedad y oposición de sensaciones producidas por el mismo objeto. Un pájaro de hermoso plumaje y de canto o voz desentonada, produce una sensación agradable por parte de la vista, y a la vez otra deagradable al oído. Por otro lado, es muy posible que este objeto que nos parece uno a pesar de las contrarias impresiones que en nosotros produce, sea en realidad múltiple y compuesto de elementos esenciales que nosotros no percibimos por carecer de sentidos acomodados al efecto, así como la vista no percibe la música, por no ser sentido acomodado para percibir esta realidad.

4.º La dependencia y mutabilidad de nuestras percepciones en relación con la distancia, situación y demás circunstancias que rodean el objeto. El mismo elefante, que visto de cerca nos parece muy grande, nos parece pequeño a cierta distancia. Esto quiere decir que, aunque podemos conocer y afirmar lo que son para nosotros tales objetos en tal situación, en tal distancia, en tal condición, no podemos afirmar ni conocer lo que son esos objetos en sí mismos y con independencia de tales condiciones.

5.º Las modificaciones o cambios del sujeto percipiente. El objeto que nos causa tal sentimiento o emoción en la juventud, nos la causa diferente en la vejez; en la enfermedad vemos y sentimos las cosas de diferente manera que en buena salud, de manera que la naturaleza del juicio y del sentimiento relativamente al objeto, cambia y se relaciona con el estado del sujeto.

6.º La cantidad de las cosas modifica y cambia por completo sus cualidades, y, por consiguiente, estas no pueden guiarnos en el conocimiento de su naturaleza verdadera. Ciertas sustancias venenosas, en pequeñas dosis, sirven de medicamento, y las mismas, en mayor cantidad, producen la enfermedad y la muerte.

7.º Podemos conocer y sabemos lo que es una cosa en relación a otra y las impresiones que en nosotros produce; pero no sabemos lo que ella es en sí misma, o con relación a su esencia íntima; porque nada nos asegura que la relación de una cosa a otra, o la impresión que en nosotros produce, sea la norma y la medida de su realidad objetiva.

8.º La influencia de la costumbre, de la educación, de la sociedad y de la religión. Un eclipse, o la aparición de un cometa, nos llama la atención y nos impresiona vivamente, porque no son frecuentes, mientras que ni nos impresiona ni llama nuestra atención la vista del Sol, por estar habituados a ella. El judío educado en la religión de Moisés, considera a Jehová como el Dios verdadero, y a Júpiter como un ídolo vano.

Enesidemo no se contenta con asentar el escepticismo sobre estas razones generales; somete a una crítica prolija, sutil e implacable las concepciones principales de la Filosofía dogmática, y con especialidad la idea de causalidad, que es acaso la más esencial y trascendental en el terreno de la ciencia. Sexto Empírico expone en los siguientes términos la crítica que el filósofo de Gnose hace de la idea de causa:

«Un cuerpo no puede ser causa respecto de otro cuerpo; porque si obra por sí mismo inmediatamente, no puede producir sino lo que ya está en su propia naturaleza. Para obrar mediante otro cuerpo, sería preciso que dos hiciesen uno, y además esta producción intermediaria se extendería in infinitum. Lo que es corpóreo, no puede ser causa de otro ser incorpóreo, por la razón de que los seres no pueden producir más que lo que encierran en sí mismos: por otra parte, lo que es incorpóreo, no puede tener contacto, ni obrar, ni experimentar acción. Un cuerpo no puede ser causa de un ser incorpóreo, y recíprocamente, porque el uno no contiene la naturaleza del otro...

»Las cosas que coexisten no pueden ser la causa la una de la otra; porque cada una de ellas tendría igual derecho a ejercer esa prerrogativa. Una cosa anterior no puede ser causa de otra que viene después, porque la causa no existe si no existe el efecto al mismo tiempo, puesto que éste debe estar contenido en aquélla, y, por otro lado, constituyen una relación cuyos términos son simultáneos y correlativos. Más absurdo sería decir que la causa puede ser posterior al efecto.

»¿Admitiremos una causa perfecta, absoluta, que obra por su propia energía y sin ninguna materia extraña? En este caso, obrando su propia naturaleza y en posesión permanente de su virtud, debería producir su efecto sin cesar, sin mostrarse activa en unos casos e inactiva en otros.

»¿Afirmaremos con algunos dogmáticos que la causa necesita de una materia extraña sobre la cual obre, de manera que la una produzca el efecto y la otra lo reciba? En este caso, la palabra causalidad expresará solamente la relación combinada de dos términos, sin que haya razón para atribuir la propiedad de causa a la una más bien que a la otra, toda vez que el uno de los términos no puede prescindir del otro.»

Después de atacar la idea de causa con estos y otros argumentos metafísicos, Enesidemo echa mano con el mismo objeto de argumentos empíricos tomados del orden experimental y de la observación de los hechos. La brevedad que nos hemos propuesto no nos permite exponer estos últimos argumentos, y así bastará recordar que el filósofo de Gnose puede ser considerado como legítimo precursor de Hume en el terreno metafísico, y como legítimo precursor también de los materialistas de nuestros días en el terreno empírico y positivista. Entre Enesidemo y los positivistas de nuestro siglo hay todavía otro punto de contacto y afinidad, y es su predilección, su tendencia común a la física atomístico-naturalista.

§ 94. Sexto Empírico

Entre los sucesores de Enesidemo, además de Favorino, natural de Arlés, en la Galia, cuyo escepticismo solo es conocido por los títulos de sus obras y por indicaciones más o menos vagas de Galeno, distinguiéronse Agripa y el médico Sexto, que recibió la denominación de Empírico a causa de la escuela médica a que pertenecía,[136] y que floreció hacia fines del siglo II de la Iglesia.

El primero de éstos, o sea Agripa, redujo a cinco los diez tropos o motivos de duda que solían alegar los pirrónicos, a saber: 1.°, la discordancia y contradicción en las opiniones y sistemas de los filósofos; 2.°, la necesidad de proceder in infinitum en lo que se llama demostración, puesto que las premisas de toda demostración necesitan a su vez ser demostradas; 3.°, la relatividad, o, mejor dicho, la subjetividad de nuestras sensaciones e ideas; 4.°, el abuso de la hipótesis, o sea la conversión de hipótesis en tesis; 5.°, el empleo frecuente del círculo vicioso.

El segundo asumió la misión de reunir, desarrollar y condensar respectivamente todos los argumentos aducidos a favor del escepticismo desde Pirrón hasta sus días. Sus Hypotyposes pyrrhonicae y su tratado Adversus mathematicos, pueden considerarse como una compilación y comentario general de los trabajos precedentes en favor del escepticismo, y como el arsenal común de los escépticos que le siguieron hasta nuestros días. Son obras que apenas contienen rasgo alguno de originalidad, pero que revisten el carácter de verdadero monumento literario levantado al escepticismo, a causa de la extensión, universalidad y método de sus ataques. Porque Sexto Empírico, además de agrupar y exponer en sus obras los argumentos todos del escepticismo, dirige ataques especiales y directos contra cada una de las ciencias. Su obra Adversus mathematicos, aunque lleva este título, contiene capítulos o tratados especiales contra los astrónomos, contra los aritméticos, contra los lógicos, contra los físicos, contra los matemáticos, contra los moralistas, de manera que pudiera muy bien intitularse Adversus omnes et singulas scientias.

En realidad de verdad, Sexto Empírico merece ser considerado como el principal representante de la escuela escéptico-positivista que nos ocupa, y

---

136 Según Galeno, florecían por entonces dos escuelas de medicina, cuyos partidarios se distinguían por la preferencia que daban respectivamente a las teorías racionales, o a la observación y la experiencia: los primeros eran conocidos con el nombre de metódicos, y los segundos con el de empíricos.

que parece haber florecido durante los dos primeros siglos de nuestra era. Sexto es el gran vulgarizador de esta escuela, porque en sus dos citadas obras expone, resume y desenvuelve respectivamente las teorías y argumentos de sus antecesores y compañeros. Así es que aunque sus escritos no se recomiendan ni por el método, ni por el estilo, ni por la originalidad, sirvieron de arsenal y fueron como fuente general en que han ido a beber en todo tiempo los partidarios del escepticismo.

Debemos, además, al autor de las Hypotyposes pyrrhonicae el conocimiento exacto y concreto de la naturaleza, procedimientos, aspiraciones y fines del escepticismo empírico o positivista. Para Sexto, el escepticismo es una especie de arte o disciplina esencialmente dubitatoria, una facultad o fuerza indagatoria, y a la vez hesitatoria de suyo y siempre (dubitatoria vel haesitatoria, aut inde quod de re omni dubitet et quaerat, aut propterea quod haesitans, suspenso sit animo ad assentiendum aut repugnandum), de manera que en ningún caso y por ninguna razón produce asenso o disenso en el hombre. El verdadero escéptico se mantiene siempre en la duda; no se inclina jamás a parte ninguna, y esto, no ya solo tratándose de asenso cierto, sino también de asenso probable o verosímil, en lo cual el verdaero escéptico se distingue y separa del escéptico académico, que admite probabilidades, es decir, que en sus juicios se inclina a una parte más que a la contraria: esto sin contar que el escepticismo académico afirma que todas las cosas son incomprensibles, afirmación de que se abstiene el escéptico verdadero, el cual ni afirma ni niega[137] tampoco la incomprensibilidad de las cosas.

El fin a que debe aspirar el escéptico, como fin último y bien supremo del hombre, y fin que se consigue en lo posible por medio del escepticismo, es la imperturbalidad de la mente, la ataraxia, la tranquilidad perfecta del ánimo; porque cuando el alma, en el orden especulativo, nada afirma ni niega; cuando nada juzga realmente como bueno ni malo en sí mismo, y en el orden

---

[137] «Jam vero, escribe Sexto Empírico, et novae Academiae alumni etiamsi incomprehensibilia esse dicant omnia, differunt tamen a sceptis fortasse, et in eo quod dicunt omnia esse incomprehensibilia; de hoc enim affirmant, at scepticus non desperat fieri posse ut aliquod comprehendatur, sed apertius etiam ab illis in bonorum et malorum dijudicatione discrepant. Aliquid enim esse bonum et malum dicunt Academici... persuasi verisimilius esse, id quod dicunt bonum, bonum esse quam contrarium, cum nos nihil bonum aut malum esse dicamus... sed sine ulla opinatione sequamur vitam, ne nihil agamus.» Hypot. pyrrhon, lib. I, cap. XXXIII.

práctico o moral se limita a satisfacer las necesidades naturales (la sed, el hambre, el calor, etc.), y a seguir sencillamente las indicaciones de la costumbre y de la ley, es cuando posee la tranquilidad asequible, la imperturbabilidad de ánimo que cabe tener. En suma: el escéptico se propone como fin y felicidad suprema y única la imperturbabilidad (dicimus autem finem esse Sceptici imperturbatum mentis statum) del alma; para conseguirla: a) duda de todo, y nada afirma acerca de lo que es bueno o malo, y, por consiguiente, no persigue, ni busca, ni rehuye cosa alguna con vehemencia (qui ambigit de his quae secundum naturam bona aut mala sunt, nec fugit quidquam nec persequitur acri studio, proptereaque perturbatione caret) e intensidad, lo cual excluye la perturbación; b) sigue en la práctica las corrientes de la vida común (observationem vitae communis) u ordinaria, conformándose con las costumbres y leyes, sin dejarse llevar de afectos o pasiones tumultuosas, y obedecienco a las necesidades de la naturaleza, como obedece a la costumbre y a las leyes, con perfecto indeferentismo, y sin formar juicio alguno acerca de su bondad o malicia: Nos autem leges, et consuetudines, et naturales affectiones sequentes, vivimus citra ullam opinationem.

Aparte de su contenido escéptico, los libros de Sexto Empírico contienen abundantes y, ordinariamente, exactas noticias e indicaciones acerca de los sistemas y opiniones de los filósofos antiguos.

Ya hemos indicado antes que las obras de Sexto Empírico son las fuentes en que han bebido todos los escépticos desde la época del médico empírico hasta nuestros días. Y ahora debemos añadir que apenas se enecontrará argumento de alguna fuerza entre los alegados por el escepticismo en sus diferentes fases históricas, que no se halle o desenvuelto, o indicado al menos en los escritos de Sexto Empírico. La existencia de Dios y la noción de causa son objetos preferentes de los ataques del escéptico alejandrino, el cual dedica sus esfuerzos a rechazarlas y destruirlas en los primeros capítulos del libro tercero de sus Hypotyposes Pyrrhonicae. Entre los demás argumentos, alegados ordinariamente contra la existencia de Dios, hállase allí expuesto y desarrollado, con cierto lujo de palabras y detalles,[138] el que se refiere a la providencia divina en sus relaciones con la existencia y origen del mal.

---

138 Copiaremos, en confirmación de lo dicho en el texto, una parte solamente del pasaje aludido, que es por demás extenso: «His autem istud addendum est: Qui dicit esse Deum, aut providere eum dicit rebus quae sunt in mundo, aut non providere: et si quidem providere

§ 95. La Filosofía entre los romanos

La educación, el carácter, la historia y el genio de los romanos no eran los más a propósito para cultivar el estudio de la Filosofía. La vida activa constituía el tema principal de su educación, y el genio de la especulación científica tenía y podía tener muy poca cabida en la educación de un romano, que era una educación esencialmente político-militar. Toda su atención se dirigía al amor de la patria y toda su actividad se concentraba en el menosprecio de la muerte, en la pasión de la gloria, y como medio de afirmar estos sentimientos e ideas, en la austeridad de costumbres, en el culto de las tradiciones de los antepasados, en la sencillez de la vida, en la constante vigilancia por el bien público, en la libertad de la patria y el poder de la república. Para el romano antiguo, para el romano de los buenos tiempos de la república, no había más escuela que el Foro y el Campo de Marte, ni más liceo que la tienda de campaña. Los literatos, los oradores, los filósofos eran considerados como gente baladí, que poco o nada significaban al lado del guerrero y del hombre político.

Así vemos que ni el brillo de la escuela pitagórica, ni las especulaciones atrevidas de los eleáticos, ni los viajes de Platón a Sicilia, ni los trabajos de Empedocles y otros filósofos, hallaron acogida en Roma, ni llamaron la atención de sus moradores, a pesar de haberse hallado en frecuente contacto con las escuelas y filósofos de Sicilia y de la Grande Grecia, con ocasión de sus continuadas guerras y conquistas. Más todavía: cuando, andando el tiempo, o sea bajo el consulado de Strabón y Mesala, algunos filósofos hicieron tímidos ensayos para abrir escuelas, apareció un decreto del Senado reprobando y censurando con rigor semejantes innovaciones, contrarias a los usos e instituciones de los antepasados.

---

dicit, aut omnibus, aut aliquibus. Sed si quidem omnibus provideret, non esset neque malum ullum, neque vitiosus ullus, neque ulla vitiositas: atqui vitiositate plena omnia esse clamant: non ergo omnibus providere dicetur Deus. Sin aliquibus providet, ¿quare his quidem providet, illis vero non item? Etenim, aut vult et potest providere omnibus; aut vult quidem sed non potest: aut potest quiddem sed non vult; aut neque vult neque potest.
»Sed si quidem et vellet et posset, omnibus provideret; atqui non providet omnibus, ut apparet ex supradictis: ergo nequamquam et vult et potest omnibus providere. Quod si vult quidem, sed non potest, ejus vires superabit illa causa propter quam non potest providere illis quibus non providet... Non ergo providet Deus iis quae sunt in mundo... Ex his autem ratiocinamur, impietatis crimen fortassis effugere non pose illos qui asseveranter Deum esse dicunt.» Hypotyp. pyrrhon., lib. III, cap. I.

Otra prueba evidente de que el espíritu del pueblo romano era completamente refractario a las especulaciones filosóficas, es lo que acontenció con motivo de la célebre embajada que los atenienses enviaron a Roma, en la que figuraban el estoico Diógenes, el académico Carneades y el peripatético Critolao. A pesar de que ya entonces la sociedad romana distaba mucho de poseer la antigua severidad de costumbres; a pesar de la seguridad y confianza en sus destinos que debían inspirarle sus recientes conquistas; a pesar de que ya los patricios romanos comenzaban a llevar a filósofos en su séquito, y a pesar de que la lengua y la literatura griegas habían tomado ya carta de naturaleza en Roma y sus provincias, todavía Catón el Antiguo se asustó al ver a la juventud romana acudir a escuchar los discursos y arengas de los embajadores filósofos. «Temeroso, dice Plutarco, de que la juventud buscara en el estudio una gloria que solo debía adquirir por el valor y la habilidad política, vituperó a los magistrados porque permitían que estos embajadores, después de terminados los asuntos que habían motivado su viaje, prolongasen su permanencia en la ciudad, enseñando a defender igualmente toda clase de opiniones. En su virtud, propuso que fueran despedidos inmediatamente, para que se volvieran a enseñar a los hijos de la Grecia, pues los de Roma no debían tener más maestros que los magistrados y las leyes, según se había practicado hasta entonces.»

Sin embargo, si los esfuerzos de Catón y los decretos del Senado pudieron retardar, no pudieron impedir que la Filosofía griega se infiltrara, se extendiera y se arraigara entre los romanos; porque esto no era posible, dada la creciente la relajación y el cambio radical de las costumbres públicas y privadas, dado el desarrollo del lujo y dado el refinamiento de una civilización que no podía prescindir de juntar los goces del espíritu con los del cuerpo, y de buscar, por consiguiente, el complemento de sus placeres sensuales en el cultivo de las letras y las ciencias. Así es que en los últimos tiempos de la república, los romanos, que hasta entonces apenas habían cultivado más ciencia que la política y la moral, y aun esta última más bien con la práctica o la acción que con las letras (bene vivendi disciplinam vita magis quam litteris persecuti sunt) o enseñanza, comenzaron a aficionarse a los estudios filosóficos, afición que fue consolidándose y creciendo paulatinamente, hasta tomar cuerpo, por decirlo así, en Lucrecio y en Cicerón, pudiendo decir este último con bastante fundamento, que hasta su época la Filosofía había permanecido abatida (jacuit) o descuidada entre los latinos: Philosophia jacuit usque ad hanc eatatem, nec ullum habent lumen litterarum latinarum.

Por otra parte, no era posible evitar la introducción y propaganda de la Filosofía griega entre los romanos, hallándose, como se hallaron por espacio de siglos, en perenne contacto con los representantes de esa Filosofía en Sicilia e Italia primero, y después en las diferentes provincias de la Grecia y del Asia. Las conquistas de Munmio, de Paulo Emilio y de Sila; las expediciones militares de Pompeyo, de César, de Marco Antonio y de Augusto; la posesión, en fin, de Rodas, Atenas y Alejandría, centros y focos del movimiento filosófico de la Grecia, hacían inevitable la propagación de la Filosofía griega entre los romanos.

§ 96. La escuela peripatética entre los romanos

Así sucedió en efecto; pero los romanos se limitaron a exponer las especulaciones de la Filosofía griega y adoptar sus diferentes sistemas, sin producir ninguno que ofrezca originalidad digna de atención. Aunque casi todas las escuelas griegas tuvieron sus partidarios y representantes entre los romanos, su genio eminentemente práctico los llevó con preferencia a la doctrina de Epicuro, a la de la Academia en sus últimas manifestaciones o tendencias eclécticas, y a las máximas austeras del Pórtico.

No faltaron, sin embargo, algunos que filosofaron en sentido peripatético y concedieron la preferencia a la doctrina de Aristóteles. Plutarco enumera a M. Craso entre los peripatéticos, y Cicerón nos habla del napolitano Staseas, a quien supone partidario y maestro de la Filosofía de Aristóteles. Discípulo de este Staseas fue Pupio Pisón, el cual figura en los diálogos filosóficos del orador romano como partidario y admirador de la doctrina de Aristóteles y de los peripatéticos. En uno de dichos diálogos Pupio Pisón, después de ensalzar los escritos e instituciones (scriptis institutis) de los peripatéticos, y después de afirmar que en la doctrina aristotélica se inspiraron emperadores y príncipes y hasta matemáticos, poetas, músicos y médicos (mathematici, poestae, musici, medici denique ex hac, tanquam ex omnium artium officina, profecti sunt), concluye recomendando y ensalzando el método seguido por Aristóteles y sus discípulos, los cuales en la investigación de las cosas proceden discutiendo y examinando los argumentos en pro y en contra,[139] sin adoptar por eso la marcha escéptica de los académicos.

En la época misma de Cicerón, y posteriormente, florecieron además varios filósofos peripatéticos, que merecen figurar entre los representantes grecorromanos de la escuela peripatética, en razón a que, o vivieron y enseñaron en Roma, o fueron maestros de literatos y filósofos romanos. En este concepto pertenecen a la escuela peripatética grecorromana, además de Andrónico de Rodas, que ordenó y vulgarizó entre los romanos las obras de Aristóteles y del ya citado Critolao, Nicolás de Damasco y Jenarco de Seleucia, de los cuales consta que enseñaron en Roma en tiempo de Augusto: Alejandro de Egas, de quien se dice que fue maestro de Nerón; Cratipo, maestro de Quinto Cicerón; Aristocles de Messina, impugnador acérrimo del escepticismo positivista de Enesidemo; Anmonio de Alejandría, que enseñó en Atenas, donde tuvo por oyentes a varios patricios romanos, Sosigenes, y sobre todo el médico Galeno, el cual, aunque natural de Pérgamo, pasó la mayor parte de su vida y enseñó en Roma. Sus trabajos científicos y sus descubrimientos, relacionados con gran parte de las ciencias físicas y naturales, aparecen inspirados en la doctrina de Aristóteles, siendo de notar también que se le atribuye la invención de la cuarta figura del silogismo.

A causa de su contacto y de sus relaciones doctrinales, científicas y pedagógicas con los romanos, pudieran también enumerarse entre los representantes del peripateticismo romano, Menefilo, Adrasto, Temistio, Alejandro de Afrodisia y otros varios comentadores de los escritos de Aristóteles que florecieron en Atenas y Alejandría y otras ciudades del Oriente y de la Grecia, cuando la dominación romana se extendía ya por aquellas regiones.

El último, o sea Alejandro de Afrodisia, es acaso el más notable de aquella época, y no sin razón fue apellidado por antonomasia el Comentador. Sus comentarios a los escritos de Aristóteles, y principalmente los que versan sobre los libros metafísicos, se distinguen por la nitidez o claridad de exposición y por cierta originalidad relativa, y en este último concepto puede decirse

---

139 «Qua ex cognitione facilior facta est in investigatio rerum occultissimarum, disserendique ab iisdem non dialectice solum, sed etiam oratione praecepta sunt tradita; ab Aristoteleque principe de singulis rebus in utramque partem dicendi exercitatio est instituta, ut non contra omnia semper, sicut Arcesilas, diceret, et tamen ut in omnibus rebus, quidquid ex utraque parte dici posset, expromeret.» De Finib. bon. et mal., lib. V, cap. IV.

que sirvieron de norma a los escolásticos para sus comentarios, ora sobre las obras de Aristóteles, ora sobre las de Pedro Lombardo, ora sobre las de Santo Tomás.

La cuestión de los universales, en que tanto se ocuparon los escolásticos, fue tratada por Alejandro de Afrodisia con bastante detenimiento; pues, no solo explica la noción general del universal[140] y su concepto propio, sino que trata además de cada uno de los cinco modos de universalidad. Las doctrinas del comentador de Afrodisia sobre este punto ejercieron acaso tanta influencia en las disputas posteriores sobre los universales, como el Isagoje de Porfirio.

Supónese generalmente que Alejandro de Afrodisia comunicó cierta tendencia materialista a la psicología de Aristóteles, enseñando que el alma humana debe considerarse como forma meramente informante del cuerpo, y no como forma subsistente, como verdadera sustancia intelectual. Cierto es que no faltan pasajes que se prestan a este sentido materialista, sentido que, andando el tiempo, sirvió de punto de partida para la famosa teoría averroísta de la unidad del alma humana; pero tampoco faltan textos que parecen excluir y negar esta interpretación psicológica materialista, toda vez que apellida sustancia a nuesro entendimiento, atribuyéndole su esencia propia intelectual; busca la razón suficiente de la diferencia entre el entendimiento humano y el divino, en cuanto al modo de entender, en que el primero entraña cierto grado de potencialidad, mientras que el segundo es actualidad pura, razón por la cual la intelección en Dios se verifica sin esfuerzo alguno, lo cual no puede verificarse en el hombre, cuyo entendimiento entraña cierta potencialidad,[141] la cual no le permite entender de una manera permanente y sin trabajo alguno.

---

140 «Universale enim appellatum de omni significat, nam quod de omni dicitur, totum quoddam esse videtur. Totum igitur ad hunc modum dictum atque universale, idcirco dicitur universale et totum quoniam in se multa continet, deque his singulis univoce praedicatur, et omnia unum sut secundum praedicatum, et ipsorum quodque hoc est quod praedicatum, propterea quod omnia pariter communis et se complectentis rationem admittant. Nam illud... significat ea (universalia) unitatem haber non continuitate, sed quia eorum quodque eamdem rationem admittit; equus enim, homo, canis et bos, omnes unum sunt, quoniam eorum quisque animal est.» Comment. in 12 Arist. libros de prima Phil. Joan. Gen. Sepulveda interp. edic. 1536, lib. V, pág. 212.

141 «Sic in Intellectu primo sese res habeat oportet, nec ei cum labore intellectio perpetua contingat, siquidem intellectus est et intellectio. Caeterum quidnam esse causae putemus, cur cum intellectus nostri substantia in eo sita sit quod sit intellectus, huic tamen laboriosum

§ 97. La escuela epicúrea entre los romanos

Aunque no de grande importancia científica, fueron bastante numerosos los adeptos y partidarios de la doctrina epicúrea en Roma. Los nombres de Cacio y de Amafanio son los primeros que se presentan en la historia del epicureísmo romano, en la cual aparecen en seguida los nombres, ya más conocidos e importantes, de C. Casio, de Pomponio Ático, de Veleyo, y sobre todo de algunos de los principales poetas, entre los cuales sobresale Horacio, que con notable desenfado y no menor franqueza se llama a sí mismo Epicuri de grege porcum.

Empero el representante más genuino, más autorizado y más completo de la escuela epicúrea entre los romanos, fue, a no dudarlo, el famoso

Lucrecio (Titus Lucretius Carus), que nació, según la opinión más probable, en el año 99 antes de la era cristiana, y murió cuando solo contaba cuarenta y cuatro años de edad. Los historiadores convienen generalmente en que se suicidó, y Eusebio de Cesárea lo afirma terminantemente, pues escribe en su Crónica, hablando de Lucrecio: Propria se manu interfecit, anno aetatis quadragesimo quarto.

Sea de esto lo que quiera, es indudable que en su famoso poema didáctico dirigido a Munnio, su amigo, y que lleva el título De rerum natura, Lucrecio expone, desenvuelve y acentúa en sentido materialista y ateo la doctrina de Epicuro, a quien desea seguir e imitar (te imitari aveo), tomándole por maestro y guía, apellidándole ornamento de la nación griega, y reconociendo en él al primero y más ilustre de los filósofos: E tenebris tantis tam clarum extollere lumen, qui primum potuisti... te sequor, oh grajae gentis decus.

Basta, en efecto, pasar la vista por el poema de Lucrecio, para convencerse de que es un verdadero comentario de la doctrina de Epicuro; pero un comentario escrito para desenvolver y consolidar la tesis ateísta y las demás conclusiones negativas de la escuela. Así vemos que, aunque el fundador de ésta había hablado de dioses y de su culto, para el poeta latino no hay más Dios ni más causa de los seres que la rerum natura creatrix, y que se complace

---

est continenter intelligere? An intellectus noster non est actu intellectus, neque actus, ut ille, sed potestae? Primum igitur, si non est intellectus sed potentia, continuatio intellectionis laborem ipsi suppetet.» Comment. cit., lib. XII, pág. 396.

en declarar cruda guerra a los dioses y a toda religión,[142] gloriándose de haber conseguido poner a ésta bajo los pies (religio pedibus subjecta) y cantando victoria contra el cielo o la divinidad.

Aunque Lucrecio nos habla de ánimo o espíritu y de alma, enseña, sin embargo, que son verdaderos cuerpos (corporea natura, animum constare animamque), y lo mismo el primero —que no es más que una manifestación del alma— que la segunda, son una mera combinación de cuerpos pequeños, lisos y redondos: Constare necesse est corporibus parvis, et laevibus atque rotundis.

En armonía con esta concepción sobre el origen y naturaleza del alma, y marchando en pos de su maestro Epicuro, el poeta romano niega terminantemente la inmortalidad del alma, se burla de los vanos terrores que al vulgo de los hombres inspira la muerte, toda vez que, después de muerto, ningún dolor ni pena puede ya experimentar el hombre (tu quidem, ut es letho sopitus, sic eris aevi. Quod superest, cunctis privatus doloribus aegris), cuyo sentimiento por la muerte de sus allegados solo puede y debe referirse a su ausencia o pérdida de la vida presente y de sus goces. En su calidad de materialista y ateo, no podía desconocer Lucrecio la importancia capital de la doctrina referente a la inmortalidad del alma, y de aquí es que dedica una gran parte del libro tercero de su poema a combatir y rechazar esta inmortalidad, atacándola en todos los terrenos y desde diferentes puntos de vista, incluso el mitológico.

El conocimiento o percepción de las cosas se verifica en el alma por medio de ciertas imágenes a manera de membranas sutiles (quasi membranae) que,

---

142 Al principio mismo de su poema, y terminada apenas su invocación a Venus, escribe:

«Humana ante oculos faede cum vita jaceret
In terris, oppressa, gravi sub religione,
Quae caput a coeli regionibus ostendebat,
Horribili super aspectu mortalibus instans;
Primum Grajus homo mortales tollere contra
Est oculos ausus, primusque obsistere contra
Quem nec fama Deum, nec fulmina, nec minitanti
Murmure compressit coelum...

...
Quare religio, pedibus subjecta vicissim
Obteritur, nos exaequat victoria coelo.»

De rerum nat., lib. I.

saliendo de los cuerpos, se esparcen por la atmósfera (volitant ultro utroque per auras), a través de la cual llegan hasta los órganos de los sentidos, produciendo en el alma la representación y percepción de los objetos de los cuales se desprendieron y proceden aquellas imágenes corpóreas.

Lo mismo que los sectarios recientes del materialismo y del darwinismo, Lucrecio, después de explicar el origen del hombre por medio de combinaciones atómicas, procura explicar su desenvolvimiento en el orden natural o físico, no menos que sus propiedades morales, sus instituciones sociales, religiosas y políticas, y también el origen y desarrollo del lenguaje y de las artes, por medio de un proceso espontáneo de la naturaleza, que, después de ensayos y tanteos diferentes, produce series más y más perfectos, abandonando (Darwinismo) o dejando perecer los menos perfectos. El género humano, con todas sus manifestaciones, representa un proceso indefinido, una cadena cuyo primer eslabón es el hombre rudimentario con cualidades puramente físicas: el hombre semi-bruto.

Excusado parece decir que para Lucrecio, los mismo que para su maestro Epicuro, los átomos o cuerpos simples, apellidados generalmente por Lucrecio principia, primordia rerum, son eternos e indestructibles, y que también es eterno su movimiento, e infinito el vacío en que se mueven.

Es digno de notarse que Lucrecio supone que el mundo actual debe perecer y disolverse andando el tiempo, y no lo es menos que, preludiando al moderno darwinismo, señala las imágenes y visiones que se perciben en sueños (in somnis quia multa et mira videbant efficere) como origen de las preocupaciones humanas acerca de la existencia de los dioses.

§ 98. La escuela académica entre los romanos. Cicerón

La doctrina de Platón no fue la que mayor número de partidarios alcanzó entre los romanos. Bruto y Varrón son los que presentan cierta predilección por la doctrina del maestro de Aristóteles, o sea por la primitiva Academia. En cambio, la Academia nueva hállase brillantemente representada entre los romanos por Cicerón; pues si bien es cierto que su Filosofía es una especie de sincretismo en que tienen participación los principales sistemas de la Filosofía griega, no lo es menos que en el fondo de sus escritos filosóficos palpita el pensamiento, a la vez escéptico y ecéctico, de la Academia media y nueva.

Nació este célebre orador filósofo en Arpino, 106 años antes de Jesucristo, y murió a los sesenta y cuatro años de edad, víctima de las discordias civiles y de las venganzas del segundo triunvirato. Había tomado parte activa en el gobierno de la república en calidad de cuestor, pretor y cónsul, y más todavía acaso había influido en sus vicisitudes durante los azarosos tiempos que alcanzó, con su elocuencia y magníficas arengas.

Cicerón siguió en su juventud las lecciones del epicúreo Fedro, del peripatético Filón de Larisa, de los estoicos Diodoto y Posidonio, y del académico Antíoco. Su Filosofía es el reflejo de su educación literaria. Todos los grandes filósofos y todos los sistemas más notables hallan gracia en su presencia y atraen sus miradas. Pitágoras, Sócrates, Platón, Aristóteles, Zenón el estoico, todos merecen sus elogios: solo Epicuro y su escuela le inspiran repugnancia.

Los trabajos filosóficos de Cicerón se hallan en relación y como en consonancia con la marcha y vicisitudes de su vida política. Su acción como filósofo es la expresión, a la vez que complemento, de su actividad como hombre público, y llena, por decirlo así, el vacío o los intervalos de ésta. Así es que en Cicerón, considerado como filósofo, es fácil observar las mismas cualidades y defectos que se le atribuyen y le convienen realmente, considerado como hombre político. Las vacilaciones, la debilidad y las contradicciones que afean la vida pública de Cicerón, al lado de la impetuosidad, el patriotismo y la energía del gran adversario del Catilina, reaparecen igualmente en Cicerón como filósofo, al lado de sus brillantes cualidades.

En armonía con estas indicaciones, Ritter observa con razón que «si se quiere ser equitativo y justo con respecto a los servicios hechos por Cicerón a la Filosofía, es preciso no olvidar que toda su educación tenía un fin político, y, por consiguiente, también lo tenía en Filosofía... Sus obras filosóficas se resienten de su posición relativamente a los negocios públicos: conócese fácilmente que eran como un especie de entreactos que llenaban sus forzados descansos, y observase que vieron la luz pública en los intervalos entre los más grandes peligros y el goce del honor y del poder. Sin contar los trabajos filosóficos de su juventud, que solo presentan traducciones del griego o escritos oratorios sobre la Filosofía, los cuales pueden ser mirados como preliminares a su carrera oratoria, no compuso obras filosóficas más que en dos épocas, la primera de las cuales fue cuando el primer triunvirato mantuvo al Estado en una agitación tan febril, que Cicerón desesperó de su vida; la segunda se refiere o abraza la dictadura de César y el consulado de Antonio, época en la que no veía plaza honrosa para sí en los negocios públicos. Sus obras sobre la república y sus leyes pertenecen a la primera época; el resto de sus escritos filosóficos, que corresponden a edad más madura, pertenecen a la segunda. Durante estas dos épocas, ni la necesidad, ni la ambición, llevaban a Cicerón a tomar parte activa en la política, por el contrario, desde el momento en que entrevió la posibilidad de ejercer de nuevo su talento en los negocios públicos, y luego que Pompeyo se puso a la cabeza de los grandes, durante la guerra civil y después de la muerte de César, o desde que ya no temió demasiado por sí mismo y por su familia, cesó de ocuparse en la Filosofía. De manera que consideraba a ésta como un refugio en las agitaciones de la vida, como una distracción, como un medio de llenar sus vacíos y descansos. Cuando ve o considera que el bajel del Estado está en peligro, participa a su amigo Ático la resolución adoptada de aplicarse de una manera fundamental al estudio de la Filosofía en medio de las vanidades de este mundo; pero al propio tiempo procúrase informes detallados de la situación de estas mismas vanidades».

Obsérvase, en efecto, que la intensidad de sus aficiones filosóficas y de sus ocupaciones científicas decrecen a medida que renacen sus esperanzas de poder tomar parte de nuevo en la gobernación del Estado y en los negocios públicos. Las alternativas, las vacilaciones y la situación expectante e indecisa de su ánimo y de su vida en el terreno político, engendran en su espíritu una situación análoga en el terreno filosófico. De aquí sus afirmaciones e ideas contradictorias acerca de la importancia y utilidad de la Filosofía, puesto que unas veces proclama la perfecta ineficacia de la Filosofía y de sus consuelos en las desgracias de la vida, concendiéndole apenas eficacia suficiente para producir un pequeño olvido (exiguam doloris oblivionem) o adormecimiento del dolor, al paso que otras veces la considera como el verdadero bien y el mayor de la vida presente, apellidándola también madre o principio de todos los bienes representados por la palabra y la obra del hombre: Matrem omnium bene factorum beneque dictorum.

La Filosofía de Cicerón, considerada en conjunto, es como el reflejo de la situación vacilante, indecisa, desigual, de su espíritu y de su vida, tanto en el orden político como en el orden científico, y es, a la vez, el reflejo de su educación literaria, que fue educación esencialmente ecléctica, según arriba hemos apuntado. Así no es de extrañar, sino que es bastante lógico, que el pensamiento fundamental, la idea madre del orador romano en el terreno filosófico, su sistema general como filósofo, o, digamos acaso mejor, como escritor de Filosofía, se halle representado por la Academia nueva combinada con el eclecticismo probabilista. El hombre no puede conocer la verdad con certeza y evidencia; tiene que contentarse con juicios más o menos probables,[143] más o menos verosímiles, y a ellos debe atenerse el hombre prudente en todo, pero especialmente en las cosas prácticas de la vida. Esto explica la discordancia y perpetuas contradicciones que se observan en sus escritos. Parecen algunas veces que abraza el dogmatismo teológico de Platón y la teoría ética de Aristóteles; escribe magníficos pasajes para demostrar la existencia de Dios; discurre con profundidad acerca de su naturaleza y atributos; aduce sólidos argumentos en favor de la inmortalidad del alma; pero en la página siguiente echa por tierra todo este edificio dogmático, llamando a las puertas del escepticismo y afirmando la acatalepsia de la Academia nueva.

Al lado de la idea escéptico-académica, domina en Cicerón la idea ecléctica, dando la preferencia en determinadas materias a determinadas escuelas, y adoptando la opinión de éste o de aquel filósofo, como más probable, según el objeto de que se trata. La Academia nueva y el Pórtico sírvenle de guía generalmente en las cuestiones dialécticas y físicas: en psicología manifiesta predilección por las teorías de Platón; Aristóteles y Zenón le suministran la mayor parte de sus máximas morales, y en política puede ser considerado como discípulo del primero.

Son ciertamente notables las demostraciones y pruebas alegadas por Cicerón en favor de la espiritualidad e inmortalidad del alma humana y a favor

---

143 En el libro segundo de su tratado De officiis, expone y resume su pensamiento escéptico-académico en los siguientes términos: «Non enim sumus ii, quibus nihil veri esse videatur, sed hi, qui omnibus veris falsa quaedam adjuncta esse dicamus, tanta similitudine, ut in iis nulla insit certa judicandi et assentiendi nota. Ex quo existit et illud, multa esse probabilia, quae quamquam non perciperentur, tamen quia visum haberent quemdam insignem et illustrem, his sapientis vita regeretur». No hay para qué añadir que esta idea se halla a cada paso en sus obras. «Omnibus fere in rebus, escribe en e libro primero De Natura Deorum, et maxime in physicis, quid non sit, citius, quam quid sit, dixerim.»

de la existencia de Dios,[144] demostraciones y pruebas que parecen propias de un dogmático propiamente dicho, más bien que de un sectario de la Academia media. Fundándose en esto, en los grandes y repetidos elogios que tributa a Platón, a quien apellida y considera como una especie de dios de los filósofos —quasi quendam deum philosophorum— y también en la preferencia que da al discípulo de Sócrates en muchas cuestiones, y principalmente en casi todas las que se refieren a la psicología, sospecharon algunos que en realidad de verdad, Cicerón era partidario de la Filosofía de Platón, y que sus dudas o manifestaciones escépticas tienen más de aparente que de real. Hasta pudiera sospechar alguien que aquellas manifestaciones escépticas deben considerarse como ardides literarios, cuyo objeto no es otro más que ocultar su convicción personal para confutar y rebatir con mayor libertad las opiniones de otros.

La verdad es, sin embargo, que semejantes sospechas, apuntadas por algunos historiadores, no parecen muy fundadas, si se tiene presente la insistencia con que muchos lugares de sus obras afirma y advierte que la verdad se encuentra casi siempre mezclada con el error, sin que sea fácil discernirlos; que aunque admite muchas cosas como probables, no se atreve a afirmarlas ni seguirlas como absolutamente ciertas (nos probabilia multa habemus,

---

144 En la imposibilidad de aducir ni citar todas esas pruebas, dadas las condiciones de este libro, transcribiremos aquí por vía de muestra y de ejemplo, una de las que se encuentran en las Cuestiones Tusculanas, no porque sea la más completa, sino porque abarca al mismo tiempo la espiritualidad e inmortalidad del alma y la existencia de Dios: «Animorum nulla in terris origo inveniri potest. Nihil enim est in animis mixtum atque concretum, aut quod ex terra natum atque fictum esse videatur: nihil ne aut humidum quidem, aut flabile aut igneum. His enim in naturis nihil inest quod vim memoriae, mentis, cogitationis habeat, quod et praeterita teneat, et futura provideat, et complecti possit praesentia; quae sola divina sunt. Nec invenietur unquam, unde ad hominem venire possint, nisi a Deo. Ita quidquid est illud quod sentit, quod sapit, quod vult, quod viget, coeleste et divinum est, ob eamque rem aeternum sit necesse est. Nec vero Deus ipse, qui intelligitur a nobis, alio modo intelligi potest, nisi mens soluta quaedam et libera segregata ab omni concretione mortali, omnia sentiens et movens, ipsaque praedita motu sempiterno...
»Haec igitur et alia innumerabilia cum cernimus, possumus ne dubitare, quia his praesit aliquis vel effector, si haec nata sunt, ut Platoni videtur; vel, si semper fuerint, ut Aristoteli placet, moderator tanti operis et muneris? Sic mentem hominis, quamvis eam non videas, ut Deum non vides, tamen ut Deum agnoscis ex operibus ejus, sic ex memoria rerum, et inventione, et celeritate motus, omnisque pulchritudine virtutis, vim divinam mentis agnoscito... Nihil sit animus admixtum, nihil concretum, nihil copulatum, nihil coagmentatum, nihil duplex. Quod cum ita sit, certe nec secerni, nec dividi, nec discerpi, nec distrahi potest: nec interire igitur.» Tusculan., lib. I, cap. XXVII, XXVIII, XXIX.

quae sequi facile, affirmare vix possumus), reivindicando a la vez su libertad e independencia completa para sus juicios (liberiores et solutiores sumus), y acerca de las opiniones y doctrinas de todas las escuelas. En armonía con esto, Cicerón reprueba enérgicamente la conducta de los que abrazan sistemas determinados sin haber podido siquiera juzgar de su verdad, y de los que, guiados por el acaso y las circunstancias, más bien que por el estudio y juicio de las doctrinas, se adhieren fuertemente a alguna de éstas como a una roca: Ante tenetur adstricti, quam quid esset optimum, judicare potuerunt... Ad quamcumque sunt disciplinam quasi tempestate delati, ad eam, tanquam ad saxum adhaerescunt.

Es justo advertir aquí que esta tendencia o dirección escéptica se acentúa principalmente en las cuestiones de cosmología y de física, lo cual no le impide, sin embargo, rechazar enérgicamente las teorías físico-cosmológicas y psicológicas de Epicuro y sus discípulos. Así es que, después de mencionar alguna de estas teorías, dice con cierto desdén: Puderet me dicere non intelligere, si vos ipsi intelligeretis, quia ista dicitis.

Cicerón, que contribuyó eficazmente al movimiento filosófico entre los romanos con sus numerosos escritos, tiene también el mérito de haber popularizado entre ellos la historia de la Filosofía, exponiendo con mayor o menor exactitud las diferentes teorías de las escuelas filosóficas, e indicando a la vez los primeros pasos y el origen de la Filosofía entre los romanos, siendo de notar que parece atribuir este honor a Pitágoras[145] y su escuela.

Resumiendo: la dirección general de Cicerón en Filosofía coincide con la Academia nueva, pero modificando y atenuando el escepticismo rígido de la misma, o sea moderando sus principios, aunque sin rechazarlos (quam (academiam) quidem ego placare cupio, submovere non audeo), según él mismo nos dice.

---

145 Así se desprende de varios pasajes de sus obras, y entre otros, del siguiente: «Pythagorae autem doctrina cum longe lateque flueret, permanavisse mihi videtur in hanc civitatem; idque cum conjectura probabile est, tum quibusdam etiam vestigiis indicatur. Quis est enim, qui putet, cum floreret in Italia Grecia potentissimis et maximis urbibus in ea quae Magna dicta est, in hisque primum ipsius Pythagorae, deinde postea pythagoreorum tantum nomen esset, nostrorum hominum ad eorum doctissimas voces aures clausas fuisse?». Tuscul. Q., lib. IV.

En las cuestiones cosmológicas y físicas, es más académico, o, si se quiere, más escéptico que en las demás; sin perdonar por eso la teoría atomista de Epicuro,[146] a la cual declara guerra a muerte.

En materia de metafísica, de política y de moral, se inspira alternativa y parcialmente en Platón, Aristóteles y la escuela estoica, dando la preferencia a la moral y a la práctica de los deberes sociales sobre la ciencia (agere considerate, pluris est quam cogitare prudenter) y la especulación.[147]

§ 99. El estoicismo entre los romanos. Séneca

Séneca, Epitecto y Marco Aurelio, sin ser los únicos,[148] fueron los principales representantes del estoicismo grecorromano.

Séneca (Lucio Anneo), que floreció en el primer siglo del Cristianismo, fue natural de Córdoba. Sus padres fueron Marco Anneo Séneca, que enseñó la retórica en Roma en tiempo de Augusto, y Helvia, que contaba entre sus ascendientes a la madre de Cicerón. Llevado a Roma por su padre, Séneca se dedicó en su juventud a la elocuencia, en la cual llegó a sobresalir; pero habiendo sabido que sus discursos excitaban los celos y la suspicacia de Calígula, abandonó el foro para dedicarse al estudio de la Filosofía, en la cual hizo rápidos progresos. Habiendo tomado parte después en la vida pública, fue nombrado cuestor, lo cual no impidió que fuera desterrado a Córcega, en donde permaneció siete años, por haber sido acusado, con razón o sin ella, por Mesalina, de tener relaciones ilícitas con Julia, hija de Germánico. Llamóle a Roma Agripina para ecargarle la educación de su hijo Nerón, cuyos instintos de sanguinaria crueldad conoció desde luego, pero no supo o no pudo corregir. A pesar de su profesión de estoicismo, la conducta del filósofo cordobés mientras permaneció al lado de Nerón, fue más propia de un discípulo

---

146 Hablando en son de burla, y con el objeto de poner de relieve lo absurdo de semejante teoría para explicar el origen y formación del mundo por medio del encuentro fortuito de los átomos, dice, entre otras cosas: «Hoc qui existimat fueri potuisse, non intelligo, cur non idem putet, si innumerabiles unius et viginti formae litterarum, vel aureae, vel quales libet aliquo conjiciantur, posse, ex his in terram excussis, anuales Ennii, ut deinceps legi possint, effici». De Natur. Deor., lib. II, cap. XXXVII.

147 «Omne officium, quod ad conjunctionem hominum et ad societatem tuendam valet, anteponendum est illi officio, quod cognitione et scientia continetur.» De offic., lib. I, cap. XLIV.

148 Pertenecieron a esta escuela Musonio Rufo de Volsena, Anneo Cornuto de Leptis, en África, Eufrates de Alejandría, Arriano o Flavio Arriano de Nicomedia, con algunos otros.

de Epicuro que de un estoico. Sin embargo, ni sus lisonjas y bajezas, ni sus grandes tesoros, ni los millares de esclavos que poseía, pudieron libertarle de los caprichos sanguinarios de su discípulo. Acusado, con razón o sin ella, de tener parte en la conspiración de Pisón, recibe orden de abrirse las venas, sin que se le permitiera siquiera hacer testamento, y muere a los sesenta y cinco años de edad con estoica o dramática impasibilidad, dictando un discurso en que rebosan sublimes máximas morales y cierta magnaminidad propias del orgullo estoico.

El fondo de la Filosofía de Séneca es el estoicismo, y lo es especialmente bajo el punto de vista de la moral. Como los estoicos, divide la Filosofía en Lógica o Racional, Física y Moral. La primera, más bien que lógica es una simple dialéctica, según la concibe y la expone, y por lo que hace a la física, comprendiendo en ésta la cosmología y la teodicea, puede decirse que la concepción de Séneca es una concepción escéptico-académica, muy análoga la de Cicerón. Para el filósofo cordobés, lo mismo que para el orador romano, la certeza y la evidencia están fuera del acance de la razón humana en las cosas físicas y en las ciencias especulativas, debiendo limitarnos a asentir a lo probable y verosímil.

Esto no obstante, y faltando en cierto modo a su consigna, Séneca investiga, discute y resuelve varios problemas pertenencientes a la Física en sus escritos, y con especialidad en los siete libros de sus Quaestiones Naturales, en los cuales trata del cielo, de la tierra, de los elementos, de los terremotos, de los fenómenos meteorológicos, de los cometas, etc. Más todavía: el filósofo cordobés plantea también, aunque no siempre discute y resuelve los principales problemas pertenencientes a la teodicea y la cosmología, y, al hacerlo, no solamente ensalza la nobleza e importancia de las ciencias especulativas y principalmente de los que tienen por objeto a Dios, sino que parece darles la preferencia sobre la ciencia moral que se refiere al hombre, insinuando que la superioridad de la primera está en relación con la superioridad y distancia del hombre a Dios (tantum inter duas interest, quantum inter Deum et hominem), y concluyendo por afirmar que apenas merecía la pena de nacer, si el hombre no pudiera elevarse al conocimiento de Dios y de las cosas divinas[149] o superiores, al conocimiento de las causas y razones primeras de las cosas. Por lo demás, las ideas y opiniones de Séneca en orden a estos problemas, y más especialmente con respecto a la divinidad, coinciden generalmente con las de la escuela estoica. Para el maestro de Nerón, como para el estoicismo, Dios es la mente o razón del universo, y es a la vez todo el universo mundo, considerado en todas sus partes, superiores o inferiores, visibles o invisibles: Quid est Deus? Mens Universi. Quid est Deus? Quod vides totum, et quod non vides totum.

La virtud es el único y supremo bien a que debe aspirar el sabio. Consiste ésta en vivir conforme a la naturaleza humana (secundum naturam suma vivere), y es cosa muy fácil de suyo, por más que las preocupaciones y locura general de los hombres la haga difícil: difficilem facit communis insania.

Esta virtud, que hace al hombre verdaderamente sabio; la virtud que resume y que representa todas las virtudes y que lleva consigo el bien supremo y la felicidad del hombre, es la prudencia; porque a ésta acompañan necesariamente la templanza, la fortaleza o constancia, la imperturbabilidad, la exención de la tristeza, y consiguientemente la felicidad,[150] siendo para él indiferentes todas las demás cosas. Así es que el sabio, el hombre de la virtud estoica, «no temerá la muerte, ni las cadenas, ni el fuego, ni los golpes de la fortuna; pues sabe que estas cosas, aunque parecen males, no lo son en realidad».

El hombre de la virtud, no solo se asemeja a Dios, sino que es superior a éste en cierto modo, por cuanto que realiza con sus propios esfuerzos y hace por elección lo que Dios hace naturalmente. Est aliquid quo sapiens antecedat Deum: ille naturae beneficio, suo saspiens est.

Aquí aparece ya el orgullo refinado y egoísta del estoico, como aparecen su estúpida impasibilidad y sus aberraciones morales, cuando afirma que el alma

---

149 «Equidem, tunc naturae rerum gratias ago, cum illam non ab hac parte video quae publica est, sed cum secretiora ejus intravi; cum disco quae universi materia sit, quis auctor, aut custos, quid sit Deus, totus in se intendat, an ad nos aliquando respiciat; faciat quotidie aliquid, an semel fecerit; pars mundi sit, an mundus... Nisi ad haec admitterer, non fuerat opere praetium nasci... Detrahe hoc inaestimabile bonum, non est vita tanti ut sudem, ut aestrum.» Natural. Quaest., lib. I

150 «Qui prudens est, et temperans est; qui temperans est, et constans; qui constans est, et imperturbatus est; qui imperturbatus est, et sine tristitia est; qui sine tristitia est, beatus est: ergo prudens beatus est, et prudentia ad beatam vitam satis est.» Epist. 85.

del hombre permanece impasible e intrépida, mientras que el cuerpo mordetur, uritur, dolet, y, sobre todo, cuando enseña que el suicidio, no solamente es lícito, sino acción conforme con la ley interna (nihil melius aeterna lex fecit, quam quod unum introitum nobis ad vitam dedit, exitus multos), dejando al arbitrio o capricho del hombre la vida y la muerte: Placet? vive: non placet? licet eo reverti unde venisti.

Máxima es esta muy propia de un estoico orgulloso, y muy propia también de un filósofo que enseña que el virtuoso, el sabio estoico, si tiene poco que temer de los hombres, nada tiene que temer de Dios: scit non multum esse ab homine timendum, a Deo nihil.

En el orden especulativo, Séneca profesa ciertas opiniones que se acercan mucho al materialismo, por más que otras veces parezca inclinarse a la opinión contraria. Quod fit, et quod facit, corpus est, escribe, y en otros pasajes considera como cuerpos a las pasiones y los vicios[151] y hasta el alma misma: corpora ergo sunt, et quae animi sunt; nam et hic corpus est.

Al lado de esta doctrina tan desconsoladora y tan poco conforme con la verdadera moral, Séneca enseña y ensalza el culto de Dios y su providencia paternal para con los hombres, y recomienda su imitación como medio eficaz de perfeccionamiento moral. Y es justo añadir aquí que lo que constituye el verdadero mérito de Séneca como filósofo moralista, es lo que podríamos llamar su principio humanitario. El filósofo cordobés, sin rechazar ni condenar en absoluto la esclavitud, tiene para los esclavos palabras de benevolencia y máximas de dulzura y dignidad, que no se encuentran en los filósofos que le precedieron. Séneca enseña, y enseña con insistencia, la fraternidad o parentesco universal que liga a los hombres todos entre sí —natura nos cognatos edidit— y que radica en la misma naturaleza. De este principio, relativamente nuevo y extraño para la Filosofía pagana, deduce aplicaciones y máximas que debían ser no menos nuevas y extrañas para esa Filosofía. En la antigua política, en la antigua Filosofía, en las antiguas costumbres y en las antiguas

---

151 «Non puto te dubitaturum an affectus corpora sint, tamquam ira, amor, tristitia. Si dubitas, vide an vultum nobis immutent. Quid ergo? tam manifestas corporis notas credis imprimi, nisi a corpore? Si affectus corpora sunt, et morbi animorum... ergo et malitia et species ejus omnes, malignitas, invidia, superbia... Tangere enim et tangi, nisi corpus, nulla res potest, ut ait Lucretius. Omnia autem ista, quae dixi, non mutarent corpus, nisi angerent: ergo corpora sunt.» Op., epist. 106.

instituciones sociales, era doctrina corriente, y práctica autorizada considerable exento y libre de todo deber de humanidad y benevolencia, no ya solo para con los esclavos, sino también para con los extranjeros, los cuales, por el solo hecho de serlo, eran mirados y tratados como enemigos. El filósofo cordobés abandona estas máximas tradicionales y arraigadas para predicar el amor mutuo —haec nobis amorem indidit mutuum— que la naturaleza misma inspira y prescribe a todos los hombres, y, lo que es más, la obligación o precepto de hacer eficaz y práctico este amor de nuestros semejantes, sin distinción de clases ni estados, prestándoles auxilio y ayuda en sus necesidades: Praecipiemus, dice, ut naufrago manum porrigat, erranti viam monstret, cum esuriente panem suum dividat.

Y concretando la cuestión a la esclavitud y los esclavos, Séneca, no solo reconoce que la esclavitud no excluye la humanidad, o, digamos mejor, la igualdad de naturaleza (servi sunt? imo homines), la amistad y el compañerismo (servi sunt? imo humiles amici; servi sunt? imo conservi), sino que recomienda que los esclavos sean tratados con clemencia y cortesía, admitidos a familiar trato, y hasta como consejeros (in sermonem admitte et in consilium), y sentados a la mesa lo mismo que los hombres libres[152] siempre que sean dignos por razón de sus costumbres; porque de éstas, y no de sus ministerios, depende su dignidad: non ministeriis illos aestimabo, sed moribus.

En vista de todo esto, ocurre naturalmente preguntar: ¿de dónde procede que Séneca, sin ser un filósofo de primer orden, sin poder compararse con Pitágoras y Sócrates, con Platón y Aristóteles, enseña, sin embargo, y profesa máximas tan superiores a las de estos grandes filósofos y tan desconocidas y extrañas en épocas anteriores? La respuesta no es difícil, si se tiene en cuenta que el filósofo cordobés fue maestro y víctima del gran perseguidor de los cristianos, del que dio muerte a San Pedro y San Pablo. Rechazando como apócrifa la correspondencia epistolar entre el filósofo de Córdoba y el Apóstol de las naciones, es preciso reconocer en todo caso que cuando el primero descendió al sepulcro, el segundo ya había recorrido o recorría a la

---

152 «Vive cum servo clementer, comiter quoque, et in sermonem admitte, et in consilium, et in convictum... Quid ergo? omnes servos admovebo mensae meae? non magis quam omnes liberos. Erras, si existimas me quosdam quasi sordidioris operae rejecturum, ut puta illum mulionem, et illum bubulcum, non ministeriis illos aestimabo, sed moribus... Quidam caenent tecum quia digni sunt; quidam, ut sint.» Op., epist. 47.

sazón las provincias del Oriente y del Occidente, anunciando por todas y en la misma Roma la buena nueva, la gran revelación del Verbo de Dios sobre la tierra, el Cristianismo, en fin, cuya doctrina religiosa, cuyas máximas y ejemplos, y cuyo espíritu de caridad habían penetrado paulatinamente en todas las capas sociales, y venían infiltrándose insensiblemente en el mundo de la ciencia, subyugando con la fuerza de su verdad y belleza divinas los mismo espíritus que se rebelaban contra él y le hacían cruda guerra. Solo de esta suerte es posible concebir y explicar los vislumbres y como fulgores de moral cristiana que, confundidos y amalgamados con las frías y orgullosas máximas del estoicismo, aparecen con frecuencia en las obras de Séneca. Las últimas palabras arriba citadas pueden considerarse como un eco lejano y como una repercusión inconsciente de las bienaventuranzas predicadas por el Hombre-Dios en el Sermón de la montaña. Añádase a esto que los acontecimientos históricos debieron poner a Séneca en contacto inmediato o mediato con San Pablo. Durante su permanencia en Acaya, el Apóstol fue citado y compareció ante el tribunal de Galión, el cual era hermano de Séneca. Más adelante compareció en Roma ante el prefecto del pretorio, Burrho, amigo de nuestro filósofo, sin contar que graves autores afirman que San Pablo compareció también dos veces ante el mismo Nerón. Estos hechos demuestran que le filósofo cordobés debió tener, si no comunicación directa y personal con el Apóstol de las naciones, al menos conocimiento más o menos exacto de su predicación y doctrina.

    La elevación que distingue y caracteriza a la moral de Séneca, como resultado e indicio de la influencia latente del Cristianismo, parece observarse también en algunos otros puntos de su doctrina, entre los cuales merecen llamar la atención sobre sus ideas acerca del futuro progreso de la humanidad. Séneca es acaso el único filósofo de la antigüedad que entrevió con cierta claridad relativa la existencia de la ley del progreso humano en el terreno social, en el político, y sobre todo en el de las ciecias y artes. La verdad, dice, está patente a la investigación de todos; pero ninguno la posee toda, antes bien queda mucho que descubrir de la misma a los venideros (patet omnibus veritas, nondum est occupata, multum ex illa etiam futuris relictum est), o sea nuestros hijos y sucesores. Porque llegará tiempo, añade, en que a beneficio de repetidas y diligentes observaciones, se harán patentes ciertas verdades que hoy ignoramos: no basta una sóla época para descubrir todas las verdades: Veniet tempus, quo ista, quae nunc latent, in lucem dies extrahat, et longioris aevi diligentia: ad inquisitionem tantorum una aetas non sufficit. En obsequio de la justicia y de la imparcialidad, es justo recordar que el filósofo español non semper sibi constat, siendo muy difícil conciliar entre sí algunas de sus ideas, y no siendo raro tropezar en sus escritos con afirmaciones contradictorias. Varios historiadores y críticos, y entre ellos algunos compatriotas de Séneca,[153] se ocuparon en este punto, llamando la atención sobre la falta de fijeza de ideas que se echa de ver en el maestro de Nerón.

§ 100. Epicteto y Marco Aurelio

Apenas había bajado al sepulcro Séneca, cuando comenzó a llamar la atención Epicteto, nacido en Hierápolis, ciudad de la Caria o de Frigia, y a quien vicisitudes ignoradas de la guerra o de familia, llevaron a la esclavitud. Su paciencia e imperturbabilidad de ánimo fue verdaderamente estoica, a juzgar por las anécdotas que corren acerca de este filósofo,[154] que fue esclavo de un liberto de Nerón.

La Filosofía de Epicteto es la Filosofía del Pórtico, llevada al último grado de rigorismo en su parte ética. Nótase en ella, como en la de Séneca, la influencia vivificante de la idea cristiana, especialmente en sus máximas referentes a la benevolencia universal, a la obediencia y culto de Dios, y a la conformidad con la voluntad divina en las adversidades y males de la vida presente. Nótase también esta influencia cristiana en los consejos sobre el modo de refrenar las pasiones y apetitos de la carne, y hasta en el desprendimiento de padres, parientes y patria, bien que desfigurando en esto último, o, por mejor dicho, desconociendo el sentido cristiano, puesto que Epicteto subordina este desprendimiento a la tranquilidad del ánimo, y en tanto lo recomienda, en cuanto que lleva consigo la paz o exención de cuidados, y, por consiguiente, con un

---

[153] Merece citarse, enre los últimos, Alonso Núñez de Castro, quien, a mediados del siglo XVII, puso de relieve las contradicciones de nuestro filósofo en un libro publicado ad hoc con el siguiente título: Séneca impugnado de Séneca en cuestiones políticas y morales.

[154] En cierta ocasión, en que su amo le golpeaba con mucha violencia, Epicteto le advirtió que si seguía dándole golpes tan fuertes, acabaría por romperle algún miembro. Prosiguió el amo golpeándole con la misma furia, resultando de los golpes la fractura de una pierna del esclavo-filósofo, el cual se contentó con decir a su amo con fría calma: «Ya os había dicho yo que si seguíais así, me la romperíais».

fin esencialmente terreno y egoísta, cosas que están muy lejos de los fines superiores y de las condiciones propias del desprendimiento cristiano.

Pascal observa, con razón, que Epicteto es uno de los filósofos paganos que conocieron mejor los deberes del hombre, pero que al propio tiempo desconoció la flaqueza de la naturaleza humana, lo cual le arratró a errores de consideración.

Sin contar algunos otros errores generales o comunes del estoicismo, Epicteto considera el alma humana como una parte de la sustancia divina; afirma que el dolor y la muerte no son males, y hace al hombre dueño y árbitro de quitarse la vida, añadiendo máximas que dejan de ser morales a causa de las exageraciones del orgullo estoico,[155] el cual pervierte y destruye la naturaleza del hombre so pretexto de seguirla. Que desfigurar el orden moral y negar la naturaleza humana, es aconsejar que en la muerte del hijo o de la esposa, el hombre se mantenga en insensibilidad perfecta, como cuando se rompe una olla: Si ollam diligis, te ollam diligere (memento considerare); nam ea confracta, non perturbaberis. Si filiolum aut uxorem, hominem a te diligi; nam eo mortuo, non perturbaberis.

En medio de estas y otras máximas análogas, más o menos inexactas, pero muy propias de la soberbia estoica, como cuando afirma que el hombre puede adquirir por sí mismo todo el mal y todo el bien sin esperar (omnem utilitatem et damnum a semetipso expectare), sin recibir nada de nadie, Epicteto nos ofrece máximas e ideas que parecen más propias de un filósofo cristiano que de un filósofo gentil, según es fácil observar en las que se refieren a la existencia de Dios, su providencia, culto y obediencia,[156] según se ha indicado arriba.

La doctrina contenida en las Máximas de Marco Aurelio coincide con la que acabamos de ver en el Manual o Enchiridion del estoico de Hierápolis. Lo que en Marco Aurelio llama la atención, es la fidelidad, el rigor y la constancia con que practicó las máximas más rígidas de la moral estoica en medio de la

---

155 Algunas de las máximas e ideas de Epicteto, no solo traspasan los límites de la verdadera moralidad, sino que se convierten o degeneran e indecentes y ridículas, como cuando escribe: «Hebetis ingenii signum est, in rebus corporis immorari, velut exerceri diu, edere diu, potare diu, cacare diu... nam haec quidem facienda sunt obiter». Enchiridion, cap. LXIII.
156 «Religionis erga Deos immortales praecipuum illud esse scito, rectas de eis habere opiniones; ut sentias, et esse eos, et bene justeque administrare universa, parendum esse eis, et omnibus iis, quae fiant, acquiescendum, et sequenda ultro, ut quae a Mente praestantissima regantur». Enchir., cap. XXXVIII.

corrupción que le rodeaba, teniendo a la vista los ejemplos de aquellos emperadores romanos, monstruos de maldad y de todo género de vicios, rodeado de desórdenes, guerras y conspiraciones. Nació este gran estoico el año 121 de la era cristiana: fue adoptado por Antonio, a quien sucedió en el gobierno del Imperio, haciéndose notar por su prudencia, su valor y su firmeza, y murió en Sirmio, año 180 después de Jesucristo. Puede decirse que con Marco Aurelio descendió al sepulcro la escuela estoica, que no tardó en desaparecer como las demás escuelas filosóficas, envueltas en las ruinas que sobre ellas amontonaron las tribus y naciones, enviadas por la Providencia para castigar los crímenes del pueblo rey, y para abrir los cimientos y desembarazar el terreno sobre el cual debía levantarse, andando el tiempo, el grande edificio de la civilización cristiana.

§ 101. Movimiento de transición

Mientras que las antiguas escuelas filosóficas chocaban entre sí, y se propagaban por el imperio romano, y prolongaban sus luchas seculares, y se apagaban los rudos ataques del escepticismo contra las escuelas dogmáticas, y entraban en fermentación los gérmenes del eclecticismo teosófico que brotó con fuerza y comenzaba a desenvolverse en la ciudad de Alejandro, aparecieron en diferentes tiempos y lugares ciertos filósofos, o, mejor dicho, escritores eruditos y más o menos filosóficos, que, sin pertenecer determinadamente a ninguna escuela, seguían varias direcciones y amalgamaban varias tendencias. Seguían unos la dirección positivista; dominaba en otros una especie de escepticismo satírico; algunos hacían alarde de despreocupación religiosa, y en los escritos de otros descúbrese un fondo abigarrado de doctrinas y tendencias sin enlace lógico de ningún género. Son los que pudiéramos apellidar los eruditos y librepensadores de la época. Entre éstos pueden citarse como tipos

a) El médico Galeno, natural de Pérgamo, y que floreció en Roma bajo el imperio de Marco Aurelio. Su método es la experiencia, y su dirección el empirismo con tendencia al materialismo. Después de analizar anatómicamente los órganos del hombre y de enlazar su estructura, y de reconocer su finalidad, en lo cual se separa del materialismo y se eleva sobre los positivistas modernos, concluye por negar la espiritualidad y subsistencia del alma humana, la cual, para el médico de Pérgamo, no es más que la materia refinada y una sustacia perecedera y ligada a las vicisitudes y destino final del cuerpo. Con respecto a otros puntos y a ciertas cuestiones de física, de psicología, y sobre todo de lógica, Galeno sigue con bastante frecuencia las ideas y soluciones de Aristóteles, como queda indicado arriba.

b) Hacia mediados del siglo primero de nuestra era, vio la luz en Queronea de Beocia Plutarco. Enseñó públicamente en Roma bajo el imperio de Trajano, y se retiró en los últimos años de su vida a Queronea, su patria. Sus Vidas paralelas de los grandes hombres de la Grecia y de la Italia han hecho su nombre popular entre los eruditos; pero para conocer sus ideas filosóficas es preciso acudir a los pequeños tratados que escribió, más o menos relacionados con la Filosofía. Plutarco manifiéstase enemigo de las supersticiones populares; quiere depurar el politeísmo de las ficciones poéticas, refundiéndolas y amalgamándolas en lo que tienen de esencial. En moral, es en parte epicúreo, en parte estoico, en parte platónico y en parte aristotélico, mezclando todas estas ideas morales con especulaciones demonológicas, con la creencia en oráculos, y con las interpretaciones de sueños y augurios, recayendo por un camino en las mismas supersticiones que había combatido por otro. En suma: Plutarco, más bien que un filósofo, es un erudito, un amante de los estudios históricos, un escritor con aficiones crítico-teosóficas.

c) Poco después del escritor de Queronea, apareció en escena Luciano de Samosata, el cual se encargó de generalizar y de dar vigor a los ataques parciales que Plutarco había dirigido contra algunas manifestaciones del politeísmo. El autor de los Diálogos de los muertos y de la Asamblea de los dioses, persigue con sus sarcasmos todos los cultos, y esfuérzase en extender sobre todas las religiones el soplo desecante de su irónica sonrisa. Luciano es el Voltaire del politeísmo grecorromano.

Excusado parece añadir que el escritor de Samosata confunde el Cristianismo con las demás religiones; porque su espíritu, tan frívolo como corrompido, no estaba en disposición de reconocer y apreciar la sublime grandeza y los caracteres extraordinarios y divinos de la nueva religión. La distinción entre la verdad y el error, entre el bien y el mal, son palabras sin sentido para Luciano, cuya crítica ligera y mordaz, cuya sátira amarga y alguna vez cínica, tienden a aniquilar toda moral y toda religión.

d) Contemporáneo de Luciano, y no muy desemejante en cuanto a doctrinas y tendencias filosóficas, fue el famoso Apuleyo, natural de Madaura, en África. Frecuentó las escuelas de Cartago, de Roma y de Atenas, y después de recorrer varios países, regresó a su patria, en la cual abrió escuela pública. La parte filosófica de su doctrina es una amalgama informe de ciertas teorías de Platón y Aristóteles. Aparte de esto, lo que caracteriza su doctrina es la predilección que manifiesta por la demonología, predilección que lleva hasta negar la providencia divina, para confiar el gobierno del mundo en general, y de los hombres en particular, a los demonios o genios que habitan la región media de la atmósfera. El autor del Asno de oro, que escribió también un tratado especial para discutir el origen y naturaleza del genio o Dios de Sócrates, aconseja y recomienda que se dé culto y honor al genio o demonio encargado de nuestra persona, nuestra vida y nuestras acciones. Haciéndolo así, cada hombre podrá alcanzar que su demonio o genio familiar le prepare bienes y evite las desgracias que pudieran sobrevenirle, por medio de sueños, de signos y hasta por medio de apariciones visibles en caso de necesidad. Es muy posible que en la teoría demonológica de Apuleyo hayan influido ideas y reminiscencias cristianas más o menos confusas y desfiguradas, recogidas en sus viajes por la Grecia y el Asia, sin contar su comercio con los cristianos africanos. La fuerza poderosa e incontrastable de la palabra divina que llevaba en su seno el Cristianismo, déjase sentir en todos los sistemas y escritos de la época, aun a despecho y contra la voluntad de sus mismos autores.

En las materias propiamente filosóficas, Apuleyo sigue generalmente a Platón y Aristóteles, según queda indicado. En su tratado De habitudine doctrinarum et nativitate Platonis, dedica un libro a exponer los dogmas (De dogmate Platonis) o doctrina de Platón: emplea otro libro en exponer la lógica y la teoría del silogismo de Aristóteles, cuyo tratado De mundo vertió además del griego al latín.

§ 102. Los nuevos pitagóricos

A este movimiento de transición que se verificó por este tiempo en el seno de la Filosofía, y principalmente al movimiento sincretista y teosófico que caracteriza a las escuelas alejandrina y al neoplatonismo, expresión la más elevada de la Filosofía helénica en su tercer periodo, contribuyeron también los nuevos pitagóricos que en Roma y en otras regiones del imperio florecieron por este tiempo. La combinación o amalgama de ciertas ideas teóricas y prácticas de los antiguos pitagóricas con algunas doctrinas y principios de otras escuelas filosóficas, es lo que constituye el neopitagoreismo, cuyos representantes más notables son, además de Moderato de Gadira, contemporáneo de Séneca, y de Nicomaco de Gerasa, que parece haber vivido en tiempos de los Antoninos,

a) Sextio, que floreció bajo Julio César y Augusto, y cuya escuela parece haber sido muy concurrida, según las indicaciones de Séneca, las cuales nos revelan igualmente que en la doctrina y enseñanza de Sextio, al lado del elemento pitagórico, predominaba el elemento estoico.

b) Soción, natural de Alejandría, y uno de los preceptores de Séneca (Sotio philosophus alexandrinus, praeceptor Senecae), según el testimonio de Eusebio de Cesárea, enseñó y defendió con más amplitud que Sextio la doctrina y las prácticas pitagóricas, y entre ellas la transmigración de las almas (animas in alia corpora atque alia describi, et migrationem esse, quam dicimus esse mortem), y la abstinecia de carnes, si hemos de dar crédito al testimonio explícito de su discípulo Séneca.

c) Apolonio de Tyana, célebre pseudotaumaturgo que durante el primer siglo de la era cristiana metió mucho ruido en el imperio romano con sus prestigios y falsos milagros, historiados por primera vez, corregidos y aumentados por Filostrato, cuando ya habían pasado más de cien años sobre la tumba de Apolonio. Discípulo del pitagórico Euxeno, Apolonio parece haberse propuesto como modelo a Pitágoras, reproduciendo sus ideas, y, sobre todo, practicando sus máximas. A Ejemplo de su maestro y modelo, Apolonio no usaba vestidos de lana, se abstenía de comer carnes y de beber vino, andaba descalzo, llevaba una vida austera, y rechazaba ciertas prácticas groseras del culto idolátrico. En el terreno doctrinal, además de la importancia que concedía a las fórmulas aritméticas de Pitágoras, recomendaba y practicaba el estudio de la música, las matemáticas y la astronomía.

Las prácticas pitagóricas, junto conla teurgia y la magia, muy en boga en tiempo de Apolonio, principalmente en el Oriente, representan y constituyen la base de las acciones prestigiosas y de las fábulas que le atribuye Filostrato. Cuya historia de Apolonio, según dice con razón Haas, «no es más que una parodia de la vida de Cristo y del Evangelio, como lo prueban, por ejemplo, el nacimiento milagroso, la reforma del mundo, los milagros obrados, la expulsión de demonios y la ascensión que allí se atribuyen al pretendido taumaturgo».

Aunque fueron los principales, o al menos lo más conocidos, no fueron estos los únicos secuaces del pitagoreismo por esta época. Las tendencias sincréticas y orientalistas que predominaban, no podían menos de favorecer la resurrección del antiguo pitagoreismo. Así, vemos que San Justino, mártir, al referirnos en su famoso Dialogus cum Tryphone sus peregrinaciones a través de las diferentes escuelas filosóficas, enumera, entre los maestros que tuvo en su juventud, a un pitagórico, el cual le prometía la posesión de la felicidad suprema y de la verdad, a condición de que estudiara antes la música, la geometría y la astronomía, ciencias que representan el camino seguro y único para elevarse al mundo inteligible, a la región de la realidad pura y de la verdad perfecta.

§ 103. Movimiento intelectual en Alejandría

Hemos indicado más de una vez que el carácter dominante, aunque no exclusivo, del periodo segundo de la Filosofía griega, es el pensamiento antropológico, así como el pensamiento cosmológico domina en el primer periodo de la misma. En el tercero de ésta, y principalmente en sus últimas etapas que vamos a recorrer, el pensamiento filosófico reviste un carácter teosófico muy pronunciado, hasta el punto de que en casi todas sus escuelas predomina este elemento en mayor o menor escala, sin perjuicio de las varias y a veces encontradas direcciones teológicas que envuelven.

Entre las diferentes causas que contribuyeron al origen y desarrollo de esta Filosofía teosófica, o, si se quiere, ecléctico-teosófica del tercer periodo, no es la menos importante la condición geográfica de la ciudad que sirvió de centro y foco del movimiento intelectual que nos ocupa. Trescientos treinta y dos años antes de Jesucristo, y a su paso para el Egipto, el vencedor de Darío, cuyo genio político corría parejas con su genio guerrero, echó los cimientos de una ciudad que debía perpetuar hasta nosotros el nombre y la gloria de su fundador. Bañada por las olas del Mediterráneo; tocando por otro lado con el lago Mareotis, y comunicando con el resto del África por medio del Nilo, Alejandría llegó a ser en poco tiempo el depósito general del comercio del mundo entonces conocido; la ciudad más populosa del Imperio romano, después de la capital; el centro adonde convergían el Oriente y el Occidente, la Grecia y el África, y como el punto en que se daban cita los sabios, los artistas, los filósofos, los poetas, los gramáticos, los astrónomos, los matemáticos, y hasta los teólogos y sacerdotes; porque todos ellos encontraban favorable acogida y protección en el famoso Museum, fundación verdaderamente regia de los sucesores de Alejandro. El astrónomo y el sacerdote, el matemático y el filólogo, el sabio y el filósofo, tenían igual cabida en esta gran institución, en que, al lado de un liceo para enseñar Filosofía, había un gabinete astronómico y un depósito geográfico, y un templo para dar culto a todos los dioses, y había, sobre todo, una biblioteca, la más a propósito para fomentar y perfeccionar el estudio de las ciencias. Porque es sabido que esta gran fundación de Tolomeo Soter encerraba ya, a la vuelta de pocos años, más de doscientos mil volúmenes, según el testimonio autorizado de Josefo. Bajo el reinado de Tolomeo Evergetes, el edificio destinado a este objeto, el famoso Brucheion, ya no podía contener los volúmenes adquiridos, siendo necesario colocar una parte de ellos en el templo de Serapis: y no hay para qué recordar que cuando en tiempo de César fue reducido a cenizas en su mayor parte, contaba cuatrocientos mil volúmenes,[157] referentes a toda clase de conocimientos. No es difícil comprender el impulso poderoso que recibieron todas las ciencias con el auxilio de una biblioteca de este género, provista además de multitud de copistas, calígrafos, gramáticos y sabios empleados en copiar y corregir los textos.

Por lo demás, el Museum de Alejandría no era ni una escuela especial de Filosofía, como la Academia platónica o el Pórtico de los estoicos, ni tampoco un colegio de sacerdotes astrónomos, como los de Menfis y Babilonia; ni una institución político-moral, como la de Pitágoras; ni una escuela de gramática y filología; ni una Academia de medicina, sino que era todo esto a la vez, era

---

157 Afortunadamente, este desastre fue reparado en parte al poco tiempo; porque Marco Antonio mandó colocar en Alejandría la biblioteca que Atalo, rey de Pérgamo, había legado al Senado romano. Así es que esta gran fundación de los lágidas se conservó con bastante esplendor, hasta que fue reducida a cenizas por el fanatismo de los musulmanes, los protegidos y amigos de Draper.

una verdadera Universidad, o sea una institución muy semejante a la que hoy conocemos con este nombre, y más todavía a la Universidad de la Edad Media. De aquí esa serie de trabajos y publicaciones de todo género que aparecen sucesivamente en Alejandría. Euclides escribe sus Elementos de geometría, el bibliotecario real Eratóstenes publica notables escritos sobre astronomía y geografía; los Setenta intérpretes traducen al griego la Biblia; Aristilo y Timocaro hacen progresar la astronomía; Apolonio de Perga perfecciona la geometría con su tratado de las Secciones cónicas, Tolomeo escribe su famoso y popular Almagesto; Hiparco descubre la precesión de los equinoccios; Estrabón cultiva y perfecciona la geografía astronómica y política; Erasistrato y Herófilo desarrollan y perfeccionan la medicina por medio del estudio de la anatomía, mientras que Eudoxio de Cizico y Dioscórides contribuyen al mismo resultado con sus publicaciones y trabajos sobre botánica, con otros ramos de historia natural. Los nombres de Tiranión y de Didimo, los de Ctesibio y Heron, los de Ammonio, Apión y Eratóstenes, los de Duris de Samos, de Aristarco, de Polybio y Manetón, demuestran que en Alejandría se cultivaban con no menor ardor la gramática, la filología, la retórica, la crítica, la historia, sin descuidar por eso las ciencias físicas, exactas y naturales.

Al citado Aristarco de Samotracia atribuyen algunos la primera idea o afirmación acerca del movimiento de la tierra. Pero la verdad es que, según un pasaje explícito de Cicerón,[158] ese honor pertenece de justicia a Hicetas o Nicetas de Siracusa, el cual debió conocer y enseñar la moderna teoría copernicana en lo que tiene de esencial.

Como no podía menos de suceder, la Filosofía griega tomó parte en el gran movimiento intelectual alejandrino, y por eso hemos visto en el periodo que acabamos de recorrer, que todas las grandes escuelas de la Filosofía helénica

---

158 He aquí este curioso pasaje: «Hicetas Syracussus, ut ait Theoprastus, coelum, solem, lunam, stellas, supera denique omnia, stare censet; neque praeter terram rem ullam in mundo moveri; quae cum circum axem se summa celeritate convertat et torqueat, eadem effici omnia, quasi stante terra coelum moveretur». Lucullus, cap. XXXIX.
Si lo que aquí supone Cicerón es cierto, es preciso reconocer que lo sustancial de la teoría copernicana fue enseñado por Hicetas o Nicetas de Siracusa algunos siglos antes de la era cristiana. En todo caso, parece cierto que el pasaje de Cicerón fue como la chispa que encendió el genio de Copérnico, según confiesa él mismo en el prólogo-dedicatoria a Paulo III que puso a su famosa obra: Reperi apud Ciceronem, primum Nicetam sensisse terram moveri... Inde igitur occasionem nactus, coepi et ego de terrae mobilitate cogitare.

y grecorromana tuvieron profesores y representantes más o menos autorizados en Alejandría. Pero llegó una hora en que las luchas de esas escuelas entre sí y con el escepticismo, y por otro lado la gran fermentación producida por el choque de corrientes intelectuales muy diversas y encontradas, pero no menos poderosas y enérgicas, produjeron una de las manifestaciones más notables del pensamiento filosófico. Ya hemos dicho que Antíoco de Ascalón, el heredero de la Academia escéptico-idealista de Carneades, llevó a cabo una especie de compromiso entre el dogmatismo y el escepticismo, compromiso que los sabios y filósofos de Alejandría extendieron pronto a las diferentes escuelas de la Filosofía griega, y después a los diversos sistemas teogónicos, morales y religiosos, que del Oriente y del Occidente, de la Grecia, del Asia, del Egipto y la Palestina, habían acudido a la ciudad de los Lagidas. Los sistemas filosóficos y las teogonías de los brahmanes, el ascetismo de Buda y sus discípulos, el dualismo mazdeísta y las tradiciones zoroástricas, el monoteismo judaico y las reminiscencias de los profetas de Israel durante la cautividad babilónica, el hieratismo de los egipcios, las máximas tradicionales de la escuela pitagórica, la mitología inagotable de la Grecia y el politeísmo grecorromano, eran otras tantas corrientes que venían cruzándose y chocando entre sí y con la Filosofía griega en Alejandría. Cuando todos estos elementos se hallaban en fermentación y habían comenzado a manifestarse escuelas y tendencias filosófico-teosóficas en relación con la naturaleza de aquellos elementos, llegó repentinamente al Museum el eco lejano de la palabra del Verbo de Dios, que resonaba en las orillas del Jordán, y esta palabra no tardó en resonar dentro de los muros y en las cercanías de la ciudad de Alejandro, produciendo extraordinaria sensación por su novedad, por su elevación dogmática, por su pureza moral, por sus testigos o mártires, por sus obras maravillosas, por su propaganda extraordinaria. Rechazada y tratada con desdén al principio por los sabios y filósofos alejandrinos, viéronse éstos obligados bien pronto a contar con la nueva religión, y mientras algunos de ellos perseveraban en su hostilidad y concentraban todas las fuerzas dispersas del paganismo para extirparla, otros trataron de fundirla y conciliarla, ya con la Filosofía griega, ya con las teogonías y religiones del paganismo.

Las precedentes indicaciones explican el origen y el carácter fundamental del movimiento filosófico en este tercer periodo de la Filosofía, y contienen a la vez la razón suficiente de la diversidad relativa de escuelas que vemos aparecer durante el mismo. El movimiento filosófico de este periodo es un movimiento esencialmente ecléctico y teosófico, porque así lo exigían las condiciones y elementos que le dieron origen. Preparado de lejos por la Filosofía grecorromana, favorecido en sus tendencias eclécticas y ético religiosas por los representantes del movimiento de transición, por la fermentación intelectual de Alejandría y por el neopitagoreísmo, de que hemos hablado en párrafos anteriores, este movimiento filosófico adquiere y revela decididamente su carácter ecléctico-teosófico en las escuelas que llenan sus últimas etapas y que vamos a recorrer. El número y clasificación de las escuelas principales que representan este movimiento, se halla en relación con la naturaleza y predominio relativo de sus elementos filosóficos y teológicos.

En armonía con estas indicaciones, reduciremos a tres las escuelas a que aludimos, y serán: la escuela greco-judaica, la escuela gnóstica, la escuela neoplatónica.

§ 104. Origen de la escuela greco-judaica

Los setenta años de la cautividad babilónica pusieron a los judíos en comunicación con la doctrina zoroástrica, a la vez con las teorías y prácticas religiosas de la Caldea y de la India, y la influencia de esta comunicación déjase sentir en la nación hebrea después de su regreso a los hogares de la patria. Fruto en parte y resultado de esta comunicación fue sin duda la amalgama informe de paganismo y mosaísmo que tomó carta de naturaleza entre los samaritanos, y es de creer que semejante comunicación influyó en la aparición y desarrollo de las sectas que dividieron a los judíos, y con especialidad en la de los esenios y terapeutas, en los cuales no es posible desconocer la influencia del misticismo oriental y búdico, de las tradiciones astronómico-religiosas de los caldeos y asirios. Según Porfirio, ciertos judíos que moraban en la Siria ocupábanse exclusivamente en la contemplación de la Divinidad, en examinar el curso de los astros durante la noche, en ofrecer víctimas a Dios, al cual dirigían tan frecuentes preces. Filón escribe, hablando de los terapeutas o judíos místicos que poblaban el Egipto de su tiempo: «Su doctrina, transmitida bajo la forma de iniciación secreta, contiene investigaciones filosóficas sobre la existencia de Dios, sobre la generación del mundo y sobre la moral; envuelven estas doctrinas en fórmulas alegóricas y simbólicas, y suponen que para llegar a su conocimiento se necesita cierta inspiración divina».

A pesar de sus vicisitudes y de las persecuciones frecuentes de que fueron objeto y víctimas, es un hecho histórico indudable que los judíos se esparcieron y diseminaron en gran manera por las provincias del Egipto, del Asia Menor y de la Grecia, y que la colonia judaica de Alejandría era tan importante por su número como por sus riquezas. Sus escuelas y sus ideas no podían menos de experimentar la influencia del helenismo, con el cual se hallaban en antigua y permanente comunicación, especialmente a contar desde la versión bíblica de los Setenta. De aquí el origen y el carácter peculiar de la escuela greco-judaica que floreció en Alejandría, y cuyo principal representante fue Filón, pero cuyo primer ensayo sistemático es debido a Aristóbulo.

La Filosofía greco-judaica es una concepción sincrética de mosaísmo y helenismo; es un ensayo de conciliación, o, mejor dicho, de fusión e identificación entre la Biblia y la Filosofía griega. Para llegar al resultado apetecido, Aristóbulo, o inventará, o echará mano de supuestos versos de Orfeo, Hesiodo y Homero que expresan la doctrina contenida en el Texto bíblico; tratará de probar que Pitágoras y Platón recibieron de los judíos sus teorías principales; buscará relaciones entre la mitología griega y la narración mosaica del Pentateuco, y, finalmente, interpretará en sentido alegórico los pasajes doctrinales e históricos del Antiguo Testamento, procurando ponerlos en armonía con las teorías de la Filosofía griega.

Aunque Clemente de Alejandría y Eusebio de Cesárea enumeran a Aristóbulo entre los peripatéticos, es más probable que no seguía exclusivamente ninguna escuela en particular, toda vez que su pensamiento no fue otro sino conciliar y hasta establecer identidad de doctrina entre el mosaísmo y el helenismo filosófico. Vivió este filósofo judío en Alejandría bajo el reinado de Tolomeo Filometor, según la opinión más probable. Desgraciadamente no han llegado hasta nosotros sus obras, de las cuales apenas se conocen más que algunos fragmentos y pasajes conservados y citados en las obras de Clemente Alejandrino y Eusebio de Cesárea.

§ 105. Filón

Nació este filósofo judío en Alejandría, probablemente veinticinco o treinta años antes de Jesucristo. Eusebio y San Jerónimo dicen que pertenencía a la familia sacerdotal, y que un hermano suyo era prefecto o juez de los judíos alejandrinos. Con motivo de las persecuciones y matanza de que fueron víctimas los judíos de Alejandría y provincias vecinas, fue enviado por sus correligionarios en calidad de embajador a Roma (De legatione ad Cajum), en donde se hallaba hacia el año 40 de la era cristiana.

El pensamiento filosófico de Filón es un ensayo de la conciliación y armonía entre la Filosofía griega y la doctrina contenida en los libros sagrados del judaísmo. Su punto de partida, a la vez que su método para llegar a este resultado, es la interpretación alegórica de aquellos libros. Cuando no basta la alegoría, el filósofo judío llama en su auxilio a la interpretación mística, sin perjuicio de exponer e interpretar a su manera las teorías de la Filosofía griega para pomerlas en armonía con la doctrina judaica. De aquí su eclecticismo filosófico, que le hace acudir a Zenón, a Pitágoras y Aristóteles cuando Platón no se presta a sus ideas, y de aquí también la oscuridad y contradicciones que se notan en sus escritos filosóficos. Unas veces habla de Dios como si fuera una mera idea, un ser abstracto e impersonal, el ser genérico: al paso que en otros pasajes enseña que Dios es un ser personal, activo y viviente, superior y distitnto del mundo. A juzgar por algunos lugares de sus obras, el Verbo, o palabra de Dios, el Logos, es un ser intermedio entre Dios y el mundo, el arquirtecto del Universo, el instrumento de la creación, un ser producido por Dios inmediatamente y con anterioridad a la producción del mundo; a juzgar empero por otros lugares de las mismas, este Logos, o se identifica con el Universo y es una especie de alma universal del mundo, análoga a la del estoicismo, o se presenta como una personificación simbólica de la virtud divina en cuanto creadora.

No son menores las contradicciones y variantes que ofrece el pensamiento del filósofo judío, cuando se trata de resolver el problema relativo al conocimiento, o, digamos, cognoscibilidad de Dios por el hombre. Apoyándose unas veces en la finitud del hombre, en la imperfección de sus fuerzas o facultades de conocer, en el abismo profundo e insondable que separa a Dios del mundo, al ser infinito de todo ser finito, solo concede al hombre un conocimiento de

Dios imperfecto, enigmático o metafórico, e indirecto y oscuro. Por medio de sus efectos, por medio de las obras divinas, podrá la inteligencia humana elevarse hasta Dios; pero no podrá conocer más que su existencia, y de ninguna manera su esencia misma, ni sus atributos y perfecciones. Empero en otras ocasiones, Filón parece abandonar todas estas afirmaciones e ideas, para enseñar que Dios se manifiesta y revela al hombre por medio de iluminaciones superiores, que le ponen en posesión de Dios, en su esencia, en sus atributos y hasta en sus efectos; pues, a juzgar por algunos pasajes de sus obras no solamente admite esta especie de conocimiento supremo e intuitivo de la Divinidad, sino que supone que esta intuición, este conocimiento superior de Dios, lleva consigo y entraña simultáneamente el conocimiento de las cosas o seres inferiores a Dios: Emergens (intellectus) supra creata omnia manifeste increatum contemplatur, ut et ipsum per se comprehendat et umbram ejus, hoc est, et verbum ejus, et mundum hunc universum.

Las mismas dudas y oscuridad reinan en los escritos de Filón, ya acerca de los ángeles, los cuales unas veces aparecen como sustancias espirituales e inteligentes, y otras como meras fuerzas de la creación y de la naturaleza; ya acerca del alma humana, o sea del hombre, cuya libertad parece reconocer en algunos pasajes, mientras que en otros afirma que el pecar es innato y necesario en el hombre, y que la libertad es un atributo peculiar y exclusivo de Dios.

Sin perder de vista esta oscuridad relativa, la doctrina filosófica de Filón puede condensarse en los siguientes términos, que abrazan lo mas cierto y lo más probable de su Filosofía:

a) Dios es el Ser universal, el Ser como ser: su esencia es incomprensible para nosotros, pues solamente sabemos que existe o es, pero no lo que es. Todos los nombres que empleamos para significar sus atributos, deben ser tomados en sentido impropio, porque, en realidad de verdad, Dios carece de atributos, es Ser puro. Dios está en el mundo, no con presencia de esencia, sino con presencia de operación, o sea en cuanto obra en él. Dios es incorpóreo, invisible, superior a la virtud, a la ciencia, al bien, a la belleza. Dios solo posee perfecta libertad, la cual se extiende a la creación del mundo; pues todas las demás cosas están sujetas a necesidad.

b) El mundo fue creado libremente por Dios; pero esta creación no es obra inmediata de Dios, sino del Logos, ser intermedio entre Dios y el mundo; ser anterior y superior a éste, pero inferior y posterior a aquél, aunque se llama hijo de Dios, porque es su obra más perfecta y su efecto inmediato. La sabiduría de Dios es la madre del Logos, el cual es como el hijo primero, y el mundo visible el hijo segundo o posterior de Dios. Este Logos es también el lugar de las Ideas, o sea el mundo inteligible e ideal de Platón. Estas Ideas contenidas en el Logos son los géneros y las especies, y son también los ángeles, demonios y almas racionales personificadas, y de esta manera Dios se revela y manifiesta en el mundo por medio del Logos; el cual aplica, sensibiliza y encarna las Ideas en la materia, sobre la cual solo puede obrar el Logos como ser relativamente imperfecto con respecto a Dios. Este último, por lo mismo que es ser puro y perfectísimo, no puede obrar ni tener contacto alguno con la materia, en atención a que ésta es esencialmente imperfecta, mala y origen del mal.

c) La felicidad consiste en la contemplación intuitiva de Dios; intuición que el hombre no puede alcanzar por sus esfuerzos, y que solo es efecto de una iluminación divina. Esta iluminación intuitiva se recibe en la inteligencia, como facultad superior del alma racional, a la que pertenecen además la sensación y la palabra.

d) Sin embargo de esto, nuestra inteligencia es de tal condición o naturaleza, que, pudiendo comprender las demás cosas, no puede conocerse a sí misma: Mens quae inest nostrum unicuique, caetera potest comprehendere, seipsam nosse non potest.

En su tratado De Gigantibus, Filón supone que existen en la atmósfera ciertas almas —animae volitantes per aerem— racionales, que son las mismas que Moisés apellida ángeles, y otros filósofos llamaban genios: Quos alii philosophi genios, Moyses solet vocare angelos: hi sunt animae volitantes per aerem.

e) La teoría antropológica de Filón coincide con la de Platón. Como el fundador de la Academia, Filón supone que el hombre es el alma racional solamente y no el compuesto del alma y del cuerpo; opinión que atribuye a Moisés,[159] llevado de su idea favorita de conciliar e identificar la doctrina de éste con la de Platón. El filósofo judío adopta igualmente las opiniones de Platón acerca de

---

159 «Hominis autem animam nominat (Moyses) hominem, non hoc, ex utroque concretum, ut dixi, sed illud divinum opificium, quo ratiocinamur.» Philonis'op., pág. 132, edic. 1613.

la división y residencia o asiento del alma humana en el cuerpo,[160] como entra también en el terreno de la teoría platónica cuando considera a Dios como alma del universo: Deus enim anima hujus Universitatis intelligitur.

En el terreno moral, Filón sigue igualmente las huellas de Platón. Como éste, coloca el bien supremo del hombre en la virtud, y la felicidad verdadera de la vida en la aproximación o asimilación a Dios por medio de la práctica del bien racional u honesto. Coincide también con el filósofo ateniense, en orden a la naturaleza, número y efectos de las virtudes morales, lo mismo que en orden a los premios y castigos de la vida futura. Hasta en la influencia especial y decisiva que Platón concede a la purificación moral del hombre para conocer a Dios, se acerca Filón al filósofo de Atenas, enseñando que el vicio impide el conocimiento perfecto y verdadero de la divinidad: in malo homine, opinio de Deo vera obscuratur celaturque, est enim plena tenebris.

En el deseo y propósito preconcebido de conciliar, refundir e identificar la doctrina de Platón con la de Moisés, debe buscarse la razón suficiente del alegorismo filónico, alegorismo que, como es sabido, influyó no poco en la exégesis alegórica, seguida después por Orígenes y otros representantes de la famosa escuela cristiana o catequética de Alejandría. Para Filón, por ejemplo, la serpiente de la Escritura es la voluptuosidad o deleite; Adán es el entendimiento; Eva es el sentido; los dos querubines del arca son los dos hemisferios del mundo; la espada de fuego que tenía el querubín del paraíso significa el Sol: igneus vero gladius solem significat.

§ 106. Crítica

Aparte de su carácter ecléctico, la Filosofía de Filón es esencialmente teosófica, no ya solo en cuanto al fondo, sino hasta por parte del método y procedimiento. La teodicea preside a todas las demás partes de la Filosofía filónica, y sirve de norma para la solución de los problemas psicológicos, morales y cosmológicos. Pero no es esto solo: mientras que la Filosofía griega marcha generalmente desde el mundo a Dios, se eleva a la concepción divina por medio del estudio y observación de la naturaleza, de la reflexión y de deducciones lógicas, Filón marcha desde Dios al mundo y al hombre; toma la religión

---

160 «Animadvertendum igitur tripartitam esse nostram animam, habereque partes, rationalem, irascibilem et concuspicibilem; quarum rationalis regionem capitis inhabitat, irascibilis vero pectus, sicut concupiscibilis inguina.» Op. Legis Alleg., lib. I, pág. 43.

como causa y premisa de la Filosofía, y solo piensa en resolver los problemas de la ciencia en armonía con la idea divina preconcebida a priori.

Es evidente, por otro lado, que el elemento platónico es el que predomina en la Filosofía de Filón, por más que éste acuda en ocasiones a otros representantes de la Filosofía griega en demanda de ideas acomodadas a su concepción filosófico-bíblica.

Los escritores que han afirmado que el Verbo del Evangelio de San Juan, o el Hijo, segunda persona de la Trinidad cristiana, trae su origen de la doctrina de Filón, o proceden con insigne mala fe, o desconocen por completo el contenido real de la Filosofía filónica. Sin contar la oscuridad, las vacilaciones y los pasajes dudosos y contradictorios del filósofo judío sobre este punto, es evidente que, aun tomados e interpretados estos pasajes en el sentido más análogo al Verbo o Logos del Cristianismo, y, por consiguiente, en el sentido más favorable a las pretensiones de los escritores aludidos, existe distancia inmensa entre el Logos de Filón y el Verbo o Logos del Evangelista. El Verbo de San Juan es igual, coeterno y consustancial con Dios; es increado y necesario en su existencia como este mismo Dios; posee la misma esencia, con identidad y unidad numérica e individual; sus atributos son los atributos de Dios; su virtud es la virtud infinita de Dios: su causalidad es la causalidad de Dios, sin distinción ni división alguna, ni específica, ni accidental, ni individual.

Por el contrario, el Logos o Verbo de Filón es un ser posterior a Dios; un ser cuya naturaleza, lejos de ser consustancial con la de Dios, ni idéntica en número con la esencia divina, ni siquiera lo es en especie, toda vez que es inferior a Dios, como ser intermedio entre el mundo y Dios. Por otra parte, la inferioridad sustancial y esencial del Logos filónico se halla evidentemente demostrada por el objeto mismo y la razón suficiente de us existencia. La existencia del Logos es necesaria, según el filósofo judío, porque Dios, en razón y a causa de la perfección y pureza de su naturaleza propia, no puede obrar directa e inmediatamente sobre la materia, la cual entra como elemento necesario en la creación del mundo. De aquí la necesidad de admitir el Logos, especie de Deus minor, cuya naturaleza, sin dejar de ser relativamente perfecta y más semejante a la de Dios que la de los demás seres, sea, sin embargo, inferior y muy diferente de la esencia divina, y capaz por lo mismo de ponerse en contacto y relación con la materia.

Tal es la sustancia y el fondo real del pensamiento de Filón acerca del Logos divino, el cual dista mucho ciertamente del Logos de San Juan, o sea del Verbo igual a Dios con igualdad de identidad de esencia, y cuya divinidad es la divinidad misma de Dios, si es lícito hablar así: et Deus erat Verbum.

A falta de otras razones, bastaría fijar la consideración en la diferencia absoluta y ensencial que existe entre la trinidad filónica y la Trinidad cristiana, para reconocer que nada hay de común entre el Logos de Filón y el Verbo de San Juan. La Trinidad del Cristianismo, con sus hipóstasis o personas iguales en dignidad, en perfección, en atributos, en esencia, igualmente eternas, igualmente increadas, igualmente infinitas, igualmente creadoras del mundo, igualmente distintas e infinitamente superiores al mundo por ella creado de la nada, en nada se parece a la trinidad de Filón, compuesta de Dios, del Logos y del mundo, seres que excluyen y niegan toda idea de igualdad e identidad de esencia y de atributos; trinidad en que entran elementos increados y creados, eternos y temporales, finitos e infinitos. La concepción trinitaria del filósofo judío, lo mismo que la concepción trinitaria de Platón, que le sirve de base y de norma, apenas contiene analogía lejana y como una sombra de la concepción trinitaria de la religión católica; y esto bien puede apellidarse y es verdad axiomática para quien quiera que, sin preocupaciones sistemáticas, fije la atención sobre las dos concepciones trinitarias.

Los grandes elogios que tributa a los terapeutas, y el menosprecio con que habla en ocasiones de la Filosofía y de la ciencia humana, de las cuales dice que solo sirven para evitar los errores y engaños de los sofistas (errores hallucinationesque sophistarum), buscando la verdad en una especie de contemplación divina e intuitiva, revelan marcada tendencia al misticismo en la doctrina de Filón, y explican a la vez la influencia que ejerció sobre las teorías del gnosticismo y del neoplatonismo, como la ejerció también en la tendencia alegórica que se manifestó en la escuela exegética de Alejandría.

El gnosticismo pudo inspirarse en el pensamiento, o, mejor dicho, en los libros de Filón, aun con respecto a su tesis fundamental referente al origen y existencia de cosas esencialmente buenas y malas; pues el filósofo judío, obedeciendo aquí, como en otras materias, a la inconstancia y contradicciones de su pensamiento, después de indicar en una parte que Dios debe considerarse como causa del bien solamente (Deum bonorum tantummodo causam esse) y no del mal, concluye por decirnos en otra parte que, entre las cosas creadas por Dios, unas son malas por sí mismas, y otras buenas: Duas naturas invenimus creatas, factas et elaboratas a Deo, alteram ex seipsa noxiam, reprehensibilem, execrabilem; alteram utilem, laudabilemque... Sunt enim ut bonorum, ita etiam malorum thesauri apud Deum.

§ 107. El gnosticismo

Es el gnosticismo uno de los hechos histórico-doctrinales cuya crítica es más difícil, no ya solamente porque se trata de un hecho que se presenta en la escena sin antecedentes apreciables a primera vista, sino también por lo complejo de sus manifestaciones, no menos que por la multiplicidad y variedad de sus representantes. De aquí la diversidad de sistemas y métodos adoptados por los críticos e historiadores para clasificar y exponer las fases del gnosticismo. Siguen unos el orden cronológico; atiénense otros al orden lógico; hay quien clasifica y expone el gnosticismo bajo un punto de vista geográfico, dividiéndole en gnosticismo asiático, egipcio, sirio, etc., al paso que otros subordinan esta clasificación al predominio relativo de los elementos (elemento judaico, cristiano, pagano o politeísta) religiosos que entran en él, no faltando tampoco autores que someten la clasificación sistemática del gnosticismo al predominio de ésta o aquella idea filosófica.

Como quiera que no se trata aquí del gnosticismo desde un punto de vista dogmático-religioso, ni bajo el punto de vista de su significación en la historia eclesiástica, sino bajo un punto de vista filosófico, parécenos oportuno y razonable tomar como base para el estudio, clasificación y exposición del gnosticismo, la idea que sirve de punto de partida general de todos estos sistemas, y que contribuye o representa el centro de gravitación de todas las teorías gnósticas. En nuestro sentir, la idea-madre de los sistemas gnósticos; el problema fundamental que se propone resolver el gnosticismo, es el relativo al origen del mal, con el cual se halla íntimamente ligado el problema que se refiere al origen del mundo, o sea al tránsito de los infinito a lo finito. La solución de este doble problema constituye el fondo y el contenido real y casi exclusivo de todas las teorías gnósticas; es el objeto constante y preferente de sus especulaciones, y, consiguientemente, la distinción y variedad de sus escuelas se halla en relación con la naturaleza de la solución dada a este doble problema. Esta solución, una vez rechazada la solución cristiana, basada sobre la creación ex nihilo, o es la solución panteísta, o es la solución dualista. Una y otra se encuentran en el gnosticismo heterodoxo, en el cual, por lo mismo, distinguiremos dos ramas o dos escuelas fundamentales, que son la panteísta y la dualista. Esta última puede subdividirse en otras dos, en que predominan las tendencias prácticas y morales, prevaleciendo en una de ellas el sentido antijudaico o el exclusivismo cristiano, y en la otra el sentido pagano o materialista.

En resumen: el movimiento gnóstico heterodoxo, en nuestro sentir, se halla representado y condensado

a) En la escuela panteísta.
b) En la escuela dualista.
c) En la escuela antijudaica.
d) En la escuela semipagana o materialista.

§ 108. Gnosticismo panteísta

El representante principal del gnosticismo panteísta es, a no dudarlo, Valentín o Valentino, que vivía y dogmatizaba en Alejandría por los años 140 de nuestra era; que pasó después a Roma, y que falleció en la isla de Chipre en el año de 160. Reuniendo, desarrollando y sistematizando las corrientes panteístas parciales que hasta entonces se habían manifestado en el seno del gnosticismo durante la primera época de su fermentación, formuló este gnóstico alejandrino un sistema más acabado y completo, aunque no más racional ni verdadero que el de sus predecesores. He aquí sus rasgos principales:

1.º Desde la eternidad y antes que todas las demás cosas, y como principio de todas ellas, existía el Abismo, al cual acompañaba el Silencio. Al cabo de infinidad de siglos, el Abismo concibió la idea de manifestarse, y habiendo depositado esta idea en su compañero el Silencio, nacieron de ella simultáneamente la Inteligencia y la Verdad, las cuales, en unión con los dos primeros, constituyen los cuatro Eones primitivos, las cuatro manifestaciones primordiales de la Divinidad o del Ser. Esta tetrada primitiva pasó después a ser ogdoada, porque la inteligencia y la verdad producen la Palabra y la Vida, y éstas a su vez producen al Hombre y la Iglesia. Esta ogdoada primordial da origen a otros veintidós Eones, diez de los cuales emanan de la Palabra y la Vida, y los doce restantes del Hombre y la Iglesia. La emanación de unos y otros se verifica por Syzigias o parejas, y todos reciben denominaciones más o menos extrañas y oscuras. Los doce pares de Eones que emanan del Hombre y la Iglesia son Parakletos (el paracleto o consolador), y Pistis (la fe); Patriklos (la paternidad, lo que pertenece al padre), y Elpis (la esperanza); Metriklos (lo que dice relación a la madre, la maternidad), y Agape (la caridad); Aeinous (lo que siempre entiende o es inteligente), y Synesis (la prudencia); Eclesiastikios (el eclesiástico), y Makariotes (la dicha); Thélétos (el volente o voluntad), y Sophia (la sabiduría).

Fácil es reconocer que esta colección de Eones, siendo como es politeísta, o, mejor dicho, mitológica en cuanto a su forma, es esencialmente panteísta en su fondo y en su contenido real, en atención a que todos esos Eones son fases y emanaciones descendentes del Ser, el cual, inactivo y silencioso antes, sale de su reposo y silencio para manifestarse y desarrollarse en Inteligencia y Verdad, en Palabra y Vida, en Humanidad e Iglesia o Cristianismo. Lo mismo puede aplicarse a los demás Eones inferiores, emanaciones mediatas del Ser, e inmediatas de la ogdoada. A través de la diversidad de nombres y del proceso por parejas, lo cual puede considerarse como una reminiscencia y reproducción de los dioses masculinos y femeninos del politeísmo, descúbrese con toda claridad el pensamiento panteísta, pensamiento que aparece más indudable y evidente cuando se tiene en cuenta que, según el gnóstico alejandrino, estos treinta Eones constituyen el Pleroma, como si dijéramos, la totalidad, la plenitud del Ser primitivo y absoluto.

2.º El Eon femenino Sophia, último de los treinta cuyo conjunto forma y representa el mundo inteligible o superior, habiendo concebido un deseo violento de comprender al Padre (al Ser primitivo o divino), produjo en el Pleroma una perturbación y desequilibrio, perturbación y desequilibrio que cesaron cuando el Hijo único del Padre (la inteligencia, el segundo Eón del Pleroma) produjo una nueva pareja de Eones, a saber, el Cristo y el Espíritu Santo, destinados a restablecer el equilibrio y la paz entre los Eones del mundo superior. Sin embargo, a causa de su desordenado deseo de unirse con el Abismo y de comprender su ser, la Sophia fue desterrada del Pleroma y precipitada en el caos, transformándose en Sophia Achamoth, o sabiduría de orden inferior, y dando origen con sus pasiones, crisis y agitaciones, al mundo material y visible, el cual es, por consiguiente, una degeneración del inteligible o superior, y debe su origen inmediato a la pasión, al movimiento desordenado y malo de uno de los Eones que constituyen el Pleroma. La materia y el Demiurgo son las producciones primeras de la Sophia inferior, la cual, por medio del Demiurgo, que es como el alma universal y el principio activo del mundo, produce todos los seres mundanos, y entre ellos el hombre, el cual recibe su cuerpo de la materia, su alma del Demiurgo y la parte espiritual de la Sophia inferior, la cual recibió este poder del Espíritu Santo enviado por Cristo.

3.º Luego en la constitución del mundo entran tres principios fundamentales, a saber: la materia pura (principio hylico), la vida animal (principio psíquico), y la vida espiritual (principio pneumático), y las diferentes sustancias de que se compone este Universo, responden a estos tres principios. Todos tres entran por partes iguales en la constitución e integración del hombre, y según que éste cultiva, desarrolla y hace predominar alguno de estos tres elementos integrantes, resulta la clasificación de los hombres en hombres hylicos, hombres psíquicos y hombres pneumáticos o espirituales. Estos últimos manifiestan, encarnan y representan el principio divino en el mundo, y la misión de Cristo y la redención del hombre consisten presisamente en el conocimiento del Padre, en la ciencia perfecta (Gnosis) del Pleroma, que Jesucristo reveló a los hombres. De aquí es que el Cristianismo o la Iglesia representan el reinado, o sea el predominio relativo de los hombres pneumáticos, así como el reinado de los psíquicos u hombres interesados, y como flotantes entre la vida material y la espiritual, corresponde al mosaísmo, y el reinado de los hylicos u hombres entregados a la vida terrena y material, corresponde al paganismo, sin que por eso deba negarse la existencia de algunos hombres pneumáticos en el judaísmo y paganismo, como hay también hombres hylicos en el Cristianismo.

§ 109. Crítica
En conformidad y armonía con sus principios acerca de la unidad esencial de la especie humana, el Cristianismo proclamó desde su origen la unidad de fe y de moral para todos los hombres. Así como la moral evangélica es la misma para los grandes y los pequeños, para los sabios y los ignorantes, el símbolo de la fe, la verdad religiosa, es también la misma para todos los hombres, y

el espíritu del Evangelio rechaza absolutamente la orgullosa pretensión de los que dividen los hombres en dos clases, como si el pueblo tuviera el deber de creer todo lo que dicen, y los grandes el derecho de creer lo que bien les parezca. Nada más contrario a la letra y al espíritu del Evangelio; nada más opuesto a la enseñanza y la práctica del Divino Salvador, que semejante separación entre grandes y pequeños, entre sabios e ignorantes: y esto precisamente constituye uno de los caracteres divinos del Cristianismo, la aspiración a la universalidad, la unidad absoluta de fe y de moral.

Esta universalidad de doctrina, esta igualdad de deberes y derechos, esta unidad de símbolo y de moral para el hombre del pueblo y el hombre del mundo sabio, chocaba de frente contra una de las preocupaciones y prácticas más arraigadas en el mundo antiguo, y hería profundamente la susceptibilidad del filósofo, del sabio, del literato y del sacerdote, acostumbrados, como se hallaban, a distinguir y separar en la religión la parte mitológica, externa y vulgar, de la parte filosófica, esotérica, especial, o sea del sentido científico y verdadero, reservado a los sabios: la verdad religiosa para el hombre ilustrado nada tenía de común con la concepción religiosa y con el culto que practicaba el vulgo. Que esto y no otra cosa es lo que debe buscarse, y lo que existía en el fondo de las iniciaciones secretas que tenían lugar en los templos y en el fondo de las enseñanzas ocultas de los magos y sacerdotes en la Persia, la Asiria y la Caldea, bien así como en los colegios hieráticos del Egipto y en la distinción entre la doctrina pública y la reservada por parte de los principales filósofos. De aquí una de las grandes repugnancias de los sabios del mundo gentílico contra el Cristianismo.

Porque los sabios del mundo pagano, los aristócratas de la inteligencia que escucharon y hasta recibieron la doctrina evangélica en los primeros tiempos, rehuaban confundir su religión con la religión del vulgo; creíanse rebajados con tal comunidad e igualdad religiosa, y su orgullo, sublevado contra semejante idea igualitaria, les inspiró el pensamiento de la Gnosis, el pensamiento de buscar en el Cristiamismo una ciencia más perfecta, una concepción superior a la del común de los fieles, una sabiduría propia y como constitutiva del perfecto cristiano: de aquí la clasificación gnóstica en hombres hylicos, psíquicos y pneumáticos. El gnosticismo, pues, en todas sus formas, debe su origen al orgullo de los sabios del paganismo; el gnosticismo es un ensayo de esoterismo aplicado a la religión de Jesucristo; el gnosticismo, en fin, representa la protesta de la religión, de la ciencia y de la Filosofía del mundo pagano, contra la universalidad de la religión y de moral, contra la unidad e igualdad de deberes y derechos, de fe y de moral para todos los hombres, predicadas y autorizadas por el Cristianismo.

Concretándonos ahora al gnosticismo particular de Valentín, diremos que el panteísmo constituye el fondo de su doctrina, en la cual, aparte de algunas ideas cristianas más o menos desfiguradas, entran como elementos principales el platonismo y el judaísmo cabalísitico. En el Abismo-Silencio y en los treinta Eones en que se manifiesta y desarrolla, consituyendo éstos el Pleroma o plenitud del Ser, no es posible dejar de ver una concepción esencialmente panteísta. Por otra parte, esa serie de evoluciones y emanaciones, excogitadas para explicar, sin acudir a la creación ex nihilo, la producción del mundo; el tránsito de lo infinito a lo finito, revelan y demuestran claramente la idea panteísta del gnóstico alejandrino. Si se prescinde de las formas mitológicas y cabalísticas en que Valentín envuelve su doctrina, salta a la vista que su teoría cosmogónica es tan panteísta como su teogonía. La Sophia Achamoth, la Sophia inferior y perturbada del gnóstico alejandrino, es el Ser absoluto y primitivo, es Dios, fondo sustancial y real del Pleroma, que sale de sí mismo para manifestarse en la naturaleza visible, para limitarse y determinarse a sí mismo en el mundo. A juzgar por lo que de los valentinianos dice San Ireneo, al cual no se puede negar ciertamente un conocimiento bastante exacto de su doctrina, el panteísmo de Valentín y sus discípulos es un panteísmo idealista, puesto que solían decir en su lenguaje figurado que el mundo existe en Dios como una mancha en una túnica, indicando otras veces que el Universo, con respecto a Dios, es como la sombra en la luz. Ritter y Baur son de opinión que el sistema de Valentín hasta envuelve la negación de la realidad de la materia, puesto que todo emana de una misma sustancia espiritual. Esto quiere decir que el panteísmo valentiniano entraña, por lo menos, tendencias idealistas.

Por otro lado, los vestigios de platonismo en la teoría del gnóstico alejandrino son tan numerosos como patentes, bastando recordar que los Eones valentinianos no son más que las Ideas de Platón hipostasiadas o personificadas; que las tres vidas del hombre, hylica, psíquica y pneumática, corresponden a las tres almas del filósofo ateniense, y que la teoría de éste sobre la materia, como origen del mal, como cárcel del alma superior, como impedimento del conocer, de la ascensión a las Ideas y de la reversión a Dios, se halla en perfecto acuerdo con la teoría de Valentín sobre el origen del mal, sobre el Cristianismo, como religión qu eleva al espíritu y le exime de las trabas de la materia, y sobre la redención, que consiste en el conocimiento de la grandeza inefable del Ser primitivo y divino.

La tetrada, la ogdoada, la década y la dodécada de Valentín, bien pueden mirarse como imitaciones y aplicaciones de la numeración cabalística, tan en boga entre los judíos, y, según se presenta en los famósoso códigos del cabalismo hebreo, el Sepher Ietzirah, o libro de la creación, y el Zohar, o libro de la luz; pero es mayor aún y más evidente la afinidad panteística que existe entre la doctrina contenida en estos libros y la teoría de Valentín. El dios del Zohar, que debe ser concebido como el ser oculto y concentrado en sí mismo, como el ser indeterminado, sin forma y sin nombre, es muy parecido, por no decir idéntico, al Abismo-Silencio que sirve de punto de partida a la teogonía valentiniana. El libro de la luz nos dice también que el tránsito de Dios, como ser indeterminado y abstracto, a la existencia concreta, se verifica por medio de una serie de evoluciones lógicas, que manifiestan y determinan la sustancia divina. Del infinito salen por emanaciones graduales la Corona, la Sabiduría, la Inteligencia, la Misericordia, la Justicia, etc. No hay para qué decir que estas evoluciones o Sephiroth de la Cábala, responden a los Eones de la gnosis valentiniana, y que los treinta Eones de ésta, lo mismo que los diez sephiroth de aquélla, no son más que nombres diferentes y personificaciones de los atributos intelectuales y morales del Ser único, de la sustancia divina, siendo de advertir que en el citado Zohar Dios es apellidado el Ser único, no obstante las formas innumerables de que se halla revestido. Para que la afinidad sea más completa, se dice en el mismo libro que todo lo que ha sido formado por Dios existe por medio de macho y hembra, doctrina que sirvió, sin duda, de punto de partida y de norma para la emanación por syzigias, de eones masculinos y femeninos, que hemos encontrado en la concepción de Valentín.

El empeño y esfuerzos que emplearon los antiguos doctores cristianos, y con especialidad San Ireneo y Tertuliano, en refutar la doctrina de Valentín, indican la importancia y desarrollo que adquirió, y revelan que su gnosticismo encontró eco entre los primeros cristianos, lo cual se demuestra también por el número e importancia de sus discípulos y sucesores, entre los cuales figuran Heraclión, Segundo, Marco, y algunos otros.

A juzgar por las indicaciones de San Ireneo, los discípulos de Valentín no se distinguían por la pureza de sus costumbres,[161] y hasta solían emplear ciertas supercherías y fraudes para seducir y atraer a los incautos y sencillos.[162] Llegaron también a cambiar las formas de los sacramentos en relación y armonía con sus teorías, viéndoseles bautizar en el nombre del Padre incomprensible o silencioso, y de la verdad como madre de los demás eones inferiores: in nomine ignoti Patris universorum, in Veritate matre omnium.

§ 110. Gnosticismo dualista

Al lado del gnosticismo panteísta aparece el gosticismo dualista, representado principalmente por Saturnino y Basílides, discípulos de Menandro, el cual puede considerarse como el iniciador de este movimiento en el seno del gnosticismo.

Ya hemos dicho que todo el movimiento gnóstico se halla concentrado en la solución del doble problema fundamental acerca del origen del mundo y del mal. Una vez rechazada la solución cristiana, si no satisface ni se abraza la solución panteísta, es preciso recurrir a la solución dualista, y esto es lo que hicieron Saturnino y Basílides. Según las indicaciones y fragmentos que encontramos en las obras de los escritores ortodoxos de los primeros siglos, y especialmente en las de San Ireneo y Clemente Alejandrino,

a) El primero de éstos admitía dos reinos: el de la Luz y el de las Tinieblas. En la cúspide del reino de la Luz, y como primer origen de los seres que le

---

161 «Et quidam quidem Valentiniani clam eas mulieres, quae discunt ab eis doctrinam hanc, corrumpunt, quemadmodum multae saepe ab iis suasae, post conversae mulieres... confessae sunt.» Adversus Haeres., lib. I, cap. VI.

162 De Marco, uno de los discípulos de Valentín, cuenta el citado San Ireneo que para sensibilizar y demostrar la eficacia de las palabras de la consagración, preparaba de tal manera el vino, que cambiara de color después de las palabras del consagrante. «Pocula vino mixta fingens se consecrare, atque invocationis verba in longius protendes, efficit ut purpurea et rubicunda appareant, existimeturque... sanguinem suum per ipsius invocationem in poculum illud stillare, gestiantque ii qui adsunt, ex ea potione gustare, ut etiam in ipsos gratia ea, quae per hunc magnum praedicatur, influat.» Advers. Haeres., lib. I, cap. XIII. Este pasaje, que indica el proceder fraudulento del valentiniano, prueba a la vez que era ya por entonces idea corriente y general entre los fieles la conversión del vino en la sangre de Jesucristo por medio de las palabras de la consagración.

componen, está el Dios supremo, oculto en sí mismo e incomprensible en su esencia, del cual proceden los seres que constituyen el mundo de los espíritus. Este proceso se verifica a perfectiori ad minus perfectum, y el último grado corresponde a los siete ángeles o espíritus inferiores encargados de formar y organizar el mundo visible, al cual apenas llega un débil reflejo de la luz divina que abunda en el mundo superior de los espíritus. A causa de su impotencia relativa y de la oposición de Satán, el principio del mal, los siete ángeles productores del mundo solo consiguieron comunicar y fijar en cierto número de hombres la chispa divina procedente del mundo superior; y de aquí la existencia originaria de hombres naturalmente buenos y hombres naturalmente malos. El príncipe de las tinieblas y del mal, sirviéndose de estos hombres naturalmente malos, llegó a adquirir tal imperio sobre los hombres buenos, que fue necesario que el Padre celestial enviara a Cristo para salvar a los buenos y librarlos de la acción de Satán. Este Salvador o Cristo, como perteneciente al mundo de la Luz y de los espíritus, solo tiene la apariencia y la figura del hombre, pero no la realidad de la naturaleza humana, ni verdadero cuerpo, y es superior al Dios de los judíos, el cual no es el Dios supremo y verdadero, sino el primero de los siete ángeles que fabricaron u organizaron este mundo visible.

La materia, como que es esencialmente opuesta al espíritu, y con particularidad al principio o autor del mundo de los espíritus y de la Luz, es el origen, o, mejor dicho, la esencia del mal, cuya personificación es Satán. De aquí el predominio del mal en el mundo visible, en el cual tanto abunda la materia; y de aquí también la guerra y los esfuerzos que Satán hace para destruir la pequeña parte espiritual, la ráfaga de luz que recibió cuando fue producido por los siete ángeles inferiores del mundo superior. De aquí procede el antagonismo perpetuo y permanente entre Dios y Satán, entre la materia y el espíritu, entre los hombres buenos o pneumáticos y los malos o hylicos y carnales. En armonía con este doctrina, Saturnino y sus adeptos consideraban como malo todo lo que envuelve contacto íntimo con la materia; condenaban hasta la comida de carne, y afirmaban que el matrimonio es una institución ilícita y satánica.

b) El sistema de Basílides es un sistema esencialmente dualista, como el de Saturnino, por más que se diferencie de él en algunos puntos más o menos importantes y en algunas de sus aplicaciones.

El gnóstico sirio se separa desde luego de Saturnino, y también de Valentín, por el número de emanaciones o efectos del Ser divino que componen y constituyen el mundo superior. A los ángeles de Saturnino y a los treinta Eones de Valentín, Basílides añade seres y emanaciones hasta componer un total de trescientos sesenta y cinco mundos intelectuales, anteriores todos y superiores al mundo visible y material.

Para Basílides, el reino de la Luz y el reino de las Tinieblas o del mal, son dos reinos igualmente eternos, existentes por sí mismos e independientes el uno del otro. Mientras que estos dos reinos funcionaron cada uno de por sí y dentro de sus propios seres y límites, todo marchó en orden. El desorden comenzó cuando ciertos seres del mundo tenebroso, habiendo percibido la luz de las inteligencias del mundo celeste, concibieron el deseo de unirse a éstas. A esta unión o mezcla primitiva de principios buenos y malos, como la llamaban estos gnósticos, debe su existencia y organización el mundo visible, el cual es obra inmediata de los ángeles inferiores o que residen en el último cielo, siendo el primero o principal de ellos el Dios de los judíos. Su impotencia relativa, unida a los esfuerzos de las potencias o espíritus malos del mundo tenebroso para juntarse con ellos, es la causa de que en este mundo el bien y el mal se hallen mezclados y confundidos por todas partes; de que el mal siga al bien como la sombra a la luz, y de que el principio divino que entra en el alma humana se halle rodeado y como oprimido por los vicios y pasiones, que son los espíritus procedentes del reino tenebroso.

Para separar de nuevo la luz de las tinieblas; para libertar al espíritu de las trabas de la materia, restituyéndole la existencia espiritual que tenía antes de unirse al cuerpo (metempsícosis, preexistencia platónica de las almas); para restablecer, en una palabra, el orden primitivo, envió al mundo el Padre celestial a su primogénito, apellidado Cristo. Descendió éste sobre Jesús cuando fue bautizado en el Jordán; pero no fue crucificado realmente, porque en el acto de la Pasión fue sustituido por Simón Cirineo de una manera milagrosa, el cual fue crucificado en lugar de Jesús. El conocimiento de la verdad secreta y oculta que Cristo comunica a ciertos hombres elegidos, es lo que constituye la gnosis, la ciencia superior del cristiano, que eleva a éste sobre los demás hombres. Esta ciencia o iluminación le exime de la influencia de la materia y de las potencias del mundo de las tinieblas. Ningún movimiento de las pasiones y de la carne, ningún pecado puede impedir su salvación, o sea su regreso al seno del Padre y Dios Supremo, principio del mundo de la luz.

En Saturnino y Basílides, lo mismo que en Valentín, se descubre la influencia de las ideas platónicas, las cuales aparecen en estos sistemas hipostasiadas para explicar los atributos divinos y el origen del mundo. La distinción entre el mundo superior e inteligible y el mundo inferior o material, así como la metempsícosis y la preexistencia de las almas, son también derivaciones y aplicaciones del platonismo. Considerando desde este punto de vista, el gnosticismo dualista coincide con el panteísta, del cual se distingue y separa, sin embargo, en razón a la concepción dualista que le informa. Las semejanzas y afinidad que se notan entre los sistemas dualistas del gnosticismo y la doctrina del Zend-Avesta, ponen de manifiesto la influencia de este libro y de las tradiciones del parsismo en el origen y desarrollo del gnosticismo dualista. Lo que es el panteísmo simbólico del Zohar y de la Cábala judaica para el sistema de Valentín, es el Zend-Avesta y la tradición mazdeísta para los sistemas de Saturnino y de Basílides.

§ 111. Gnosticismo antijudaico

Marción, natural de Sinope, en el Ponto, es el principal representante del gnosticismo que hemos llamado antijudaico, a causa del antagonismo absoluto que establece entre el Cristianismo y el judaísmo. El Dios del Evangelio, lejos de ser el mismo Dios que adoraban los judíos, es, no ya solo distinto, sino antitético al mismo en su ser, en sus atributos, en sus obras y en sus manifestaciones. El primero es el Dios supremo, el Ser inefable y absolutamente puro que excluye toda comunicación con la materia, el Dios de paz, de bondad y de amor, mientras que el segundo es un Dios inferior e imperfecto, organizador de la materia y del mundo. Nada hay de común entre la ley mosaica y la Ley evangélica, entre el Antiguo y el Nuevo Testamento. Jesucristo no es el Mesías anunciado por Moisés y los profetas judíos; pues éstos solo hablaron de un Mesías humano y temporal, que debía darles el imperio del mundo. Ni Moisés, ni los patriarcas, ni los profetas del Antiguo Testamento, conocieron al Dios supremo y verdadero, sino al Demiurgo o Dios inferior. Cristo es el Dios supremo y verdadero, que apareció repentinamente, es decir, sin antecedentes ni preparación mosaica, bajo el reinado de Tiberio, con la apariencia y figura de hombre; pero sin cuerpo real ninaturaleza humana, sin nacer de la Virgen realmente; porque el Dios supremo no puede tener comunicación alguna con este mundo material, ni sujetarse a las leyes de un mundo producido por el Demiurgo o Dios de los judíos.

La materia es eterna y el origen del mal. La impotencia relativa del Demiurgo, junto con la imperfección esencial y la malicia inherentes a la materia, son una doble causa de la imperfección grande del mundo visible, pero con particularidad de la imperfección del hombre, el cual, si hoy puede obrar bien y elevarse en conocimiento y verdad, entrando en el orden divino, es en virtud de la revelación y acción del Cristo; pues considerado el hombre según salió de las manos del Demiurgo, se halla sometido al imperio del mal y de los malos espíritus, sin poder resistirles: su impotencia en este concepto es tal, que no puede elevarse al conocimiento del Dios Supremo y verdadero, ni siquiera sospechar su existencia.

Por lo dicho se ve que el pensamiento fundamental del gnosticismo de Marción es la ruptura completa, al antítesis radical entre el Cristianismo y el judaísmo, y que la concepción dualista le sirve de base filosófica para llegar a la antítesis teológica. Como es consiguiente y lógico, la moral del gnóstico de Sinope es una derivación de su concepción dualista, y por eso le vemos enseñar que, para ser verdadero discípulo de Cristo, es preciso librarse de los lazos de la materia y rechazar toda comunicación con ella; que es lícita la comida de carnes, y que el matrimonio es una institución reprobada por Dios, y propia de los hombres que siguen las inspiraciones del Demiurgo y las condiciones de imperfección y de mal que pertenecen al mundo por él producido.

Es digno de notarse que Marción, mientras que por un lado exageraba en sentido exclusivista la importancia y elevación del Cristianismo, por otro negaba y destruía su esencia misma, negando la realidad de la encarnación, de la pasión y de la redención por parte del Hijo de Dios, y reduciéndolas a una especie de fantasmogoría. Y es digno de notarse también que esta idea de reducir a meras apariencias (docetismo) la vida y las acciones de Cristo, es idea adoptada generalmente por la mayor parte de las sectas gnósticas, sin perjuicio de separarse y combatirse sobre otros puntos. Esto prueba que la redención del hombre, según la enseña la fe católica, el gran misterio de Cristo crucificado, fue y será siempre de escándalo para el judaísmo carnal, misterio de locura para la ciencia del paganismo: judaeis quidem scandalum, gentibus autem stultitiam.

§ 112. Gnosticismo semipagano

Carpocrates, natural de Alejandría, y su hijo Epifanes, son los principales representantes de este gnosticismo, que llamo semipagano, porque se trata de un sistema compuesto, casi en totalidad, de doctrinas pitagóricas y platónicas. Puede decirse que todo el cristianismo del sistema carpocraciano se reducía a considerar a Cristo como un hombre extraordinario en ciencia y comunicación con Dios; como un maestro que enseñó la vanidad de la idolatría; como un alma unida íntimamente a la Mónada o Dios supremo, del cual recibió iluminaciones especiales y el poder de hacer milagros. Solían también aducir o alegar algunos textos del Evangelio en comprobación de sus afirmaciones, siquiera fueran absurdas, como cuando pretendían probar la metempsícosis, alegando el texto o capítulo V del Evangelio de San Marcos.

Aparte de estos débiles vestigios de cristianismo, la doctrina de Carpocrates no es más que la doctrina de Platón, amalgamada y combinada en algunos puntos con las tradiciones de Pitágoras. Dios, ser primordial, eterno e increado, es unidad absoluta, es la Mónada de la cual nacen por emanaciones graduales y descendentes multitud de seres. Las primeras y más nobles emanaciones constituyen y representan los seres de que se compone el mundo superior, el mundo de los espíritus, el mundo inteligible: el mundo terrestre, que sirve de morada a los hombres, es una manifestación remota e imperfecta de la Mónada divina; debe su origen inmediato a los espíritus o seres inferiores del mundo inteligible.

El alma racional pertenece al mundo superior, y existió antes de su unión con el cuerpo, en el cual se halla como prisionera y desterrada; pero conserva las aspiraciones propias de su naturaleza espiritual y divina. En virtud de este principio divino y sobremundano que en ellos anida, algunos hombres elevándose sobre las leyes ordinarias de la naturaleza y sobre las pasiones de la humanidad, y excitando y vigorizando la reminiscencia de la felicidad que gozaban en su vida superior y anterior, llegan a la unión gnóstica, a la unión íntima e intuitiva con el Ser divino, con la Mónada primordial. Cuando el hombre llega a esta unión absorbente e íntima con la Divinidad, en la cual consisten la felicidad suprema y la gnosis perfecta, desaparecen para él la diferencia de cultos y religiones, la distinción entre lo justo e injusto, entre el vicio y la virtud. Todo es indiferente y lícito al gnóstico que ha llegado a este estado (molinosismo, iluminados); ni las pasiones ni el pecado pueden tener parte de él, ni mancharle.

Las almas humanas están sujetas a la transmigración, mientras que no adquieren la gnosis perfecta por medio de la absorción y de la unión íntima con Dios. San Ireneo afirma que Carpocrates enseñaba que, para librarse de la transmigración, era preciso entregarse a todo género de acciones malas y experimentar todos lo placeres. En todo caso, es cierto que la indiferencia gnóstica de los carpocracianos conduce lógicamente a la abolición de toda ley moral y a la práctica de las orgías horribles que la historia atribuye a estos sectarios. Dícese que en las juntas daban culto, o, mejor dicho, reverenciaban las efigies de Pitágoras, de Platón y de Jesús, lo cual se halla ciertamente en armonía con su doctrina cristológica.

En los escritores antiguos encontramos frecuentes testimonios de la influencia que en el gnosticismo ejercieron las ideas pitagóricas. Del arriba citado Valentín, el más notable acaso de los gnósticos, escribe Filostorgio que tenía más de pitagórico que de cristiano: Pythagoricus magis quam christianus.

§ 113. El gnosticismo y la Filosofía novísima

Es muy posible que el epígrafe con que encabezamos este párrafo haga asomar la sonrisa a los labios de los admiradores de la novísima Filosofía alemana. Pero, a riesgo de escandalizar a éstos y a otros que se hallan muy lejos de sospechar que existen relaciones de afinidad y parentesco entre el gnosticismo de los primeros siglos de la Iglesia y ciertas especulaciones de la Filosofía germánica, nos atrevemos a afirmar que esa afinidad existe, y, lo que es más, que solo puede pasar desapercibida para los que desconozcan esos dos movimientos del espíritu humano.

Acabamos de ver que todas las cristologías gnósticas entrañan bajo una forma u otra la negación de Jesucristo como Dios y hombre verdadero. El Cristo del Evangelio cristiano es para los gnósticos, o una mera apariencia, un fantasma, o un hombre dotado de virtud y ciencias extraordinarias recibidas de Dios. Es evidente que, en uno y otro caso, el Cristo del Catolicismo se convierte en Cristo ideal o mítico, en un ser que representa la encarnación, la expresión de un principio de vida superior en la humanidad, sometida hasta entonces en una vida material e inferior. El Cristo no tiene importancia alguna como ser histórico y personal; toda su importancia y la redención que se le atribuye, consiste en haber revelado al mundo la idea moral en toda su pureza; en haber inspirado a la conciencia humana la idea de la perfección ética, por medio de la cual el hombre puede elevarse sobre las condiciones de la materia y de los sentidos que antes le dominaban. ¿Será necesario llamar la atención del lector sobre las estrechas relaciones de semejanza y afinidad entre la cristología del gnosticismo y la cristología del padre y fundador del trascendentalismo germánico? Porque ello es cierto que en la teoría de Kant, el Cristo Salvador de que nos hablan los Evangelistas, no es el Verbo divino hecho carne en realidad, no es una persona divina, no es Dios-hombre verdadero: es un hombre a quien Dios ha comunicado la perfección moral, teórica y práctica, en su grado más elevado, y que, por lo mismo, puede y debe servir de ejemplar para la regeneración y redención de la humanidad. Jesús de Nazareth es el arquetipo del hombre perfecto, superior y libre de las condiciones de la materia y de los sentidos, que dominan en el hombre a proporción que se aparta de este modelo o ideal; porque apartarse de este modelo es apartarse de la idea de moral realizada en Cristo, el cual, bajo este punto de vista, o sea como representante de la idea moral en toda su pureza, eleva, redime y salva al hombre.

Avancemos un paso más en el terreno de la Filosofía germánica, que pronto tropezaremos con Schelling reproduciendo los rasgos principales de la teogonía de Valentín. El Abismo-Silencio del gnostico alejandrino, inactivo en su origen, y por espacio de siglos oculto y como envuelto (Deus implicitus de Schelling) en sí mismo, entra en acción y movimiento; manifiesta y desarrolla su ser por medio de emanaciones y evoluciones sucesivas y descendentes, parte de las cuales constituyen el mundo visible o la naturaleza, mientras que la Sophia entra en el hombre como principio divino, en el cual se desarrolla, se manifiesta y crece hasta dominar y sobreponerse a la materia, para volver al Pleroma o plenitud del ser, por medio de la gnosis, de la ciencia perfecta y absoluta del ser, de la grandeza inefable, como decían los valentinianos. El autor de la Filosofía de la naturaleza nos habla a su vez de un ser primitivo, indeterminado y vago, que todavía no es Dios, pero que entraña todo el ser, toda la esencia de Dios, del mundo y del hombre. Esta especie de abismo caótico; este fondo que contiene todas las perfecciones y todas las esencias en su estado inicial, sin ser ningunas de ellas determinadamente, comienza a moverse, despierta de su sueño, se agita, se desenvuelve, y por medio de evoluciones determinadas adquiere el ser personal, la conciencia de su divinidad; se transforma luego en naturaleza (mundo visible de los valentinianos), y encarna en la humanidad (elemento pneumático) o espíritu. La época histórica que corresponde a esta tercera manifestación del ser primitivo, se halla representada por el Cristianimo, en el cual y con el cual el bien adquiere la preponderancia sobre el mal.

Añádase a esto que la ciencia absoluta de Schelling, el conocimiento y la conciencia de la identidad entre el objeto y el sujeto, entre el espíritu y la naturaleza con respecto al Absoluto, responde a la ciencia perfecta y superior de los antiguos gnósticos, coincide con la gnosis que caracteriza a los hombres pneumáticos, a los cristianos verdaderos del antiguo gnosticismo.

Si de Schelling pasamos a Hegel, la afinidad y relaciones entre el trascendentalismo germánico y el gnosticismo antiguo, aparecen no menos patentes y reales. La Idea hegeliana, el Ser abstracto y puro del filósofo de Sttutgardt, su Dios-potencialidad, trae a la memoria espontáneamente al Abismo-Silencio, al Padre sin nombre ni atributos de los antiguos gnósticos, y al Ensoph o infinito inefable, innominado y sin formas del Zohar y de la Cábala.

Y pasando en silencio algunos otros puntos de contacto y afinidad, hasta fijar la atención en las tres formas religiosas que, según Hegel, representan el movimiento lógico de la Idea en la historia, a saber: a) la religión de la naturaleza, en que el espíritu se halla como absorbido en la materia; b) la religión de la individualidad, en que el espíritu se separa de la materia y la naturaleza se opone a Dios; c) la religión de la razón absoluta y de la armonía, en que el espíritu y la materia, Dios y el hombre, se unen en la conciencia de su identidad en el hombre y por el hombre. Las religiones paganas de la India, de la Persia, del Egipto, etc., representan la primera forma religiosa de la humanidad; la segunda se halla representada por el politeísmo grecorromano; el Cristianismo representa la tercera y última forma religiosa. Con ligeras variantes, esta teoría es la teoría histórico-religiosa de Valentín, al cual hemos visto señalar y distinguir en la historia de la humanidad el periodo o reinado del principio hylico, el periodo o reinado del principio psicológico, y el periodo o reinado del principio pneumático. El paganismo representa el reinado del primero; el reinado del principio psíquico se verificó en el judaísmo y por el judaísmo; la religión de Cristo es la expresión, la manifestación correspondiente al reinado del principio pneumático, o sea del principio divino que entra en el alma humana y que vuelve a Dios reconocienco su identidad con él.

§ 114. La escuela neoplatónica

«Mientras que los doctores judíos y los gnósticos, escribe De Gerando,[163] tomaban de la Filosofía las nociones propias para comentar los dogmas religiosos, filósofos procedentes de la escuela de Platón sacaban de las tradiciones misteriosas del Asia y del Egipto ideas y puntos de vista con cuyo auxilio esperaban arrojar nueva luz sobre las doctrinas de la Academia; y así como los primeros, subordinando todas sus combinaciones al interés de sus antiguas tradiciones, solo concedían una parte secundaria a las especulaciones racionales, los segundos, por el contrario, ocupados esencialmente en estas especulaciones, solo recurrían a las tradiciones mitológicas para completar su sistema filosófico. De aquí es que lo que formaba la idea dominante en los unos, para los otros era solamente una idea accesoria. Los primeros explicaban los libros sagrados de Zoroastro echando mano de Platón; los segundos explicaban a Platón sirviéndose al efecto de Orfeo y de Zoroastro.[164] Los puntos de vista eran opuestos, si bien las direcciones tendían a encontrarse y reunirse.»

Estas palabras de De Gerando expresan lo que constituye el carácter peculiar del neoplatonismo comparado con las demáse escuelas de este periodo filosófico. Pero además del carácter aquí señalado, el neoplatonismo se distingue también de las demás escuelas contemporáneas por el predominio e importancia que en él desempeña el elemento platónico con relación a las demás grandes escuelas helénicas. Cierto que esta escuela se propuso y

---

163 Hist. comp. des Syst. de Phil., t. III, cap XXI.
164 Creemos que De Gerando se ha dejado llevar aquí de las exigencias del pensamiento antitético. Zoroastro significa poca cosa en el teosofismo neoplatónico: el elemento místico-religioso del neoplatonismo se halla representado principalmente por la mitología greco-romana, por los misterios del Egipto, por Orfeo y Trimegisto.

se esforzó en amalgamar, conciliar y fundir la Academia, el Liceo, la tradición pitagórica y el Pórtico; pero no es menos cierto que el pensamiento platónico es el que predomina en esta concepción sincrética, en la cual el discípulo de Sócrates ocupa lugar importante y muy superior al que el neoplatonismo concedió a la escuela itálica y al estoicismo.

Vease por lo dicho que es racional y fundada la denominación de neoplatonismo aplicada a esta escuela, y que la denominación de filósofos alejandrinos, Filosofía de Alejandría, es menos exacta y fundada que la de Filosofía neoplatónica, tanto más, cuanto que los principales representantes de ésta enseñaron y tuvieron abiertas sus escuelas en Roma y Atenas.

En nuestro sentir, el neoplatonismo, sin perjuicio de lo que constituye su carácter fundamental general, o sea su eclecticismo a la vez filosófico y teosófico, entraña tres fases o escuelas: la escuela filosófica, representada por Plotino y caracterizada por el predominio del el elemento filosófico sobre el teosófico; la escuela mística, representada por Jámblico y caracterizada por el predominio del elemento mísitico sobre el filosófico, y la escuela filosófico-teúrgica, en la que no se advierte predominio especial por parte de los dos elementos, y que se distingue además por la tendencia práctica, por el carácter teúrgico de su misticismo. Esta fase del neoplatonismo fue cultivada en la escuela de Atenas, y su principal representante es Proclo.

A juzgar por lo que nos dice Eusebio de Cesárea en su Praeparatio evangelica, el fundador de la escuela neoplatónica de Alejandría, o al menos el precursor de la misma, fue Numenio, el cual dirigió todos sus esfuerzos por un lado a conciliar y fundir la teoría platónica con la pitagórica, y por otro a completar una y otra teoría poniéndolas en relación y armonía con las tradiciones religiosas de la India y del Egipto. Según el citado Obispo de Cesárea, Numenio enseñaba que el Dios Supremo, el Ser primitivo, no puede entrar en comunicación directa con el mundo visible, ni obrar inmediatamente sobre la materia; deduciendo de aquí que el mundo fue producido por la Inteligencia, emanación inmediata del Ser primitivo. Este Demiurgos, o Divinidad secundaria, produce a su vez una tercera, que rige, gobierna y armoniza las diferentes partes del universo, como si dijéramos, el alma universal, la cual, en unión con la Inteligencia y el Dios supremo, forman una triada, que veremos reproducida después por Plotino en términos muy parecidos.

Según los fragmentos conservados por Eusebio, la semejanza e identidad de doctrina entre Plotino y Numenio se extiende igualmente a otros puntos capitales de la Filosofía. Así es que ya en tiempos antiguos, y hasta cuando el mismo Porfirio escribía la vida de su maestro, no faltaron algunos que consideraban la doctrina de Plotino como un plagio de la de Numenio.

Empero dejando para los críticos el cuidado de discutir un hecho que, después de todo, es de escasa importancia para la historia del neoplatonismo como escuela filosófica, diremos que generalmente es considerado como fundador del neoplatonismo Anmonio Saccas o Sacóforo, el cual, en medio de los azares y contratiempos de su vida laboriosa, supo entregarse a especulaciones metafísicas y transmitir su pensamiento a otros hombres, distinguiéndose entre sus discípulos Herennio, Plotino y un Orígenes, distinto, en opinión más probable, del Orígenes cristiano. Como el iniciador del movimiento socrático, el fundador del neoplatonismo no escribió libro alguno. Eusebio de Cesárea dice que Anmonio abandonó el paganismo para hacerse cristiano; Porfirio afirma, por el contrario, que renegó del Cristianismo para hacerse pagano, opinión que parece más probable, si se tiene en cuenta quiénes fueron sus discípulos principales, la doctrina que profesaron, que Porfirio pudo conocer al fundador del neoplatonismo, y que gozó de la intimidad de Plotino, discípulo inmediato de Anmonio.[165] Sea de esto lo que quiera, parece cierto que los tres discípulos principales de Anmonio habían prometido a éste conservar el secreto sobre su doctrina; pero que violado el secreto por Herennio, sus compañeros se creyeron autorizados a no guardar su compromiso.

Pasando ahora del origen puramente histórico del neoplatonismo a su origen doctrinal, añadiremos que, según el testimonio respetable de Focio, el pensamiento generador, la idea madre que dio ocasión y origen a la escuela neoplatónica por parte de su fundador, fue la conciliación[166] entre la doctrina de Platón y la de Aristóteles.

---

165 Es posible que el Anmonio a que se refiere Eusebio sea otro Anmonio, filósofo peripatético y cristiano que florecía por aquel entonces en Alejandría, de quien dice San Jerónimo que escribió algunas obras sobre el Cristianismo, y, entre otras, un libro sobre la concordancia entre Moisés y Jesucristo. Las opiniones encontradas de Eusebio y Porfirio podrían conciliarse también suponiendo que Anmonio perteneció a algunas de las sectas gnósticas, idea que se halla en relación con la enseñanza esotérica que se le atribuye.

166 He aquí las palabras de este autor, tan diligente como autorizado: «Multi Platonici et Aristotelici, suos inter se praeceptores aliquando contendere sustinuerunt, allato a singulis

§ 115. Plotino

Plotino, el representante principal y más genuino del aspecto filosófico del neoplatinismo, nació en Lycópolis, en los primeros años del siglo tercero de la Iglesia. Después de escuchar las lecciones de varios filósofos, y últimamente las de Anmonio Saccas en Alejandría, se trasladó a Roma, y allí enseñó el neoplatonismo hasta su muerte, acaecida en 270. Su escuela fue muy concurrida, acudiendo a ella de todas las provincias del Imperio, y convirtiéndose en centro de resistencia y de guerra contra la religión cristiana, cuyos misterios, cuyos principios de igualdad entre todos los hombres, y cuya universalidad de doctrina para todos, se avenía mal con el orgullo y las tradiciones de la Filosofía pagana. Porfirio, el confidente y el discípulo predilecto de Plotino, recogió y ordenó los escritos de su maestro, distribuyéndolos en seis Enneadas, cada una de las cuales contiene nueve libros o tratados. Estos escritos han llegado afortunadamente hasta nosotros, y nos ponen en situación de conocer y juzgar la Filosofía de Plotino con más acierto y seguridad que la de otros filósofos antiguos. He aquí su resumen:

a) Dios es una cosa incomprensible e innominable para nosotros: es todo lo que existe y nada de lo que existe; contiene en sí toda la realidad, pero no es una esencia determinada; de aquí se infiere que el nombre menos impropio que le podemos atribuir es el de Uno. Es, pues, la unidad absoluta, necesaria, inmutable, infinita; pero no es la unidad numérica, es la unidad universal en su perfecta simplicidad. Este Unum abstracto y universalísimo está sobre todas las cosas, sobre todas las ideas y perfecciones que podemos concebir: siendo, como es, el principio y el ser de todas las cosas, no es ni bondad, ni libertad, ni pensamiento, ni voluntad, sino que es superior a todo esto, y hasta es superior al ser. El Uno no es el ser, no es la inteligencia: es superior al uno y a la otra; está sobre toda acción, sobre toda determinación, sobre

---

in medium quid cuique mediato videretur, et eo usque audaciae et contentionis processerunt, ut et scripta praeceptorum suorum depravarent, quo magis viros inter se pugnantes exhiberent. Atque ea perturbatio perduravit philosophicis exercitationibus illapsa, usque ad divinum Ammonium. Hic enim primus, aestu quodam raptus, ad philosophiae veritatem, multorumque opiniones, qui magnum dedecus Philosophiae adferrent, contemnens, utramque sectam probe calluit, et in concordiam adduxit, et a contentionibus liberam philosophiam tradidit omnibus suis auditoribus, et maxime doctissimis aequalibus suis Plotino, et Origeni, et successoribus». Biblioth. Cod. 251, pág. 1382.

todo conocimiento; no es ni movimiento, ni quietud, ni alma, ni inteligencia, ni siquiera cosa individual o determinada: neque illud, neque hoc dicere fas est.[167]

En suma: el Dios de Plotino parece coincidir con el Absoluto de Schelling; es la unidad superior (super haec omnia sit) a todas las cosas, inclusas la esencia y la vida (non essentia, non vita); unidad que entraña en su fondo todas las esencias, que lleva en su seno todas las formas específicas, sin ser ninguna de ellas, sin ser realidad concreta: es el Unum anterior y superior, en el cual coexisten y se identifican los contrarios: es la realidad neutra y uniforme, o, mejor dicho, informe, superior a toda determinación y forma: ipsum (Unum) secundum se uniforme, imo vero informe, super omnem existens formam.

b) Del Unum absoluto emana la Inteligencia suprema, la cual constituye el segundo principio de las cosas. Su emanación del Unum se verifica sin acción propiamente dicha y sin volición de éste; es una emanación espontánea y necesaria, a la manera que la luz emana del Sol.

Los pasajes en que Plotino habla de este segundo principio, son oscuros y hasta contradictorios; resultando de aquí su gran diversidad de opiniones por parte de sus intérpretes y de los histotiadores de la Filosofía, cuando se trata de fijar su origen y su esencia. En nuestro sentir, la Inteligencia suprema significa y representa una primera evolución del Unum absoluto, por medio de la cual éste pasa del estado inconsciente al conocimiento consciente de sí mismo como realidad absoluta y universal, y como principio de los seres y del mundo por medio de las Ideas contenidas, o, digamos, identificadas con la Inteligencia suprema. Solo de esta manera, solo tomando la Inteligencia en este sentido, se puede comprender lo que de ella dice el filósofo neoplatónico, a saber: que la Inteligencia es a la vez el objeto concebido, el sujeto que concibe y la acción de concebir.

---

167 «Quidnam igitur est Unum, quamve naturam habet?... Non est intellectus, sed ante intellectum extat; intellectus enim est aliquid entium, illud vero non aliquid, sed unoquoque superius. Neque est ens; nam ens velut formam ipsam entis habet, sed illud est prorsus informe, ab intelligibili etiam forma secretum. Unius namque natura, cum sit genitrix omnium, merito nullum existit illorum. Igitur neque quid existit, nec quale, nec quantum. Praeterea, non est intellectus, non anima, non movetur, non quiescit.» Plotini op. Marsilio Fic. interp., Enneada 6.ª, lib. IX, cap. III.
En otra parte añade o afirma que el Unum «est tale, ut de ipso nihil praedicari queat, non ens, non essentia, non vita, propterea quod super haec omnia, sit». Ibíd.., Enne. 3.ª, lib. VIII, cap. IX.

c) En pos de la Inteligencia, que con la Unidad absoluta constituye la dyada primitiva, viene el Alma universal, para constituir, en unión con los dos anteriores, la famosa triada de Plotino. «El Alma universal, nos dice éste, es el tercer principio subordinado a los otros dos: esta alma es el pensamiento, la palabra, una imagen de la Inteligencia, el ejercicio de su actividad; porque la Inteligencia no obra sono por el pensamiento, sin embargo, este pensamiento es indeterminado todavía, porque es infinito.» La explicación, como se ve, deja mucho que desear en cuanto a claridad; pues no es fácil concebir en qué se distingue el Alma universal de la Inteligencia, si aquélla es el pensamiento de ésta, sobre todo después de haber afirmado que en la Inteligencia el sujeto cognoscente y la acción de conocer son una misma cosa. Acaso Plotino quiso significar que el Alma universal es la causa eficiente inmediata del mundo visible, el principio organizador inteligente del Universo inferior. En otros términos: para Plotino, toda actividad, toda fuerza, toda vitalidad pertenece al orden intelectual, es pensamiento, y radican en el Alma universal y en la Inteligencia suprema, emanaciones primordiales e indivisibles del Unum, pues éste permanece en toda su integridad y pureza (semper integrum restat atque illibatum), a pesar de esta doble emanación.

d) En relación y armonía con esta doctrina, Plotino enseña que la materia de que se compone el mundo visible es privación de ser más bien que ser verdadero. Este mundo material carece de verdadera realidad, según el filósofo neoplatónico; porque la verdadera realidad pertenece al mundo inteligible, al mundo divino de las Ideas, las cuales constituyen las esencias de las cosas. El mundo inteligible, compuesto de genios inteligentes o de espíritus, penetra, mueve y vivifica al mundo material, el cual es como una imitación (illius imitatio), un reflejo de aquél. Las Ideas, realizadas y como encarnadas en las cosas, mediante las formas que producen en éstas, constituyen su esencia íntima y son el origen y la razón suficiente de su movimiento y vida. Por consiguiente, la Idea, el pensamiento está dentro de todos los seres; palpita dentro de todas las cosas; comunica vida y movimiento a toda realidad: toda realidad es pensamiento (Hegel), y toda esencia real es racional. Todas las Ideas, que son inmanentes en la Inteligencia, se imprimen y son participadas por los seres que constituyen el mundo visible, por medio de la acción productora y plástica del Alma universal.

La materia, que forma parte de los cuerpos, es lo que se aleja más del Ser o del Unum, la participación más imperfecta de las Ideas, el último reflejo de la acción plástica del Alma universal; su extensión y solidez la alejan y separan de la materia ideal, de la cual se distingue específicamente, y con la cual solo tiene cierta analogía remota. Considerada en sí misma, carece de realidad y tiene mucho de no ser: toda la realidad y ser que en ella se manifiestan, proceden de las formas, las cuales, a su vez, son derivaciones de las Ideas. De aquí es que el mundo ideal y el mundo sensible forman diferentes categorías, y apenas son comparables sino en sentido de semejanza análoga, y no de semejanza específica. Y esto es tanta verdad, que aun las formas mismas del mundo corpóreo, a pesar de que son participaciones directas y como derivaciones inmediatas de las formas (las ideas) del mundo inteligible, son como una realidad imaginaria (forma haec imaginaria est), como una esencia ilusoria en comparación de las formas y esencias del mundo inteligible, que son las verdaderas: Illic autem (en el mundo inteligible), et forma vera est, et subjectum consequenter essentia vera.

Sin embargo, esta distancia que separa el mundo sensible del mundo inteligible, aunque muy grande e inmensa en cierto sentido, no impide que haya entre los dos analogías y semejanzas determinadas, siendo una de ellas la que se refiere a la materia. Porque en el mundo inteligible es preciso admitir una materia que sea como el substratum universal, que haga las veces de sujeto general y uno con respecto a la multiplicidad de formas, las cuales representan las diferencias esenciales[168] y la distinción de especies en el mundo inteligible. Por otra parte, añade Plotino, si este nuestro mundo sensible consta de materia, también debe existir ésta en el mundo inteligible, toda vez que el primero es una imitación del segundo: Si intelligibilis illic mundus existit, hic vero noster illius est imitatio, atque componitur ex materia, illic quoque oportet esse materiam.

---

168 «Profecto, si plures ibi sunt species, commune quiddam in ipsis esse necessarium est, rursusque proprium, quo aliud ab alio distinguatur. Hoc utique proprium, atque haec separans differentia, forma certe est propria. Quod si illic est forma, est insuper et formatum, circa quod differentia est. Subest itaque materia, quae illam accipiat formam.» Ennead. 2.ª, lib. IV, cap. IV.

169 «Mundus est unum animal, in quo partes, quamvis loco distantes, tamen propter naturam unam invicem ad se feruntur.» De mysteriis Aegypt., pág. 108, edic. 1552.

La materia del mundo inteligible es distinta de la del mundos sensible. Ésta pasa sucesivamente de una forma a otra, transformándose en toda clase de cosas (alterne fit omnia), por medio de las nuevas generaciones y corrupciones, de manera que está sujeta a continuas mutaciones, al paso que la materia del mundo inteligible o superior es de suyo permanente en el ser de que forma parte, sin experimentar mutaciones o cambios de forma: Idcirco (in mundo sensibili et inferiori), nihil semper est idem: in superiori autem, materia simul est cuncta; cumque jam cuncta possideat, non habet omnino in quod valeat permutari.

e) El alma humana, emanación inmediata del Alma universal, es anterior y posterior al cuerpo en su ser y en sus operaciones. Esta preexistencia del alma con respecto al cuerpo, lleva consigo la independencia y superioridad de la misma en su ser y en sus funciones, independencia que, no solo comprende las funciones de la parte superior e intelectual, sino también de la parte inferior; de manera que el alma es completamente activa e independiente del cuerpo y de sus órganos en la sensación, lo mismo que en la intelección. Así es que hasta la memoria no consiste en la conservación ni en el vestigio de las impresiones recibidas, sino que es un desarrollo de la energía del alma y de su comercio con los espíritus, con quienes tuvo comunicación antes de unirse al cuerpo (anima ex incorporeo in corpus quodlibet labitur); pero una vez unida al cuerpo, no ya solo al humano, sino a los astros, adquiere los sentidos. De aquí es que, según Plotino, las almas del Sol y demás astros, no solamente ven y oyen (solem autem, stellasque alias videre atque audire), sino que están dotadas de memoria y conocimiento, y hasta escuchan y satisfacen nuestros votos: alioquim nisi sint memores, quomodo benefacient? Cognoscunt et vota nostra.

f) El Universo producido, informado y eternamente vivificado por el Alma universal (nullum unquam fuit tempus in quo non animaretur hoc universum), contiene, además de las almas humanas, las de los brutos y las de los astros, una alma especial o propia de la tierra, la cual, no solamente siente (cuer non et terram sentire dicamus?) por razón de esta alma, sino que es también inteligente y es una especie de diosa: Neque absurdum, nec impossibile putandum esta animam terrae videre. Meminisse vero oportet, hanc ipsam non esse vilis cujusdam corporis animam, ideoque intelligere, esseque deam.

Corolario legítimo de esta doctrina es la que profesaban generalmente los neoplatónicos en orden a la vivificación del mundo, al cual consideraban como un animal inmenso,[169] compuesto de diferentes partes o miembros, formando una especie de organismo cósmico.

La caída del alma, o sea su incorporación, produce y determina en ella el olvido relativo de su origen divino, seún que procede de la Inteligencia y del Alma universal que le dieron el ser, y produce también la obliteración de las Ideas. Sin embargo conserva siempre cierta aspiración y movimiento hacia el mundo superior de las Ideas hacia el Padre celestial de quien emanó, y mientras que algunas, atraídas y dominadas por los placeres y apetitos, se convierten en hombres carnales, otras, luchando contra estos apetitos, pueden elevarse paulatinamente al mundo superior del cual cayeron, entrando de nuevo en posesión más o menos perfecta de las condiciones de ser y de vida que habían disfrutado y poseído antes de la incorporación. Las purificaciones, las oraciones, la mortificación, la abstracción de las cosas sensibles, la práctica de la virtud,[170] constituyen el camino para conseguir esto. La perfección del alma y su felicidad suprema, consiste en la unión extática con el Unum, por medio de una intuición intelectual, simplificativa y unitiva, la cual representa un conocimiento superior al sensible, superior al intelectual o racional, superior al conocimiento mismo de las Ideas. Solo después de la separación del cuerpo puede llegar el alma a tener esta intuición de una manera permanente. Sin embargo, durante la vida presente, es dada por breves instantes y muy rara vez a ciertas almas privilegiadas, cuando éstas han llegado al último grado de purgación moral, de abstracción del mundo material y de elevación intelectual.

---

169 «Mundus est unum animal, in quo partes, quamvis loco distantes, tamen propter naturam unam invicem ad se feruntur.» De mysteriis Aegypt., pag. 108, edic. 1552.

170 He aquí uno de los pasajes en que Plotino habla de los medios que conducen a la unión y posesión de Dios: «Pervenimos autem ad ipsum purgationibus, precibus, cultu animum exornante, ascensu ad intelligibilem mundum, ibidem perseverantia, dum videlicet, illius mundi dapibus animus vescitur... factusque essentia, et intellectus, et animal universum, non ulterius ipsum (Deum) extrinsecus aspicit... ubi certe dimissis omnibus disciplinis, animus hucusque perductus et collocatus in pulchro, usque ad illud, in quo est, intelligit hactenus: eductus autem inde quasi unda quadam intellectus ejusdem, altiusque ab ipso velut tumescente et exudante sublatus, nesciens quo modo, subito perspicit. Sed ipse intuitus oculos lumine complens, non effici quidem ut per illud interim aliud videatur; imo lumen, ipsum idem est penitus quod videtur; non enim est in illo hoc quidem visibile, hoc autem ejus lumen, neque intellectus et intellectum». Plot. op., Enn. 6.ª, lib. VII, cap. XXXVI.

g) Con grande copia de razones, algunas de ellas bastante notables, prueba y procura demostrar Plotino la inmortalidad del alma humana, la cual, por el solo hecho de ser inteligente, ni puede ser cuerpo (si ergo intelligire est absque corpore comprehendere, multo prius oportet ipsum quod intellectorum est, non esse corpus), ni tiene las cualidades de los cuerpos, figura, color extensión. Así, pues, no puede perecer nuestra alma, la cual, lejos de ser cuerpo, es de su esencia simple y excluye toda composición, sin que pueda dejar de ser, ni por división, ni por alteración: Anima vero unus est et simples actus et natura in vivendo consistens... si ergo nullo ex his modis corrumpi potest, incorruptibilem esse necess arium est.

La inmortalidad del alma humana es como una consecuencia natural de su parentesco con la divinidad (animam vero cognatam esse divinioris sempiternaeque naturae) o esencia sempiterna, de la cual es como una emanación. Este parentesco divino y la consiguiente inmortalidad del alma pruébanse, entre otras razones, porque es capaz de la verdadera sabiduría y de la verdadera virtud, que son cosas ciertamente divinas, toda vez que el hombre, o, mejor dicho, el alma habita en el mundo inteligible como en su propio lugar, conoce intuitivamente la verdad eterna, y encuentra en sí misma la templanza y la justicia, es decir, produce en sí misma la ciencia y la virtud por medio de la abstracción de las cosas sensibles y por medio de la intuición de las ideas divinas que lleva en su seno,[171] sempiternas en su duración, como son divinas en su origen, y constitutivas de la vida del alma inteligente.

Es digno de notarse que Plotino dedica algunos capítulos a examinar si el alma racional es una sola y la misma en todos los hombres, o si, por el con-

---

171 «Sapientia enim veraque virtus cum divinae res sint, non possunt alicui unquam vili mortalique inesse naturae, sed necesse est tale quiddam esse divinum, quippe cum compos sit divinorum ob cognationem quamdam communionemque substantiae... ille ipse qui aufert (vitia et sensibilia), seipsum intueatur, seque immortalem esse facile credet, quando, scilicet, seipsum in mundo intelligibili puroque loco perspexerit habitantem. Cernet enim intellectum videntem, non sensibile quidquam, neque ex his mortalibus aliquid, sed vi sempiterna sempiternum rite considerantem, et omnia in mundo intelligibili, seque ipsum intelligibilem lucidunque effectum, veritate, videlicet, illustratum, quae quidem ab ipso bono corusca... Si ergo purificatio ipsa efficit, ut animus optima quaeque cognoscat, nimirum scientiae latentes intus effulgent, quae et revera scientiae sunt. Anima etiam non extra currens temperantiam perspicit et justitiam, sed penes seipsam in sui ipsius animadversione, ejusque quod prius erat agnitione, velut divinas imagines in se sitas jam intuetur.» Ennead. IV, lib. VII, cap. X.

trario, existe una en cada individuo, discusión que revela que la famosa teoría averroica sobre este punto debió ser conocida ya en tiempo del jefe del neoplatonismo. En todo caso, Plotino rechaza esta teoría como absurda (absurdum namque est unam esse animam meam et animam cujusque) y contraria a la experiencia misma, toda vez que la unidad del alma en los individuos llevaría consigo la unidad e identidad de los fenómenos o manifestaciones de la vida en sus diferentes órdenes: Si una esset, oporteret utique, me sentiente, alium quoque sentire, ac me bene vivente, alium bene vivere.

La que es verdadera y propiamente una, añade Plotino, es el alma del mundo. En su calidad de emanación en cierto modo directa e inmediata del Unum, es en sí misma divina y comunica divinidad al universo mundo y a sus partes principales, como el Sol y las estrellas: Propter ipsam hic mundus est Deus; Sol quoque Deus est, quoniam animatus, stellaeque similiter omnes.

La teoría antropológica de Plotino y del neoplatonismo en general, coincide con la de Platón. El cuerpo no es más que un instrumento respecto del alma (corpus enim non pars hominis, seu instrumentum), y esta lo es todo en el hombre y constituye su esencia verdadera.

A juzgar por lo que Jámblico insinúa y afirma, Plotino y sus discípulos admitían en el hombre dos almas: una superior y celeste, que trae su origen de la Inteligencia y del Alma universal, principios o agentes divinos e inmediatos de la misma, y otra inferior, que procede de los astros (duas homo habet animas; una quidem est ab intelligibili primo, atque ipsius opificis potentiae particeps; altera vero ex circuitu coelestium nobis indita) y de sus movimientos. Aunque esta última carece de libre albedrío y está sujeta a las influencias y movimiento de los astros, de los que trae su origen y naturaleza, no sucede lo mismo con la primera, la cual, como de naturaleza superior a los astros, es independiente de sus movimientos y de toda influencia fatalista,[172] procedente de la naturaleza material; porque esta alma tiene en sí misma el principio de la acción: habet enim anima principium in se proprium.

En esta unión deiforme y extática, por virtud de la cual Dios y el alma se identifican (duoque ibi unum sunt), y en la cual ésta es arrebatada y como

---

[172] «Respondet Jamblicus: Anima igitur a mundis (coelestibus) in nos descendens, mundorum quoque circuitus sequitur. Quae vero ab intelligibili veniens intelligibiliter adest, geneficum circuitum supereminet, atque per eam et a fato solvimur, et ad intelligibiles Deos ascendimus.» De myst. Aegypt., pág. 159.

absorbida por la fuerza o golpe intuitivo (jactu quodam intuendi), se olvida del cuerpo, pierde la conciencia de sununión con éste, y hasta la de su propia existencia: Jam vero, animus ita defixus in Deum, corpus suum non sentit ulterius, neque se esse animadvertit in corpore, neque seipsum aliud quiddam esse pronuntiat, non hominem, non animal, non ens, non universum.

Sabido es que, según Porfirio, su maestro disfrutó cuatro veces durante su vida de esta unión intuitiva y extática con el Unum, como también es sabido que la unión mística, con sus diferentes manifestaciones ocupó grandemente la atención del neoplatonismo.[173]

§ 116. Crítica

Alguien ha dicho que la doctrina de Plotino es la teoría de la unidad absoluta y de las relaciones multiples, por medio de las cuales la variedad procede de esa unidad absoluta y primordial. Lo que no admite duda es, que lo que constitye el fondo de la teoría plotiniana, es un panteísmo a la vez emanatista e ideal. Todos los seres, desde la Inteligencia suprema, hasta la materia del mundo visible, son, o reflejos inteligibles y superiores, o derivaciones plásticas e inmanentes del Unum, el cual entraña la realidad universal, la identidad sustancial de todas las cosas. La variedad y la multiplicidad son más bien aparentes que reales; representan y expresan únicamente fases y evoluciones variadas de la Unidad primordial, del ser absoluto. En suma: el Universo, con todos sus seres, emana y procede del Unum, a la manera que la luz procede del Sol (tanquam lumen a sole); lo finito es una expansión, en parte inteligible, en parte sensible y plástica del Infinito.

---

[173] Nada más curioso, en efecto, que las descripciones que de esta unión se encuentran en los escritos de los discípulos y sucesores de Plotino. En el libro De Mysteriis Aegyptiorum, y en uno de sus capítulos que tiene por epígrafe: Inspiratus vacat ab actione propria ac Deum habet pro anima, se describen largamente la naturaleza, caracteres y efectos de aquel fenómeno. He aquí algunas de sus frases: «Maximum vero afflationis divinae aignum est, quod ille qui numen deducit insinuatque, prospicit spiritum descendentem, atque ab eo mystice docetur ac regitur... adeo ut nec ullam queat actionem peragere propriam... Est igitur afflatio nihil aliud quam totos a Deo animuos occupari atque contineri. Hinc vero posterius sequitur extasis, id est, exitus vel alienatio quaedam... Ex quibus colligitur duobus modis ad Deum hominem praeparari; uno, per purgatoriam aquam... altero per sobrietatem, solitudinem, separationem mentis a corpore, intentionemque ad Deum... In uno simul comprehendit omnium veritatem, propter essentiam ejus separatam prorsus et omnia superantem».

En conformidad con esta doctrina, hemos visto a Plotino diseminar por todos los seres el principio divino representado por el Alma universal, cuyas efusiones o emanaciones informan, vivifican y hasta divinizan los astros, los cielos, la tierra misma; al paso que vemos a sus discípulos, y entre ellos a Proclo, declarar explícitamente que el principio divino está en todas las cosas (divinorum omnia plena sunt), y que el proceso de éstas se verifica por descensiones graduales del Unum primordial e infinito: Quae enim super ordinem rerum colliguntur in Uno, haec deinceps dilatantur in descendendo.

Después de lo que hemos dicho al hablar de los caracteres principales de las escuelas filosóficas de este periodo, parece innecesario llamar la atención sobre el carácter teosófico de la de Plotino, por más que nos hayamos limitado a indicar someramente sus ideas sobre este punto. La verdad es que la concepción plotiniana esntraña carácter esencialmente teosófico en casi todas sus partes. Teosófica es su cosmogonía, teosófica es su teoría del conocimiento, en la que nos presenta el alma conociendo a Dios por medio de un contacto esencial (contactus quidam essentialis et simplex), y por medio de una simple intuición,[174] y teosófica es hasta su teoría ético-religiosa.

Aparte de muchos pasajes alusivos a la conciliación de la Filosofía griega con la mitología helénica y con las tradiciones religiosas del Oriente, el neoplatónico egipcio señala como fin y término de la ciencia y del hombre la unión íntima con la Divinidad: y las purificaciones, la comunicación con los genios superiores, la oración, el éxtasis, la contemplación, la soledad y toda clase de operaciones teúrgicas, constituyen el fondo y la trama principal de su psicología, de su moral y hasta de su metafísica.

En la triada de Plotino se descubre visiblemente la influencia de las ideas cristianas que flotaban en la atmósfera, y que habían penetrado por todas partes en el mundo intelectual. La triada de Platón se halla más cristianizada, si es lícito hablar así, en Plotino; pero sin pasar de ser un remedo e imitación, y nada más que una imitación, de la Triada cristiana. La consustanciabilidad y la igualdad hipostática, caracteres fundamentales de la Trinidad del Cristianismo, son incompatibles con la triada plotiniana, en la cual la Inteligencia y el Alma

---

174 Esta parte de la teoría de Plotino fue adoptada con entusiasmo y fidelidad por sus discípulos y sucesores en la escuela neopltónica. Jámblico, o quienquiera que sea el autor del tratado De mysteriis Aegyptiorum, escribe, entre otras cosas: «Cognitio divinorum fuit semper in anima per simplicem intuitum vel contactum».

pertenecen a un orden inferior relativamente al Unum, el cual contiene y constituye la verdadera esencia de Dios. Al mismo tiempo, y mientras se afirma que la realidad total e íntegra de la esencia divina está en el Unum, se supone que, en cuanto tal, y pro priori a toda emanación o evolución, carece de inteligencia; hipótesis absolutamente incompatible con la Trinidad cristiana, en la cual la inteligencia es atributo idéntico e igualmente actual en el Padre (el Unum de Plotino) y en el Hijo (la Inteligencia plotiniana), sin que haya momento alguno en que el Padre, ni siquiera la esencia divina, pueda ser concebida sin la Inteligencia. El neoplatonismo, al afirmar que la Unidad es superior y anterior a la Inteligencia y a la fuerza productora del mundo, se coloca a una distancia inmensa de la concepción trinitaria del cristianismo, y hasta se pone en pugna con la simple razón natural, la cual rechaza y rechazará siempre la hipótesis de una Unidad primitiva y absoluta, es decir, de un Dios ininteligente e impotente. Excusado parece añadir que la fuerza plástica y productora por emanación que se atribuye al Alma universal, dista también mucho de la fuerza creadora ex nihilo que la concepción cristiana reconoce en el Espíritu Santo y en cada una de las tres personas divinas. Así se explica que Julio Simón, a pesar de ser racionalista y, como tal, poco favorable al principio católico, reconoce y confiesa que entre las tres personas de la Trinidad cristiana y las tres hipóstasis de la trinidad de Plotino, no hay identidad, y, lo que es más, ni siquiera analogía verdadera[175] y propiamente dicha.

En confirmación de su tesis, el autor de la Historia de la escuela de Alejandría observa con razón que existen diferencias radicales y profundas entre la concepción católica y la concepción plotiniana, en orden a las personas divinas y sus relaciones. «Cada una de las hipóstasis del Dios de Plotino se diferencia radicalmente de las personas divinas correspondientes en el dogma cristiano, y la oposición no es menor cuando se consideran, no las personas en sí mismas, sino las diversas relaciones. Así, vemos que en la doctrina cristiana, el Padre, el Hijo y el Espíritu Santo se conocen y se aman mutuamente. El Padre ama al Hijo y es amado por Éste; el Espíritu Santo conoce al Padre y al Hijo, poseyendo del uno y del otro un conocimiento igualmente completo, igualmente directo.

---

175 «Il n'y a donc pas identité, il n'y a pas même analogie, entre les trois personnes de la Trinité chrétienne et les trois hypostases de Plotin.» Histoire de l'école d'Alexand., lib. II, cap. IV.

»Por el contrario, según Plotino, cada hipóstasis conoce y ama exclusivamente a la hipóstasis que la precede, permaneciendo extraña a las hipóstasis inferiores. La Unidad, que nada tiene sobre sí o superior a ella, nada conoce ni ama, y Plotino apenas se atreve a indicar que se ama y conoce a sí misma. En su trinidad, el objeto del conocimiento y del amor de la tercera hipóstasis, es la hipóstasis segunda con exclusión de la primera. El alma, para Plotino, emana de la inteligencia, como ésta emana de la unidad: el Espíritu Santo, en la teoría cristiana, no procede solamente del Hijo, sino que procede a la vez del Padre y del Hijo. Empero lo que constituye una diferencia radical entre las dos doctrinas, lo que excluye toda idea de un origen común, es que el Dios de Plotino encierra tres hipóstasis desiguales, y que, por consiguiente, no constituyen un Dios perfecto.»

Añádase a esto que mientras la primera persona de la Trinidad cristiana no solamente es un ser real, concreto e individual, sino que se define a sí misma por la noción de ser —Ego sum qui sum—, la primera hipóstasis de la trinidad plotiniana es una especie de realidad indeterminada e indiferente (illud est prorsus informe), una especie de dios-nada hegeliano, que no es un ser, que excluye la determinación y realidad del ser: non ens, non essentia, propterea quod super haec omnia sit.

En la Trinidad cristiana, si se exceptúa la paternidad y la filiación, hay perfecta igualdad, hay perfecta identidad en todo, de manera que los predicados o razones y conceptos de ser, de sustancia, de entendimiento, de voluntad, de vida, etc., corresponden al Padre lo mismo que al Hijo; son perfecciones que se encuentran actualmente en el primero lo mismo y de la misma manera que en el segundo. En la trinidad o triada plotiniana, estos atributos o conceptos, estas perfecciones, solo convienen actualmente al intellectus que corresponde al Hijo de la Trinidad cristiana; pero no al Padre, o sea al Unum, al cual solo convienen de una manera implícita y como en potencia (potestate), sin que pueda decirse que es actualmente sustancia, inteligencia, vida, etc., como se dice del Padre en la Trinidad católica.

Añádase a esto que en la concepción de Plotino, la triada se forma por emanación, y, lo que es más, por emanación descendente. El intellectus mismo, que tan importante papel desempeña en esa triada, de tal manera procede o emana (ex Uno manat), que viene a ser por necesidad una cosa inferior y más pobre que el Unum, del cual procede: Si ergo non idem (cum Uno), et certe non melius... ergo deterius illo; id autem est indigentius.

Si estas indicaciones y pruebas —que por cierto no son las únicas que pudieran alegarse en la materia—, bastan para demostrar que poco o nada hay de común realmente entre la concepción trinitaria de Plotino y la concepción trinitaria del catolicismo, corroboran y confirman a la vez lo que en párrafos anteriores hemos indicado en orden a las concepciones trinitarias de Platón y de Filón, toda vez que no cabe poner en duda que estas concepciones distan mucho más de la Trinidad cristiana que la teoría de Plotino. Los hombres versados en estas materias saben muy bien que la concepción trinitaria del filósofo neoplatónico es la más profunda entre las concepciones trinitarias de los filósofos, y la que más se acerca, por consiguiente, a la doctrina católica sobre este punto.

Pero volviendo a nuestro filósofo, y continuando la crítica general de su filosofía, séanos lícito observar que, después de lo dicho al exponer su doctrina, parece excusado llamar la atención sobre su carácter ecléctico y fusionista. El elemento platónico, que es el dominante, hállase transformado y modificado por ideas tomadas de las religiones orientales, de la mitología helénica, de la Filosofía de Aristóteles, de la de los estoicos, y más todavía, de las tradiciones pitagóricas. Porfirio, el discípulo predilecto e inmediato de Plotino, nos dice terminantemente en la vida de su maestro que Platón y Pitágoras fueron los filósofos favoritos de aquél. Prueba fehaciente de sus aficiones pitagóricas encontramos desde luego en su teoría ético-psicológica, en sus ideas acerca de la transmigración e incarnaciones sucesivas del alma en relación con sus obras, y hasta en su concepción del Unum, que presenta notable afinidad con la Mónada de los pitagóricos.

Si la Filosofía de Plotino es idealista por parte de su contenido, no lo es menos por parte del método. Los sentidos, la observación, la experiencia, significan poco o nada para el autor de las Enneadas, el cual marcha siempre por las cimas de la especulación metafísica y a priori. Así es que Plotino es uno de los representantes más rígidos del principio idealista en Filosofía, y revela tendencias apriorísticas y utópicas hasta en las materias y cuestiones que de su naturaleza son más experimentales y dependientes de la observación, como acontece con las políticas y sociales.

Basta recordar, en corroboración de esto, lo que Porfirio nos refiere en la vida de su maestro; a saber: que pidió autorización al emperador Galieno para fundar en la Campania una ciudad organizada y regida según las leyes de la república de Platón, la cual, por lo mismo, llevaría el nombre de Platonópolis.

Según tendremos ocasión de notar en el decurso de esta historia de la Filosofía, la doctrina de la escuela neoplatónica, cuyo principal representante es Plotino, ejerció bastante influencia en la Filosofía escolástica, como la ejerció también en la de los árabes y en la de algunos judíos. Concretándonos a Plotino, no es posible desconocer las relaciones de afinidad y filiación que median entre su doctrina acerca de la existencia de una materia perteneciente al mundo superior e inteligible, además de la que pertenece al mundo visible y corpóreo, y la teoría expuesta y desarrollada por Ibn-Gebirol, o sea el Avicebrón de los escolásticos, en su famoso libro Fons vitae, citado con frecuencia e impugnado más de una vez por Alberto Magno y Santo Tomás. Porque el fondo y como la esencia del libro de Gebirol, consiste precisamente en la concepción de la universalidad de la materia como parte esencial de todas las cosas, ora sean sustancias corpóreas, ora sean sustancias espirituales o seres pertenecientes al mundo de las inteligencias. Aunque modificándola en sentido cristiano, Escoto y Raimundo Lulio adoptaron en parte esta concepción plotiniana de la materia, renovada y desenvuelta en el siglo XI por Salomón Ibn-Gebirol.

§ 117. Porfirio

Aunque, según queda indicado, la escuela de Plotino en Roma estuvo muy concurrida, y hasta fue honrada por el emperador Galieno y su esposa Salonina, apenas ha llegado hasta nosotros el nombre de Amelio y de algún otro, y es muy posible que aquella escuela y la memoria de su fundador hubieran quedado en la oscuridad, sin la existencia de Porfirio, el más notable de sus discípulos.

Nació éste en Batanea de Siria, según la opinión más generalizada, y, según otros, en Tiro, por los años 232 o 233 de la era cristiana. Longino, que fue su primer maestro, le dio el nombre de Porfirio, pues su nombre primitivo era Malco. Hacia los treinta años de su edad pasó a Roma, en donde se hizo discípulo de Plotino, llegando a se su amigo y confidente. Después de la muerte de su maestro, cuya vida escribió y cuyos escritos coleccionó en las Enneadas, parede que vivió la mayor parte del tiempo en Sicilia, donde falleció a principios del siglo IV.

Entre los escritos filosóficos de Porfirio, cuéntanse sus Comentarios sobre el Timeo de Platón y su Introducción a las categorías de Aristóteles, donde plantea y discute la gran cuestión de los universales, que tanto ocupó, andando el tiempo, a filósofos y teólogos; un tratado sobre la abstinencia de la carne de animales, y una carta a Anebón, sacerdote egipcio, en la que trata especialmente de las almas, de la demonología y la teurgia. Sabido es también que Porfirio escribió contra los cristianos, especialmente contra la divinidad de Jesucristo, una obra en quince libros, que no ha llegado hasta nosotros, como tampoco han llegado en su mayor parte las refutaciones que de esta obra hicieron San Metodio y Eusebio de Cesárea, con otros Padres y escritores cristianos.

El mérito de Porfirio, como filósofo, consiste principalmente en haber interpretado y aclarado el pensamiento, con frecuencia oscuro y ambiguo, de su maestro, contribuyendo por este camino a difundir y hacer popular entre los hombres de letras la Filosofía de Plotino.

El asiento y el origen del mal, según Porfirio, no reside en el cuerpo o la materia, sino en las fuerzas y apetitos inferiores del alma, en la adhesion de la misma a las cosas sensibles con las cuales se encuentra unida (copulati vero sumus naturae sensibili) y como ligada, no obstante que nuestra alma, considerada en sí misma y en su estado anterior a la union con el cuerpo, es una esencia intelectual, pura y exenta de sentidos: Eramus enim et adhuc sumus intellectuales essentiae, purae ab omni sensu naturaque irrationali viventes.

La felicidad suprema, última y verdadera del hombre, o, si se quiere, del alma, no consiste en la acumulación de conocimientos y posesión de muchas ciencias, sino en la contemplación intuitiva y superior del Ser absoluto, uno y verdadero, por medio del cual y en el cual se establece unidad o identificación unitiva entre el alma que contempla y el término de la contemplación,[176] entre el sujeto inteligente y el objeto inteligible.

---

176 «Beata nobis contemplatio, non est verborum accumulatio disciplinarumque multitudo, quemadmodum aliquis forte putaverit... Profecto contemplationis finis est Ens ipsum, verumque assequi, adeo, scilicet, ut ejusmodi assecutio contemplatorem, pro naturae suae

El camino y los medios para preparar y conseguir esta unión con el Inteligible uno, supremo e infinito, es la mortificación, el olvido y como la muerte de los apetitos materiales y afecciones de los sentidos (per extenuationem quamdam, et, ut dixerit aliquis, per oblivionem, mortemque affectuum), la abstracción perfecta y pura del cuerpo con todas las cosas materiales y sensibles; porque así, y solo así, podemos llegar a la unión íntima con Dios, Ser purísimo, simplicísimo y separado de toda materia: Non aliter, inquam, Deo copulari possumus, quam per purissimam abstinentiam.

A medida que el hombre asciende en este camino de virtuosa mortificación; a medida que se perfecciona por medio de esas purificaciones intelectuales y morales, puede llegar y llega a tal estado de perfección, aun en la vida presente, que se transforma en cierto modo en un ser casi divino y superior hasta a los malos genios o demonios, entra en comunicación con los genios buenos o dioses inferiores, conoce las cosas ocultas y futuras, y, a fuer de verdadero filósofo y sacerdote de Dios, siente, conoce y posee a Dios ya desde la vida presente,[177] sin perjuicio de la unión identificativa con el Unum después de la separación de la muerte.

En conformidad y relación con esta doctrina, Porfirio admite en principio, y bajo ciertas reservas, la teurgia; aboga por casi todas las supersticiones del culto politeísta; reconoce el comercio de los hombres, no solo con los genios o dioses inferiores, sino con las almas de los difuntos, añadiendo que éstas pueden ser evocadas, que permanecen en ocasiones cerca de los cuerpos y de los sepulcros, que pueden aparecer y manifestarse bajo diferentes formas, y, finalmente, que las almas y los demonios obran en las operaciones de los encantadores, en los sortilegios, vaticinios (quibus sane malefici saepius abutundur ad ministerium suum afficiendum) y demás maneras de comunicación

---

viribus, cum eo quod contemplatur conflet in unum; non enim in aliud, sed in ipsum, vere seipsum fit recursus.» De abstinentia animal., cap. II.

177 Para que no se crea que exageramos, extractaremos uno de los pasajes en que Porfirio expone sus ideas sobre la materia: «Jure igitur philosophus deique sacerdos, omnibus dominatis, animalibus omnibus abstinet. Solus, videlicet, soli Deo per seipsum studens appropinquare... quo quidem commercio, ipse deinde et naturas rerum intelligit et divinat, Deumque habet in semetipso, unde aeternae vitae fiduciam pignusque possidet... Si qua necessitas instat, non desunt huic divinitatis familiari passim boni daemones occurrentes ei, et per somnia, signa, voces, futura praenuntiantes, unde discatur quid sit necessarium devitare». Epist. ad Aneb., cap. IV.

con los espíritus, operaciones y maneras de comunicación representadas en lo antiguo por los oráculos, las brujerías y las posesiones demoníacas, y en nuestros días por las prácticas y supersticiones espiritistas.

Cuando sale de la atmósfera teúrgica y espiritista, Porfirio ofrece de vez en cuando pensamientos elevados y dignos, como cuando dice que un alma pura y libre de pasiones es el mejor sacrificio que el hombre puede ofrecer a Dios: Apud Deos optima est oblatio, pura mens et perturbationum vacuus animus.

§ 118. Neoplatonismo místico

Jámblico, natural de Calcis, en la Celesiria, y discípulo de Porfirio, representa una evolución importante del neoplatonismo. Ya dejamos indicado que éste entraña dos elementos, el filosófico y el místico o teosófico. En Plotino, y aun en su discípulo inmediato, Porfirio, el elemento filosófico presenta más importancia que el místico, pues éste se halla subordinado al elemento filosófico en cierta manera. Jámblico representa un movimiento en sentido contrario: el elemento místico se sobrepone al filosófico, sin anularlo. Justificar y autorizar en el orden especulativo todas las supersticiones del culto popular; explicar el sentido real del politeísmo, subordinar la ciencia al culto, y enseñar las formas y especies de éste, he aquí el objeto principal de la Filosofía, en opinión de Jámblico y sus discípulos.

Cualquiera que sea la opinión que se adopte acerca de la autenticidad del libro o tratado Sobre los misterios de los egipcios, atribuido generalmente a Jámblico, es lo cierto que el contenido de este libro es la expresión más exacta del pensamiento del filósofo de Calcis, y que las ideas en él vertidas se hallan en perfecta consonancia con las que se hallan en su Vida de Pitágoras y en su Protrepticus o Exhortación a la Filosofía. Los dioses griegos, romanos, egipcios, persas y orientales, todos hallan cabida, razón suficiente y justificación en el Universo de Jámblico: solo el Dios de los cristianos queda excluido de la honorable sociedad divina. Amalgamando y poniendo a contribución las Ideas de Platón, las formas sustanciales o entelequias de Aristóteles y los números de Pitágoras, distinguía tres clases u órdenes de dioses:

    a) Los dioses intelectuales (las Ideas platónicas)

    b) Los dioses suprasensibles o superiores al mundo visible (los Números de Pitágoras), y

c) Los dioses inmanentes en el mundo (las Formas de Aristóteles), los cuales son inferiores a la Unidad absoluta o divinidad suprema, de la cual emanan por series ternarias y en escala descendente.

El misticismo psíquico y práctico corresponde al misticismo especulativo y cosmogónico en la Filosofía de Jámblico. Después de presentar a la vista del lector el proceso cosmogónico del Ser, siguiendo paso a paso esa serie interminable de dioses, de demiurgos y logos, de demonios, de ángeles, de genios buenos y malos, de héroes de todas las clases, el representante del neoplatonismo sirio entra en minuciosos detalles sobre los medios de ponerse en comunicación con esos dioses y mundos superiores. La purificación del alma por medio de la abstracción de las cosas sensibles, el ascetismo, la contemplación, las expiaciones, las invocaciones, las palabras misteriosas, las prácticas sagradas, la inspiración, el éxtasis, la inspiración profética, hasta llegar a la absorción del alma y a su unión teúrgica con la Divinidad y con el Ser absoluto, todo se halla descrito y recomendado por Jámblico. «El que evoca la Divinidad, se dice en el libro De Mysteriis Aegyptiorum, ve algunas veces un soplo que desciende y se insinúa, por medio del cual es instruido y dirigido místicamente. El hombre que recibe esta comunicación divina, percibe como una especie de rayo luminoso, el cual es percibido alguna vez por los que están a su lado, y anuncia la presencia de un Dios. Los hombres experimentados en estas prácticas, conocen por ciertas señales (quo ex signo in his rebus periti, verissime discernunt, quae sit potestas Numinis, quis ordo, et de quibus vera loquatur) la verdad, el poder y el rango de este Dios, las cosas sobre que puede instruirnos, las fuerzas o virtud que puede comunicarnos... Pero hasta llegar a la perfección de la ciencia divina no basta haber aprendido a discernir estas señales; es preciso saber, además, en qué consiste esta inspiración. No procede esta inspiración de los genios, sino de los dioses mismos, y hasta es superior al éxtasis, el cual es más bien un accidente y consecuencia de la misma.

»Es una especie de obsesión plena y absoluta que procede del soplo divino, que aniquila en cierto modo nuestras facultades, operaciones y sentidos... Este transporte divino es una cosa sobrehumana, como si Dios se apoderara de nosotros como de sus órganos; de aquí nace la virtud profética, en fuerza de la cual se profieren palabras que no comprenden aquellos que, al parecer, las repiten.»

Como se ve por este pasaje y por estas ideas, la nueva ciencia espiritista es ciencia bastante antigua en sus procedimientos, en sus fenómenos, en sus aspiraciones. Para que la afinidad y semejanza, por no decir identidad, sean más perfectas, Jámblico, después de sentar, como el moderno espiritismo, que el sonambulismo es un estado sui generis y medio entre el sueño y la vigilia (medium quiddam inter vigiliam et somnum), acude, para explicar sus fenómenos, a la hipótesis de una doble vida o estado del alma,[178] como hacen ciertos partidarios del espiritismo.

Todavía es más notable, si cabe, y verdaderamente chocante, la afinidad, o, digamos mejor, semejanza que se observa entre los efectos y fenómenos que Jámblico atribuye a la inspiración e influencia de los espíritus y las que encontramos en el moderno espiritismo y en sus evocaciones. Jámblico nos dice, en efecto, que son muy diferentes y múltiples las señales, efectos y obras que resultan en las operaciones teúrgicas y espiritistas, haciendo mención expresa de los movimientos de traslación de los cuerpos, elevación y suspensión en el aire, agitaciones del cuerpo y sus miembros, de sonidos y voces, y hasta de piezas de música,[179] y, lo que es más todavía, encontramos en el filósofo neoplatónico la moderna teoría y hasta el nombre mismo (vehiculum), digámoslo así, de los mediums del espiritismo.[180]

---

178 «Anima duplicem habet vitam; unam quidem simul cum corpore; alteram vero ab omni corpore separabilem. Quando vigilamus, utimur plurimum vita, quae communis est cum corpore... Quando quodammodo dormientibus animus a corpore solvitur, tunc illa vitae species secundum seipsam permanens separabilis, separataque, sive intellectualis, sive etiam divina, protinus expergiscitur in nobis, agitque quemadmodum sua fert natura.» De mysteriis Aegypt., pág. 53.
La teoría de algunos espiritistas para explicar los fenómenos del sonambulismo coincide perfectamente con el contenido de este pasaje.

179 Para que no se crea que exageramos, fíjese la atención en el siguiente pasaje, —que por cierto no es el único de este género—, que parece tomado de alguna revista espiritista: «Secundum horum diversitatem, differentia sunt inspiratorum signa, et effectus, et opera... Inspirati, alii moventur, vel toto corpore, vel quibusdam membris, vel contra quiescunt. Item, choreas, cantilenasque concinnas agunt. Corpus eorum, vel excrescere videtur in altum, vel in amplum, vel per sublimia ferri, atque contra. Item, voces edunt, vel aequales perpetuasque, vel inaequales et silentio interruptas». Ibíd.., pág. 37.

180 «Sive ut vehiculum, sive ut instrumentum se subjecerint, priorem vitae modum deposuere... Ideo, nec utuntur sensibus, neque ita vigilant, ut qui vigiles sensus habent, neque ipsi

En relación y armonía con el predominio del elemento místico-teúrgico que entraña la Filosofía de Jámblico, su teoría ética se reduce a la absorción final del alma en Dios después de la muerte, preparada durante la vida presente por medio de mortificaciones, silencio, abstracción de los sentidos, y, sobre todo, por medio de las prácticas teúrgicas, per medio de las cuales el hombre, o, si se quiere, el alma, se eleva y se acerca más y más a Dios.

Sucedió a Jámblico en la escuela Edesio de Capadocia, y a éste su compatriota Eustacio. Aparte de éstos, fueron también discípulos directos de Jámblico, o partidarios de su doctrina y continuadores de su escuela místico-neoplatónica, Eusebio de Mindes, Prisco de Moloso, Máximo de Éfeso, Crisanto de Sardes, y el emperador Juliano el Apóstata, famoso más que por sus trabajos filosóficos, por los que emprendió para exterminar al Cristianismo, no menos que por sus esfuerzos para restaurar y regenerar el politeísmo. Esta idea le arrastró a todos los delirios y prácticas del espiritismo politeísta y de la teurgia, preconizada y practicada por los adeptos y secuaces de la doctrina de Jámblico, de que se hallaba rodeado constantemente. Durante su imperio, fue nombrado cónsul uno de éstos filósofos, llamado Salustio, el cual, juntamente con Claudiano de Éfeso, Macrobio, el autor de las Saturnales, Olimpiodoro, que floreció en Alejandría, como también Hipatia, continuaron la escuela místico-filosófica y la tradición teúrgica iniciada por Jámblico. El ecléctico Temistio, uno de los principales comentadores de Aristóteles, siguió también en parte esta doctrina.

§ 119. Escuela filosófico-teosófica del neoplatonismo

A la Filosofía de Jámblico y sus discípulos, fomentada y protegida por Juliano el Apóstata, debía suceder, y sucedió en efecto, una reacción contra las exageraciones místico-teúrgicas que la venían afeando y desprestigiando. Esta reacción dio origen a la escuela neoplatónica de Atenas, cuyos primero representantes fueron Plutarco (distinto del historiador), hijo de Nestorio; su discípulo Siriano, autor de varios comentarios sobre las obras de Platón y Aristóteles, que se han perdido, y Hierocles de Alejandría. Pero el verdadero y más genuino representante de esta evolución neoplatónica es el famoso

---

praesagiunt vel moventur humano quodam impetu atque more, neque suum statum animadvertunt, neque ullam edunt cognitionem actionemque propriam, sed totum illic agitur sub forma actioneque divina.» Ibíd..., pág. 56.

Proclo, cuyos numerosos escritos condensan y reflejan la tendencia característica de la escuela neoplatónica de Atenas.

Nació este filósofo en Constantinopla, a principios del siglo V, pero fue educado y vivió durante sus primeros años en una ciudad de la Licia, de donde eran originarios sus padres. Pasó después a Alejandría, en donde fue discípulo por poco tiempo de Olimpiodoro, y completó su educación filosófica en Atenas, al lado de Plutarco, de Asclepigenia, hija de éste, que le inició además en varios misterios y practicas teúrgicas, y de Siriano, a quien sucedió en la escuela neoplatónica de Atenas, falleciendo en 485.

Según queda indicado, Proclo representa en el neoplatonismo la unión y amalgama del elemento filosófico y del elemento místico, sin conceder predominio notable al primero, como hiciera Plotino, ni al segundo, como hiciera Jámblico. Su discípulo y biógrafo Marino nos le presenta, en efecto, como un hombre eminentemente teosófico y teúrgico, combinando, interpretando y desenvolviendo por un lado las tradiciones religiosas de los caldeos, persas, egipcios y griegos, y por otro entregado a la práctica de una vida austera, a purificaciones, evocaciones, iniciaciones, expiaciones, y a toda clase de operaciones teúrgicas. Pero esto no le impidió dedicar preferente atención al cultivo de la Filosofía científica y racional, ni los nombres de Orfeo y Homero, Zoroastro y Hermes, le hicieron olvidar los de Pitágoras, Sócrates, Platón, Aristóteles y Plotino, cuyas obras estudió a fondo, escribiendo notables comentarios sobre algunas de ellas,[181] sin contar sus obras originales, la Teología de Platón, sus tratados sobre la Providencia, sobre el Destino, sobre la Libertad, sobre la Naturaleza del mal, sobre el Alma y el demonio, con algunas otras menos importantes.

Los puntos capitales de su Filosofía propiamente dicha, con separación de las formas teosóficas y teúrgicas con que se halla mezclada con frecuencia, pueden reducirse a los siguientes:

1.º La Unidad es el Ser primitivo o la Esencia absoluta y universal, que está en el fondo de todos los demás seres. Esta Esencia, una y absoluta, es la causa

---

181 Entre otros, escribió comentarios sobre el Parménides, el Alcibiades y el Timeo de Platón. Santo Tomás atribuye a Proclo el famoso libro de Causis, que tanto ocupó la atención de los escolásticos en la Edad Media, y que mereció ser comentado por el Doctor Angélico y otros escritores de aquel tiempo. Por cierto que es uno de los tratados en que la especulación metafísica de Santo Tomás se eleva a mayor altura.

primera y única de los seres, o, mejor dicho, de todas las manifestaciones y evoluciones del ser; pero, considerada en sí misma, es inaccesible al entendimiento y a la palabra del hombre; en realidad, no es el Bien, ni el ser, ni el no ser, ni siquiera la Unidad, sino que está y es sobre el Bien, sobre la Unidad, sobre el ser y el no ser, sobre la afirmación y la negación: alguna vez sustituye el nombre de bonum al de Unum. Es la Esencia-causa, de la cual sale todo, y a la cual vuelve otra vez todo. El proceso de las cosas de la Esencia-Unidad, se verifica, según Proclo, por gradaciones descendentes, o sea a perfectiori ad minus perfectum, y no en sentido inverso, o sea precediendo a minus perfecto ad perfectius,[182] según se supone en la evolución de la Idea hegeliana. Tomado en conjunto, y desde un punto de vista general, este proceso de las cosas, a comenzar de abajo arriba, comprende:

a) El mundo sensible y material.

b) El mundo intelectual inferior, compuesto de las almas humanas y de los demonios.

c) El mundo intelectual superior, que abraza los espíritus puros o ángeles, que también se llaman dioses inferiores.

d) El mundo inteligible, representado por la Inteligencia suprema y el Alma universal. De ésta proceden directamente los demonios y las almas humanas unidas al cuerpo; de aquélla, que es la región propia de las Ideas, proceden los espíritus o almas superiores, cuyo conjunto constituye un mundo que debe llamarse inteligible intelectual, porque participa del inteligible y del intelectual inferior. Sobre estos cuatro mundos, y como fondo potencial y esencia inicial e indiferente de todos, está el Unum o el Bonum primitivo y absoluto, lo que es en sí.

2.º La materia, considerada en sí misma, no es ni buena ni mala, pero es la fuente de la necesidad que rige las cosas del mundo sensible. La Providencia divina, que tiene por objeto principal los mundos superiores inteligibles e inte-

---

[182] El siguiente pasaje indica las ideas de Proclo acerca del proceso o emanación de las cosas respecto de Dios o del Ser uno y primitivo: «Ipsum Bonum, tanquam super naturam intellectualem in se consistens, usque ad postrema descendit... Primo quidem ipsis vere existentibus (la inteligencia y el alma universal o potencia plástica); secundo, divinis animis; tertio, numinibus humano generi praesidentibus; quarto, nostris animis, atque deinceps animalibus, et plantis, omnibusque corporibus: ipsae denique informi materiae, infimae rerum faeci». De Anima et daemone Mars. Fic. interpr., pág. 50, edic. 1552.

lectuales, se extiende también al mundo sensible: Providentiam ad ultimum usque procedere, ac nec minimum quidem sui expers.

3.º El alma humana, derivación inmediata del Alma universal, pero mediata de la Unidad-Esencia primitiva, como todas las demás cosas, es a la vez eterna y temporal; eterna por parte de la esencia (krausismo), temporal por parte del desarrollo de su actividad. Los males que padece son debidos a sus culpas pasadas y presentes; pero puede librarse y redimirse hasta volver a Dios, siendo absorvida por él por medio de las purificaciones morales, la práctica de la virtud y la intuición intelectual de la Divinidad o del Unum.

Proclo establece y demuestra la inmortalidad del alma, y, al hacerlo, insiste sobre la fuerza de reflexión que posee nuestra alma, fuerza que, en concepto del filósofo neoplatónico, constituye el carácter fundamental que distingue y separa las cosas espirituales de los cuerpos o cosas materiales. En este concepto, y desde este punto de vista, la Filosofía de Proclo representa un progreso respecto de la de Plotino, el cual no supo apreciar la trascendencia y aplicaciones de esta fuerza de reflexión como elemento fundamental para la ciencia psicológica y para la demostración de la inmortalidad del alma.

En cambio, y a pesar de esto, Proclo supone y afirma que nuestra alma tiene mayor afinidad y mayor dependencia del cuerpo que las que supone y le atribuye Plotino. Para éste, entre el alma humana y el Unum, solo median la Inteligencia divina y el Alma universal; pero para Proclo, el alma humana, sin dejar de ser derivación inmediata del Alma universal, tiene sobre sí y alrededor de sí multitud de dioses y demonios, por medio de los cuales comunica con la Divinidad y con el Unum, y de cuyo auxilio o socorro necesita al efecto, y alcanza por medio de las prácticas teúrgicas. Plotino deja entrever con frecuencia la posibilidad, más aún, la facilidad para la razón humana de elevarse de un salto, por decirlo así, a la intuición del Unum, y de moverse y permanecer con cierta espontaneidad y connaturalidad en el mundo inteligible, en el mundo superior o de las ideas divinas, con independencia casi absoluta del cuerpo y de las cosas sensibles. Proclo tiende, por el contrario, a negar esa facilidad de abstracción, independencia y separación del alma del cuerpo a que se halla unida, y del cual depende, según proclo, aun con respecto a las operaciones y funciones de la razón y de la voluntad. Aquí, como en otras varias cuestiones, el sentido platónico que predomina en Plotino se halla como corregido y modificado por el sentido aristotélico, que Proclo adoptó, combinándolo con el elemento platónico.

4.º En el hombre deben distinguirse cinco grados de conocimiento en relación con los diferentes objetos conocidos. El primer grado se refiere a los objetos sensibles y singulares por medio de los sentidos; el segundo a estos mismos objetos considerados como universales; el tercero se refiere a los objetos matemáticos que prescinden de la materia y a las verdades que se deducen de definiciones y nociones comunes y de los primeros principios; el cuarto se refiere a las Ideas, que constituyen el mundo inteligible y son las verdaderas esencias y causas de las cosas; el quinto es la intuición suprarracional y supraintelectual, por medio de la cual el alma se une íntimamente a la Unidad o Esencia absoluta, quedando como transformada y divinizada en ella.

El principio íntimo, la fuente propia del conocimiento intelectual, es la afinidad o semejanza entre lo cognoscente y lo conocido (simile simili cognoscitur), entre la facultad que conoce y la cosa conocida. De aquí se infiere que no debemos buscar el conocimiento de la realidad y esencia de las cosas fuera de nosotros, o sea en los fenómenos externos y sensibles, sino dentro de nuestra alma, la cual contiene en sí las ideas o verdaderas esencias (veras rationes) de todas las cosas, bien que latentes y oscurecidas a causa de la generación, o sea a causa de la unión del alma con el cuerpo: Oportet animam se ipsam ingredientem, ibi veras rationes rerum perscrutari: plena enim est horum animae ipsius essentia; delitescunt vero ex oblivione genefica.

El elemento predominante en la concepción filosófica de Proclo es el platónico, lo mismo que en los demás representantes de la escuela neoplatónica. Nótase, sin embargo, en esta, cierta predilección relativa por la doctrina de Aristóteles, adoptando en todo o en parte algunas de sus teorías. Tal acontece con las que se refieren a la naturaleza y número de las causas, y a la naturaleza o concepto de la facultad o potencia en sus relaciones con la esencia y el acto. Con respecto a este último punto, Proclo se expresa como pudiera expresarse el mismo Aristóteles.[183]

Los discípulos y sucesores principales de Proclo fueron Marino de Palestina, que escribió la vida de su maestro; el médico Asclepiodoto, natural de

---

183 He aquí sus palabras: «Media namque inter actionem et essentiam potentia est, producta quidem ab essentia, actionem vero producens». Comment. in Alcibiad., cap. XVIII.

Alejandría; Heliodoro y Anmonio, hijos de Hermias y Edesia, matrimonio que cultivó también la Filosofía neoplatónica; Hegias, pariente de Plutarco; Isidoro de Alejandría, que sucedió a Marino, y, por último, Damascio, que regentaba la escuela neoplatónica de Atenas cuando ésta fue cerrada por edicto del emperador Justiniano en el primer tercio del siglo VI. Damascio, Isidoro de Gaza, Simplicio de Cilicia, con algunos otros neoplatónicos, refugiáronse entonces en Persia, donde continuaron por algún tiempo la enseñanza y las tradiciones del neoplatonismo, hasta que desapareció insensiblemente, no sin dejar huellas profundas en los escritores cristianos. En las obras atribuidas a Dionisio Aeropagita, en las de Filopón, Boecio, Erigena y algunos otros, descúbrense a cada paso reminiscencias e ideas neoplatónicas, reminiscencias e ideas que, fecundizadas y fundidas al calor de la idea cristiana por los grandes filósofos y teólogos de la Edad Media, suministraron uno de los elementos más importantes para la grande obra de reconstrucción filosófica, llevada a cabo en tiempos posteriores por la escolástica cristiana, de la cual puede decirse que debe su filiación parcial e indirecta a la Fiosofía neoplatónica, por razón de lo que ésta influyó en muchos de lo Padres de la Iglesia y escritores cristianos de los primeros siglos,[184] cuyas obras representan uno de los antecedentes inmediatos y directos de la escolástica citada.

«Tal fue, escribe Ritter, el fin de la Filosofía neoplatónica, y con ella concluyó también la antigua Filosofía. En el año 529, el emperador Justiniano prohibió la enseñanza de la Filosofía en Atenas. Este decreto parece haber sido la ocasión de que los principales filósofos de entonces, entre otros, Isidoro, Damascio y Simplicio, abandonasen a Atenas y se marcharan a Persia. Veían a la Filosofía menospreciada en su país, y veían que las antiguas religiones, a las que ellos estaban apegados, eran perseguidas por una religión enemiga, a la que aborrecían. Desesperaron de la Filosofía en su patria, y como desde años atrás habían aprendido a buscar en el Oriente, fuente de la sabiduría y asiento de la

---

184 Como una de tantas pruebas que pudieran aducirse en confirmación de lo dicho en el texto, bastará recordar el siguiente hecho: En el último tercio del siglo IV, Sinesio, que fue Arzobispo de Tolemaida, refiere de sí mismo que en su juventud fue a Alejandría con el objeto de asistir a la escuela y escuchar las lecciones de Hipatia, la cual enseñaba públicamente la Filosofía pagana, y principalmente la de Platón y Plotino. El Arzobispo de Tolemaida tuvo en tal estima y concepto a esta profesora de Filosofía neoplatónica, que le remitió algunos de sus escritos para que los revisara, según consta por una de sus cartas dirigida por Sinesio a la Maestra de Filosofía.

vida religiosa, las opiniones que habían dominado en su escuela, emigraron a Persia, en donde se habían figurado encontrar mejor constitución, y en donde reinaba Cosroes, filósofo a lo Platón. Pero los desdichados sufrieron un gran desengaño. Nada encontraron de lo que habían figurado. Luego que vieron y observaron aquellas costumbres extranjeras, feroces, injustas y licenciosas; luego que vieron a aquel rey filósofo, pero que no pertenecía a su escuela, y que era más amigo del placer que de la austeridad, se arrepintieron de haber abandonado su patria, desearon vivamente regresar a ella, y así lo verificaron, prefiriendo vivir entre sus compatriotas, a vivir honrados entre extranjeros... Con ellos, si la Filosofía pagana no descendió enteramente al sepulcro, no dejó ya, sin embargo, huella alguna para la historia.»

Estas últimas palabras de Ritter no nos parecen muy exactas. Es verdad que la Filosofía pagana, considerada como conjunto de doctrinas puramente racionales o exclusivas de la idea cristiana como idea revelada, y considerada también subjetivamente o por parte de sus representantes, descendió al sepulcro con la Filosofía neoplatónica; pero no es verdad que esa Filosofía pagana no dejara rastro alguno o huellas en pos de sí, ni en la historia de la Filosofía. Porque en los diferentes sistemas filosóficos posteriores al neoplatonismo, en la Filosofía o Filosofías que después de la escuela neoplatónica se han sucedido y suceden en el mundo y en la historia, no es posible negar que existieron y existen no pocos ni despreciables elementos tomados de la Filosofía pagana. Precisamente el elemento neoplatónico es uno de los que más predominaron en la Filosofía escolástica, según hemos apuntado arriba, y no hay para qué recordar, y nadie se atreverá a negar que en el fondo de esa misma Filosofía escolástica, y en el fondo también de la Filosofía moderna y novísima, palpitan el pensamiento de Platón y el pensamiento de Aristóteles, y reaparecen y se transforman, y se renuevan, y se afirman, y se desenvuelven, y se aplican ciertas ideas de los dos grandes filósofos griegos.

§ 120. Crítica general del neoplatonismo y de la Filosofía pagana

El neoplatonismo, con sus tres evoluciones o escuelas, representa la prolongación de la Filosofía pagana en el seno del Cristianismo, y demuestra a la vez la impotencia relativa y la esterilidad real de toda Filosofía racionalista. A pesar del poderoso auxilio que al neoplatonismo suministraban las ideas cristianas, que flotaban en la atmósfera y penetraban insensiblemente en las inteligencias, arrastrados los neoplatónicos por su odio contra la nueva religión, rechazaron con su perseverante tenacidad las grandes ideas cristianas que contienen la solución de los problemas fundamentales de la ciencia, tales como el origen del mundo y del hombre, el origen del mal, el destino final de la humanidad, la ley de la caridad universal, etc.; cerraron su corazón y su odio a la nueva enseñanza, y concentrándose más y más en las especulaciones de la sola razón humana, escucharon únicamente la palabra del hombre, con exclusión de la palabra de Dios. El resultado de este movimiento separatista del neoplatonismo, ya lo hemos visto, fue una mezcla informe de panteísmo, de idealismo, de teurgia y de supersticiones ridículas. Las especulaciones metafísicas y la moral, relativamente elevada y pura, de Platón y Aristóteles, conviértense en manos de los neoplatónicos en un sistema de concepciones fantásticas y arbitrarias en el orden especulativo, y en un conjunto de prácticas groseramente supersticiosas y de operaciones extravagantes y ridículas en el orden ético. El neoplatonismo, pues, última palabra de la Filosofía pagana, y que representa la última evolución del pensamiento helénico, entraña la demostración histórica de la impotencia de la razón humana para alcanzar y mantenerse en los caminos de la verdad íntegra y de la justicia verdadera, si no se halla vivificada e informada por la idea cristiana, que es como la sal que impide su putrefacción. Sin este principio de vida, la Filosofía puede elevarse en alas del genio a mayor o menor altura relativa; puede disimular más o menos sus defectos y errores; puede deslumbrar momentáneamente con ciertos lados brillantes, pero siempre llevará en su seno errores fundamentales, como hemos visto en Platón y Aristóteles, y, sobre todo, siempre llevará en su corazón un principio de corrupción y de muerte, que, desarrollándose más tarde o más temprano, le imprime un movimiento fatal de decadencia, hasta precipitarla en el abismo.

¿Y qué otra cosa significan y demuestran el panteísmo de Plotino, el ultramisticismo teúrgico de Jámblico y Proclo, los delirios de los gnósticos, las aberraciones de los estoicos, el ateísmo y materialismo de Epicuro, el escepticismo idealista de la nueva Academia, después de los grandes trabajos de Platón y de Aristóteles, incubados y promovidos por la restauración socrática? Y es que este movimiento de restauración y esos grandes trabajos, estaban viciados por grandes errores metafísicos y morales, y eran esencialmente defectuosos y estériles, porque no estaba allí la savia purificadora del Cristianismo para evitar aquellos grandes errores y para vivificar y fecundizar esos trabajos. Difícil es calcular cuál habría sido el destino de la Filosofía grecorromana, atendiendo el estado de postración y decadencia a que había llegado cuando apareció el Cristianismo, el cual, además de dar origen, vida y organismo a una nueva Filosofía, a la Filosofía cristiana, dio origen y ocasión al movimiento neoplatónico, movimiento que vivificó, o, digamos mejor, que galvanizó por algún tiempo a la agonizante Filosofía grecorromana.

Conviene recordar aquí la inconstancia, las vacilaciones, la oscuridad y las contradicciones que con tanta frecuencia hemos observado en los representantes del neoplatonismo, ora acerca del conocimiento de Dios, ora acerca de las relaciones entre éste y el mundo, ora acerca del alma humana, ora acerca de otros problemas fundamentales de la Filosofía. Esta inseguridad del juicio, estas contradicciones en la palabra y el pensamiento, debieron influir, e influyeron sin duda alguna, en la esterilidad del movimiento neoplatónico, como influyeron también en la debilidad de la Filosofía greco-judaica. Nada hay que más directamente se oponga a un sistema filosófico, nada que más destruya su virilidad y su fuerza de propaganda, como la inconstancia y la contradicción del pensamiento, inconstancia y contradicción que suelen acompañar y seguir a las concepciones eclécticas o sincretistas.

Y que el neoplatonismo, considerado en sus diferentes fases y evoluciones, es una concepción esencialmente sincrética, dícenlo bien claramente sus innegables y evidentes relaciones de afinidad con las ideas y prácticas religiosas que dominaban en la India, la Persia, la Syria, el Egipto y otras regiones orientales, y dícenlo también las ideas y teorías del mismo que traen su origen de la Filosofía griega. En el fondo de la concepción neoplatónica y en su parte propiamente filosófica, descúbrense y aparecen sin cesar ideas y reminiscencias de los sistemas de Pitágoras, Platón, Aristóteles y algunos otros representantes de la Filosofía helénica. El predominio de la doctrina y tendencias de Platón, échase de ver con mucha frecuencia, y con especialidad en los problemas que se refieren a la naturaleza de Dios, al origen del mundo, al proceso y condiciones del conocimiento humano, al origen, naturaleza y destino final del alma humana, a la dignidad de la virtud, al menosprecio de las pasiones y de las cosas sensibles, a la práctica y condiciones de la moralidad. Sobre estos puntos, y algunos otros de mayor o menor trascendencia, el neoplatonismo merece ser considerado como una transformación, o, digamos mejor, como una reproducción del antiguo platonismo académico, al cual solo añade el aspecto teosófico que caracteriza generalmente a las escuelas neoplatónicas, y que es resultado o manifestación natural de la amalgama del elemento filosófico con el elemento místico-religioso, elemento que en ciertas evoluciones y en determinados representantes del neoplatonismo, predomina de una manera visible sobre el elemento propiamente filosófico.

Por lo demás, es justo decir y confesar que el movimiento filosófico llevado a cabo por el pensamiento helénico es sobremanera notable, si se le considera en conjunto y en totalidad. En el primer periodo, en el periodo cosmológico y de incubación; en el segundo, caracterizado por el predominio del elemento antropológico; en el tercero, que representa el movimiento ecléctico y teosófico: en todos aparecen hombres extraordinarios y filósofos de primera talla, capaces de honrar una generación y un pueblo.

La fecundidaz y variedad de sistemas; los escritos admirables de no pocos; la virilidad y elevación que resaltan en las especulaciones de otros, principalmente en el segundo periodo; la universalidad de conocimientos, la multitud de escuelas y centros de saber, junto con el número extraordinario de filósofos notables que florecieron en un periodo de tiempo relativamente corto, todo induce a mirar con respeto y admiración ese gran movimiento filosófico que tuvo su centro y su foco de irradiación en la Grecia, cuya influencia poderosa y enérgica se dejó sentir a la vez en el Asia, en el África y en la Europa latina, y que nos obliga a reconocer en el pensamiento helénico uno de los factores más importantes de la civilización y del progreso. Injusto sobremanera sería desconocer estos servicios de la Filosofía griega, que crea y desenvuelve la Física y la Cosmología entre las luchas y alternativas de las escuelas jónica y pitagórica, del atomismo y del eleatismo; que en su segundo periodo crea, desarrolla y perfecciona la metafísica, la lógica y la psicología, las ciencias morales y políticas, dando muestras de una fecundidad viril, pocas veces reproducida en la historia; que en su tercer periodo se esfuerza en penetrar y elevarse al conocimiento científico de Dios y de las cosas divinas en sus relaciones con el hombre y el mundo. Cierto que incurrió en graves errores y que no supo preservar a las sociedades de la corrupción moral, ni desterrar o suprimir en las naciones su viciosa organización político-social, ni fundar el derecho, ni regularizar y humanizar la guerra; pero supo dar ejemplos notables de austera moralidad; supo combatir grandes errores del politeísmo idolátrico, y hasta supo morir con heroísmo en defensa de la verdad religiosa. Ni le era dado evitar aquellos grandes errores, ni realizar la reforma social, porque le faltaba el principio divino que trajo al mundo el Cristianismo, principio que, completando, desenvolviendo y regenerando la Filosofía pagana, debía dar origen a una nueva época en la historia de la Filosofía: a la época de la Filosofía cristiana.

Fin del tomo primero

Libros a la carta

A la carta es un servicio especializado para
empresas,
librerías,
bibliotecas,
editoriales
y centros de enseñanza;
y permite confeccionar libros que, por su formato y concepción, sirven a los propósitos más específicos de estas instituciones.

Las empresas nos encargan ediciones personalizadas para marketing editorial o para regalos institucionales. Y los interesados solicitan, a título personal, ediciones antiguas, o no disponibles en el mercado; y las acompañan con notas y comentarios críticos.

Las ediciones tienen como apoyo un libro de estilo con todo tipo de referencias sobre los criterios de tratamiento tipográfico aplicados a nuestros libros que puede ser consultado en Linkgua-ediciones.com.

Linkgua edita por encargo diferentes versiones de una misma obra con distintos tratamientos ortotipográficos (actualizaciones de carácter divulgativo de un clásico, o versiones estrictamente fieles a la edición original de referencia).

Este servicio de ediciones a la carta le permitirá, si usted se dedica a la enseñanza, tener una forma de hacer pública su interpretación de un texto y, sobre una versión digitalizada «base», usted podrá introducir interpretaciones del texto fuente. Es un tópico que los profesores denuncien en clase los desmanes de una edición, o vayan comentando errores de interpretación de un texto y esta es una solución útil a esa necesidad del mundo académico.

Asimismo publicamos de manera sistemática, en un mismo catálogo, tesis doctorales y actas de congresos académicos, que son distribuidas a través de nuestra Web.

El servicio de «libros a la carta» funciona de dos formas.

1. Tenemos un fondo de libros digitalizados que usted puede personalizar en tiradas de al menos cinco ejemplares. Estas personalizaciones pueden ser de todo tipo: añadir notas de clase para uso de un grupo de estudiantes, introducir logos corporativos para uso con fines de marketing empresarial, etc. etc.

2. Buscamos libros descatalogados de otras editoriales y los reeditamos en tiradas cortas a petición de un cliente.

www.ingramcontent.com/pod-product-compliance
Lightning Source LLC
Chambersburg PA
CBHW020827160426
43192CB00007B/553